Pöttinger

Lernziel Medienkompetenz

Ida Pöttinger

Lernziel Medienkompetenz

Theoretische Grundlagen und praktische Evaluation anhand eines Hörspielprojekts

KoPäd Verlag
München

Ida Pöttinger
(Jahrgang 1951), arbeitet seit dem Abschluß als Dipl. Soz.päd. (FH) und Dipl. Päd. freiberuflich als Autorin von Hörspielen und Aufsätzen zum Thema Kinderhörspiel, als Medienpädagogin in Freizeitstätten, Schulen und Fortbildungseinrichtungen sowie als Lehrbeauftragte an Hochschulen.
Diese Veröffentlichung entspricht ihrer Dissertation mit dem Titel „Medienkompetenz und Erziehung - Untersuchung zu Zielen und Auswirkungen eines Hörspielprojekts an der Grundschule". Sie wurde 1996 an der Pädagogischen Hochschule in Freiburg i.Brsg. im Fach Erziehungswissenschaft (Dr. paed.) angenommen.

ISBN 3-935686-30-7

Druck: WB-Druck, Rieden

Pfälzer-Wald-Str. 64, 81539 München
Fon: 089.68890098 Fax: 089.6891912
e-mail: info@kopaed.de Internet: www.kopaed.de

Inhaltsverzeichnis

Vorwort

Medien sind wahrscheinlich die Ursache für einen qualitativen Sprung in der Menschheitsgeschichte. Die neuen Kommunikationsmittel bringen uns viel überflüssigen Datenmüll, aber auch weltweite Vernetzung und Kommunikation in Originalzeit. Wissenschaftler, Techniker und besonders Philosophen schwanken an solchen Wendepunkten zwischen tiefstem Pessimismus und größter Euphorie. Während die einen von der Auflösung des Realen in Bilder-und Zeichenfluten sprechen,[1] schwärmen die anderen von den Möglichkeiten einer basisorientierten transnationalen Demokratie[2]. Die Verschränkung von technischer Entwicklung und Philosophie zeigt sich in aller Deutlichkeit. Dem elekronischen Zeitalter mit seiner Potenzierung an Möglichkeiten entspricht das postmoderne Denken mit seiner Vielfalt an Meinungen, gipfelnd in Postulaten wie: „Fortan stehen Wahrheit, Gerechtigkeit, Menschlichkeit im Plural“[3]. Eine weitergehende Perspektive ist schwer vorstellbar. Positive Utopien, was nach dieser postmodernen Phase passieren wird, scheint es kaum zu geben. Im Gegenteil, manche glauben, die hochzivilisierte Menschheit hätte den Zenit einer humanitären Gesellschaft längst überschritten: „Steht in der Pluralisierungs- und Veralltäglichungsthese die Perspektive von Freiheit und Entgrenzung, der Vervielfältigung der Optionen im Vordergrund, so dominiert in einem anderen Strang postmodernen Denkens die These einer sich vollendenden Uniformierung und Entqualifizierung, einer Entdifferenzierung und grundlegenden Entmächtigung des Subjekts, verbunden mit der schwarzen Diagnose einer schon vollzogenen Apokalypse, einer Einlösung aller Utopien, aber in entstellter Gestalt.“[4] Dieser pessimistischen Vorausschau kann nichts entgegengesetzt werden, außer dem Einwand, daß es sich hier schließlich nur um eine der möglichen Deutungen von Realität handelt. Apokalyptische Visionen gab es schon immer, helfen in der konkreten Arbeit von Pädagogen jedoch selten weiter. Dennoch lassen sich konsequent zuende gedachte Entwicklungen, die sich heute bereits manifestieren, nicht ausblenden. So soll auch die Diskussion um postmodernes Denken in Zusammenhang mit Richtzielen für pädagogisches Handeln hier aufgegriffen und kritisch beleuchtet werden. Eine wissenschaftstheoretisch eindeutige Grundposition, wie das in ideologiekritischen Arbeiten der 70er Jahre noch üblich war, kann jedoch nicht vorausgeschickt werden.
Der allgemeine Medienkonsum von Kindern nimmt zeitlich zu und wird für unsoziale Verhaltensweisen und Oberflächlichkeit verantwortlich gemacht.

---

1 Helsper, W. (Hg.): Jugend zwischen Moderne und Postmoderne, Opladen 1991,S.22, bezieht sich auf Baudrillard,J.: Die fatalen Strategien, München 1985

2 vgl. Welsch, W.: Unsere postmoderne Moderne, Weinheim 1991

3 Welsch, W. : Unsere postmoderne Moderne, S.5

4 Helsper, W. (Hg.): Jugend zwischen Moderne und Postmoderne, Opladen 1991, S.19

Entgegen der öffentlichen Meinung, die immer nur die Wirkungsforschung im Blickfeld hat, gibt es inzwischen detaillierte Beschreibungen von Nutzungsmustern und von Nutzungstypologien[5]. Aufgrund dieser Ergebnisse kann davon ausgegangen werden, daß Menschen, anders als früher, Medien sowohl zur Wissenserweiterung, zur Tagesstrukturierung als auch zur individuellen Identitätsfindung nutzen und Medien für immer mehr Menschen eine sinnstiftende soziale Klammer darstellen, die sie sonst nirgendwo mehr finden. „Die historisch gesehen neue Vergesellschaftungsform einer pointierten Individualisierung führt dazu, daß der einzelne sein Leben ‚in Eigenregie' führen muß. (...) Die Auseinandersetzung mit Medien vollzieht sich in der Spannbreite von individualisierter Verarbeitungsperspektive und universell- standardisiertem Sinnangebot"[6].
Der Mangel an verbindlichen Zielvorstellungen wirkt sich besonderes auf die Kinder aus. Man spricht von einem „neuen Sozialisationstypus"[7], der aus der Schwächung der Familie zugunsten verschiedener anderer Einflußbereiche wie peer groups, Schule, Industrie und Medien entstanden ist.[8] Einerseits wird Kindern dadurch mehr Handlungsspielraum gewährt, andererseits ist ihre Eigenverantwortung gestiegen.
Dies trifft besonders auf den Umgang mit dem medialen Angebot zu. Medien präsentieren Kindern Mediensymboliken, Charaktere und Helden, sogar ganze Lebensstile, mit denen sie sich auseinandersetzen müssen, bzw. mit deren Hilfe sie versuchen, ihre eigene Identität zu finden. Diese Auseinandersetzung beinhaltet beide Aspekte: Handlungsmöglichkeiten und Verselbständigungschancen (Autonomisierung von Kindern in der Käuferrolle, Autonomisierung in der Rezeptionstätigkeit), aber eben auch Handlungsrestriktionen durch standardisierte Mediensymboliken und Medien als „meaning-makers"[9]. Eltern und Erzieher sehen hilflos und um Rezepte feilschend den neuen Entwicklungen zu, während das Alter der Polymediennutzer immer weiter nach unten sinkt.
Fachleute wie Psychologen, Soziologen und auch Pädagogen setzen sich seit Jahren mit dem Thema Kinder und Medien auseinander. Aber insbesondere die Pädagogen spalteten sich in zwei Lager. Ein Teil vertrat die Tendenz: „Medien, bloß nicht auch noch in der Schule !" Der andere Teil verfocht hingegen: „Medienerziehung muß jetzt her und zwar sofort!" Das machte gemeinsames Handeln schwierig.
Der Ruf nach medienpädagogischer Hilfe wird größer, was sich sogar im neuen Bildungsplan für Grundschulen ausdrückt: „Medien und Konsum: Die Lebenswirklichkeit der Kinder ist durchsetzt mit einem Überangebot in vielen Bereichen, das die Bewertung zwischen dem Notwendigen und Wünschbaren sehr erschwert und beeinträchtigt. Der Unterricht muß deshalb Hilfen für selbständige Entscheidungen anbieten."[10]

5 vgl. Charlton,M./Neumann-Braun,K.: Medienkindheit-Medienjugend, München 1992, S. 4 ff.
6 Charlton,M./Neumann-Braun,K.: Medienkindheit-Medienjugend, S. 113
7 Begriff von Ziehe,T.: Pubertät und Narzißmus, Frankfurt 1979
8 Schmidbauer,M./Löhr,P.: Fernsehkinder- „Neue Sozialisationstypen", München 1992
9 Charlton,M./Neumann/Braun,K.: Medienkindheit-Medienjugend, S. 113
10 Ministerium für Kultus und Sport, Bildungsplan für Grundschulen, Stuttgart 1994, S.22

Damit ist Medienerziehung zwar Bestandteil des Lehrplans, aber jedem Lehrer bleibt es letztendlich überlassen, auf welche Art und wie ausführlich das Thema behandelt wird.
In einem Punkt scheinen sich Eltern und Fachleute einig zu sein: Die Förderung von Medienkompetenz ist das Ziel aller Bemühungen. Damit ist der Begriff „Medienkompetenz" zu einem neuen Schlagwort geworden. Dabei ist weder genau ausgemacht, was dieser Begriff bedeutet, noch was dazu getan werden muß, um dieses Ziel erreichen zu können.
Nach Lehrplan wird die Förderung von Urteilskraft und Einschätzbarkeit von Medien besonders durch Eigentätigkeit erlangt. Eigentätigkeit würde aber bedeuten, daß Kinder lernen Medien, auch elektronische, selbst zu produzieren. Die „Handlungsorientierte Medienpädagogik", eine seit dem Ende der 70er Jahre existierende Strömung innerhalb der Medienpädagogik, hat für den außerschulischen Bereich und zum Teil auch für Schulen Konzepte entworfen. Ihr Ziel ist es, Kindern zu kompetentem und autonomen Umgang mit Medien zu verhelfen. „Medienkompetenz" definiert sich, vereinfacht ausgedrückt, als Zusammenspiel von differenzierter Wahrnehmungstätigkeit, bedürfnisgerechter Nutzung und selbständigem Umgang mit Medien.
In der Tat fragt man sich, ob Medienunterricht alle mit Medien einhergehenden Probleme lösen kann. Die Erwartungen an die Erziehung zu mehr Medienkompetenz müssen dem Alter der Kinder und den Möglichkeiten der Schule angepaßt sein. Noch wissen wir aber nicht genau, wie der Prozeß des Kompetenzerwerbs überhaupt vor sich geht. Man muß sich also die Frage stellen, wie Medienunterricht nach neueren Erkenntnissen zu sein hat und wie sinnvoll er ist.
Der frühestmögliche Zeitpunkt zur gezielten Einflußnahme auf die Medienkompetenz von Kindern besteht mit dem Eintritt in die Grundschule. Im Rahmen eines Hörspielprojekts in einer Freiburger Grundschule soll untersucht werden, wie diese Kinder mit Medien umgehen und was sich durch handlungsorientierten Medienunterricht verändert.
Im Vergleich zu den hochtechnisierten Studios, in denen Bilder und Töne digital verarbeitet werden, erscheint die medienpädagogische Arbeit mit Cassettenrecordern wie ein Relikt aus längst vergangenen Zeiten. Außer der historischen Entwicklung ist jedoch die kindliche Entwicklung in Betracht zu ziehen. Zwar können auch sie die Technik des Aufnehmens von Tönen nur schwer durchschauen. Dennoch sind Cassetten das Medium, das Kinder gerne und sehr selbstbestimmt nutzen. Vieles was sie bei Cassetten an Bedürfnisbefriedigung und kreativem Umgang mit Geräten finden, läßt sich auf kompliziertere Instrumentarien übertragen. Wichtig ist vor allem das Grundprinzip der Datenaufnahme und -veränderung: Realität kann fabriziert und modelliert werden. Insofern erscheint es sehr sinnvoll, die Veränderung von Medienkompetenz am Beispiel eines handlungsorientierten Projektes in der ersten Klasse Grundschule zu beobachten.
Zugegebenermaßen gibt es auch ein persönliches Interesse der Forscherin:
Seit 1985 mache ich mit Kindern und Jugendlichen Hörspiele in Freizeitinstitutionen und Schulen. Mein anfängliches Interesse galt vor allem dem Produkt: der Herstel-

lung „guter“ Hörspiele, die den Interessen der Kinder angepaßt sind. Da Kinder meistens schon mit der Technik von Cassettenrecordern vertraut sind, können sie im Gegensatz zu Medienarbeit mit Filmkameras mehr Zeit darauf verwenden, ihre eigenen Ideen und ästhetischen Umsetzungsformen einzubringen. Diese projektorientierte Arbeit führte zu der Frage, welchen Einfluß die Produktion eines Hörspiels auf ihr sonstiges Leben haben könnte. Eine Zusammenfassung meiner eigenen Erfahrungen und der fachspezifischen Literatur, die sich fast ausschließlich mit Rezeptionsweisen, jedoch nicht mit Veränderung von Rezeption durch handlungsorientierten Unterricht bezieht, brachte mich dazu, der Sache wissenschaftlich auf den Grund gehen zu wollen. Trotz der aufgestellten Thesen besteht eine grundsätzliche Offenheit gegenüber den Ergebnissen.
Die Forscherin versteht sich eher als Wegbereiterin für gezieltere Forschung auf diesem Gebiet.

Teil I Medienerziehung und Medienkompetenz

Kapitel 1 Die Bedeutung der Medien

1.1 Kinder und Medien allgemein

Spricht man von Kindern und Medien, steht normalerweise das Fernsehen im Mittelpunkt des Interesses. Tatsächlich ist das Fernsehen selbstverständlicher Teil des Medienalltags geworden und auch das meistgenutzte Medium von Kindern und Erwachsenen. In einer repräsentativen Studie wurden 6 -13jährige Kinder nach ihren Vorlieben bei Medien befragt.[11] Darauf antworteten 82% der Kinder, daß sie „täglich oder fast täglich" fernsehen. Nimmt man die für Medien aufgebrachte Zeit an einem Durchschnittstag (Montag bis Sonntag) als Maßstab, so erkennt man, daß 64 % des Zeitbudgets an Fernsehen und Videofilme sehen vergeben werden und sich die Kinder nur zu einem Anteil von 24 % auditiven Medien widmen. Dieser Prozentsatz umfaßt Radiohören und das Anhören anderer Tonträger wie Schallplatten, Compact-Discs (CD) und Cassetten. Ein weiterer Anteil von 13% der Medienfreizeit wird für das Lesen von Büchern, Zeitungen, Comics und Zeitschriften aufgebracht. Das Fernsehen ist also eindeutiger Favorit.

Um die Gewichtung nicht aus den Augen zu verlieren, soll nun ein kleiner Überblick über Nutzung, Vorlieben und Wirkungen von Medien gegeben werden.
Der derzeitige Stand der internationalen Forschung bildet ein Patchwork von quantitativ und qualitativ erhobenen Daten, die jedoch insgesamt ein relativ deutliches Bild erkennen lassen. Widersprüchlicher als die erhobenen Daten sind die Interpretationen: „Welche Konsequenzen aus den Ergebnissen zu ziehen sind, ist allerdings nach wie vor eine Frage der Interpretation. Die Tatsache, daß Fernsehen heute selbstverständlicher Teil des kindlichen Alltags ist -wie auch die Auswertungen aus der ARD-ZDF-Studie ‚Kinder und Medien 1990' zeigen- führt die einen zur Forderung nach einem stärkeren Schutz der Kinder vor dem Medien, während die anderen darin einen Beleg für deren Fähigkeit zum Umgang mit dem Medium sehen."[12]

11 Klingler,W. : Was Kinder gerne hören, ARD/ZDF-Studie Kinder und Medien 1990, in: Media-Perspektiven 1/1994, S.14

12 Groebel,J.: Kinder und Medien: Nutzung, Vorlieben, Wirkungen, in: Media Perspektiven 1/ 1994, S. 21

1.1.1 Kognitive Entwicklung und Medienkonsum

Eine Analyse von Jo Groebel, die sich auf die deutsch- und englischsprachigen Forschungsberichte der 80er und 90er Jahre bezieht, faßt ungeachtet aller Richtungsquerelen die Ergebnisse zusammen.[13] Auf seinen Bericht stützen sich die folgenden Daten und Interpretationen.

Zunächst ist seiner Meinung nach zu bemängeln, daß besonders das Fernsehverhalten immer wieder in allen Facetten untersucht wird und andere häufig genutzte Medien wie Radio, Cassette, CD und Film auf geringes Forschungsinteresse stoßen. Übergewicht bekamen vor allem die Themen „Gewaltdarstellung“ und „Werbung“. Interessant seien jedoch internationale Studien, die den medialen Lebensweg der Kinder beschreiben: Aus einer japanischen Studie geht hervor, daß 73% der Babys in Räumen mit laufendem Fernsehgerät aufwachsen. Besonders beliebtes Spielzeug scheint die Fernbedienung zu sein. 80% der 1 1/2jährigen zappen sich bereits durch die Kanäle. Bis zum Schulalter nimmt die Sehhäufigkeit internationalen Untersuchungen zufolge kontinuierlich zu. Danach flaut sie wahrscheinlich wegen des Schulbesuchs geringfügig ab, um ihren Höhepunkt vor dem Eintritt in die Pubertät zu erreichen. Was die Sehdauer anbelangt, so sind die internationalen Unterschiede sehr groß. In Japan und den USA sehen die 12jährigen Kinder ca. 4 Stunden fern, während die Sehdauer in Europa deutlich darunter liegt, aber von Land zu Land und sogar von Region zu Region sehr unterschiedlich ist.[14]

Eine weitere oft untersuchte Frage war, ab wann und unter welchen Bedingungen Kinder Fernsehprogramme verstehen. Herta Sturm, Peter Vitouch und Michael Charlton forschten im deutschsprachigen Raum vor allem auf diesem Gebiet.

Grundlage zur Beschreibung kognitiver Entwicklungen bildeten Jean Piagets Reifungstheorien. Demnach können Kinder mit zunehmendem Alter immer besser abstrahieren, zum Beispiel die Absichten von Werbung erkennen, wichtige Sendungsinhalte von unwichtigen unterscheiden, geschnittene Szenen in Beziehung setzen und Realität und Fiktion auseinanderhalten. Das Verstehen von Sendungen ist auch abhängig von formalen Darstellungselementen. Sie können zwar nicht als dramaturgische Form erkannt werden, tragen aber sehr zum Verständnis des Inhalts bei: Jüngere Kinder beziehen ihr Urteil über den Charakter mehr aus dem Aussehen der Fernsehfiguren, ältere eher aus dem Verhalten. Ähnliche Erfahrungen im eigenen Leben erhöhen die Chance, daß Inhalte verstanden werden. Durch Zappen werden Höhepunkte miteinander verknüpft, die mit den gezeigten einzelnen Filmen nichts mehr zu tun haben. Bei Action- und Gewaltfilmen kann es dazu kommen, daß dadurch unrealistische Einschätzungen der Wirklichkeit entstehen.[15]

Wie Erwachsene halten Kinder das Fernsehen für ein „leichtes Medium“, so daß komplexere Zusammenhänge kaum aufgenommen und weiterverarbeitet werden. Jedoch

13 vgl. Groebel,J.: Kinder und Medien: Nutzung... S.21-27

14 Groebel,J.: Kinder und Medien: Nutzung... S. 22

15 Groebel,J.: Kinder und Medien: Nutzung... S. 23

verändert sich dies, wenn sie auf Sachverhalte aufmerksam gemacht werden oder von ihnen höhere Aufmerksamkeit gefordert wird.
Erst im Alter zwischen 7 und 9 Jahren beginnen Kinder, Sendungen ähnlich zu verstehen wie Erwachsene. Für den täglichen Medienkonsum spielen das Alter, die Möglichkeit zur Identifikation, die Darstelllungsweise, aber auch die soziale Umgebung eine wichtige Rolle.
„Ob zum Beispiel in der Familie oder mit Freunden schon vorher Diskussionen über das Thema einer Sendung stattfanden, ob man während des Anschauens zusammensitzt und kommentiert und hinterher weiterredet, all dies sind wesentliche Bedingungsfaktoren für die Wahrnehmungs- und Verarbeitungsprozesse beim Fernsehkonsum“[16] Laut Groebel zeigt sich in internationalen Untersuchungen allerdings, daß Kinder zunehmend allein vor dem Bildschirm sitzen, was sicher mit der Zunahme eigener Geräte zusammenhängt.[17]
Die Forschungsergebnisse in bezug auf die Programmauswahl sind nach Groebels Recherchen widersprüchlich. Internationale Untersuchungen zeigen, daß die Kinder fernsehen, wenn sie Zeit haben Sie schalten erst einmal hin- und her, bevor sie sich festlegen. Nur Serien mit Lieblings- oder Kultfiguren werden gezielt ausgewählt, weil die Kinder die Ausstrahlungszeiten kennen. Die ARD/ZDF- Studie von 1990 zeigt jedoch, daß Kinder sich sehr wohl auch über Programmzeitschriften Sendungen heraussuchen.[18]

1.1.2 Motivation und Präferenzen

In der Darstellung von Groebel sind die wichtigsten Motive für den Fersehkonsum in der Ablenkung und Vermeidung von Langeweile zu suchen. Fernsehen wird, wenn man die einzelnen Situationen betrachtet, oft als Stimmungsregulativ (Stimmungsmanagement) benutzt. „Wenn ein Zuschauer im Tagesverlauf eine für seine Bedürfnisse zu geringe physiologische Anregung erhielt, wählt er eine eher aufregende Sendung, um sein Gleichgewicht wieder herzustellen.“[19] Cartoons, Action-Sendungen und Werbung mit ihren starken Effekten bringen auch Kindern die erwünschte Stimmungsaufhellung. Umgekehrt können aber auch beruhigende Situationen gesucht werden.
Diese Argumentation wird von anderen Forschern infrage gestellt, weil sie zu vordergründig sei. Vielmehr haben Ergebnisse gezeigt, daß sich Kinder nicht irgendwelche Stoffe heraussuchen, um ihre Stimmung zu verändern, sondern gerade jene, die relevant für ihre inneren Fragestellungen sind (thematische Voreingenommenheit).[20]

16 Groebel,J.: Kinder und Medien: Nutzung... S. 24
17 Groebel,J.: Kinder und Medien: Nutzung...S. 24
18 Groebel,J.: Kinder und Medien: Nutzung... S. 24
19 Groebel,J.: Kinder und Medien: Nutzung... S. 24
20 Charlton,M./Neumann/Braun,K.: Medienkindheit - Medienjugend, S. 93

Hinter dem Bedürfnis, situativ bestimmte Stimmungsschwankungen auszugleichen, scheint es aber auch noch ein anderes Prinzip zu geben: Das Bedürfnis nach Anregungen scheint bei Kindern auch von der Charakterstruktur abhängig zu sein. Einige Untersuchungen, die von Jo Groebel selbst durchgeführt wurden, zeigen, daß es drei unterschiedliche Typen von Fernsehzuschauern gibt: Personen, die Anregungen entweder durch Risiko, durch soziale Ereignisse/Begegnungen oder durch die Beschäftigung mit intellektuellen/kulturellen Inhalten erfahren. „Die Intensität der Reizsuche scheint dabei mit feststehenden biologischen Dispositionen zu korrelieren, die inhaltliche Richtung dieser Suche eher Produkt von Lernerfahrungen zu sein.“[21] Bei Kindern ist festzustellen, daß auch heute noch Jungen höhere Risikobedürfnisse haben, also der ersten Gruppe angehören. Mädchen konsumieren lieber soziale Erlebnisse und sind eher der zweiten Gruppe zuzuordnen. Die intellektuell/kulturellen Interessen scheinen etwa gleichverteilt zu sein. Nimmt man nun die rollenspezifische Erziehung als Lernerfahrung hinzu, braucht man sich nicht weiter darüber zu wundern, wenn Jungen nach wie vor Actionfilme und Krimis bevorzugen, Mädchen Liebesfilme und Shows.
Dieser biologistischen Sichtweise von Groebel stehen andere Meinungen entgegen, die geschlechtsspezifische Präferenzen rein kulturell erklären.[22]

Manche Präferenzen lassen sich auch auf den „Mere-exposure-Effekt“ [23] zurückführen. Das regelmäßige Erscheinen einer Figur auf dem Bildschirm kann die Grundlage von Zuneigung und einer intensiven Beziehung werden. Dadurch, daß diese Figuren nie durch veränderte Verhaltensmuster enttäuschen, entsteht bei Kindern das Gefühl von Vertrauen und Zuverlässigkeit. Wenn, wie bei *Pumuckl* oder *Alf*, Eigenschaften hinzukommen, die Kindern sehr nahe liegen, dann bieten sich solche Medienfiguren geradezu zwangsläufig als mediale Identifikationsobjekte an. Problematisch wird dieses Verhältnis erst, wenn sich in der realen Welt keine vergleichbaren Identifikationsmodelle finden. In diesen Fällen kann die Bindung zu medialen Figuren ausschließlich werden. Wie diese parasoziale Interaktion statistisch verteilt ist, darüber gibt es noch keine Aussagen.
Im Hinblick auf die neuere Forschung muß das zusammenfassende Ergebnis von Groebel relativiert werden:
Während für ihn das seit 1954 existierende 3-Phasen-Modell der Präferenzentwicklung (die jüngsten Kinder sehen am liebsten vermenschlichte Tiere, Schulkinder wenden sich Medienprodukten mit Vorbildern als Identifikationspersonen zu, und Teenager schauen weniger fern und interessieren sich am ehesten für Beziehungsfilme und

21 Groebel,J.: Kinder und Medien: Nutzung... S. 24
22 Theunert,H. (Hg.): „Einsame Wölfe“ und „Schöne Bräute“- Was Mädchen und Jungen in Cartoons finden, München 1993
23 Groebel,J.: Kinder und Medien: Nutzung, Vorlieben... S. 25

Sitcoms) noch Gültigkeit hat, ordnen Forscher nun eher die Präferenzen ein in die Suche der Kinder nach:
- entwicklungsbedingten Themen
- aktuellen Problemlagen
- ethisch-normativen Orientierungen
- personalen Vorbildern[24]

Insgesamt scheint sich die Präferenz der Kinder, international gesehen, weitgehend nach dem Vorbild der Eltern zu richten, wobei der Bildungsgrad eine untergeordnete Rolle spielt. Vielsehende Eltern haben meist vielsehende Kinder; Eltern, die Zeitung lesen, haben meistens Kinder, die später auch Zeitung lesen.[25]

1.1.3 Wirkungen

Am häufigsten in der Fernsehforschung sind Untersuchungen im Bereich der Wirkungsforschung. Immer wieder werden aufsehenerregende Artikel veröffentlicht und sorgen unter Eltern und Pädagogen für emotionale Aufruhr.
Dadurch, daß die persönliche Disposition und die soziale Situation der Rezipienten fast untrennbar vom Verhalten sind, kann der Faktor Fernsehen als Ursache nur schwer herausgelöst werden. „Nur da, wo Medienerfahrungen stark überwiegen oder Alltagserlebnisse fehlen, zum Beispiel in Bezug auf extreme Situationen oder andere Kulturen, kann man von eindeutigeren Wirkungen von Fernsehdarstellungen ausgehen.“[26]
Kinder kennen das Programm und beherrschen die Technik oft besser als Erwachsene. Jüngere Kinder können zwar häufig erzählen, was sie in einzelnen Geschichten gesehen haben, begreifen aber oft nicht den ganzen Zusammenhang. Nutzen sie viele Medien, darunter auch das Fernsehen, dann zeigen sie einen hohen Grad an Faktenwissen. Das gilt auch noch für Kinder, die nur fernsehen. Man kann also davon ausgehen, daß Fernsehen mit einem hohen Grad an Informiertheit zusammenhängt. Allerdings hat man festgestellt, daß beim Lösen differenzierterer Probleme Vielseher schlechter abschneiden. Diese entstammen jedoch eher niedrigeren Bildungsschichten.[27]
Der Einfluß des Fernsehens auf die Bildung und Strukturierung des Weltbildes der Kinder ist laut Groebel umstritten, kann aber angenommen werden. Doch handelt es sich eher um Verzerrungen der Realität als um eindeutige Umpolungen. Hier bezieht er sich hauptsächlich auf zwei bekannte Studien: Nach der Studie des Times Mirror Centers hat das Interesse an Information und Dokumentation über Ereignissse von nationaler und internationaler Bedeutung abgenommen, während das Interesse an

24 Theunert,H.: Ethik des Fernsehens - Ethik kindlichen Publikums, in: medien + erziehung, 1995/2, S. 74
25 Groebel,J.: Kinder und Medien: Nutzung...S.25
26 Groebel,J.:Kinder und Medien: Nutzung... S.25
27 Groebel,J.:Kinder und Medien: Nutzung... S.26

Gewalt und spektakulären Ereignissen zugenommen hat. Die Studie von George Gerbner zeigt auf, daß das Menschenbild durch das Fernsehen in Richtung der Identität der männlichen weißen Mittelschicht geprägt wird. Bei Vielsehern wurden vermehrt Ängste und mißtrauische Verhaltensweisen festgestellt, selbst wenn sie keinen realen Anlaß dazu hatten. Direkte Einflüsse auf das Verhalten sind also nachweisbar, jedoch eher in Bezug auf das Bild von Geschlechtsrollen, von Berufen, Minderheiten, älteren Menschen und Sexualität. Diese Auswirkungen sind nicht nur als Folge von dokumentarischen Sendungen zu beobachten, sondern langfristig wohl auch durch fiktionale Sendungen verursacht.[28]

Von großem Interesse ist, außer der Veränderung des Verhaltens, die Veränderung von Gefühlen. Während zum Thema Angst schon viele Daten gesammelt wurden, gibt es sehr wenig zu positiven Gefühlen, die durchaus ebenso Folge von Sendungen sein können.

Die zusammenfassende Beschreibung des wissenschaftlich erforschten Fernsehverhaltens von Kindern ist notwendig, um den auditiven Konsum im rechten Licht erscheinen zu lassen. Das Fernsehen ist das bevorzugte Medium. Die Untersuchungen in der Fernsehforschung sind aber noch aus einem anderen Grund interessant. Viele Anregungen zur Untersuchung der Gründe des Cassettenkonsums wurden übernommen und im Bereich der Hörmedien ebenfalls ähnliche Untersuchungen angestellt. Auch sie spiegeln sowohl in der Datenerhebung als auch bei der Auswertung verschiedene Ansätze wieder.

Was die Anzahl betrifft, so gibt es im Vergleich zum Fernsehen sehr große Unterschiede. Für die Altersgruppe der 3-13jährigen gibt es insgesamt drei neuere Untersuchungen, die sich auch jeweils auf einen anderen Altersausschnitt beziehen und zum Teil nicht einmal von sich behaupten können, daß sie repräsentativ sind.

Im folgenden Text werden hauptsächlich die Ergebnisse der folgenden Untersuchungen herangezogen:

- ARD/ZDF-Studie „Kinder und Medien 1990", Befragung 6-13jähriger Kinder[29]
- Akademie Remscheid: Hansen, L. /Manzke, G., Befragung 3-10jähriger Kinder[30]
- Universität Bielefeld: Treumann, K./Schnatmeyer, D./ Volkmer, I., Befragung 6-11jähriger Kinder [31]

28 Groebel,J.:Kinder und Medien: Nutzung... S.26

29 Untersuchung von 1990, interpretiert von Walter Klingler, Media Perspektiven 1/1994 n=3600

30 Untersuchung von 1991, Hexen und Monster im Kinderzimmer, Remscheid 1993, n= 441

31 „ Mit den Ohren sehen", Bielefeld 1995, n=1048, Untersuchung von 1992-1994, GMK-Schriften zur Medienpädagogik, Bielefeld 1995

1.1.4 Methoden der Erhebung des Medienkonsums von Kindern

Den Medienkonsum von Kindern zu erforschen ist insgesamt sehr schwierig, weil er sich in Privaträumen abspielt und kleinere Kinder keine genauen Zahlen- und Zeitbegriffe besitzen.

Telemetrische Methoden werden hauptsächlich von Forschungsinstituten angewandt, die wegen Werbung und Marktanteilen am Nachweis von Einschaltquoten interessiert sind. Eine repräsentative Gruppe wird ausgewählt und über die Betätigung von Einschalttasten für die einzelnen Familienmitglieder können dann Aussagen über die Einschaltdauer, Tages-, Nettoreichweite und die Präferenzen gemacht werden. Kinder bedienen aber diese Tasten nicht immer vorschriftsmäßig, so daß oft Fehler zustande kommen. „Aufgrund zu großer Fehlerquellen werden die Daten für die Vorschulkinder nur noch im Rahmen von Sonderauswertungen analysiert und mit den entsprechenden Vorbehalten dokumentiert.“[32] Auch Befragungen sind nicht ganz einfach durchzuführen. Fragt man die Kinder selbst, so muß man besonders bei den Kleineren damit rechnen, zu bestimmten Fragen eher phantasievolle als wahre Aussagen zu erhalten. Bis zum Ende der präoperationalen Phase, also zwischen 6 und 7 Jahren, haben die Kinder sehr instabile Mengen- und Zeitbegriffe. Werden hingegen die Eltern befragt, so ist die Wahrscheinlichkeit ziemlich groß, daß gerade, wenn es um den Medienkonsum ihrer Kinder geht, die Zahlen eher dem Wunsch als der Wahrheit entsprechen.

Die direkte Beobachtung der Kinder ist zwar sicher die zuverlässigste Methode, aber aus praktischen und ethischen Gründen kaum praktizierbar.

Tagebucheintragungen sind ebenfalls gut geeignet, den Medienkonsum zu erfassen. Diese Methode verlangt von den Kindern oder den Bezugspersonen von Kindern allerdings sehr große Disziplin und wird deshalb selten über einen längeren Zeitraum hin durchgeführt.

Verlässliche Daten über den Medienkonsum zu bekommen ist also von der Methode her schon sehr schwierig. Deshalb braucht man sich über größere Schwankungen zwischen verschiedenen Untersuchungen (wie zum Beispiel zur Dauer des täglichen Cassettenkonsums) nicht wundern.

1.2 Die Bedeutung der auditiven Medien

Wurden Lieder, Kreissingspiele und Märchen bis zum 20. Jahrhundert weitgehend durch mündliche Überlieferung oder Bücher weitergegeben, so sorgten ab Anfang der 30er Jahre auch das Radio und die Schallplatte für die Weiterverbreitung des musischen Kulturgutes. In den 50er und 60er Jahren hatten viele Familien bereits Single- und Langspielplatten mit Märchen und Liedern in ihren Musikschränken stehen. Die Entwicklung von kleinen Toncassettenrecordern brachte das Geschäft erst richtig in

32 Peek,R./Tietze,W.: Fernsehen, Bücher, Cassetten: Daten zur Nutzung durch 3-6jährige Kinder, in: Deutsches Jugendinstitut, Handbuch Medienerziehung im Kindergarten, Teil I, Opladen 1994, S. 97

Schwung. Den größten Boom erlebten die Medienhersteller, als Cassettenrecorder so billig wurden, daß fast jeder es sich leisten konnte, den Kindern ein eigenes Gerät zur Verfügung zu stellen. Der Walkman vervollständigte die technische Ausrüstung, fand aber bei kleineren Kindern weniger Beachtung als bei Jugendlichen. Die technische Entwicklung in Kinderzimmern verläuft offensichtlich nicht nicht ganz parallel zur sonstigen: der CD- Player ist in Kinderzimmern noch selten anzutreffen. Er ist technisch etwas empfindlicher als ein Cassettenrecorder, und weil vor allem Musik auf CDs gepreßt wird, ist dieses Gerät erst bei einer höheren Altersgruppe relevant. Die Geräte für DATs (Digital Audio Tapes) und DCCs (Digital Compact Cassetten)werden ebenfalls den normalen Cassettenrecorder nicht so schnell verdrängen. Es wird noch Jahre dauern bis diese Recorder so billig sind, daß man sie Kinderhänden anvertraut. Obwohl das Wort „Medium" bereits in vielen Zusammenhängen benutzt wurde, und seine Bedeutung den Lesern keine Schwierigkeiten bereitet haben dürfte, sollte der Genauigkeit halber auch dieser Begriff definiert werden.
„In allgemeiner Bedeutung kann man ein ‚Medium' als die Form bezeichnen, in der sich ein Inhalt oder Sachverhalt einem Menschen darstellt bzw. ihm präsentiert wird."[33] Konsequent gedacht wäre dann Sprache oder jeder symbolische Austausch ebenfall ein Medium. In der deutschen Medienliteratur, werden unter Medien eher technische Medien verstanden, d.h. wenn mit Hilfe technischer Geräte oder technischer Prozesse Informationen gespeichert, übertragen oder abgebildet werden. „Beispiele für Medien in diesem engeren Sinne sind Bücher und Presseerzeugnisse, Arbeits-und Diaprojektoren, Film, Video und Fernsehen, Schallplatte, Tonband und Hörfunk, Bildplatte, Bildschirmtext und Computer"[34]. Hinzu kommen sicher noch die Weiterentwicklungen der Computersimulation wie z.B. Cyberspacegeräte.
In Abgrenzung zu audiovisuellen Medien, die Auge und Ohr bedienen, wie Film, Fernsehen und Video, sprechen wir von auditiven Medien, wenn es sich um die rein akustische Vermittlung von Informationen handelt. Dazu gehören sowohl die „hardware", Abspielgeräte, als auch die „software". Zu den auditiven Medien gehören also das Radio und die ganze Palette der Tonträger wie Schallplatten, Compact-Dics, Toncassette und neuere Tonträger wie DAT und DCC. Nur wenige Untersuchungen beziehen aber wirklich alle Medien mit ein. Die genauesten Aussagen gibt es erwartungsgemäß zu Toncassetten.

1.2.1 Wie hören Kinder: Der Umgang mit der „Hardware"

1.2.1.1 Medienausstattung

Familien mit Kindern haben mittlerweile einen ganzen Gerätepark in ihren Wohnungen und Häusern stehen. Fernseher, Videorecorder, Hi-Fi-Anlagen, Radios und Cas-

33 Tulodziecki,G./Schöpf,K.: Zur Situation der schulischen Medienpädagogik in Deutschland: Konzepte, Materialien, Praxis und Probleme" in: Bertelsmann Stiftung(Hg.) Medienkompetenz als Herausforderung, Gütersloh 1992, S. 106

34 Tulodziecki,G./Schöpf,K., S.107

settenrecorder werden nicht mehr zentral im Wohnzimmer aufgestellt, sondern verteilen sich über mehrere Zimmer.
In Haushalten mit 3-6jährigen Kindern sind nach einer Untersuchung von Wolfgang Tietze u.a.[35] folgende Geräte vorzufinden:

Geräte in Haushalten mit 3-6jährigen Kindern:

Fernseher	98,4 %
Cassettenrecorder	93,8 %
Radio	93,7 %
Hi-Fi-Anlage	90,7 %
Videorecorder	45,5 %
Walkman	17,5 %
Computer/Telespielgerät	13,9 %

Die Medienausstattung von Familien mit kleinen Kindern zeigt, daß Cassettenrecorder und Radios in fast allen Haushalten zu finden sind. Viele Familien besitzen mehrere Geräte einer Art. Hier ist von Interesse, daß 38,1 % über einen zweiten Cassettenrecorder verfügen, der mit großer Wahrscheinlichkeit für die Kinder angeschafft wurde.[36]

Aus der ARD/ZDF-Studie ergeben sich Präzisierungen in Bezug auf ältere Kinder:

Persönlicher Besitz von Geräten der Unterhaltungselekronik (Selbstauskunft von 9-13jährigen 1988) [37]

Gerät	*gesamt*	*Mädchen*	*Jungen*
Radiorecorder	63 %	59 %	67 %
Radio/Taschenradio	31 %	30 %	32 %
Cassettenrecorder	44 %	43 %	45 %
Fernseher	19 %	15 %	22 %
Stereoanlage	13 %	13 %	13 %
Plattenspieler	22 %	24 %	20 %
CD-Player	1 %	1 %	2 %
Walkman	59 %	57 %	60 %
Telespiele	19 %	9 %	29 %

35 Tietze/W.,Peek,R./Link,R.: Zur Mediensituation 3-6jährigen Kinder, in: Presse und Informationsamt der Landesregierung NRW (Hg.): Medien im Alltag von Kindern im Kindergartenalter, Düsseldorf 1989, S.35-265 zusammengefaßt in:Peek, R./Tietze, W.: Fernsehen, Bücher, Cassetten: Daten zur Nutzung durch 3-6jährige Kinder, in: Deutsches Jugendinstitut, Handbuch Medienerziehung im Kindergarten, Teil I, Opladen 1994, S. 99

36 Peek,R./Tietze,W., S. 99

37 Groebel,J./Klingler,W.:Kinder und Medien 1990, Media Perspektiven 5/1990, S.31

Aus einer Untersuchung von Leo Hansen und Gerd Manzke können wir sogar die altersmäßige Versorgung mit Cassettenabspielgeräten herauslesen. Dabei wurde nicht getrennt zwischen Radiorecorder, Cassettenrecorder und Walkman. In einer nichtrepräsentativen Befragung von 441 Kindern im Alter zwischen 3 und 10 Jahren machten die Kinder folgende Angaben zum Besitz eines eigenen Cassettenrecorders:[38]

Alter	*Gesamt*	*Mädchen*	*Jungen*
3	72,7 %	60,0 %	83,4 %
4	74,2 %	83,4 %	61,5 %
5	86,9 %	84,7 %	90,9 %
6	80,5 %	77,2 %	83,0 %
7	85,5 %	81,3 %	91,3 %
8	86,0 %	77,3 %	92,8 %
9	90,0 %	83,3 %	96,7 %
10	97,2 %	97,1 %	97,3 %
3-10	86,2 %	83,6 %	89,9 %

Danach hatten 1991 von den 3-10 jährigen Kindern 86,2 % einen Recorder.
Geht man davon aus, daß sich in vielen Haushalten Tonbandgeräte befinden, die den Kindern zwar nicht persönlich gehören, aber zur Verfügung stehen, dann kann man sagen, daß fast alle Kinder in der Bundesrepublik Zugriff auf ein derartiges Gerät haben und der Umgang mit ihnen selbstverständlich ist.

Interessant ist in diesem Zusammenhang, daß der Kauf von Cassettenrecordern schon fast im Babyalter beginnt. Von mehreren Firmen werden mittlerweile bunte Geräte mit abgerundeten Kanten und leicht zu bedienenden Tasten angeboten, die mehr an Bauklötze als an technische Geräte erinnern. Die passenden Cassetten werden dazu ebenfalls angeboten: Unter der Überschrift „Musik für Babys - die schönsten Melodien der Welt vom Spieluhren-Orchester“ kannman „Kuschel-Hits von Phil Collins bis Elton John“ oder „Beatles für Babies“[39] erwerben.

Dieser ganz neue Trend konnte von Manzke und Hansen noch nicht erfaßt werden. Aber ihre Zahlen zeigen bereits die Richtung an:
„Der Cassettenrecorder zieht immer früher in die Kinderzimmer ein. Die zum Zeitpunkt der Befragung 10jährigen erhielten ihr erstes Gerät mit 6,3 Jahren, also in der Regel nach der Einschulung. In der Alterstufe der 3-4jährigen liegt der Zeitpunkt des durchschnittlichen Erwerbs bei 2,11 Jahren, also noch vor dem Besuch des Kindergartens.“[40]

38 .Hansen,L./ Manzke,G.: Hexen und Monster im Kinderzimmer, Remscheid 1993, S.17
39 Werbung aus der Zeitschrift Musikwoche, Kinderttonträger special 8/1995
40 Hansen,L./ Manzke,G., S.17

Während wir davon ausgehen können, daß fast alle Kinder an einen Cassettenrecorder herankommen, wenn sie nur wollen, so wissen wir wenig über die Ausstattung und die Zugangsmöglichkeit von Kindern in Bezug auf das Radio. Der Hörfunk, noch vor 40 Jahren nach der Tageszeitung das wichtigste Medium, scheint nur noch eine geringe Rolle zu spielen. Die Kinderredaktionen der Hörfunkanstalten genießen längst nicht mehr das Renommee, das sie einmal hatten, und wieviele Kinder ihre Sendungen heute noch hören, weiß kein Mensch genau.[41] Die Studie von ARD/ZDF belegt dennoch, daß Kinder nicht wenig Radio hören. Die Ausstattung mit Geräten wurde dabei nicht erfaßt. Da viele Kinder ein Compactgerät mit Radio und Recorder besitzen und fast alle Haushalte mehrere Radios besitzen (2,4 Radiogeräte pro Haushalt[42]), ist davon auszugehen, daß die Kinder auch Radios besitzen oder zumindest nutzen können.

1.2.1.2 Reichweite

Die Kinder widmen einen nicht geringen Teil ihres Zeitbudgets auch den auditiven Medien. 82% sehen täglich fern, 46% der 6-13jährigen hören täglich Radio und 46% nutzen täglich Tonträger[43]. Beide Medien nehmen bestimmte Funktionen ein. Der „Hörfunk wird aus kindlicher Nutzungsperspektive tendenziell zum Musikmedium, in dem Ansprache/Moderation zusätzlich wichtige Funktionen wahrnimmt. Tonträger übernehmen - wiederum aus Rezipientensicht - neben eigenständigen Funktionen verstärkt die traditionellen Aufgaben des Kinderfunks, zum Beispiel die des Geschichtenerzählens, und bieten dabei durch die Vielfältigkeit des Angebots, der jederzeitigen Anhör- und Wiederholbarkeit angesichts kindlicher Nutzungsgewohnheiten und Bedürfnisse wichtige Vorteile."[44] So liegen auch die Nutzungsschwerpunkte der Kinder mit 57% auf Musik und nur zu 10% auf Kindersendungen.[45]
Eine kürzlich erstellte Untersuchung über die Reichweite von Medien macht ebenfalls Angaben über den Radiokonsum. Danach sehen täglich 71% der Kinder fern, 64% hören Cassetten, 45% lesen (Schulbücher nicht mitgerechnet), 22% spielen täglich mit einem Gameboy oder Game Gear und 20% hören Radio. Diese Untersuchung bezieht sich auf den Medienkonsum von 6-11jährigen Kindern.[46] Die Verschiebung zugunsten von Cassettenhören läßt sich mit der niedrigeren Altersgruppe erklären.

41 Pöttinger,I.: „Fernsehen darf ich nicht immer, aber Cassettenhören schon" (Diplomarbeit), Freiburg 1992, S.38
42 Bonfadelli,H.: Jugend und Medien. Befunde zum Freizeitverhalten und zur Mediennutzung der 12-29jährigen in der BRD, in: Media Perspektiven 2/1986, S.8
43 Klingler,W.: Was Kinder hören, in: Media Perspektiven 5/1994, S. 14
44 Klingler,W.: Was Kinder hören, S.19
45 Klingler,W.: Was Kinder hören, S.18
46 Treumann,K./Schnatmeyer,D./Volkmer,I., S.22

1.2.1.3 Nutzungszeiten

Beide Medien, Radio und Tonträger, sind in den Alltag eingebettet und strukturieren ihn auch mit. Während der Schultage beginnt der Radioalltag bereits zwischen 6.00 und 8.00 Uhr. Nach einer längeren Pause, sicherlich bedingt durch den Schulunterricht, steigt die Nutzung des Radios gegen 13.00 wieder an und flaut gegen 21.00 Uhr rapide ab. Die Tonträgernutzung verläuft zeitlich fast parallel.[47] Auch die Einschaltdauer unterscheidet sich im Schnitt nicht sehr. 6-13jährige hören täglich ca. 23 Minuten Radio und 19 Minuten irgendwelche Tonträger, wobei die älteren Kinder mehr hören als die Kleinen und bereits das Radio vorziehen.[48]
Interessant ist auch, daß sich Jungen und Mädchen bei der Nutzung auditiver Medien nicht unwesentlich unterscheiden. Während Mädchen im Schnitt rund 23 Minuten akustischen Tonträgern widmen, hören Jungen nur 15 Minuten zu.[49] Beim Fernsehen verkehren sich die Verhältnisse wieder.

Die nichtrepräsentative Studie von Hansen/Manzke macht noch genauere Angaben zum Cassettenhören. Hiernach wird sogar in beachtlichem Umfang am Morgen Cassette gehört.[50]

Zeit	*Gesamt*	*Mädchen*	*Jungen*
morgens	20,63 %	24,24 %	16,67 %
(nach)mittags	38,55 %	42,96 %	33,81 %
abends	50,11 %	51,52 %	48,57 %

Auch nach dieser Befragung hören die Mädchen mehr Cassette als Jungen. Deutlich wird auch, daß vor allem abends der Cassettenrecorder eingeschaltet wird. Besonders jüngere Kinder lassen sich vom ihm in den Schlaf wiegen. „Beim Betrachten der Alterstruktur fällt auf, daß die jüngeren Kinder häufiger abends Cassette hören (die 4jährigen 69,3%, die 10-jährigen 39,4%)“[51] Es scheint so, als habe die elektronische Oma das Feld weitgehend erobert.

Zur Nutzungsdauer von Kindertonträgern, vor allem von Cassetten, gibt es mehrere Untersuchungen, die sich in dem, was sie messen und welche Altersgruppe sie miteinbeziehen, grundlegend unterscheiden.
Zunächst sollen die Daten der ARD/ZDF-Studie für die Tonträgernutzung noch einmal herausgehoben werden, um einen Vergleich mit anderen Studien vornehmen zu können:[52]

47 Klingler,W.: Was Kinder hören, S. 16
48 Klingler,W. :Was Kinder hören, S. 15 f.
49 Klingler,W.: Was Kinder hören, S. 16
50 Hansen,L./ Manzke,G., S.23
51 Hansen,L./ Manzke,G., S.23
52 Klingler,W.: Was Kinder hören, S. 16

Alter		*tägliche Einschaltdauer von Tonträgern*
6 - 7	Jahre	15 Min.
12 - 13	Jahre	25 Min.
6 -13	Jahre, Durchschnitt (lt.Angaben)	19 Min.

Im Vergleich dazu zeigt eine Untersuchung von Bettina Hurrelmann u.a.[53] ein anderes Spektrum an:

Alter		*tägliche Nutzungsdauer von Tonträgern*
0 - 3	Jahre	11 Min.
4 - 6	Jahre	34 Min.
7 - 9	Jahre	44 Min.
10 - 12	Jahre	56 Min.
0 - 12	Jahre, Durchschnitt	36 Min.

Die aktuellsten Daten liefert die Untersuchung von Treumann u.a., die 1995 erschienen ist.[54]

Alter		*tägliche Nutzungsdauer von Cassetten*
6-11	Jahre, Durchschnitt	31 Min.

Alter		*tägliche Verweildauer von Cassetten*
6-11	Jahre, Durchschnitt	53 Min.

Betrachtet man die durchschnittlichen Zahlen, so kann man doch erhebliche Differenzen feststellen. Die unterschiedlichen Altersabschnitte können nicht für solche Schwankungen verantwortlich gemacht werden. Wahrscheinlicher ist, daß die verschiedenen Erhebungsmethoden dafür verantwortlich gemacht werden können. Während in der ARD/ZDF- Studie telemetrische Methoden verwandt worden sind, beruhen die anderen Zahlen auf Befragungen. Zur Unterscheidung von Nutzungsdauer und Verweildauer wird in der Untersuchung von Treumann u.a. folgendes bemerkt. „In unserer Untersuchung beträgt die tägliche Nutzungsdauer aller Hörer(innen) und Nicht-

53 Hurrelmann,B./Possberg,H.,/Nowitzky,K.: Familie und erweitertes Medienangebot. Bd. 7: Begleitforschung das Landes NRW zum Kabelpilotprojekt Dortmund. Düsseldorf 1988, zitiert nach Hurrelmann, B.: Sozialisation vor dem Bildschirm in: Funkkolleg, Studienbrief 10,Weinheim und Basel 1991, S.63

54 Treumann,K./Schnatmeyer,D./Volkmer,I., S.26

hörer(innen) von Audiocassetten im Durchschnitt 31 Minuten. Die Verweildauer, die sich dagegen nur auf diejenigen Kinder bezieht, die das fragliche Medium tatsächlich nutzen, also Hörer(innen), beträgt im Durchschnitt 53 Min. pro Tag. Die Kinder, die tatsächlich Toncassetten hören, tun es in ihrer Freizeit in einem beträchtlichen Umfang."[55]

Die Unterscheidung in Nutzungsdauer und Verweildauer ist sinnvoll, weil dadurch eher plastisch wird, daß Kinder zwar nicht täglich Cassetten hören, aber wenn, dann relativ lang. Wenn man bedenkt, daß die Geschichten auf einer Cassette zwischen 40 und 60 Min. lang sind, dann erscheint diese Rechnung ziemlich realistisch.

Allerdings bleiben die Angaben der drei Untersuchungen über den durchschnittlichen täglichen Umfang widersprüchlich.

1.2.2 Was hören Kinder: Der Umgang mit der „Software"

Kinder hören sich gerne Hörspiele an, allein oder mit ihren Freunden, vor dem Einschlafen oder bei langen Autofahrten. Die meisten von ihnen besitzen einen eigenen Recorder oder einen Walk-man und eine stattliche Anzahl von Cassetten. Von klein auf werden sie meist über Liedercassetten mit diesem Medium vertraut gemacht und können es bald ohne Hilfe und Beschränkung von Erwachsenen nach ihren Vorstellungen benutzen.

Daß Eltern gerne zum Cassettenrecorder als synthetischem Babysitter greifen, liegt auf der Hand. Während die Kinder mit dem Anhören von Cassetten beschäftigt sind, machen sie keinen Lärm, ihr Bewegungsdrang wird reduziert und sie verlangen keine Zuwendung. Außerdem haben Lieder und Hörspiele auf Cassette immer noch den Ruf, kreativitätsfördernd zu sein. Im Gegensatz zum Fernsehen muß der Sehsinn durch Phantasie ersetzt werden. Außerdem werden das Gefühl für musikalische Harmonie und Sprachverhalten geschult. Auch der Anstoß zu diesen schöpferischen Fähigkeiten begründet das Wohlwollen der Eltern gegenüber dem Hören von Cassetten. Zudem steht das Kinderhörspiel in einer langen Rundfunktradition. Auch wenn das Radiohörspiel heutzutage nur noch wenig Bedeutung hat, so genießt es doch den Ruf, Bestandteil eines bildungspolitischen Programms, also förderungswürdig zu sein.

1.2.2.1 Cassettenbesitz

Wieviele Cassetten Kinder tatsächlich besitzen, ist nicht so einfach auszumachen, weil die Kleineren noch keinen Zahlenbegriff haben.

Dennoch liefern die Untersuchungen von Hansen /Manzke und Treumann u.a. dazu genauere Daten.

Laut Hansen /Manzke besitzen Kinder Cassetten in einer Anzahl von bis über 100 Stück:[56]

55 Treumann,K./Schnatmeyer,D./Volkmer,I., S.25

56 Hansen,L. /Manzke,G., S.22

Cassettenzahl	*Gesamt*	*Mädchen*	*Jungen*
<5		8,2 %	11,9 %
<10		15,2 %	10,4 %
<15		13,0 %	11,4 %
<20		18,8 %	14,2 %
<30		15,2 %	13,8 %
<50		10,8 %	11,4 %
<100		5,6 %	7,1 %

Danach ergibt sich ein durchschnittlicher Besitz zwischen 20 und 30 Cassetten.
Die Untersuchung von Treumann u.a. unterscheidet zwischen Hörspielcassetten und Musikcassetten: [57]

Hörspielcassetten	
0	6 %
1-10	38 %
11-20	24 %
21-30	15 %
31-40	7 %
41-50	5 %
über 50	5 %
Durchschnittliche Anzahl: 19	

Musikcassetten	
0	11 %
1-10	69 %
11-20	13 %
21-30	4 %
31-40	1 %
41-50	1 %
über 50	1 %
Durchschnittliche Anzahl: 8	

Zusammengenommen ergibt dies eine durchschnittliche Cassettenzahl von 27 Cassetten. Beide Untersuchungen kommen also zu einem ähnlichen Ergebnis.
Diesem Ergebnis sind einige Zahlen aus der Industrie hinzuzufügen: 1988 wurden 25 Millionen Cassetten verkauft, 1990 lag die Zahl der verkauften Cassetten bei 20 Millionen.[58] Die Verkaufszahlen sind zwar gesunken, aber immer noch sehr hoch. Davon nehmen die Hersteller von rein kommerziell ausgerichteten Cassettenverlagen einen

57 Treumann,K./Schnatmeyer/D./Volkmer,I., S.19 f.
58 Stifung Warentest: Barbie, Kwak und Co.: 9/1991, S.33

Anteil von 95% ein[59]. Durch die Ausweitung kleinerer Verlage und die zunehmende Produktion von Liedern und Cassetten auf CD mögen sich diese Zahlen etwas verschoben haben, aber an der Grundstruktur dürfte sich vorerst wenig ändern.
Einige wenige große Verlage bringen zu Billigpreisen eine Unmenge von Cassetten und Cassettenserien auf den Markt, die mit wenigen Ausnahmen ästhetischen und pädagogischen Ansprüchen in keiner Weise genügen. Hinzu kommen eine Reihe kleinerer Cassettenverlage, deren Programme sehr unterschiedlich sind. Einige von ihnen bemühen sich krampfhaft, pädagogisch Wertvolles zu produzieren, andere gehen sehr spielerisch mit Liedern und Texten um. Die Rundfunkanstalten, die dank ihrer Qualitätsansprüche und ihrer Marktunabhängigkeit immer noch künstlerische und spannende Hörspiele und Geschichten produzieren, werden aber von Kindern nicht mehr gehört.

1.2.2.2 Exkurs: Geschichte des Hörspiels

Die Geschichte von Kindersendungen begann fast gleichzeitig mit der Entstehung des Rundfunks. Schon 1924 wurden Märchen, Legenden und Sagen von eigens dazu engagierten Schauspielern erzählt. Der „Funkheinzelmann", die „Funkprinzessin" und „Kapitän Funk" übernahmen diese nicht ganz leichte Aufgabe. Für Erwachsene versuchte man, nicht nur Erzählungen, sondern auch Bühnenstücke für Zuhörer verstehbar zu machen. Man muß sich ins Gedächtnis rufen, daß es zu dieser Zeit noch keine Tonbänder gab. Während anfangs die Texte vor dem Aufnahmemikrophon gespielt wurden, um einen realistischen Eindruck zu hinterlassen, gelang es bald durch die Einrichtung von Hörspielstudios und den Einsatz von Geräuschemachern, einen akustisch authentischen Hintergrund zu suggerieren. Immer mehr verstand man es, Dinge, die vorher nur durch Zusehen verstehbar waren, in hörbare Elemente umzuwandeln. Mehr noch: Man entdeckte, daß der besondere Reiz des Hörspiels gerade darin liegt, daß Unsichtbares anschaulich und in der Phantasie sichtbar wird. Diesen ungeheuren Vorteil konnte man sich für Kindersendungen nicht entgehen lassen. Zwerge, Riesen, Feen und Kobolde bekamen Stimmen und nahmen in der Vorstellungswelt der Kinder Gestalt an. So entstanden in den 30er Jahren Kinderhörspiele, die bereits wesentliche Elemente einer eigenständigen Kunstform enthalten. Im 3. Reich und während des Krieges wurden die Kindersendungen und das Hörspiel für Kinder nicht abgeschafft. Märchen und Sagen ließen sich widerspruchslos in das Ziel von Erhaltung des Volksguts und Brauchtums eingliedern. Allerdings fand keine wirkliche Weiterentwicklung statt.
Während im Erwachsenenhörspiel nach dem Ende des Krieges thematische und stilistische Erneuerungen zu einer Blütezeit führten, blieb das Kinderhörspiel, von einigen Ausnahmen abgesehen, traditionell, wertkonservativ bis moralinsauer. Allerdings erweiterten sich nun generell die technischen Möglichkeiten durch die Einführung

59 Stifung Warentest, S.33

von Magnettonbändern. Zeit-, Orts-, und Raumwechsel konnten durch Schnitte und Überblendung einzelner Szenen anders gestaltet werden. Die Inhalte änderten sich jedoch erst Anfang der 70er Jahre.
Die Studentenbewegung sorgte indirekt auch im Kinderhörspiel für frischen Wind. Die Redaktionen setzten sich ab von gekünstelten und gestelzten Ausdrucksformen und wollten mit dem Alltagshörspiel dafür sorgen, daß die Realität zur Ausgangsbasis für Phantasien wird. Das hatte zur Folge, daß kindliche Ängste und gesellschaftliche Utopien beim Namen genannt wurden. Die Benachteiligung von Unterschichtskindern, die Ausländerproblematik, die einseitige Erziehung von Mädchen und die Festlegung der Frau auf die Rolle der Mutter wurden in zahllosen Hörspielen dargestellt und kritisiert. Die einseitige Orientierung an der Realität hatte jedoch zur Folge, daß Phantasiegestalten, poetische Sprache und Symbole kaum noch verwendet wurden und damit das Hörspielspezifische nicht mehr zum Tragen kam.
Aus diesem Grund ist es nicht verwunderlich, wenn heute die Hörspielmacher des Rundfunks Zeiten herbeisehnen, in denen anstelle von Menschen sprechende Kaffeekannen und aufmüpfige Zwerge die kindlichen Konflikte darstellen.
Es gibt jedoch keinen eindeutigen Trend mehr. Realistische und fiktionale Geschichten stehen nebeneinander oder werden gemischt. Sie begegnen uns im Rundfunk und bei kommerziellen Cassetten hauptsächlich in Form von Hörerzählungen und Hörspielen. Während die Güte der Hörerzählungen meistens nur von der Qualität der literarischen Vorlage und der des Sprechers oder der Sprecherin abhängig ist, sind Hörspiele nicht ganz einfach zu beurteilen.

1.2.2.3 Qualitätskriterien für Hörspiele

Ob Cassetten von Verlagen oder von Hörfunkanstalten produziert werden spielt keine Rolle. Ausschlaggebend für ihre Güte sind vielmehr die einzelnen Elemente des Hörspiels: die Geräusche, die Musik, die Sprache, die Stimme, und vor allem ihr Zusammenspiel.

Geräusche und Musik

Wie bei einem Kinderbuch, das uninteressant erscheint, wenn der Text das gleiche darstellt wie das Bild, letzteres also keine zusätzlichen Informationen liefert, so ist auch ein Hörspiel langweilig, wenn der Text bereits alles ausdrückt und die Geräusche nur lärmende Untermalung sind. Weder die Geräusche noch die Musik sollten reines Beiwerk sein, sondern zur Verdeutlichung der Stimmung oder zum Fortgang der Handlung beitragen. Als reine Effekthascherei wird die von Heinz Hengst als „Doppelpunktdramaturgie"[60] bezeichnete Text/Geräusche-Mischung angesehen, bei der z.B im Text gesagt wird, daß eine Person schießt und daraufhin lautstark mehrere Schüsse fallen. Diese überdeutliche Art verhindert, daß eigene Bilder in den Köpfen der Kinder entstehen können.

60 Hengst,H.: Auf Cassetten gezogen und in Scheiben gepreßt, Frankfurt a.M. 1979, S.34

Sprecher und Stimmen

Ein weiteres oft wenig überdachtes Qualitätskriterium liegt in der Auswahl der Stimmen. Sie sind beim Hörspiel nicht nur für den Transport von Aussagen wichtig, sondern sind Stellvertreter von Charakteren. An Stimmen kann erkannt werden, ob die Person massig oder dünn, jung oder alt, quirlig oder behäbig, traurig oder gut gelaunt ist. Deshalb sind Sprecher nicht nach ihrer momentanen Berühmtheit auf dem Medienmarkt auszusuchen, sondern danach, ob sie genau zur darzustellenden Person passen. Aus Gründen der Werbewirksamkeit oder Sparsamkeit wird diese Vorbedingung bei kommerziellen Produktionen oft mißachtet. Das führt dazu, daß Charaktere klischeehaft überzogen dargestellt werden müssen.

Sprache

Ähnlich verhält es sich mit der Sprache im Hörspiel. Die Sprache sollte dem Alter des Kindes angepaßt sein, seinem Wissen und Abstraktionsvermögen entsprechen. Wenn das gelingt, ist es nicht nötig, sich durch Verkleinerungen und Verniedlichungen bei den Kindern anzubiedern. Wie man an der Aufmerksamkeit gegenüber der altertümlichen Märchensprache jedoch sieht, sind Kinder durchaus in der Lage, auch Ungewohntes verstehen zu können. Wichtig für die Radiosprache ist ihre Bildhaftigkeit.

Atmosphäre

Viele Besonderheiten des Hörspiels ergeben sich auch durch die Einbeziehung von Technik. Daß wir allein durch den Nachhall der Stimme die Größe und Funktion der Räume erahnen können, ist uns meistens nicht bewußt. Erst wenn der Raumklang mit dem Inhalt des Stückes nicht übereinstimmt, empfindet man Unbehagen. Gespräche, die draußen stattfinden, haben keinen Nachhall, aber Hintergrundgeräusche. Bewohnte Räume haben einen kurzen dumpfen Raumklang. Stimmen, die ohne Raumklang und ohne jeden Nachhall aufgenommen werden, werden als innere Stimme empfunden. Dieser Effekt kann dadurch erzeugt werden, wenn die Tonaufnahme im sogenannten „schalltoten Raum“ gemacht wird, einem Zimmer, dessen Wände durch spezielle Isolation jeden Nachhall der Stimme verhindern. Bei billig produzierten Hörspielen wird fast alles in so einem Raum aufgenommen und im Nachhinein durch Geräusche belebt. Das trägt dazu bei, daß keine Atmosphäre aufkommen kann, die das Kind in Bann zieht. Dieser Notstand kann nur durch „Action“ ausgeglichen werden.

An diesen Beispielen zeigt sich, welch eigene Gesetzmäßigkeiten das Hörspiel hat. Das Ziel, daß die Vorstellungskraft der Kinder so aktiviert wird, als könnten sie mit geschlossenen Augen alles vor sich sehen, erreichen nur wenige. Die Redaktionen des Rundfunkhörspiels haben eine lange Tradition, große Erfahrung und mehr Mittel, um diesen Ansprüchen gerecht zu werden. Dennoch hat das Hörspiel auf Cassette das Kinderhörspiel des Rundfunks in puncto Popularität längst überholt. Aus diesem Grund publizieren jetzt viele Hörfunkredaktionen ihre Kinderhörspiele in Kooperation mit privaten Verlagen.

1.2.2.4 Der Cassettenmarkt

Gegen Ende der 50er Jahre war die technische Entwicklung so weit fortgeschritten, daß die ersten Hörspielplatten auf den Markt kamen. Die Deutsche Grammophon Gesellschaft und Telefunken-Decca stiegen mit bekannten Bestsellern des Buchmarktes ein. Zehn Jahre später brachte der Philipskonzern die ersten Cassettenrecorder und Cassetten heraus. Binnen kürzester Zeit setzte sich dieses neue Tonträgersystem gegenüber den Schallplatten durch, weil es weniger anfällig war und von den Kindern selbst bedient werden konnte.

Während sich anfangs die Cassettenpreise an denen der Schallplatten orientierten, gelang es durch hohe Auflagen und Einsparungen in der Produktion, die Preise bis auf runde 6 DM zu drücken. An der Spitze der Cassettenmultis stehen heute „Karussell“, „Europa“ und „Kiosk“. Wenn man bedenkt, daß die jährlichen Verkaufszahlen um die 20 Millionen Cassetten liegen, dann kann man sich vorstellen, daß die hohen Umsatzzahlen günstige Preise möglich machen. Hinzu kommt, daß Serienproduktionen generell weniger aufwendig produziert werden. Etwas teurer sind die Cassetten der Deutschen Grammophon -Gesellschaft, die ein eigenes Programm für Kinder anbietet.Von den kleinen Verlagen ist mittlerweile der „Patmos“-Verlag in Führung gegangen, nicht zuletzt deshalb, weil sich „Swanni“, „Pläne“ und „Nashorn“ in dessen Vertrieb eingereiht haben. Darüber hinaus gibt es eine Menge kleinerer Cassettenverlage, die leider häufig ihren Namen, ihre Autoren und ihr Programm verändern, sodaß man als Käufer leicht den Überblick verliert.

Die marktführende Stellung von einigen wenigen Verlagen läßt sich nicht nur mit niedrigen Preisen erklären. Auch ihr Werbeverhalten ist offensiver. Besonders deutlich wird dies, wenn man ihre Verkaufsstrategie betrachtet: Anstatt die Cassetten in Buchhandlungen anzubieten, haben sie Werbefeldzüge entwickelt, die jedermann erreichen. Nicht nur, daß die Cassetten in der Rundfunkwerbung wie Alkohol und Waschmittel angeboten werden.Überall, wo Kinder und genervte Eltern verkehren, stehen die Ständer der großen Verlage: vor Kiosken, in Supermärkten,Tankstellen und Kaufhäusern. Genuß ohne Kariesgefahr und ruhige Fahrt auf langen Autoreisen sind durchaus Argumente, die zu Spontankäufen führen können.

Bei der Auswahl der Cassetten spielt auch oft die Bekanntheit der Titel eine große Rolle.Verkaufsfördernd sind vor allem Cassetten, deren Titel die Kinder aus dem Fernsehen kennen. Von Serien wie *Alf, Knight Rider* und den *Simpsons* wurde einfach die Tonspur des Films abgenommen und als Cassette vermarktet. Dazu werden so gut wie keine weiteren Verständnishilfen geboten. Jemand, der den Film nicht kennt, steht dem Ganzen hilflos gegenüber und begreift weder die Charakterisierung der Personen noch den Fortgang der Handlung. In manchen Fällen würde es die Handlung unabdingbar machen, daß ein Sprecher zwischen den einzelnen Szenen vermittelt, weil gerade Ortswechsel in Filmen nur bildlich angedeutet werden. Aber die Kosten für Lizenzen sind hoch, so daß an Regie- Dramaturgie- und Schauspielerkosten gespart wird.Da es sich aber meistens um vielgesehene Serien handelt, haben die Kinder wenig Schwierigkeiten mit diesem Verfahren. Ob man diese Art von Cassetten als „Hörspiel“ bezeichnen kann ist allerdings fraglich.

1.2.2.5 Medienverbund

Bezeichnend für einen Gutteil der Billigproduktionen ist, daß sie gleichzeitig mit anderen Gegenständen, die mehr oder weniger mit den Titelhelden zu tun haben, auftreten. Über lange Zeit galt es als besonders verkaufsförderlich, wenn z.B. zusätzlich zur *Pumuckl* - Cassette auch noch Kissen, Zahnbürsten und Schulhefte mit dieser Figur verziert wurden. Diese Art von Merchandising wurde verstärkt durch das Auftreten der gleichen Figuren in Filmen oder Comics. Heutzutage hat sich der „Medienverbund“[61] auf alle möglichen Produkte ausgeweitet. Auch hier liegen mittlerweile neue Daten vor, die unterschiedliche Aspekte des gleichen Themas wiedergeben.

In der Untersuchung von Hansen/Manzke lautete die Frage: „Gibt es zu den Serien oder Einzeltiteln Aufkleber, Bücher, T-Shirts, Videos, Spielzeug ?“

Hier antworteten die Befragten folgendermaßen:[62]

1. Bücher	55,8 %
2. Spielzeug	39,5 %
3. Aufkleber	28,0 %
4. Comics	22,9 %
5. T-Shirts	19,2 %

Auf die Frage: „Wo taucht deine Lieblingsfigur bei dir noch auf ?“ antworteten in der Untersuchung von Treumann u.a. die Kinder folgendermaßen:[63]

1. Auf Kleidungsstücken	41 %
2. Beim Spielzeug	35 %
3. In Büchern	29 %
4. Auf Stickern	28 %
5. In Comics	22 %
6. Auf anderen Cassetten	14 %

Auch wenn die Ergebnisse etwas differieren, weil auch die Fragestellung etwas anders war, so bleibt das Phänomen, daß die Medienfiguren mehrfach verwertet werden. Durch diese Vermarktung erhoffen die Hersteller, ihren Absatz steigern zu können. „Es ist anzunehmen, daß dies auch zutrifft, denn Kinder ‚lieben‘ ihre Figuren und der Besitz ‚medialer Insignien‘ bringt Anerkennung von Seiten der Peergroup. Es zeigt sich, daß Kinder als kaufkräftige Verbraucher ernst genommen werden. Laut Schüler-

61 Rogge,J.: Der Schallplatten - und Cassettenmarkt für Kinder, in: Jensen,K./Rogge,J.: Der Medienmarkt für Kinder in der BRD, Tübingen 1980, S.135

62 Hansen,L. /Manzke,G., S.25

63 Treumann, K./Schnatmeyer/D.,Volkmer,I., S. 17

Mediaanalyse (1991) erhalten bundesdeutsche Kinder über rund 3,6 Milliarden Mark Taschengeld im Jahr, das ihnen zur freien Verfügung steht. Und nicht nur das: Sie üben starken Einfluß auf die Käufe ihrer Eltern aus. Bei diesen Summen ist es nicht verwunderlich, daß die kommerzielle Programmindustrie schon längst die Bedeutung der Toncassetten für den kommerziellen Medienverbund entdeckt hat. Die ursprünglichen Toncassettenserien wie etwa *Benjamin Blümchen* und *Bibi Blocksberg* sind zum Ausgangspunkt eines umfangreichen Merchandisingsystems geworden.“ [64]

1.2.2.6 Präferenzen

An den Umsatzzahlen der großen Cassettenkonzerne läßt sich bereits die Vorliebe der Kinder für Serien ablesen. Ihr Angebot umfaßt nur wenige Genres. Da Kinder aber meist ein buntes Gemisch aus Kinderliedern, Märchen, Abenteuergeschichten und Popmusik besitzen, fragt man sich, inwieweit der Markt wirklich mit den Vorlieben der Kinder korrespondiert.

Die zwei vorliegenden Untersuchungen sollen hier Aufschluß geben. Sie unterscheiden sich etwas in der Definition der Genres. Um einige Beispiele zu nennen: „Funnies“ entsprechen wahrscheinlich den Phantasiegeschichten wie *Benjamin Blümchen* oder *Bibi Blocksberg*. „Englischsprachiger Mainstream“ dürfte der Kategorie „Pop-Musik“ nahekommen. Unter „Literarische Vorlagen“ fallen Cassetten wie *Heidi, Pippi Langstrumpf* oder *Fünf Freunde*. „Mädchencassetten“ haben *Barby, Wendy* oder *Hanni und Nanni* als Hauptfiguren und beziehen sich fast ausschließlich auf mädchenspezifische Themen. (Allerdings müßten dann eigentlich die „Action/Abenteuer“-Cassetten mit den Hauptfiguren *He-Man, Knight Rider* oder *Batman* als „Jungencassetten“ bezeichnet werden. Alles andere ist Scheinobjektivierung). Bei der Kategorie „Fernseh-Vorlagen“ liegen die Untersuchungen allerdings relativ weit auseinander. Bei Hansen/Manzke wird dies als eigene Kategorie benutzt, bezieht sich aber nur auf Kindersendungen wie *Alf* und die *Schlümpfe*. Treumann u.a. schlagen sie den einzelnen anderen Genres zu.

Die Cassetten der Kinder wurden in der Arbeit von Hansen und Manzke in Kategorien eingeteilt:[65] Die Rangliste der beliebtesten Genres wurde zusammengestellt aus den Antworten auf die Frage nach dem, was gehört wird. Danach ergibt sich folgendes Bild:

Genre	*Jungen*	*Mädchen*
1. Funnies	55,2 %	73,6 %
2. Märchen/ Lieder	33,3 %	54,9 %
3. Action/Abenteuer	72,2 %	12,5 %
4. Literarische Vorlagen	35,7 %	34,1 %
5. Popmusik	34,2 %	32,5 %

64 Treumann, K./Schnatmeyer,D./Volkmer,I., S. 17 f.

65 Hansen,L. /Manzke,G., S.18

6. Fernsehvorlagen	22,4 %	23,3 %
7. Disney-Vorlagen	11,9 %	15,1 %
7. Mädchencassetten	3,8 %	21,2 %

In der Untersuchung von Treumann u.a. wurde gefragt: „ Welche Cassetten hörst du zur Zeit eigentlich?“ Aus den Antworten ergab sich folgende Genreaufteilung:[66]

Genre	*gesamt*
1. Phantasiegeschichten	73 %
2. Englischspr. Mainstream	33 %
3. Dedektivgeschichten	19 %
4. Märchen/Sagen/Fabeln	17 %
5. Kinderspez. Musik	10 %
6. Action	10 %
7. Abenteuergesch.	8 %
8. Mädchengesch.	7 %

Da weder die Fragestellung noch die Genreeinteilung identisch ist, lassen sich nur allgemeine Schlüsse ziehen. Besonders beliebt scheinen Hörspielcassetten zu sein, die lustige und phantastische Geschichten zum Inhalt haben und Musikcassetten mit Kinderliedern und aktueller Popmusik. Aber auch Abenteuer-, Krimi- und Actionstories sowie Märchen nehmen in der Rangfolge gute Plätze ein.

Der hohe Umsatz von Billigproduktionen wird weniger durch die Vielzahl an eigenständigen Titeln erreicht, sondern hauptsächlich durch die Produktion von Serien. Bis April 1994 wurden von *TKKG* 83 Folgen auf den Markt gebracht.Auch *Benjamin Blümchen* mit 77 und *Bibi Blocksberg* mit 60 Folgen gehören zu den längsten Serien.[67] In diesen Folgen sind die Titelfigur und das direkte Drumherum das Allerwichtigste. Konstanter als alle Erwachsenen sein können, tauchen die „Helden“ jeden Abend vor dem Zubettgehen aus dem Cassettenrecorder auf und erfreuen sich als nie widersprechende Begleiter großer Beliebtheit. Tatsächlich führen nur wenige Figuren die Hitliste der Kindervorlieben an:

66 Treumann,K./Schnatmeyer,D./Volkmer,I., S.32

67 Kallbach,K. (Hg.): Hören-lesen-Hören, Bad Homburg 1994, S.130

Rangfolge der am häufigsten genannten Titel nach Hansen /Manzke:[68]

Titel	*Gesamt*	*Mädchen*	*Jungen*
Benjamin Blümchen	38,8 %	35,5 %	42,4 %
Bibi Blocksberg	21,8 %	33,3 %	9,0 %
TKKG	11,1 %	7,8 %	14,8 %
Knight Rider	10,0 %	4,8 %	16,2 %

Rangfolge der beliebtesten Einzeltitel nach Hansen/Manzke:[69]

Titel	*Gesamt*	*Mädchen*	*Jungen*
Benjamin Blümchen	7,5 %	8,7 %	6,2 %
Bibi Blocksberg	6,8 %	10,8 %	2,4 %
Turtles	5,1 %	0,4 %	10,5 %
TKKG	4,3 %	3,0 %	5,7 %

In der Rangfolge, die in der Untersuchung von Treumann u.a. zur Frage nach Lieblingsfiguren aufgestellt wurde, stehen *Benjamin Blümchen* und *Bibi Blocksberg* an oberster Stelle:[70]

Benjamin Blümchen	19 %
Bibi Blocksberg	19 %
Alf	5 %
Pippi Langstrumpf	3 %
Turtles	3 %

Diese eindeutige Spitzenposition in der Beliebtheitsskala bei Kindern kann man sicher auch an der hohen Auflage der Serien und dem Merchandisingverfahren der Firmen ablesen. Ob dies die einzigen Gründe für ihre große Popularität sind, wird im Folgenden noch zu klären sein.

Die hier aufgezeigten Nutzungsdaten und Präferenzen können als Grundlage für weitere Interpretationen herangezogen werden. Es wird nun deutlicher, was Kinder konsumieren und wie Kinder Cassetten benutzen, aber erst die Reflexion über Rezeptionsgründe gibt uns Aufschluß über das „Warum".

68 Hansen,L. /Manzke,G., S.18
69 Hansen,L. /Manzke,G., S.20
70 Treumann,K./Schnatmeyer,D./Volkmer,I., S.34

Kapitel 2 Ergebnisse der Rezeptionsforschung

2.1 Grundpositionen der Rezeptionsforschung

Ein Leben ohne Massenmedien ist heute kaum noch vorstellbar. Selbst bei Kindern klingelt schon morgens der Radiowecker, und der Tag geht mit einer Gute-Nacht-Geschichte aus dem Recorder zu Ende. Dazwischen liegen mehrere Stationen mit Fernsehen und Computerspielen.

Der Weg vom Sender zum Empfänger wurde schon immer kritisch betrachtet, wobei die Aufmerksamkeit sich zunächst stärker auf den Sender richtete, dann mehr auf den Empfänger und schließlich die Wechselwirkungen und Begleitumstände von beiden genauer betrachtet wurden. Die Rezeptionsforschung kann man also grob in drei Sichtweisen einteilen:

- die Wirkungsforschung, bei der gefragt wurde, was der Sender mit dem Empfänger macht und welche Einfluß-und Manipulationsmöglichkeiten er hat; (Phase der wirkungsstarken Medien)
- die Nutzenforschung oder „uses and gratification"-Forschung, bei der es darum ging, was sich der Empfänger beim Medium abholt; (Phase der wirkungsschwachen Medien)
- die interaktionistische Forschung, in der es darum geht, bei welchen persönlichen oder sozialen Mustern überhaupt die Reize ankommen (Phase der neuen Konzepte).

An einem Beispiel soll gezeigt werden, wie gleiches Medienverhalten von allen drei Perspektiven aus sehr unterschiedlich definiert werden kann.

Bei der Diskussion um Gewaltdarstellung in Medien zeigte sich, daß die Wirkungsforschung ein starkes Interesse daran hatte, einen direkten kausalen Zusammenhang herzustellen. Kraß ausgedrückt: je mehr Privatfernsehen, desto mehr Straftaten. Die Nutzenforschung untersuchte genau die Jugendlichen und stellte z.B. fest, daß Jugendliche, die viel fernsehen, generell verunsichert und verängstigt sind und dann vielleicht inadäquat, aber nicht aus innerer Aggression gewalttätig auf ihre Umwelt reagieren. Ein Beispiel für die interaktionistische Forschung läge in der Begründung, daß nur Kinder, die Gewalt von zuhause aus gewohnt sind, Gewalt als Lösungsstrategie aus dem Fernsehen abschauen können.

Während sich die beiden erstgenannten Ansätze diametral gegenüberstehen, ist der letztere eher vermittelnd und versucht, Strukturen nachzuzeichnen.

Anhand der folgenden Skizze kann man beobachten, wie sich im Laufe der Zeit die Sichtweisen verändert haben.[71]

71 Amplituden der Medienwirkungsforschung, Skizze von Dornsbach, aus Kübler,H.D.: Kommunikation und Massenkommunikation, Münster und Hamburg 1994, S. 163

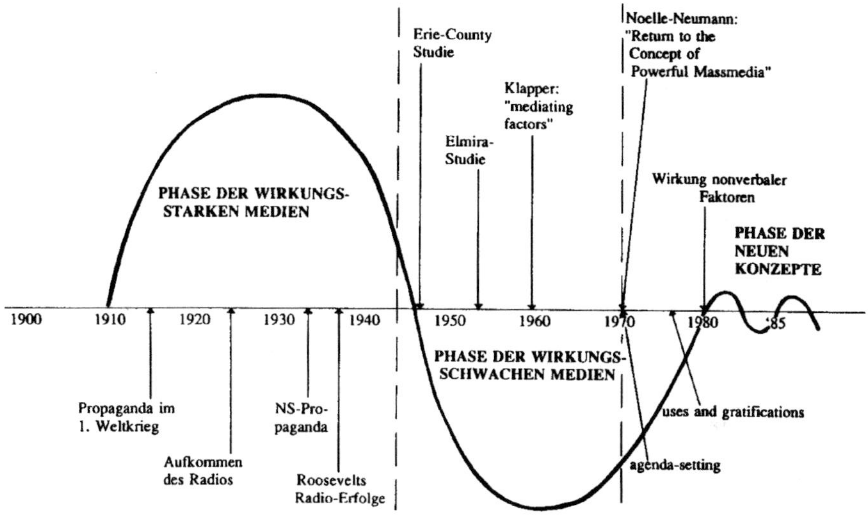

Amplituden der Medienwirkungsforschung

Nicht alle Studien können hier verglichen und aufgeführt werden. Sehr viele kommunikationswissenschaftliche Arbeiten widmen sich diesem Thema ausführlich. An einigen Beispielen sollen hier die Hauptströmungen erläutert werden, die für die Medienerziehung besonders relevant waren.

2.1.1 Der Wirkungsansatz

Die Anfänge der Medienforschung sind in den USA der 20er Jahre zu suchen. Parteien, staatlichen Instanzen und Wirtschaftsunternehmen wollten wissen, welche Auswirkungen das Radio auf die Meinung der Menschen hat. Sie wollten ihre politischen Propagandakampagnen und kommerziellen Werbefeldzüge darauf einrichten. Eine besonders bekannte Studie dieser Art, die zugleich ein Umdenken eingeleitet hat, war die Arbeit von Paul Lazarsfeld u.a. aus dem Jahr 1944, die im Zusammenhang mit der Präsidentschaftswahl 1940 erstellt worden war. Sie sollte die Frage klären, welchen Einfluß die Massenmedien auf das Wahlverhalten habe.

Bis zu dieser Untersuchung ging man von der Vorstellung aus, daß sich durch bestimmte Reize bestimmte Reaktionen auslösen lassen. Da man durch Medien die Möglichkeit habe, auf vereinzelte Individuen (disperses Publikum) einzuwirken, glaubte man fest daran, daß sich durch Propaganda auch die erwünschte Reaktion herbeiführen lassen würde. Die Untersuchung von Paul Lazarsfeld u.a.[72] brachte ein gegenteiliges Ergebnis. Nur 5% der untersuchten Personen änderten während der Radiokampagne ihre vorher gefaßte Meinung. Der Widerstand gegenüber massenmedialer Beeinflussung war also sehr viel größer als angenommen. Damit war das sog. „Reiz-Reaktions-Modell" gescheitert. Dennoch folgten zunächst noch mehrere bedeutsame Untersuchungen, die die Zusammenhänge klären sollten. Wenn schon kein direkter Einfluß nachgewiesen werden kann, dachte man, würden Einstellungsänderungen vielleicht auf Umwegen zu erreichen sein. Gerade in der Auseinandersetzung um Gewaltdarstellungen in den Medien flammten derartige Diskussionen immer wieder auf. Man bezog sich vor allem auf ein Experiment des amerikanischen Forschers Albert Bandura.[73] Er hatte Kindern einen aggressiven Film gezeigt und sie anschließend mit einer lebensgroßen Puppe konfrontiert. Da Kinder ihre aufgestauten Energien an der Puppe ausließen, schloß man auf einen direkten Zusammenhang zwischen einem Film mit Gewaltszenen und anschließendem aggressivem Verhalten von Kindern. Die Anlage des Experiments war aber so realitätsfremd (Laborversuch), daß man sich hüten muß seiner Imitationsthese zu folgen. Später konnte in keiner einzigen Untersuchung ein unmittelbarer Zusammenhang herstellt werden. Das bedeutet jedoch noch nicht, daß es nicht Bedingungen geben kann, die die Wahrscheinlichkeit einer indirekten oder langfristigen Beeinflussung erhöhen. Würde man radikal alle Zusammenhänge ausschließen, würde sich jedwede Werbung in Print-, Hör- und audiovisuellen Medien erübrigen. Die Bedingungen der Überzeugungsveränderung, folgerte man, liegen zum Teil im Rezipienten selbst.

2.1.2 Der Nutzenansatz

Die Nutzenforschung focussierte nun stark den Rezipienten. Der „uses and gratifications approach"[74] fragte vor allem danach, welchen Nutzen und welchen Vorteil der Empfänger aus dem Medienkonsum für sich zieht. Anders ausgedrückt: Es wurde untersucht, warum bestimmte Personen bestimmte Medien benutzen und was sie von dieser Tätigkeit haben. Dadurch wurde der Wirkungsansatz auf den Kopf gestellt. Während der Rezipient im ersten Fall ein passives Opfer der Medien zu sein schien, erhielt er nun die Rolle des aktiven Nutzers. Im Bereich der Medienforschung über Kinder erschienen international mehrere Untersuchungen, die die Funktion des Medienkonsums herausstellten.[75] Danach benutzen Kinder unterschiedliche Medien um etwas zu lernen, sich zu entspannen, aus Gewohnheit, um sich abzulenken, um Spannung zu empfinden, um nicht allein zu sein oder einfach aus Zeitvertreib. Besonders die Züricher Untersuchungen von Bonfadelli/ Saxer[76] stellten die Motivationen der Kinder dar.

72 Lazarsfeld,P/. Berelson/Gaudet (1944), übersetzt in: Wahlen und Wähler, Neuwied 1969
73 BanduraA.: Social Learning Theory, Englewood Cliffs, NJ: Prentice Hall, 1977
74 Blumler,J. /Katz,E. The uses of mass communications, Beverly Hills:Sage, 1974
75 vgl. Charlton,M.//Neumann-Braun,K.: Medienkindheit-Medienjugend, S.45-55
76 Bonfadelli,H./Saxer,U.: Lernen, Fernsehen und Lernen, Zug 1986

Besonders erwähnenswert ist die in dieser Zeit erforschte These des „agenda-setting“[77]. Sie besagt, daß es den Medien nicht gelänge, den Menschen zu vermitteln, was sie denken sollen. Vielmehr hätten die Medien Einfluß darauf, worüber sie nachzudenken haben. Das Initiieren, Plazieren und Besetzen von öffentlichen Themen entspricht heute mehr denn je der Art, wie Nachrichten und Werbung an den Rezipienten herangetragen werden.

2.1.3 Interaktionistische Ansätze:

In den letzten Jahren kamen auch aufgrund veränderter Forschungsmethoden (qualitative Methoden) neue Ansätze zum Tragen, die den Menschen und die Medien in Zusammenhang mit einem ganzen Netz von Einflußfaktoren sehen. Je nach Gewichtung stellen sie zeitliche, räumliche oder strukturelle Aspekte heraus. Zu nennen wären hier

- medienbiographische Ansätze, die z.B. in Einzelfallstudien belegen, daß in der Kindheit erlernte Rezeptionsweisen den späteren Medienkonsum beeinflussen (Rogge 1982)[78],
- medienökologische Ansätze, die z.B. anhand von Gruppenuntersuchungen auf dem Land und in der Stadt das unterschiedliche Medienverhalten aufdecken (Baacke, Sander, Vollbrecht 1988)[79],
- strukturanalytische Ansätze, die z.B. sowohl den sozialen Kontext als auch die psychologische Entwicklungsstufe mit der Nutzung bestimmter Medieninhalte in Zusammenhang bringen (Charlton/Neumann 1986)[80],
- ethnomethodologische Ansätze, die z.B. aus der Art des Fernsehkonsums auf bestimmte Familientypen mit festen Nutzungsmustern schließen (Kellner 1977)[81].
  Die Komplexität von untersuchungswürdigen Faktoren drückt sich auch in der Beschreibung dessen aus, wie Medienkommunikation vor sich geht.

Angelehnt an die klassische Lasswellsche Formel „Who says what in which channel, to whom, with what effect“ [82] gilt für die Vertreter interaktionistischer Ansätze folgende Fassung der Kommunikationsstruktur:

Die Menschen

- mit ihren jeweils spezifischen individuellen, gruppentypischen und alterstypischen Themen, die das Handeln sinnvoll leiten (handlungsleitende Themen)

---

77 Cohen B.: The Press, The Public and Foreign Policy, Princton 1963

78 Rogge,J.-U., Die biographische Methode in der Medienforschung.: in: medien + erziehung, 26/1982, S.273-287

79 Baacke, D./Sander,U.Vollbrecht,R.: Sozialökologische Jugendforschung und Medien, Publizistik 33 (2/3), S.223-242

80 Charlton,M./Neumann,K.: Medienkonsum und Lebensbewältigung in der Familie, München 1986

81 Kellner,H.:Fernsehen als Sozialisationsfaktor, Media Perspektiven 11/1977 S.636-643

82 Lasswell,J.:The structure and Function of Communication in Society, 1948

- treffen in Situationen auf symbolisches Material ihrer Kultur (Medien und ihre Symbolik)
- mit dessen Hilfe sie sich im jeweiligen Situationskontext orientieren.
- Dazu eignen sich gerade Kinder die kulturelle Symbolik der Medien subjektiv an und verarbeiten sie thematisch (Erlebnis, Erfahrung, Wahrnehmung)
- um sich selber oder der sozialen Umwelt etwas mitzuteilen.[83]

An diesen neuen Ansätzen wird sichtbar, daß das Problem letzten Endes nicht an der Perspektive liegt, von der aus man die Medien oder den Rezeptionsprozeß betrachtet, sondern vor allem an der Komplexität der zu untersuchenden Phänomene. „Aus ihrer Komplexität folgt, daß das, was mit dem globalen Begriff der Wirkung bezeichnet wird, in Wahrheit ein nicht bis ins letzte zu entwirrendes Geflecht ist von Wirkung, Gegenwirkung, Wechselwirkung, von Neben-, Mit- und Nachwirkung, von kurzfristigen und langfristigen, von offenen und latenten, von kognitiven und emotionalen, von teils einander verstärkenden, teils einander neutralisierenden Wirkungen. Dabei ist diese Aufzählung keineswegs vollständig; in forschungsmethodischer Sicht z.B. wäre weiter zu unterscheiden zwischen möglichen, wahrscheinlichen und tatsächlichen Wirkungen. Und dann wäre noch immer nicht zwischen den verschiedenen Medien unterschieden worden!“ [84]

2.2. Rezeptionsforschung und Pädagogik

Wurde die Art und Weise, wie Kinder mit Medien umgehen im ersten Kapitel beschrieben, so soll nun darauf eingegangen werden, welche Auswirkungen beobachtet werden können und welche Motivationen dem Medienkonsum zugrunde liegen. Gerade in der Kinder-und Jugendforschung lassen sich die Wirkungs- und Nutzenthesen in ihrer Ausschließlichkeit nicht mehr aufrechterhalten.

2.2.1 Der Rezeptionsvorgang

Der Alltag, in den die Kinder hineingeboren werden, ist von zunehmender Mediatisierung und Kommerzialisierung geprägt. Erwachsene und auch schon Kinder haben, losgelöst von verbindlichen Normen, mehr Handlungsspielräume und Möglichkeiten einer individuellen Lebensführung. Diese Individualisierung bringt jedoch mehr Einsamkeit und ein größeres Risiko des Scheiterns mit sich. Da die Familien nicht mehr genügend Halt bieten, vergrößern sich die Einflußmöglichkeiten von peer groups, Institutionen wie Kindergarten und Schule, aber auch von Medien und Industrie. „Sie erweitern nicht nur Spielräume, sondern bergen auch das Risiko, daß die Heranwachsenden zum Spielball der Themen, Moden und Konjunkturen, eben all dessen werden,

83 Bachmair,B.: Analyse symbolischer Vermittlungsprozesse am Beispiel von Kindergruppen, in: Baacke,D./ Kübler,H.(Hg.): Qualitative Medienforschung, Tübingen 1989, S.194 ff.

84 Merkert,R.: Medien und Erziehung, Einführung in pädagogische Fragen des Medienzeitalters, Darmstadt 1992, S.27

was die Medien- und Kulturindustrien jeweils auf die Tagesordnung setzen."[85] Damit ist das Ambivalente der Mediennutzung bereits angedeutet. Einerseits ist eine Erweiterung von Handlungsalternativen durch Medien durchaus positiv anzusehen. Andererseits sind die Alternativen von der Industie vorgegeben und deshalb mit äußerster Skepsis zu betrachten. Wie die Kinder sich durch diesen Dschungel an Reizen bewegen und durchschlagen, ist für Erwachsene manchmal schwer zu begreifen. Verschiedene Erklärungsmuster bieten sich hier an.

2.2.1.1 Rezeption und kognitive Entwicklung

Gerhard Tulodziecki stützt sich bei der Beschreibung kognitiver Strukturen von Kindern nicht direkt auf Jean Piaget und Lawrence Kohlberg, sondern auf Arbeiten von Harvey/Hunt/Schroder (1961) und entwickelt daraus ein fünfphasiges Konzept[86]

- *Fixiertes Denken:* Auf dieser Stufe ist das Denken im wesentlichen darauf fixiert, daß es für jede Situation nur eine angemessene Handlungsweise oder Beurteilung gibt. Bezogen auf die Mediennutzung bedeutet dies, daß in bestimmten Situationen, z.B. Langeweile, nur eine Verhaltensmöglichkeit bleibt, wie das Einschalten des Fernsehers. Als Medieninhalte bevorzugen Kinder „schwarz-weiß"- Darstellungen, d.h. stark vereinfachte Typisierungen. Das Denken ist von Sinneseindrücken bestimmt und eine Unterscheidung zwischen Fiktion und Realität kaum möglich. Auf Toncassetten bezogen würde sich hiermit der stark ritualisierte Gebrauch, z.B. das Hören vor dem Einschlafen, erklären und der Hang zu klischeehaften Geschichten.

-*Isolierendes Denken:* Hier kommen Alternativen ins Bewußtsein, werden aber nicht gewichtet und bewertet, sondern isoliert betrachtet. Das Kind erlebt dadurch Verunsicherungen und entscheidet sich in der Regel nach dem spontanen Bedürfnis für das eine oder andere Medium. Auf Medieninhalte bezogen bedeutet das, daß Relativierungen von gut-böse oder richtig und falsch getroffen, aber nur begrenzt verarbeitet werden können. Auch die Unterscheidung von Fiktion und Realität fällt noch schwer.

- *Konkret differenzierendes Denken:* Nun sind Kinder in der Lage, unterschiedliche Problemlösungen und Handlungsmöglichkeiten hinsichtlich verschiedener Vor- und Nachteile auszuloten. Entscheidungen werden häufig danach gefällt, welche Handlung Vorteile bietet. Nun können Personen und Verhaltensweisen von Medienfiguren beschrieben und beurteilt werden. Fiktion und Realität können mühelos auseinandergehalten werden. Die Auswahl von Medien kann nun aufgrund von „Geschichten" und nicht nur von Versatzstücken gefällt werden. Identifizierungen mit Stärken und Schwächen von Medienfiguren ist nun möglich.

85 Hengst, H.: Medienkindheit heute, in: Aufenanger,S. (Hg.): Neue Medien- neue Pädagogik, Bonn 1991, S.22.

86 Tulodziecki,G./Schlingmann,A./Mose,K. u.a.: Handlungsorientierte Medienpädagogik in Beispielen, Bad Heilbrunn 1995, S. 28 ff.

- *Systematisch-kriterienbezogenes Denken:* Problemlösungen und Handlungsmöglichkeiten können nun nach bestimmten Kriterien beurteilt werden. Aufgrund von diesen Kriterien können Entscheidungen getroffen und begründet werden. Die Medienauswahl kann nun bewußt erfolgen nach sozialen, emotionalen oder ästhetischen Kriterien.
- *Kritisch-reflektierendes Denken:* Auf dieser Stufe kann sogar die Begründung der Medienauswahl überdacht werden, weil es noch höhere Kriterien gibt. Es ist ein bewußter, selbstbestimmter Umgang mit Medien zu erwarten. Argumente für und wider können intellektuell angegangen werden.

Derartig grobe Einteilungen haben immer den Nachteil, daß sie nicht für alle Kinder gleichermaßen gelten. Es sind Überblicke, die durch kulturelle, familiäre und individuelle Überformungen ganz anders aussehen können. Nach der o.g. Einteilung gilt, daß Kinder der ersten beiden Grundschulklassen sich noch auf dem Niveau der ersten beiden Stufen befinden und sich die weiteren Stufen langsam darauf aufbauen. Von dieser Vorstellung geht auch Jan-Uwe Rogge aus. „Erst ab dem zehnten Lebensjahr können Kinder die Handlung in einer zeitlich-logischen Reihenfolge wiedergeben, sind sie in der Lage, zu interpretieren und zu deuten, läßt es ihr Abstraktionsvermögen zu, Bezüge zwischen den Szenen herzustellen. Wenn jüngere Kinder - zwischen drei und sechs Jahren - ausschließlich detailorientiert erzählen, dann heißt das nicht, Kinder hätten die Handlung nicht verstanden. Jüngere Kinder haben eine perspektivische Wahrnehmung, d.h. sie nehmen jene Teile einer Handlung wahr, die für sie wichtig sind. So können Kinder Teile einer Handlung, die für sie unwichtig sind, überhören, während jene Szenen, die für sie besondere Relevanz besitzen, ständig genannt und immer aufs Neue gehört werden. Sie werden permanent wiederholt. Und dies kann Eltern anzeigen, welche inneren Themen beim Kind von Bedeutung sind, welche sie gerade bearbeiten."[87]

2.2.1.2 Rezeptionsprozeß

Die folgenden Aussagen basieren vor allem auf Ergebnissen der Freiburger Arbeitsgruppe „Strukturanalytische Rezeptionsforschung"[88]. Sie untersuchte in einer Längsschnittuntersuchung vor allem den Medienkonsum jüngerer Kinder.[89] Durch teilnehmende Beobachtung versuchte sie, verschiedene Bedingungen miteinander in Verbindung zu bringen, um den Rezeptionsprozeß so genau wie möglich nachzeichnen zu können. Wichtig bei der kindlichen Rezeption sind danach folgende Faktoren:

87 Rogge, J.: Hören als Erlebnis,in: medien praktisch 3/1995, S.32

88 Charlton,M./ Neumann- Braun,K.: Medienkindheit-Medienjugend, S. 85-100

89 Charlton, M./Neumann, K.: Medienkonsum und Lebensbewältigung in der Familie, Methoden und Ergebnisse der strukturanalytischen Rezeptionsforschung-mit fünf Falldarstellungen, München 1986

- die soziale und räumliche Situation, in der sich das Kind beim Medienkonsum befindet,
- der emotionale Hintergrund und das Bedürfnis des Kindes,
- der kognitive Entwicklungstand des Kindes,
- das konsumierte Medienprodukt.

Das bedeutet, daß es beim Rezeptionsprozeß nicht nur darauf ankommt, was gesehen oder gehört wird, aus welcher individuellen Disposition rezipiert wird, sondern auch in welchem Rahmen die Rezeption vonstatten geht. Das soziale und häusliche Ambiente spielen als Ausgangslage eine entscheidende Rolle. „Ganz unabhängig vom dargebotenen Inhalt hat die Nutzungssituation einen eigenständigen Einfluß auf das Handeln. Durch ihre Konsumgewohnheiten verschaffen sich Menschen Orientierungspunkte zur Gestaltung ihres Alltags.“[90] Jede Rezeption verläuft prozeßartig, wobei strukturelle Aspekte den inneren und äußeren Rahmen bestimmen. Lebensbewältigung und Identitätsbildung spielen sich in ihm ab.

- Kinder wählen in der Vorphase des Rezeptionsprozesses aus einem breiten Angebot ein bestimmtes Medium oder einen bestimmten Medieninhalt aus. „Kinder gehen entsprechend ihren handlungsleitenden Themen thematisch voreingenommen in die Rezeptionssituation.“[91]
- In der Hauptphase erfolgt eine Auseinandersetzung mit dem Inhalt auf der Basis seines eigenen Sinnverstehens (Identifikation oder Vergleich mit sich und seiner Situation). „In der Konfrontation mit den Handlungs- und Identitätsentwürfen der Mediengeschichten kann das Kind sich mit seiner eigenen Situation und seinem eigenen Handeln ohne äußeren Handlungsdruck auseinandersetzen und so zu einem neuen Verständnis seiner selbst kommen.“[92] Bemerkenswert ist, daß sich Kinder nicht nur „illusiv“ auf die Geschichte einlassen, sondern auch „in-lusiv“ Distanzierungsformen entwickeln, was ihnen möglich macht, das herauszupicken, was sie brauchen.
- In der Nachphase arbeitet das Kind an der Vermittlung von Medieninhalten und eigener Lage. Untersuchungsergebnisse der strukuranalytischen Forschung zeigen, daß sich Kinder über den Medienkonsum Informationen und Symbolisierungen aneignen. Sie kommunizieren vor, während und nach dem Konsum mit ihrer Umgebung und gestalten so ihre Rolle in der Familie mit. Sie bearbeiten durch die Themen der Medien ihr Selbst unter dem Aspekt von Lebensbewältigung[93].

Medien haben für Kinder also eine wichtige Funktion zur Bewältigung ihres Alltags gewonnen.„Genauso wie die Kommunikation mit konkreten Mitmenschen dient dieser Person die Medienkommunikation zur Orientierung und Bedürfnisbefriedigung,

90 Charlton, M./Neumann, K.: Medienkonsum und Lebensbewältigung in der Familie, S.9

91 Schneider,S.: Wie Kinder Medien gebrauchen, in : DJI: Handbuch Medienerziehung im Kindergarten, Teil 1, S. 163

92 Schneider, S., S. 164

93 Schneider, S., S. 165-168

zur Identitätsbewahrung und zur Lebensbewältigung. Medien ermöglichen ihrem Benutzer in einer hervorragenden Weise die Teilhabe an der sozialen Welt, sie schränken aber auch diesen Spielraum zu einem individuellen Weltverständnis wieder ein, indem sie bestimmte Tatbestände vor anderen herausheben und betonen (...) und dabei zugleich bestimmte Schlüsse und Gedankenverbindungen nahelegen."[94]

Diese Ausführungen sind Beschreibungen von psychosozialen Vorgängen. Während Tulodziecki eher den kognitiven und moralischen Entwicklungsaspekt für den Medienkonsum hervorhebt, betrachten Charlton und Neumann zusätzlich die Rezeptionssituation, die Umgebung und das innere Bedürfnis des Kindes. Auch wenn die Schwerpunkte in ihrer Begründung anders gesetzt werden, ergänzen sie sich letzten Endes. Beide Erklärungsmuster sind wichtig für die Analyse kindlichen Medienkonsums, aber dadurch, daß sie auf einer rein beschreibenden Ebene bleiben, legen sie den Schluß nahe, daß Kinder schon wüßten, was sie brauchen und wie sie das Medienangebot verantwortlich nutzen können.
Dennoch bleiben, unter einem pädagogischen Blickwinkel betrachtet, Probleme auf die genauer eingegangen werden sollte. In Anlehnung an Vorbehalte gegenüber dem Fernsehen sollen verschiedene Argumente mit Hilfe von neueren Daten zum Cassettenkonsum abgewogen werden. Denn vielleicht ist es nicht so, daß in jedem Fall „die Geschichten auf Band eher ohne einschneidende Wirkung auf Kinder verhallen".[95]

2.2.2 Pädagogische Probleme durch Cassettenhören?

Welche Probleme die „ungefährlichen" und „phantasiefördernden" Toncassetten mit sich bringen können, soll hier näher erläutert werden. Forschungsergebnisse werden, soweit sie vorliegen, mit einbezogen. Man kann vermuten, daß das Anhören von Hörspielen ähnliche Auswirkungen haben könnte wie das Fernsehen. Deshalb sollen hier folgende Themenberiche genauer beleuchtet werden: Ersatzkommunikation, soziale Isolation, Realitätsverlust, Gewöhnung an Berieselung, Förderung der Gewaltbereitschaft und Übernahme von Rollenklischees.[96]

2.2.2.1 Ersatzkommunikation:

Ein schwerwiegendes Argument gegen Cassettenhörspiele ist die Annahme, Hörspielfiguren dienten als Ersatz für echte Kommunikationspartner. In der Tat spricht einiges dafür. Die häufige Nennung von *Benjamin Blümchen* und *Bibi Blocksberg* als beliebteste Figuren muß einen Grund haben. Folgende Charakterisierungen können ein klareres Bild liefern.

94 Charlton,M./Neumann-Braun,K.: Medienkindheit-Medienjugend, S. 82
95 Stiftung Warentest 9/1991, S.33
96 vgl. Pöttinger,I.: Das Hörcassettenangebot für Kinder, in: DJI: Medienerziehung im Kindergarten, Teil I, S. 333

Benjamin Blümchen ist ein sprechender Elefant, der in unserer modernen Gesellschaft lebt. Meistens wohnt er im Zoo, aber bei Abenteuern muß er sein Zuhause natürlich verlassen. Seine Stimme ist tief und vertauenerweckend, sein Wesen täppisch-gutmütig. Sein bester Freund Otto ist ein Kind im Schulalter. Weitere Hauptpersonen sind der väterliche Zoodirektor „Herr Tierlieb" und die hysterische Journalistin „Karla Kolumna". Die Geschichten dieser Serie sind einfach gebaut, die Szenen werden bestimmt durch Dialoge zwischen zwei Personen und platten Hintergrundgeräuschen. Ein emotional engagierter Erzähler verknüpft die Szenen und wendet sich manchmal direkt an die Zuhörer. Die Anfangs- und Endmusikstücke sind Ohrwürmer, die schlichte Geschichten aus der Schule, dem Urlaub oder von einem Arztbesuch einrahmen.[97]
Bibi Blocksberg ist ebenfalls eine Phantasiefigur. Obwohl sie in einer normalen modernen Familie lebt, hebt sich Bibi dadurch heraus, daß sie hexen kann. Ihre Mutter kann das zwar auch, macht aber nur selten und wenn dann sehr verantwortungsbewußt von dieser Fähigkeit Gebrauch. Der Vater spielt eher eine zurückhaltende unautoritäre Rolle. *Bibi* hingegen ist temperamentvoll und manövriert sich in immer neue Abenteuer. Sie glänzt vor allem durch ihre „brilliante" Dichtkunst: „Eene meene Meckerziegen, habt keine Angst vorm Flugzeugfliegen"; „Eene meene Kübel, keinem wird hier übel". Ihre beste Freundin heißt Tina. Aber auch ihren Hörern wird sie als gute Freundin angepriesen: „Bibi Blocksberg, die kleine Hexe, kann so manches, wovon ihr träumt, und sie wird euch immer helfen, denn sie ist euer guter Freund." Den Kindern wird damit suggeriert, sie könnten sich in Notfällen an *Bibi* wenden.[98]
Im Gegensatz zu wirklichen Freunden sind *Bibi Blocksberg* und *Benjamin Blümchen* nie beleidigt, sie hauen nie zurück, und sie sind per Knopfdruck immer erreichbar. Besonders bei kleinen Kindern könnte es zu Schwierigkeiten kommen. „Kinder im Vorschulalter unterscheiden häufig noch nicht (oder nicht konsequent in allen Situationen) zwischen Medienfiguren und Personen, mit denen sie in ihrem Alltag Kontakt haben. So können sie zum Beispiel zuweilen annehmen, der Filmdarsteller könne durch den Monitor des Fernsehers hindurchsehen, was die Kinder in ihrem Wohnzimmer machen."[99] Hier setzen Bedenken ein: Die Gefahr, daß Kinder parasoziale Beziehungen mit Medienfiguren aufbauen, ist durchaus vorstellbar. Medien könnten auch ältere Kinder u.U. davon abhalten, nach wirklichen Kommunikationspartnern zu suchen, da erstere viel „bedienungsfreundlicher" sind. Wahrscheinlicher ist aber, daß der Vorgang umgekehrt ist: Wenn Kinder Medienfiguren zu Kommunikationsfiguren machen, dann könnte dies eher ein Zeichen dafür sein, daß sie keine wirklichen Kommunikationspartner haben, denen sie ihr Vertrauen schenken können.
Für die Beliebtheit von Cassetten und deren Figuren sprechen auch noch ganz andere Gründe: Hörspielpersonen dienen als Identfikationsvorlagen und die Handlungen umfassen ein großes Spekrum von „handlungsleitenden Themen".

97 vgl. Hansen,L. /Manzke,G., S.29
98 vgl. Hansen,L. /Manzke,G., S.30
99 Charlton,M./Neumann-Braun,K.: Medienkindheit- Medienjugend, S.35

In den Untersuchungen von Hansen/Manzke und Treumann u.a. erringen *Bibi Blocksberg* und *Benjamin Blümchen* zwar gleichermaßen die ersten beiden Ränge. Die Vielfalt ist jedoch ungeheuer groß: Bei Treumann u.a. nannten die Kinder 199 Lieblingsfiguren. „Wir deuteten diesen Befund als ein Merkmal von Individualisierungstendenzen kindlicher Mediennutzung, denn die Grundschüler(innen) beschränken sich nicht auf einige wenige Medienfiguren, sondern setzen sich mit einer erstaunlichen Palette unterschiedlichster Identifikationsangebote auseinander.“[100] Daß die beiden Figuren als Identifikationsvorlagen dienen, scheint festzustehen. Aber welche Eigenschaften diese Figuren verkörpern, brachte erst die Untersuchung zum Vorschein. Auf die Frage, welche Eigenschaften sie an ihren Lieblingsfiguren besonders gerne mögen, gaben sie 48 Fähigkeiten an, die dann in Überkategorien zusammengefaßt wurden:[101]

1.	Fähigkeit zum Entertainment, z.B. lustig sein	41 %
2.	ästhetische Eigenschaften, z.B. Schönheit	30 %
3.	soziale Fähigkeiten, z.B. hilfsbereit	25 %
4.	magische Fähigkeiten, z.B. kann zaubern	18 %
5.	kognitive Fähigkeiten,z.B. hat gute Ideen	17 %
6.	sensomot. Fähigkeiten z.B. körpergewandt	11 %
7.	positive moralische Fähigkeiten	6 %

In einem weiteren Analyseschritt versuchten die Autoren der Untersuchung herauszufinden, welche Eigenschaften den beliebtesten Figuren konkret zugeschrieben werden.
Bei *Bibi Blocksberg* ergab sich folgende Rangordnung:[102]

1. magische Fähigkeiten
2. Fähigkeit zum Entertainment
3. soziale Fähigkeiten
4. ästhetische Fähigkeiten

Von Interesse ist ferner, auf welche Art und Weise Kinder die Rollen ihrer Lieblingsfiguren übernehmen oder verarbeiten. „Rund ein Drittel der Kinder (32% von 1018) gibt an, ihre Lieblingsfiguren oder ihre Lieblingsgeschichten, die als Rollenmodelle fungieren können, in verschiedenen Formen nachzuahmen.“ [103]

100 Treumann,K./Schnatmeyer,D./Volkmer,I.,S.34 f.
101 Treumann,K./Schnatmeyer,D./Volkmer,I.,S.36
102 Treumann,K./Schnatmeyer,D./Volkmer,I., S.37
103 Treumann,K./Schnatmeyer,D./Volkmer,I., S.37

Dieser Prozeß vollzieht sich über:[104]

1.	Nachspielen	32 %
2.	Beutzung von Spielzeug	19 %
3.	Malen	15 %
4.	Rollenspiel	14 %
5.	Verkleiden	12 %

Leider geht aus der Untersuchung nicht genau hervor, worin der Unterschied zwischen Nachspielen und Rollenspiel besteht. Anzunehmen ist, daß sich das Nachspielen auf Nachspielen einer Figur bezieht und das Rollenspiel vielleicht Nachspielen mit mehreren Kindern bedeutet, sich also eher auf die Handlung bezieht.

In der Untersuchung von Hansen /Matzke wurden Erzieherinnen befragt, was sie beim Nachspielen von Cassettengeschichten im Kindergarten beobachtet hätten.
Sie sollten pädagogisch bewerten, welche Funktion das Nachspielen für die Kinder hat. Als positiv beobachteten sie,daß

- die Kinder das Gehörte verarbeiten
- die Kinder daraus neue Geschichten phantasievoll entwickeln
- die Kinder Identifikationspersonen suchen.

Als pädagogisch bedenklich gaben sie an, daß die Inhalte zum Teil gewalttätig seien und die Kinder diese Gewaltszenen adaptierten.[105] Die intensive Auseinandersetzung von Kindern mit Cassetten kann also einerseits die negative Funktion einer Ersatzkommunikation haben, andererseits aber Stabilität und Kontinuität bedeuten, weil sich hier Identifikationsfiguren und -situationen anbieten, die als Projektionsfläche von Identitätswünschen und „handlungsleitenden" Themen wichtig sind. Die Medienfiguren repräsentieren sozial anerkannte Qualitäten wie: lustig, schön, mutig und hilfsbereit sein. Freunde finden, Gefahren bestehen, sich gegenüber Erwachsenen durchsetzen zu können, selbst der Wunsch zaubern zu können, das sind für diese Altersgruppe lebensnahe Themen. Wenn man bedenkt, daß Kinder durch Kindergruppen, Kindergartengruppen und in Schulklassen ständig wechselnden Betreuern und Kindergruppierungen ausgesetzt sind, ist es nicht verwunderlich, wenn sie nach stabilisierenden Faktoren suchen. Einerseits ist es nicht wünschenswert, wenn hierfür standardisierte Medienfiguren gebraucht werden, andererseits ist dieses Vorgehen verständlich und legitim, wenn Kinder dadurch eine Möglichkeit finden, sich selbst über emotionale Turbulenzen hinwegzuhelfen und sich weiterzuentwickeln.

104 Treumann,K./Schnatmeyer,D./Volkmer,I., S.38
105 Hansen,L./Manzke,G., S.27

2.2.2.2 Soziale Isolation

In eine ähnliche Richtung gehen die Argumente, daß Kinder durch zu häufiges und ausgedehntes Hören den Bezug zu ihrer Umgebung verlieren können. Anders als das Fernsehgerät, das für gewöhnlich im Wohnzimmer steht, besitzen die meisten Kinder einen eigenen Cassettenrecorder, der im Kinderzimmer steht. Somit ist das Hören zu einem Vorgang geworden, der sich der Kontrolle der Eltern weitgehend entzieht. Die Zahlen belegen, daß sehr viele Kinder alleine hören.
Laut Hansen/Manzke gaben 61,45% der befragten Kinder an allein zu hören, Ältere Kinder hören häufiger allein als jüngere (4jährige 53,6%, 10jährige 71,8%).[106] Fügt man dann noch hinzu, wieviele Kinder über Kopfhörer Cassetten hören (36,2%)[107], dann könnte der Eindruck entstehen, als seien die Kinder mit diesem Medium ganz auf sich gestellt.

Man kann sich natürlich auch die Frage stellen, aus welchen Gründen Kinder sich zurückziehen.
Auf die Frage: „Bei welcher Gelegenheit hörst du Cassetten" antworteten die Kinder folgendermaßen:[108]

1	Als Einschlafhilfe	40 %
2.	Bei Langeweile	34 %
3.	Bei Einsamkeit	8 %
4.	Bei Traurigkeit	3 %
5.	Bei Wut	3 %
6.	Bei guter Laune	2 %

Aus den Aussagen der Kinder wird offenbar, daß sie Cassetten überwiegend als Mittel des psychischen Spannungsauf- und abbaus betrachten. Zurückziehen und Alleine-Hören haben die Funktion von „Stimmungsmanagement" und unterscheiden sich offensichtlich wenig von der Motivation Erwachsener auf Medien zurückzugreifen. Wie Kinder ihre Stimmung mit Medien beeinflussen können, zeigt sich besonders deutlich in den Ergebnissen zum emotiven Stellenwert ihrer Lieblingscassetten. In der Untersuchung von Treumann wurden die Kinder zunächst nach ihrer Lieblingscassette gefragt und im Anschluß daran bei welcher Gelegenheit sie diese hören. Daraus ergibt sich ein anderer Stellenwert:[109]

1.	Zum Einschlafen	70 %
2.	Bei Einsamkeit	19 %
3.	Bei Traurigkeit	19 %

106 Hansen,L./Manzke,G., S.23
107 Hansen,L./Manzke,G., S.25
108 Treumann,K./Schnatmeyer,D./Volkmer,I.,S.39
109 Treumann,K./Schnatmeyer,D./Volkmer,I.,S.39

Daraus kann gefolgert werden, daß die Lieblingscassette stimmungsaufhellenden Charakter hat und die Kinder über so manches hinwegtröstet. Offenbar hören die Kinder normalerweise bei Langeweile gerne Cassetten, die Unterhaltung bieten, wenn sie sich aber alleine fühlen, bevorzugen sie ihre Lieblingscassette. Dieser Vorgang ist nicht unbedingt nur negativ zu bewerten, denn selbstverständlich werden Kinder immer wieder Situationen erleben, in denen sie auf sich gestellt ihre Emotionen bearbeiten müssen. Cassettenhören ist eine von vielen Möglichkeiten und bedeutet nicht gleichzeitig Flucht vor Problemen. Die Lieblingscassette kann durchaus auch Impulse zur Verarbeitung bieten. Problematisch wird es vielleicht dann, wenn die „Gute-Nacht-Cassette“ die emotionale Zuwendung von Bezugspersonen ersetzen muß.
Außerdem konsumieren Kinder Cassetten nicht ausschließlich alleine.
31,75%, hören mit ihren Geschwistern, 19,27% mit Freunden und nur 6,35% mit den Eltern. Ältere Kinder hören häufiger allein als jüngere (4jährige 53,6%, 10jährige 71,8%).[110] Audiocassetten sind oft nur Geräuschkulisse beim Spielen, wobei auch viele Kinder den Geschichten konzentriert zuhören.
In der Untersuchung von Treumann wurden die Kinder gefragt, ob sie sich mit andern zum Cassettenhören treffen. Aus dem hohen Prozentsatz, der diese Frage bejahte (83%), kann geschlossen werden, daß Cassettenhören mit der Peergroup sozialisierende Funktion hat und als gemeinsame Aktivität betrachtet wird. Drei von fünf befragten Kindern leihen sich Cassetten gegenseitig aus, was bedeutet, daß ihre Themen und Figuren auch Gesprächsstoff liefern. Die Reihenfolge bei wem sich Kinder Cassetten ausleihen, sieht so aus:[111]

1. Bei Freunde/Innen	76 %
2. Bei Geschwistern	28 %
3. Bei Bücherei/Mediothek	28 %

Wie sehr Cassetten Gesprächsstoff in der alltäglichen Kommunikation liefern, ist an folgenden Zahlen ablesbar. Von den befragten Grundschülern sprechen 48% mit ihren Freund/Innen über Cassetten, 25% mit ihren Müttern, 21% mit ihren Geschwistern und 17% mit ihren Vätern.[112]
Erstaunlich ist die niedrige Zahl derer, die beim Hausaufgabenmachen Cassette hören (5,03 %).[113] Ein nennenswerter Anteil ergibt sich erst bei den 9-10 jährigen (10 %). In einer Untersuchung von Baacke[114] wurde festgestellt, daß Kinder und Jugendliche sich auch beim konzentrierten Arbeiten reizanregenden Geräuschkulissen aussetzen. Diese Untersuchung bezieht sich aber im Schnitt auf ältere Kinder.

110 Hansen,L./Manzke,G., S.23
111 Treumann,K./Schnatmeyer,D.,Volkmer,I., S.41
112 Treumann,K./Schnatmeyer,D.,Volkmer,I., S.41
113 Hansen,L./Manzke,G., S.23
114 Baacke,D.: Lebenswelten sind Medienwelten, Opladen 1990, S.90

Cassettenhören ist also nicht unbedingt ein Indiz für soziale Isolation. Zum einen bieten Cassetten Gesprächs-und Austauschstoff unter Freunden, zum anderen dienen sie auch dazu, Situationen des Auf-sich-gestellt seins und der Einsamkeit besser bewältigen zu können.

2.2.2.3 Realitätsverlust

In der Diskussion um Gewalt in Medien stellte sich heraus, daß zwar ein direkter Zusammenhang medialer Gewaltdarstellung und Gewalthandlungen von Rezipienten nicht gefunden werden kann, hingegen sogenannte „Vielseher“[115] unter Realitätsverlust leiden. Durch die vielen Greueltaten im Fernsehen würden sie nicht mehr erkennen, daß die Realität relativ harmlos ist. Das entspräche dem Ruf nach mehr Polizei, obwohl die Straftaten in der Bundesrepublik nicht zugenommen haben. Diese medialen Ver-rücktheiten könnten im Hörbereich natürlich ebenfalls zur Wirkung kommen. Das Problem liegt also nicht in der Imitation des Gehörten, sondern darin, daß dem Gehörten ein realistischer Stellenwert gegeben wird. Kinder könnten sich in Phantasie- und- Scheinwelten flüchten und den Anforderungen des Alltags mit seinem Leistungs- und Anpassungsdruck nicht mehr standhalten (Eskapismus). In einer Untersuchung von Paus-Haase u.a.[116] werden Kinder zwischen 3 und 6 Jahren als Vielhörer bezeichnet, wenn sie täglich länger als 45 Minuten auditive Medien benutzen. Festgestellt wurde, daß 16 % dieses Limit überschreiten. Die durchschnittlichen Nutzungszeiten für ältere Kinder können durch die unterschiedlichen Untersuchungen (s. Kap 1) nicht errechnet werden. Aufschluß kann höchstens die Untersuchung von Treumann geben, die eine tägliche Verweildauer von 53 Minuten bei 6-11 jährigen feststellt. Da dies auch eine Durchschnittszahl ist und die Nutzungsdauer von Radios noch nicht miteinbezogen wurde, kann man davon ausgehen, daß es auch bei 6-11jährigen „Vielhörer“ gibt. Allerdings kann die Zeit, die einen Normalhörer zum Vielhörer macht nur willkürlich festgelegt werden und ist sicher sozio-kulturell verschieden.
Bisher gibt es auch keine Untersuchungen, in denen festgestellt wurde, daß Kinder, die verstärkt Cassetten hören, eskapistische Tendenzen zeigen. Allerdings gibt es auch nicht den Gegenbeweis.
Bei einseitigen Interpretationen ist hier Vorsicht geboten. Nicht jeder Medienkonsum kann unter Eskapismus eingeordet werden, weil sonst jede Form von Unterhaltung (natürlich auch das Lesen von Romanen) als pädagogisch bedenklich eingestuft werden müßte.
Kinder liefern sich nicht passiv dem Gehörten aus. Nicht nur, daß sie sich „in-lusiv“ gegenüber den Inhalten der Geschichten verhalten, in dem sie sich sagen, das sei ja nur eine Geschichte und nicht Realität, sie gehen auch kreativ mit dem Cassettenre-

115 Gerbner,G.,u.a. : Die „angsterregende Welt“ des Vielsehers, Fernsehen und Bildung, 1-3/ 1981, S.16-42

116 Paus-Haase,I. /Höltershinken,D., /Tietze, W.: Alte und neue Medien im Alltag von jungen Kindern, Freiburg 1990, S.47 ff.

corder um. Dadurch, daß Cassettenrecorder verfügbar, leicht zu bedienen und technisch meist mit einem Mikrophon ausgestattet sind, sind eigene Aufnahmen leicht zu bewerkstelligen. Laut Treumann haben mehr als ein Drittel von 1055 Schülern bereits mit dem Cassettenrecorder experimentiert.

Die Liste der Eigenproduktionen umfaßte folgende Themen:[117]

1. Lieder singen	24 %
2. Selbstausgedachte Geschichten erzählen	15 %
3. Witze erzählen	15 %
4. Auf einem Instrument spielen	10 %
5. Eigene sprachl. Äußerungen aufnehm	9 %
6. Quatsch machen	7 %
7. Geräusche/Töne/Stimmen produziere	6 %
8. Pop- od. Fimstar imitieren	6 %
9. Selbstgemachte Lieder singen	6 %
10. Geschichten vorlesen	6 %
11. (mediale) Figuren nachspielen	6 %
12. Spaßnachrichten machen	6 %
13. Geschichten erzählen	6 %

Die Bandbreite der Möglichkeiten ist noch größer s hier angegeben. Über 20 Kategorien ergaben sich aus den Antworten der Kinder, die ihre Tätigkeiten beschrieben mit: „ich spiele Radioansager", ich habe „mit meinen Freund eine Weihnachtsgeschichte ausgedacht und aufgenommen" u.s.w.

„Die ausgeprägt individualisierten kindlichen Produktionsformen und -bedürfnisse werden mit Hilfe der Audiocassette aufgezeichnet und sind für Kinder- ähnlich wie Bücher, Comics und Zeitschriften- stets verfügbar und unterliegen deshalb in hohem Maße der Selbstbestimmung."[118] Dieser direkte Umgang mit dem Gerät mag dazu beitragen, daß Realität und Fiktion leichter getrennt werden können. Auch wenn dies im Vorschulalter noch schwierig erscheint, so gilt für die 6jährigen, daß sie aufgrund ihrer eigenen Produktionen ein anderes Verhältnis zu medialer Verarbeitung entwikkeln. Insofern ist die Gefahr geringer als beim Fernsehen, den Bezug zur Realität durch Cassetten zu verlieren.

2.2.2.4 Gewöhnung an Nebenbei-Berieselung

So, wie in einigen Haushalten der Fernseher ununterbrochen läuft, so gibt es auch Kinder, die beim Betreten des Kinderzimmers das Radio oder den Cassettenrecorder

117 Treumann,K./Schnatmeyer,D./Volkmer,I., S.43

118 Treumann,K./Schnatmeyer,D./Volkmer,I., S.46

einschalten. Gemeinsam ist dieser Reaktion, daß offensichtlich Einsamkeit und Ruhe schwer ertragen werden können. In der bereits zitierten Untersuchung von Paus Haase[119], die sich auf Vorschulkinder bezieht, zeigen die Ergebnisse, daß Kinder etwa nur zur Hälfte der Abspielzeit einer Cassette ausschließlich und „wirklich" zuhören. Ansonsten beschäftigen sie sich mit Spielzeug und Bilderbüchern. Auch die älteren Kinder benutzen dieses Medium als „akustische Raumgestaltung", 86% der 6 bis 11jährigen gehen zur gleichen Zeit einer anderen Tätigkeit nach.

Was sie nebenbei noch machen, ergibt sich aus folgender Liste:[120]

1.	Spielen mit z.B. Barbie-Puppen oder Lego-Steinen	65 %
2.	Zeichnen und Malen	34 %
3.	Bücher,Comics,Bilderbücher angucken	22 %
4.	Hausaufgaben machen	18 %
5.	Basteln und Handarbeiten machen	10 %
6.	Zimmer aufräumen	8 %
7.	Video/Computerspiele/Gameboy	8 %

Weshalb Kinder sich diesem Geräuscheteppich schaffen und sich nicht auf eine Sache konzentrieren, liegt an der Gewöhnung, permanent einer Geräuschkulisse ausgesetzt zu sein und der Suche nach emotionalen Impulsen, die weniger über Worte, als über Stimmung Akzente setzen sollen. „Nebenbei-Hören ist die neue Form des Hörens. Das Radio im besonderen, aber auch die Cassette ist ein Begleitmedium geworden, das kein Zuhören mehr erfordert. Je monotoner und einfacher, desto besser. Jede Differenzierung schreckt den Nebenbeihörer auf, bringt ihn womöglich aus dem Gleichgewicht und beeinträchtigt ihn in seiner Konzentration auf andere Dinge."[121] Das Problematische liegt also vielleicht weniger in der Nutzung des Mediums als Rezept gegen Ruhe und Einsamkeit. Vielmehr werden ästhetische Produkte keiner Würdigung mehr unterzogen. So wie heute aus der klassischen Musik nur hitverdächtige Sätze als Versatzstücke entnommen werden, so entnehmen sich Kinder nur noch Teile aus Gesamtprodukten. Mag dies auch nach Charlton/Neumann für die kindliche Entwicklung normal und sogar förderlich sein, so führt das doch zu einem kulturellen Supermarktverhalten. Die kommerziellen Produkte sind insgesamt auf diese Art des Hörens hin produziert worden: Effekte ersetzen Stimmungsdichte. Der Gewinn, der sich jedoch aus dem konzentrierten Hören einer subtiler angelegten Geschichte für den kleinen Zuhörer ergeben könnte, wird jedoch nicht ausgeschöpft. Dabei wäre gerade die Hörcassette geeignet, ästhetische und literarische Maßstäbe zu setzen, denn

119 Paus-Haase,I./Höltershinken,D./Tietze, W., S. 52
120 Treumannn,K./Schnatmeyer,D./Volkmer,I., S.26
121 Hansen, L./Manzke,G., S.12

sie kann, wenn etwas nicht verstanden wird, nach Belieben zurückgespult werden. Auch jetzt hört knapp die Hälfte aller befragten Kinder die gleiche Cassette 2-3 mal hintereinander. Mit zunehmendem Alter häuft sich dieses Verhalten.

2.2.2.5 Förderung der Gewaltbereitschaft

Genauso wie beim Fernsehen stellt sich auch hier die Frage nach der Wirkung medial vermittelter Gewalt. Wenn Eltern davon ausgehen, daß auf Cassetten nur harmlose Kindergeschichten gespeichert sind, so spricht das eher dafür, daß sie die Cassetten ihrer Kinder nicht kennen. In der Untersuchung von Hansen/Manzke wird auf zwei beliebte, jedoch problematische Serien hingewiesen:[122]

Die Turtles

Diese Cassettenreihe bezieht sich auf eine Zeichentrickvorlage und wird, wie so oft bei Übernahmen in ein anderes Genre, nur für diejenigen verständlich, die zumindest einmal eine dieser Folgen gesehen haben. *Die Turtles* sind vier vermenschlichte Schildkröten, die sich in einer futuristischen Kanalisations-Unterwelt aufhalten, in der, verkörpert durch „Shredder“ das Böse herrscht. Ausgestattet mit vielen Waffen und Hilfskreaturen kämpfen sie für das Gute und gehen dabei nicht gerade zimperlich mit ihren Gegnern um. Um das Ganze auch in der wirklichen Welt des Kinderzimmers, des Kindergartens oder auf der Straße erleben zu können gibt es zu den Cassetten eine Garderobe und eine Waffensammlung in Kindergröße zu kaufen. Sogenannte „Ninja“-Schwerter, -Schilder, -Bänder u.s.w. findet man in Supermärkten und in jedem nicht alternativen Spielwarengeschäft.

Masters of the Universe

Auch diese Reihe hat als Vorlage einen Zeichentrickfilm und wirkt deshalb für Nicht-Eingeweihte konfus und wenig farbig. Die Thematik ist eher klassisch: Ein einzelner Held, „He-man“ kämpft gegen den bösen „Skeletorr“ Auch er bdient sich futuristischer Waffen, wenngleich das Szenarium eher an das frühe Mittelalter erinnert. Zum Medienverbund gehören hier vor allem die teuren Spielfiguren.

Die Gewalt, die von diesen Cassetten ausgeht, liegt weniger darin, daß Kampfhandlungen vorgeführt werden, sondern in der Art und Weise, wie sie dargestellt sind. Ohne daß der Hörer die genauen Gründe für Kampfansagen erkennen kann, folgen ihnen Stimmengewirr und Angstrufe. Die Aufmachung ist so schlecht, daß es schwer ist, den Geschichten zu folgen, sowohl akustisch als vor allem auch psychologisch. Dieses Problem taucht bei fast allen Cassetten auf, die nicht ursprünglich als solche geplant waren. Was in Kindern vor sich geht, wenn sie die Motive von gewaltsamen Handlungen nicht nachvollziehen können, ist schwer zu sagen. Zwei Reaktionsmuster bieten sich an: Die in auditiven Medien hörbar gemachte Gewalt wird von der kindlichen Phantasie eher relativiert als die Gewalt, die im Fernsehen durch Bilder und Töne vermittelt wird.

122 Hansen, L./Manzke,G., S.31

Möglich ist aber auch, daß die Ausgestaltung auditiv vermittelter Gewaltszenarien in der kindlichen Phantasie, verbunden mit der häufigen Wiederholung ein und desselben Hörerlebnisses, einen stärkeren und nachhaltigeren Eindruck hinterläßt als das Fernsehen. Es gibt nachgewiesenermaßen nur die Bestätigung, daß Gehörtes länger im Gedächtnis erhalten bleibt als Gesehenes.[123] Kombiniert mit den Untersuchungen von Hertha Sturm,[124] die festellte, daß der Eindruck des Gesehenen länger haften bleibt, als die Handlung eines Films, könnte man annehmen, daß gerade auditive Medien einen besonders intensiven Eindruck hinterlassen. Aber dies sind Spekulationen, die genauerer Überprüfung bedürften.

2.2.2.6 Übernahme von Rollenklischees

Fraglich ist bislang auch, ob Kinder nicht gängige Leit- und Rollenbilder aus Cassetten übernehmen.

Betrachtet man noch einmal die Daten zu den Lieblingsfiguren der Kinder, dann kann man feststellen, daß einzig und allein *Benjamin Blümchen* bei Jungen und Mädchen die gleiche Beliebtheit genießt. Zu diesem Ergebnis kommt die Untersuchung von Hansen/Manzke [125]. Aber außer bei dieser Serie unterscheidet sich der Geschmack in fast allen Bereichen. „Action- und Abenteuerserien spielen bei Mädchen keine Rolle. Einzige Ausnahme ist *Knight Rider*. Mädchen hören mit zunehmenden Alter *Bibi Blocksberg*; diese ist bei 9-10jährigen Mädchen die häufigst genannte Cassette (43%)“[126]

Nach Treumann favorisieren Mädchen und Jungen besonders Benjamin Blümchen, aber auch *Bibi Blocksberg*, das kleine Hexenmädchen. „Erstaunlicherweise werden die Figuren von Jungen und Mädchen gleichermaßen favorisiert, im Gegensatz zu anderen Figuren (z.B. *Barbie*/Mädchen, *He-Man*/Jungen), an denen sich deutlich geschlechtsspezifische Präferenzen ablesen lassen. Bemerkenswert in diesem Zusammenhang ist allerdings, daß Mädchen häufiger Figuren des anderen Geschlechts als ihre Lieblingsfigur benennen als Jungen. Möglicherweise hängt das damit zusammen, daß das Angebot an männlichen Protagonisten wesentlich zahlreicher und ggf. auch interessanter ist. Es gibt nur wenige weibliche Hauptfiguren, mit denen sich Mädchen identifizieren (z.B. *Barbie, Wendy, Hanni und Nanni*).“[127]

Besonders Serien sind darauf angelegt, so wenig wie möglich zu irritieren und klischeehaft gezeichnete Personen als Handlungsträger zu benutzen. Geschlechtsspezifische Unterschiede werden bis zur Karikatur verstellt: Karla Kolumna, die affektier-

123 Greenfied, P.: Kinder und neue Medien, München und Weinheim 1987, S.75 ff.

124 Sturm, H.: Medienwirkungen auf Wahrnehmung, Emotion, Kognition, in: Issing, L.(Hg.): Medienpädagogik im Informationszeitalter, Weinheim 1987, S.101

125 Hansen,L. /Manzke,G., S.19

126 Hansen,L. /Manzke,G., S.19

127 Treumann, K./SchnatmeyerD./Volkmer,I., S.35

te und hysterische Journalistin repräsentiert die einzige Frau in der Serie *Benjamin Blümchen*. Die Opernsängerin in *Bibi Blocksberg* wird als schrullige Diva dargestellt, das einzige Mädchen des Detektiv-Kleeblatts *TKKG* zeichnet sich vor allem darin aus, daß sie den Schlausten der Gruppe bewundert. Besonders bei weiblichen Personen fehlt es an charakteristischen Beschreibungen. Leichter scheint es für Jungen zu sein. Ihnen bieten sich eine ganze Palette von Helden an. Für das Vorschulalter mögen die *Barbie* - Frau bzw. *He-man* - Mann Unterscheidungen noch ganz hilfreich sein: „Kindergartenkinder tendieren hier zu einfachen Schwarz-Weiß- Schemata: ‚Männlich' muß das Gegenteil von ‚weiblich' sein. Diese starke Polarisierung erleichtert den Kindern zunächst die Übersicht und erlaubt die Zuordnung von Merkmalen zur Selbstkennzeichnung."[128]
Aber Kinder hören ja auch später noch Cassetten an. Hier wird eine Differenzierung schwieriger, denn im wirklichen Leben sind sowohl die Frauen- als auch die Männerrollen ins Wanken gekommen. Während sich aber ein Mädchen immer noch an einer realen Mutter ein Vorbild nehmen kann, vermissen Jungen durch den aus vielen möglichen Gründen abwesenden Vater oft das männliche Vorbild. Mediale Helden könnten sich als Ersatz anbieten. Stefan Aufenanger beschreibt Facetten von Familienkonstellationen, die Kinder besonders anfällig für vereinfachte Darstellungen machen: Familien mit erhöhter Scheidungsrate, Ein-Eltern-Familien und sogenannte „hilflose Eltern", die den kindlichen Ansprüchen machtlos gegenüberstehen und sich tyrannisieren lassen. „Deren Kinder erleben in der Familie nicht die Auseinandersetzung mit Grenzen, zu denen auch Themen wie ‚Groß und stark' oder ‚Gut und böse' gehören. Erst die Medien offerieren solche Themen. Ob diese Angebote aber aufgrund ihrer einfachen Strukturiertheit dienlich sind, muß jedoch bezweifelt werden."[129]
Selbstverständlich müssen Stilisierungen vorgenommen werden. Im Hörspiel werden Personen hauptsächlich über die Stimme, die Sprache und ihr Tun charakterisiert. Wie plastisch die Personen trotzdem erscheinen können, erkennt man an der Antwort der Kinder, die als Grund für ihre Auswahl der Lieblingsfigur angaben, es sei wegen ihres Aussehens. Gelungene Hörspielproduktionen unterscheiden sich gerade dadurch, daß Personen innere Veränderungen erfahren, eine Wandlung der Person aufgrund bestimmter Umstände vor sich geht. Solche Veränderungen schließen einfache Charakterisierungen in der Regel aus. Die Serienhörspielprotagonisten bleiben aber immer die gleichen. Kein Konflikt, keine Umstände bringen sie dazu, das einmal Geübte nicht zu wiederholen. Diese Produktionen beziehen ihre Spannung nicht aus einer innerpsychischen Entwicklung, sondern aus einem Sammelsurium an spannungssteigernden Zutaten mit gleichbleibenden Personen.

128 Curth,A.: Medienvorlieben im Prozeß der Geschlechtsfindung, in: DJI, Handbuch Medienerziehung im Kindergarten Teil 1, S. 221

129 Aufenanger,S.: Pädagogisch wertvoll: für Kinder kein Kriterium, in: medien + erziehung, 4/1991, S.205

Cassettenpersonen als Identifikationsvorlagen bieten also im Prinzip beide Möglichkeiten. Einerseits können statische Charakterisierungen zu einer positiven Stabilisierung des Rollenverhaltens beitragen, vor allem für Jungen, die keine realen männlichen Vorbilder haben. Andererseits entsprechen die statischen Charakterzüge nicht der Realität und können somit klischeehaftes Verhalten verstärken und Entwicklungsmöglichkeiten bremsen.

Zusammenfassend kann man sagen, daß Cassettenhören zum Teil ähnliche Gefahren in sich birgt wie das Fernsehen. Allerdings bieten Cassetten viele abrufbare Verhaltens- und Identifikationsmöglichkeiten, die auch stabilisierende Funktion haben.

Kapitel 3 Medienpädagogik und Medienerziehung

Innerhalb des letzten Jahrzehnts hat sich die gesellschaftliche Kommunikation stark verändert. Allein in der BRD erscheinen gegenwärtig regelmäßig etwa 10 000 Zeitschriften und Zeitungen, sind insgesamt etwa 300 verschiedene Hörfunk- und etwa 100 Fernsehprogramme zu empfangen. Durch neue Technologien der Digitalisierung und der Datenkompression lassen sich die von Glasfaserkabeln übertragenen Rundfunk- und Fernsehprogramme heute problemlos verhundertfachen. In der Nachfolge des ersten Nachrichtensatelliten „Telstar" senden heute etwa 500 künstliche Erdsatelliten Töne, Bilder und Daten in alle Welt.[130] Immer neue Medien sind zur Aufrechterhaltung komplexer Kommunikationsstrukturen zwischen Wirtschaft, Politik und Kultur notwendig. Zentrale Computer lassen uns an Informationen heran, die wir sonst nur unter großem Aufwand erreichen konnten. Zentrale Steuerungssysteme vom Haushalt bis zur Fabrik übernehmen zukünftig die Auswahl beim Konsum der neuen Medien.

Nichtschriftliche Zeichen sind international und auch jedem Kind verständlich. Vom Gameboymännchen bis zur Statistik wird vieles in Symbolen ausgedrückt, was bisher noch in schriflicher Form aufbereitet wurde. Auch mündliche Übertragungen sind immer einfacher zu bewerkstelligen. Die Zukunft liegt also sicher nicht in der Verbreitung von Printmedien.

Medien- und Zukunftsforscher erwarten von dieser voranschreitenden Mediatisierung nachhaltige Auswirkungen auf die Gesellschaft: „Zur Oberschicht wird gehören, wer in der Lage ist, sich Informationen schnell verfügbar zu machen und sie optimal zu bewerten. Zum Proletariat wird gehören, wer dem Informationsgewitter lediglich ausgesetzt ist, Herkunft und Zustandekommen von Nachrichten nicht durchschaut und Medien hauptsächlich zur Unterhaltung nutzt."[131]

Jede Pädagogengeneration legt automatisch Maßstäbe an, die zu ihrer eigenen Schulzeit noch galten. Damit werden sie oft nicht mehr den Erfordernissen der Gegenwart und Zukunft gerecht. Zwangsläufig müssen sie sich der Veränderung der objektiven Situation anpassen. In welcher Form dies geschieht, soll hier mit einem kurzen geschichtlichen Überblick gezeigt werden.

Um keine Verwechslungen aufkommen zu lassen, soll hier zunächst die Begrifflichkeit geklärt werden.

Medienpädagogik - Mediendidaktik - Medienkunde - Medienerziehung

Der Begriff „Medienpädagogik" ist wie alle Termini, die mit dem Begriff Pädagogik kombiniert werden doppeldeutig: „Medienpädagogik bezeichnet sowohl eine Spezial-

130 Heitmann,H.: Medienpädagogik in Ba-Wü: kein Interesse? in: Bildung und Wissenschaft, 10/ 1993, S.15

131 Der Spiegel, 14/1993, S.152

disziplin der Erziehungswissenschaft als auch ein Gegenstandsfeld, eine spezifische pädagogische Praxis. Die Doppeldeutigkeit kennzeichnet sowohl die Verwendung des Konzepts von Medienpädagogik im Sinne von Mediendidaktik als auch im Sinne von Medienerziehung und Medienwissenschaft."[132]
Die mangelnde Präzision gilt vor allem für die Alltagssprache. In der Fachliteratur haben sich längst Termini etabliert, die wenig Anlaß zu Verwechslungen geben.[133]

Medienpädagogik ist der Überbegriff für alle pädagogisch relevanten Überlegungen, die mit Medien zu tun haben. Als Fachterminus taucht er erst in den 60er Jahren auf und ist heutzutage ein „umbrella term" für Mediendidaktik, Medienkunde und Medienerziehung.

Unter *Mediendidaktik* wird der Weg verstanden, wie pädagogisch gerechtfertigte Ziele unter Einsatz von Medien umgesetzt werden, z.B. Overheadprojektoren, Filme zu bestimmten Themen oder Schulfunk, der sich auf ein Lehrplanthema bezieht. Während dieser Begriff im Allgemeinen sehr unkritisch gebraucht wird, gibt Bernd Schorb zu bedenken, daß Medien oft nur funktionalistisch-technokratisch zur Erreichung bestimmter Unterrichtsziele eingesetzt werden, aber eine didaktisch begründete Medienentscheidung auch eine politische Entscheidung für den Umgang mit Technologien sei. „Medien sollen also nicht nur der Lehrunterstützung des Unterrichtenden dienen, sondern auch vom Schüler aktiv als Lernmittel genutzt bzw. erstellt werden."[134]

In der *Medienkunde* geht es um das Wissen über Medien. Darunter wird die Einführung in das technische Know-how der Medien verstanden. Z. B gehört das Fach „Informationtechnisches Grundwissen" hierzu. Außerdem geht es um die Institutionen der Öffentlichkeit, deren Struktur und Verfaßtheit.

Medienerziehung macht die Medien selbst zum Thema. Sie soll Hilfestellung geben bei der Auswahl, Einschätzung und Nutzung gesellschaftlich relevanter Medien. Im Vordergrund stehen dabei elekronische Medien. Medienerziehung erfolgt in der schulischen und außerschulischen Bildung. Sie wird von Medienpädagogen, Lehrern und Sozialpädagogen übernommen.

Im weiteren Verlauf soll es hier hauptsächlich um die Medienerziehung gehen, auch wenn von vielen Autoren nicht die gleiche Begrifflichkeit übernommen wird und die Berufsbezeichnung „Medienpädagoge" nahelegt, sich an dem Überbegriff zu orientiere.

---

132 Drerup,H.: Medienforschung und Medienpädagogik - Vermittlungsprobleme, Unterrichtswissenschaft, 4/1989, S.145

133 vgl. Tulodziecki, G.: Medienerziehung in Schule und Unterricht, Bad Heilbrunn 1989, S.21

134 Hüther,J./Schorb,B./Brehm-Klotz,Ch.: Grundbegriffe der Medienpädagogik, Ehningen 1990, S.143

Nur die Trennung zwischen Wissenschaft und Praxis ist terminologisch nicht festgelegt. So gibt es keine genaue Definition, die *Medienwissenschaft* von *medienpädagogischer Wissenschaft* klar trennt. Das liegt vor allem daran, daß heutige Forschungsgegenstände und -methoden weit mehr als früher den Alltag der Familien umfassen und von daher die Nähe zur Pädagogik offensichtlich ist. Dadurch entsteht die Annahme, daß sich medienwissenschafliches Forschungswissen direkt einsetzen läßt zur Bewältigung pädagogisch-praktischer Problemlagen. „Wenn Medienpädagogen sich gegen eine solche Arbeitsteilung von Medienforschung und Medienpädagogik wehren, bei der Medienpädagogik zu einer nachgeordneten Dienststelle fragwürdig abgeleiteter Ratschläge derangiert wird, so sind sie sicherlich im Recht.“[135]
Aus diesem Grund soll hier der Versuch einer genaueren Bestimmung gemacht werden:
Medienwissenschaft befaßt sich weitgehend mit dem Mediensystem und der Medienkommunikation von Individuen.
Medienpädagogische Wissenschaft oder *wissenschaftliche Medienpädagogik* befaßt sich vor allem mit Kindern und Jugendlichen, ihrem Umfeld und ihrem Mediengebrauch. Im Mittelpunkt steht das Verhältnis zwischen Medien und Erziehung.

3.1 Konzepte der Medienerziehung

In einer groben Skizze sollen im folgenden die historisch und konzeptionell unterschiedlichen Varianten der Medienerziehung vorgestellt werden. Die Varianten sind historisch nicht gleichzusetzen mit den Strömungen in der Medienforschung. Kommunukationsmodelle und Untersuchungsergebnisse beeinflußten jedoch die verschiedenenen Konzepte der Medienerziehung. Ihre Darstellung bezieht sich weitgehend auf eine von Gerhard Tulodziecki getroffene Einteilung [136] und wird ergänzt durch historisches Material.[137]

3.1.1 Die behütend - pflegende Medienerziehung

Die technische Entwicklung forderte bereits Ende des 19.Jahrhunderts Protest heraus, denn Rotationsmaschinen sorgten für die massenhafte Verbreitung von Presseerzeugnissen für jedermann, wie Zeitungen und Zeitschriften. Pädagogen befaßten sich vor allem mit dem „Schmutz und Schund“ in Groschenheften. Diese auf den Publikumsgeschmack ausgerichteten Erzeugnisse, so wurde argumentiert, würden zu einer kulturellen Verarmung der Kinder beitragen.
Nach dem Aufkommen des Films wurden die Bedenken noch viel größer. Zunächst zeigte man Filme auf Jahrmärkten, aber bereits um die Jahrhundertwende liefen Fil-

135 Drerup, H., S.152

136 Tulodziecki,G.: Medienerziehung in Schule und Unterricht, Bad Heilbrunn 1989, S. 33-55

137 vgl. Hiegemann,S. /Swoboda,W. (Hg.): Handbuch der Medienpädagogik, Opladen1994; vgl. Wodraschke,G. (Hg.): Medienpädagogik und Kommunikationslehre, München 1979; vgl.Hüther,J./ Schorb,B./Brehm-Klotz,Ch.: Grundbegriffe der Medienpädagogik, Ehningen 1990

me in neu eröffneten Kinos. 1907 wurde deshalb von der „Gesellschaft der Freunde des vaterländischen Schul- und Erziehungswesens“ eine Kommission eingesetzt, die sich mit den schädlichen Einflüssen des Films befaßte. Dabei sollte jedoch nicht das Thema Film im Unterricht besprochen werden, sondern auf die Schüler durch Mahnungen und Warnungen eingewirkt werden. 1920 wurde das Reichslichtspielgesetz zur Bekämpfung von „Schmutz und Schund“ erlassen.
Die Reformpädagogische Bewegung spaltete sich in zwei Lager. Während die einen technikfeindlich auf natürlichen Lebensweisen beharrten, sahen die anderen neue Möglichkeiten: Die „Kinoreformbewegung“ stellte pädagogisch geeignete Filme vor und bildete auch die Grundlage für spätere Lehrfilminstitutionen.
Während der Zeit des Nationalsozialismus gewannen die neuen Medien an Boden. Presseerzeugnisse und Filme waren geeignete Transportmittel für die nationalsozialistische Ideologie: Filme mit Propagandacharakter wurden sowohl in Kinos und Schulen als auch an der Front vorgeführt. Eine eigene Reichskulturkammer kümmerte sich um die mediale Imagepflege des Regimes und sorgte dafür, daß oppositionelle Einflüsse im Keim erstickt oder verfolgt wurden.
Nach dem Krieg wurde der Rundfunk in Anlehnung an die Besatzungszonen neu geregelt und dem direkten staatlichen Einflußbereich entzogen. Es entstanden die öffentlich-rechtlichen Rundfunkanstalten, die einem bildungspolitischen und meinungsbildenden Auftrag gerecht werden sollten. Um die privatwirtschaftlich organisierte Filmindustrie nicht ausufern zu lassen, wurde 1949 die „Freiwillige Selbstkontrolle“ eingeführt. Wenig später folgten das Gesetz zum Filmjugendschutz (1951) und das Gesetz über die Verbreitung jugendgefährdender Schriften (1953)
Während dieser Zeit wurde die Gefahr der Medien darin gesehen, daß Heftchen, Bücher und Filme dazu beitrügen eine Scheinwelt vorzugaukeln, und daß durch seichte Unterhaltung die geistigen Werte dem Verfall preisgegeben würden. Die kindliche Phantasie werde überreizt und negative Vorbilder würden Angst erzeugen und moralische Verwirrung stiften. Schuleschwänzen und Diebstahlsdelikte seien die konsequente Folge solcher Beeinflussung.
Unabhängig von gesetzlichen Maßnahmen zum Jugendschutz hatten sich sehr früh medienpädagogische Gegenkonzepte entwickelt, die besonders die Schulung der Wahrnehmung zum Ziel hatten. Die Tendenz zur Bewahrung und Behütung der Kinder drückte sich aber auch darin aus. Die reformpädagogische Schulfilmbewegung um 1920 war die Grundlage für den „Arbeitskreis Jugend und Film“, der sich direkt nach dem Krieg etablierte. Durch „Filmgespräche“ sollten die Probleme in den Griff gebracht werden: Diskussionen über die moralische Integrität von Helden, über Formen des Films und und seinen technischen Geheimnissen. Die Pädagogen Keilhacker und Wasem (1953/1955) versprachen sich dadurch eine immunisierende Wirkung gegenüber schlechten Einflüssen.

Damals wie heute werden ähnliche Argumente gegen Medien ins Feld geführt. Die Schwäche dieses behütend-pflegerischen Konzepts liegt grundsätzlich darin, daß sich die Entwicklung von technischen Medien nicht aufhalten läßt. Besonders die Aus-

breitung des Films, des Fernsehens und die Ausdehnung von Computern auf private Haushalte zogen große Änderungen nach sich. Die Kinder haben weitgehend freien Zugang zu diesen Medien. Pädagogische Überlegungen können sich in der Politik niederschlagen, aber kaum die technische Entwicklung beeinflussen.
Außerdem krankt dieses Konzept auch daran, daß es von einem passiven Nutzer ausgeht, der nur Opfer von Medien ist. Kinder und Jugendliche werden egal welchen Alters, als noch nicht mündig erachtet. „Die ‚Manipulation', was damit im einzelnen auch gemeint sein könnte, liegt ja nicht allein beim Medium. Die biographische Dimension der Sozialisation und die soziale Gruppe, in der jemand lebt, haben einen nicht unrespektablen Einfluß auf ihn. Nicht immer fallen intendierte Wirkungen von Aussagen und ihre tatsächliche Wirkung zusammen."[138]

3.1.2 Die system- und kulturorientierte Medienerziehung

Dieser Ansatz hebt sich durch mehr aufklärerische Ambitionen von dem ersten ab. Die Medien drangen in vielfältiger Form immer mehr in den Alltag vor. Musiktruhen mit verschiedenen Abspielgeräten wie Plattenspielern, Tonbändern und Radios, gehörten zu den Statussymbolen. Fernsehbilder waren zwar noch nicht farbig, aber kreierten bereits einen eigenen Stil gegenüber dem Film. Bildungsbürger rechtfertigten ihren Fernsehkonsum mit den zahlreichen politischen Magazinen, wie z. B. dem „Internationalen Frühschoppen" mit Werner Höfer als Moderator. Allgemein verbindend zwischen jung und alt, reich und arm waren Unterhaltungssendungen, wie die Show „Einer wird gewinnen" mit Hans-Joachim Kulenkampff. Kinderfilme aus dem amerikanischen Fernsehen wie „Fury" und „Rin-Tin-Tin", versammelten ganze Kinderhorden vor den Bildschirmen. Für großen Aufruhr sorgte der Kinofilm „Das Schweigen" von Ingmar Bergmann, der pornographische Szenen als Stilmittel einsetzte.
Die Medienforschung aus den USA brachte Forschungsergebnisse, die auf keine eindeutig passive Rezipientenrolle verweisen. Eindeutige Wirkungstheorien wurden brüchig und auch unter Pädagogen diskutiert. 1968 verlangte Kerstiens, daß Medienkunde in den Schulen eingeführt werden müsse. Im Deutschunterricht sollten Medien zum Unterrichtsgegenstand gemacht werden. Er schlug vor, daß verschiedene Mediengenres von der Werbung bis zum Spielfilm altersbezogen, problembezogen, exemplarisch und anschaulich einer kritischer Beleuchtung unterzogen werden sollten. Ziel des Unterrichts sei der „mündige Bürger", der sinnvollen und bewußten Umgang mit den Medien pflegt und ihre Techniken und Interessen durchschaut. Außerdem könnten Medien auch als Lehrmittel eingesetzt werden. So entstanden auch Modelle zur Mediendidaktik.
Die Gefahren, die in den Medien gesehen wurden, lagen nicht mehr darin, daß Medien genutzt werden, sondern richteten sich eher auf das Angebot und die falsche Nut-

138 Baacke, D.: „Medienpädagogik" unter den Konstitutionsbedingungen sozialwissenschaftlicher und medientheoretischer Annahmen, in: Wodraschke,G. (Hg.): Medienpädagogik und Kommunikationslehre, München 1979, S.57

zung. Ästhetische Kriterien, die sich auf Kunst und Gestaltungsformen bezogen, sollten zur Beurteilung der Medienangebote entwickelt werden. Daß dabei bildungsbürgerliche Normen und damit auch politische Normen in den Maßstab einflossen, wurde dabei kaum gesehen. Man wollte Kinder vor allem davor schützen, zu früh und zu häufig Filme zu konsumieren, die sie nicht verstehen.
Die medienpädagogische Zielrichtung gegen den Mißbrauch von Medien schlug sich 1968 in der Einrichtung medienkundlicher Unterrichtseinheiten nieder. Davon versprach man sich die Einsicht, daß die dargestellte Wirklichkeit mit der „wirklichen" Wirklichkeit nicht identisch sei. Der Unterricht sollte Elementarkenntnisse über die Subjektivität der Medien und die Strukturzwänge der Medienwirtschaft vermitteln. Beispielhaft sollten Kinder und Jugendliche auch Spezialkenntnisse erwerben, z.B. über die Funktion des Starkults, der Werbung und der reißerischen Aufmachung von Zeitungen.
Die Kritik an diesem Konzept liegt darin begründet, daß man ihm ein naives, harmonistisches Demokratieverständnis vorwerfen muß. Die Verantwortung für eine kritische und kulturell wünschenswerte Nutzung von Medien liegt hierbei allein beim Rezipienten. Wenn er nur richtig mit den Medien umgeht, dann kann seine Seele keinen Schaden nehmen. Daß auf die Vernunft des mündigen Bürgers gebaut wird, zeigt sich auch darin, daß der Unterricht in „Medienkunde" rein theoretischer Art war. „Trotz dieser Probleme hat auch der system- und kulturorientierte Ansatz wichtige Akzentsetzungen gebracht, hinter die heutige Medienerziehung nicht zurückfallen darf. Sie liegen m.E. besonders in der Betonung, daß es ein Ziel von Medienerziehung sein muß, Kinder und Jugendliche kritikfähig gegenüber den Medienangeboten zu machen, und daß Medienerziehung stets in einem komplexen Feld von Einflußfaktoren zu sehen ist."[139]

3.1.3 Die kritisch-materialistische Medienerziehung

Ende der 60er und Anfang der 70er Jahre zeigte sich z.B. an der Konzentration auf dem Zeitungsmarkt, welchen wirtschaftlichen Einflüssen auch die Meinungsbildung in einem demokratischen Staat ausgesetzt ist. Die Studentenbewegung unterzog das ganze politische und soziale System einer kritischen Einschätzung. Dabei spielten Erkenntnisse aus der Psychoanalyse, der Sozialisationsforschung und sozialistisches Gedankengut eine wichtige Rolle.
Der kapitalistisch organisierte Staat sei letzten Endes von der Industrie abhängig und die Medien nur Handlanger von Profitinteressen. Menschen könnten ihre subjektiven Bedürfnisse nicht mehr erkennen, weil sie durch die Struktur des Staates und die Manipulation durch Medien verblendet seien. Das Bewußtsein ihrer eigenen Lage sei überlagert und blockiert und könne mit ihren objektiven Interessen nicht mehr in Einklang gebracht werden. Wie die „Blockierung des Bewußtseins" aufzuheben sei

139 Tulodciecki,G.: Medienerziehung in Schule und Unterricht, Bad Heilbrunn 1989, S. 46

und welche Schlüsse für dien Umgang mit Medien zu ziehen seien, darüber war man sich nicht ganz einig. Vereinfacht ausgedrückt, lassen sich die Begründungen und Vorschläge in zwei Richtungen unterteilen: einen ideologiekritischen Ansatz, der wenig Chancen für Weiterentwicklungsmöglichkeiten in einem kapitalistischen Staat sah, und einem gesellschaftskritischen Ansatz, der eine „Nische" entdeckte, in der durch eigene Medien Gegenöffentlichkeit hergestellt werden sollte.
Der ideologiekritische Ansatz analysierte die Lage folgendermaßen: Medien sind Bestandteil des kapitalistischen Systems, und solange dieses System herrscht, seien auch die Medien nicht aus diesem Zusammenhang zu lösen. Medien werden als Ware gehandelt und unterliegen ebenso den Zwängen der Profitmaximierung. Die Pressekonzentration, besonders aber auch die Formen und Inhalte der Medienprodukte zeugen davon, daß Medien darüber hinaus Ideologieträger sind und Klassencharakter haben. Theodor W. Adorno und Max Horkheimer[140] nahmen diese eher kulturpessimistische Haltung ein.
Die technische Entwicklung war mittlerweile aber soweit fortgeschritten, daß Geräte zur Herstellung von Medien, wie Offsetdruckmaschinen, Kopierer und Videokameras, bereits so billig und bedienungsfreundlich waren, daß sie von Amateuren benutzt werden konnten.
Angeregt durch die „Radiotheorie" von Bertolt Brecht (1932)[141], einen Aufsatz von Hans-Magnus Enzensberger und Anstöße aus Aufsätzen von Walter Benjamin,[142] Oskar Negt und Alexander Kluge[143] erarbeitete man ein ebenso radikales wie optimistisches Konzept. Enzensberger forderte 1970 im Kursbuch 20, die Berührungsangst zu den modernen Informationstechnologien aufzugeben und selbst Informationssyteme zu schaffen. In seinem „Baukasten zur Theorie der Medien"[144] plädierte er dafür, selbst Medien herzustellen und diese zu veröffentlichen, sprich: „emanzipatorische Möglichkeiten handelnd zu entfesseln"[145], weil der Gegensatz zwischen Produzenten und Konsumenten den elektronischen Medien nicht inhärent sei[146]. In Projektarbeit sollten Filme und Druckerzeugnisse entstehen, die sich dadurch von den herrschenden Medien abhoben, daß sie die subjektiven Interessen des Proletariats zum Ausdruck bringen, also „Gegenöffentlichkeit" herstellen sollten. Man versprach sich einerseits eine wirkungsvolle Korrektur der öffentlichen Meinung, andererseits ein neues Bewußt-

140 Horkheimer,M./Adorno,T.: Dialektik der Aufklärung,Frankfurt 1969 und Horkheimer,M./Adorno,T.: Soziologica II.Reden und Vorträge, Frankfurt 1973
141 Brecht,B.: Radiotheorie,in: Gesammelte Werke Bd.18, Frankfurt 1967
142 Benjamin, W.: Das Kunstwerk im Zeitalter seiner technischen Reproduzierbarkeit, Frankfurt 1963
143 Negt,O./Kluge,A.: Öffentlichkeit und Erfahrung. Zur Organisationsanalyse von bürgerlicher und proletarischer Öffentlichkeit, Frankfurt 1972
144 Enzensberger,H.: Baukasten zur Theorie der Medien, in: Kursbuch 20/1970, S.159-186
145 Enzensberger,H., S.163
146 Enzensberger,H., S.168

sein der eigenen Lage durch die Zusammenarbeit in Gruppen und die Aufbereitung authentischer Erfahrung. Projekte, die diesen Weg verfolgten, bestanden zwar meistens nicht aus Arbeitern, bezogen aber durchaus auch Lehrlinge mit ein. Zu den allgemeinen Zielvorstellungen gehörten „Mündigkeit“ und „Emanzipation“. Während unter Mündigkeit die erlernbare Fähigkeit verstanden wurde, gesellschaftliche Bedingungen, Normen und Werte zu erkennen, ging „Emanzipation“ über das Erkennen hinaus und verlangte nach gesellschaftlicher Veränderung. Die Richtung der Veränderung war eindeutig auf Befreiung von Abhängigkeiten, also Autonomie des Subjekts ausgerichtet.[147] Zusammengefaßt sah man die Gefahr der Medien darin, daß sie im Kapitalismus keine informative und aufklärerische Wirkung haben, sondern nur falsches Bewußtsein (bürgerlich, klassenspezifisch) erzeugen könnten.
Medienpädagogik in Schulen wurde prinzipiell infrage gestellt, da Schulen ja auch ein Bestandteil des Systems sind. Dennoch wurden viele Lehrer angeregt, praktische, schülerorientierte Projekte durchzuführen, wie z. B. Collagen von Werbefiguren. Die außerschulischen Projekte erarbeiteten sich selbst Qualifikationen technischer Art. Ihre Produkte, meistens Dokumentationen, waren Ausdruck ihres solidarischen Verständnisses. Das in Gruppen gewonnene Selbstbewußtsein sollte langfristig zur Solidarisieung mit immer neuen Gruppen führen, schließlich zu einer Umgestaltung der Gesellschaft. Während Holzer[148] der Medienanalyse den Vorzug gab und Projekten gegenüber eher skeptisch gegenüberstand, verstand Dröge[149] Medienerziehung immerhin als Arbeitsprinzip, das zu einem Veränderungsinteresse führen kann.
Bei diesem Ansatz wurden die ökonomischen und psychologischen Abhängigkeiten der Meinungsbildung endlich fundiert thematisiert. Das geschah jedoch häufig in einer Sprache, die die Betroffenen eher abschreckte. Das Arbeiten in Projektgruppen brachte den beteiligten Jugendlichen, sofern sie nicht von politischen Gruppen einseitig funktionalisiert wurden, neue Erkenntisse und Fähigkeiten. „Insgesamt wird dadurch, daß für eine kritisch-materialistische Position Medientheorie ohne Gesellschaftstheorie undenkbar ist, der gesellschaftliche Zusammenhang von Medienproduktion, Mediendistribution und Medienrezeption in besonderer Weise hervorgehoben. Gleichzeitig haben die Vertreter dieses Ansatzes deutlich gemacht, daß von Medien nicht nur Gefahren für das Individuum ausgehen können (...), sondern auch für die demokratische Gesellschaft insgesamt.(...) Eine zweite wichtige Anregung kritisch-materialistischer Medienerzeihung liegt in der Aufforderung zum aktiven Gebrauch der Medien zur Artikulation eigener Interessen.“[150]

---

147 Hüther,J./ Schorb,B./Brehm-Klotz,Ch.: Grundbegriffe der Medienpädagogik, Ehningen 1990 S.3

148 Holzer,H.Kinder und Fernsehen, Materialien zu einem öffentlich-rechtlichen Dressurakt, München 1974

149 Dröge,F.u.a.,Der alltägliche Medienkonsum.Grundlagen einer erfahrungsbezogenen Medienerziehung, Frankfurt 1979

150 Tulodziecki,G.: Medienerziehung in Schule und Unterricht, S.50

3.1.4 Die interaktions- und handlungsorientierte Medienerziehung

Im Unterschied zur einer Medienerziehung, die den Rezipienten doch weitgehend als Opfer des Kapitalismus betrachtete, schob sich aus medienpädagogischer Perspektive, der aktive Rezipient nun wieder in den Vordergrund, doch seine Verstrickungen, Abhängigkeiten und Rückwirkungen auf den Sender wurden mitbedacht. „Das Individuum wendet sich mit bestimmten Bedürfnissen und Erwartungen den Medien zu, die Medien bieten jedoch nur bestimmte vorgeformte Möglichkeiten und wirken in ihrer Gesamtheit auf die Bedürfnis- und Erwartungsstruktur ihrer Zuschauer zurück. Das Medienhandeln eines Individuums ist somit kein unidirektionales, sondern ein interaktives. Dabei ist es in den jeweiligen Lebenskontext von Individuen und sozialen Gruppen eigebettet.“[151] Der „Nutzenansatz“ hat den Menschen als handelndes Subjekt begriffen, das gemäß seiner Bedürfnisse mehr oder weniger bewußt Medien auswählt. Zusätzlich decken Medien eine große Anzahl von Funktionen ab, wie Information, Stimmungsmanagement, Zeiteinteilung, Versammlungsanlaß, Beziehungsersatz u.s.w.. Entsprechend diesen Funktionen veränderten sich auch die Angebote der Medien. Im Hörfunk wurden z.B. Spartenprogramme eingeführt, und private Fernsehsender bekamen eine gesetzliche Basis zur Verbreitung kommerziell produzierter Sendungen. Die Medienkonsumenten haben heute mehr Wahlmöglichkeiten, sie sind aber dennoch weitgehend auf ein Spektrum vorgefertigter Angebote angewiesen. Handlungs- und interaktionsorientierte Medienerziehung bedeutet also nicht, daß der Rezipient selbst zum Sender werden muß, um als „aktiv“ gelten zu können. Baacke beschreibt sein „Interaktionistisch-handlungstheoretisches Medienkonzept“ folgendermaßen:

„Auch ‚Rezeption von Medienaussagen‘ ist eine soziale Handlung, deren subjektiver Sinngehalt zu explizieren wäre- mit dem Ziel, die aus einzelnen subjektiven Handlungselementen konstituierten objektivierten Zusammenhänge regelgeleiteten institutionalisierten Handelns zu verstehen. Interaktionistische Theorie ist insofern radikal, als sie ihre Inhalte und Ziele nicht vorgibt, sondern selbst erst in der kommunikativen Interaktion aufweist. In diesem Sinn sind Forschung und soziales Handeln kategorial nicht unterschiedlich“[152].

Handeln bedeutet somit nicht unbedingt, daß der „Rezipient „ zum „Sender“ wird, und, wie beim vorher genannten Konzept, selbst Öffentlichkeit herstellt. Handeln bedeutet, eine individuell sinnvolle Auswahl zwischen verschiedenen Angeboten zu treffen.

Interaktionistisch ist nach Baacke dieses Konzept insofern, als es in einem kommunikativen Prozeß zwischen Forschung und sozialem Handeln die Ziele und Inhalte der Medienpädagogik immer neu festlegen muß.

151 Tulodziecki,G.: Medienerziehung in Schule und Unterricht, S.51

152 Baacke, D.: „Medienpädagogik“ unter den Konstitutionsbedingungen sozialwissenschaftlicher und medientheoretischer Annahmen, in: Wodraschke,G. (Hg.): Medienpädagogik und Kommunikationslehre, München 1979, S.61 f.

Aus diesem Grund ist dieses Konzept sehr flexibel und hat bis heute noch Gültigkeit, auch wenn sich unter dem Mantel interaktions- und handlungsorientierter Medienerziehung mittlerweile die Praxis so auseinanderentwickelt hat, daß man von drei Strömungen sprechen kann.

3.2 Derzeitige Strömungen innerhalb der Medienpädagogik

Gerd Brenner und Horst Niesyto schildern die derzeitigen parallel gültigen Konzepte folgendermaßen: „Es mag sein, daß es so viele Konzepte wie Medienpädagogen gibt. Dennoch wird beim Studium der Medienpraxis deutlich, daß sich unterschiedliche Grundrichtungen herausgebildet haben. So gibt es z. B. Formen aktiver Medienarbeit, die sich sehr stark an journalistischen Kriterien und Standards orientieren, sehr inhaltsbezogen arbeiten und mit den Produktionen in die breitere, institutionalisierte Öffentlichkeit wollen (z.B. Jugendradio-Initiativen). Andere akzentuieren mehr einen Ansatz, der an der Gesamtheit lebensweltlicher Erfahrungen (medialer und nichtmedialer) und an dem vorhandenen Ausdrucksvermögen Jugendlicher anknüpft und den Prozeß einer Erfahrungsproduktion mit Medien nicht durch einseitige Orientierung auf professionelle Standards (weder journalistische noch künstlerische) überlagern möchte (z.B. Konzepte einer alltags- und lebensweltbezogenen Medienarbeit). Schließlich gibt es eine Richtung, die Medienarbeit vor allem als medienästhetische und kommunikationskulturelle Herausforderung sieht. Ausgangspunkt ist die These, daß viele Jugendliche heute die Realität nur noch als medial vermittelte wahrnehmen und daß es deshalb darauf ankomme, primär an den Fernseh- Sehgewohnheiten, an der Totalität des Bildes in der medienpädagogischen Arbeit anzuknüpfen, z.B. durch Eigenproduktionen auf der Basis der Magazin- und Clipstruktur.“[153]
Wenn man mehrere medienpädagogische Projekte (z.B. Videoproduktionen) untereinander vergleicht, so mögen sich oberflächlich betrachtet nur geringe Unterschiede zeigen. Bei genauerem Hinsehen kann man jedoch feststellen, daß sie sich in ihrer dahinterliegenden Konzeption und ihrer Zielvorstellung sehr wohl unterscheiden. Selbst wenn als Zielvorgabe einheitlich Medienkompetenz angestebt wird, so liegt der Schwerpunkt immer anders. Die Einteilung von Brenner und Niesyto ist deshalb sehr sinnvoll. Sie soll hier aufgegriffen werden und als Basis für ausführlichere Analysen dienen.

3.2.1 Der journalistische Ansatz

Grundlage des journalistischen Ansatzes war vor allem die Weiterentwicklung der kritisch-materialistischen Medienerziehung. Die unzähligen kleinen Mediencooperativen, die sich der Herstellung von „Gegenöffentlichkeit“ verschrieben hatten, kamen in die Jahre. Die noch von Enzensberger geforderte Maxime „emanzipatorische Mög-

153 Brenner,G./Niesyto,H.(Hg):. Handlungsorientierte Medienpädagogik Weinheim und München 1993, S.10

lichkeiten handelnd zu entfesseln"[154], konnte aus mehreren Gründen nicht aufrechterhalten werden. Zum einen war schon vor dem Fall der Mauer nicht mehr klar, worin sich das subjektive Bewußtsein und die objektive Lage tatsächlich unterscheiden. Nur mit der Annahme eines kapitalistischen Unterdrückungsverhältnisses ließen sich diese Widersprüche darstellen. Zum anderen war man sich unsicher, welche Ausdrucksformen dieser Erkenntnis adäquat sein sollten. Die Struktur des kommerziellen Films, die Prägung von Hörgewohnheiten durch den öffentlich-rechtlichen Rundfunk und die Presseerzeugnisse mit hohen Auflagen, die die Sensationsgier und den Blick in die Schlafzimmer bedienen und freigeben, zeigten, daß trotz vielfältiger Alternativen doch keine neuen Seh-, Hör- und Lesegewohnheiten entstanden waren. Die vorhandene kulturelle Prägung und die agenda-setting- Funktion der traditionellen Medien ließen in Wirklichkeit keine neuen Themen und keine neuen Formen zu. Was noch schlimmer war, sie griffen die alternativen Themen auf und vermarkteten sie mit ihren Mitteln. „Diese veränderte Öffentlichkeitssituation führte - gekoppelt mit der Erfahrung der politischen Erfolglosigkeit und mangelnden Resonanz und Akzeptanz der eigenen Medien - in Teilen der Gegenöffentlichkeitsbewegung zu einem Gefühl der Wirkungs- und Nutzlosigkeit."[155]. Ein Teil der Bewegung trat die Flucht nach vorn an, brachte den Gerätepark auf den neusten Stand, organisierte sich in juristisch korrekten kommerziellen Gesellschaften und suchte sich neue Themen und finanzkräftige Auftraggeber. Aber die damit verbundenen Veränderungen blieben nicht aus. „Die typischen Berufskrankheiten von Medienprofis machten sich auch in alternativen Medienprojekten breit: Konkurrenz, Jagd nach Originalität, Zwang zur ständigen ästhetischen Innovation, Durchdringung der Arbeitsstrukturen mit Eigentum, Arbeitsteilung und Hierarchie. Individuelle Autorenschaft ist wieder wichtig."[156] Was von den früheren Ansprüchen übrig blieb, sind fast nur die etwas ausgefalleneren Themen. Immerhin haben sich bisher einige Projekte wie „Die Tageszeitung" auf dem Markt etabliert, und einige Dokumentarfilme von frei arbeitenden „Medienwerkstätten" wurden von ARD und ZDF gefördert und übernommen. Diese Entwicklung galt vor allem für den alternativen Zeitungs- und Zeitschriftenmarkt und den Film- bzw. Videobereich. Etwas anders liefen die Entwicklungen beim alternativen Hörfunk.

Alternative Radioprojekte waren Mitte der 70er Jahre zu konkreten Anlässen wie der Anti- Atomkraftwerkbewegung in Wyhl und Brokdorf entstanden. Im Unterschied zu Medienkooperativen wurden beim Senden von Hörfunkbeiträgen gleichzeitig die Hoheitsrechte der Post und des Staats verletzt. Diese illegalen „Antennen", die nur sporadisch sendeten, konnten ihr Konzept von Gegenöffentlichkeit unter dem Druck der strafrechtlichen Verfolgung nicht weiterentwickeln. Als nun die Diskussion um Verteilung von Frequenzen an private Sender anstand, sahen sie keine andere Chance, als

154 Enzensberger,H.M., S.163

155 Kinter,J.: Gegenöffentlichkeit und Selbsttätigkeit, in:Hiegemann,S. /Swoboda,W. (Hg.), S. 212

156 Kinter,J., S. 213

sich in die Schlange der kommerziellen Mitbewerber einzureihen. Das Ergebnis war zum Teil deprimierend: Je nach Bundesland und Durchsetzungsvermögen wurde ihnen ein „Sendefenster" von zwei Stunden oder der überwiegende Teil einer Frequenz zugestanden. Vollkommene Autonomie in der Programmgestaltung erhielt keine der Initiativen. Durch die Legalisierung begann aber auch für die Radiomacher eine neue Ära. Die Programmgestaltung wurde oft zur Spielwiese kreativer, aber unpolitischer Jugendlicher und Individualisten. Dennoch brachten gerade diese Menschen den frischen Wind in den „Verlautbarungs- und Betroffenheitsjournalismus" der 80er Jahre und waren auf ihre Weise „subversiv".
Trotz aller divergierender Entwicklungen gelten für diese Gruppierungen immer noch Prinzipien der Aktiven Medienpädagogik, die in den 70-er Jahren vor allem von Fred Schell und Bernd Schorb dargelegt wurden. Auch wenn Forderungen wie „Emanzipation" und „authentische Erfahrung" nicht mehr explizit in Programmen erwähnt werden, so zeichnet diesen Ansatz immer noch ein gesamtgesellschaftliches, politisches Interesse aus. Bernd Schorb und Helga Theunert faßten die Ziele 1991 auf einem europäischen Arbeitstreffen zur Lage der Medienpädagogik wie folgt zusammen:

- Erweiterung der Handlungsfähigkeit durch reflexive Auseinandersetzung mit Medienprodukten und Eigenproduktionen
- Erfahren und Erlernen bewußter Kommunikation durch verbale oder aktive Auseinandersetzungsmethoden
- Fähigkeit, eigene Interessen zu erkennen und kreativ umzusetzen
- Erwerb von Verhaltenssicherheit in verschidenen sozialen Situationen
- Umsetzung eigenen Erlebens und eigener Probleme in Worte und Bilder.[157]

Das Grundprinzip diese Ansatzes liegt auf der Betonung von handelndem Lernen. „Handelndes Lernen geschieht mit und an Gegenstandsbereichen sozialer Realität. Es beruht auf der Verbindung von Reflexion und Handeln und ist auf die Aneignung von Realität ebenso gerichtet wie auf deren aktive Mitgestaltung und Veränderung. Im Bereich des Umgangs mit Öffentlichkeit heißt dies, daß die o.g. Fähigkeiten sich im aktiven Umgang mit Medien entwickeln müssen und können, also nicht allein als theoretische Lehrsätze erlernt, sondern in der Praxis aktiver Medienarbeit selbst gestaltet werden."[158]

3.2.2 Der lebensweltlich-erfahrungsorientierte Ansatz

Außer den zahlreichen kleinen, autonom arbeitenden „Medienwerkstätten" entstanden in den 80er Jahren pädagogische Projekte, die heute relativ pragmatisch arbeiten. Ihr Anspruch war weniger gesellschaftspolitisch, sondern vielmehr an den Interessen

157 Schorb,B.(Hg.): Medienerziehung in Europa, München 1992, S.16
158 Schorb,B.: Zwischen Reformpädagogik und Technozentrik, in : Hiegemann,S. /Swoboda,W. (Hg.), S. 161

der Kinder und Jugendlichen ausgerichtet. Ausgangspunkt war die reale Umgebung, in der diese aufwachsen. „Medien ersetzen und ergänzen heute oft lebensweltliche Nahräume, die in vielen Regionen gerade für Kinder und Jugendliche unattraktiver werden. Diese Räume sind verbaut, verriegelt, in funktional entmischte Nutzungszonen aufgeteilt - sie provozieren Grenzüberschreitungen, die aber oft sanktioniert werden."[159] Medien haben in dieser Umgebung die Funktion, die eigenen Räume mit Hilfe von Phantasie zu erweitern, sie werden als Vorlage für die Suche nach dem eigenen Lebensstil genommen. „Gleichzeitig sind Medien allgegenwärtig, nisten sich tief in den Poren des Alltags ein, stimulieren Bedürfnisse nach ständigem Dabeisein."[160] Medienprojekte, die diesen Regelkreis von Mediennutzung und Benutztwerden von Medien aufbrechen wollen, verstehen sich meist eher als pädagogische Projekte. In den meisten Fällen sind auch die Träger staatlich oder kommunal (Medienstellen, Jugendbildungswerke, Offene Jugendarbeit, Jugendverbandsarbeit).
Dieser Ansatz der Medienerziehung lehnt sich am stärksten an die Prämissen der beschriebenen interaktionistisch-handlungsorientierten Medienerziehung an. Wesentlichen Anteil an der Verbreitung dieses Ansatzes hatte Dieter Baacke. Er erforschte den Medienkonsum im Zusammenhang mit Alltagsphänomenen, wie sozioökonomischen, kulturellen und biographisch-individuellen Bedingungen (Baacke 1976). Medien sind danach Teile der „sozialen Möblierung" von Lebenswelten, die kommunikationskulturelle Bedürfnisse widerspiegeln oder stimulieren. Das Ziel medienpädagogischer Arbeit sei „kommunikative Kompetenz", die sich jedoch nicht allein auf interpersonale Kommunikation bezieht, sondern auch darauf, wie sinnvoll man Medien in seinen Alltag einbaut. „Während sich die Betrachtung der sprachlichen Kompetenz allein der Semantik und Grammatikalität von Sätzen widmete, bezieht der Begriff der kommunikativen Kompetenz Wahrnehmung ebenso ein wie biographische, sozialstrukturelle und kulturell- gesellschaftliche Ablagerungen."[161] Kommunikation spielt sich immer in einem sozialen Raum ab, den Baacke, angelehnt an Jürgen Habermas, Edmund Husserl und Alfred Schütz „Lebenswelt" [162] nennt. „Sie ist der Lebensraum, in dem sich Erziehung und Sozialisation abspielen und der damit alle Kommunikation eines Menschen bestimmt und umfaßt."[163] In dieser Lebenswelt werden innerhalb der Kommunikation Vereinbarungen getroffen, die sich in Handlungen äußern. Dadurch entstehen Konventionen. Über diese Konventionen entstehen Wirklichkeitskonstruktionen. Dies gilt auch für den Umgang mit Medien. „Auch Massen-Kommunikation besteht nicht nur aus Symbolvermittlern, sondern damit verbundenen Handlun-

159 Brenner,G./Niesyto,H., S.10 f.

160 Brenner,G./Niesyto,H., S.11

161 Baacke, D.:Theorie der Medienpädagogik, in: Burkart,R./Hömberg,W. (Hg.), Kommunikations- Theorien, Wien 1992, S.172

162 Reese-Schäfer,W.: Jürgen Habermas, Frankfurt 1991, S. 37

163 Baacke, D.:Theorie der Medienpädagogik, S.172

gen, die zu Handlungen bei den Nutzern auffordern bzw. führen.“[164] Medien sind also auch Vermittler von Konventionen, die für Jungendliche fördernd oder aber auch kontraproduktiv sein können. Medienpädagogik soll ihnen bei der Auswahl behilflich sein. Aus diesem Grund muß „Medienpädagogik sozialökologisch und biographisch orientiert sein und den Jugendlichen Symbolwelten anbieten, die sich mit ihren Handlungschancen verbinden lassen.“[165] Untersuchungen von Familenstrukturen und Jugendkulturen legten die Basis für Projekte in Gruppen mit praktischer Medienarbeit. Anhand von kleinen Medienproduktionen sollen exemplarische Erfahrungen gemacht werden, die sich auf den Umgang mit „großen“ Medien übertragen lassen. Die Simulation im kleinen Rahmen verspricht eine Gesamtheit von Eindrücken, die Fähigkeiten auf verschiedenen Gebieten fördern:

- technische und instrumentelle Qualifikation, die z. B. nötig sind, wenn Schüler ein kleines Mail-Box-System aufbauen wollen oder das Lay-out einer Schülerzeitung auf dem Computer machen wollen,
- medienspezifische Fähigkeiten und Kenntnisse, z.B. wie man ein inhaltliches Anliegen in der jeweiligen Medienform darstellen kann,
- Fähigkeit zu medienstrukturellen Erkundungen und Einsichten, z.B. wie oft und wie sich bestehende Medien mit lokalen Ereignissen befassen und wie man es selbst machen würde,
- Fähigkeiten zur Erarbeitung von Themen, wobei Medien unterstützend bei der Aufarbeitung wie der Präsentation der Resultate eingesetzt werden.[166]

Die meisten medienpädagogischen Projekte, die sich auf Baackes „kommunikative Kompetenz“ beziehen, nehmen nicht alle Begründungen seines Ansatzes wahr. Meistens wird nur gesehen, daß seine handlungstheoretische Definition von Medienkompetenz auf der Betonung von kreativem, selbsttätigem Umgang mit Medien und individuell angepaßter Handhabung von Medien liegt. Damit steht die „Nutzung“ von Medien im Vordergrund dieses Ansatzes.

3.2.3 Der medienästhetisch-kommunikationskulturelle Ansatz

Einen weiteren Ansatz gibt es nur in Anfängen. Während die emanzipatorische Richtung sich hauptsächlich in journalistischer Arbeit ausdrückte und die lebensweltlicherfahrungsorientierte in allen möglichen Formen, so ist nun eine neue Richtung zu entdecken, von der man noch nicht genau sagen kann, ob sie zutiefst konservativ bzw. reaktionär ist oder eine neue Entwicklung initiiert.

Alt erscheint uns der wiedergewonnene Blick auf die Ästhetik, neu ist der Realitätsbegriff. Das postmoderne Denken definiert Ästhetik aber nicht als „das Schöne“, sondern meint damit die Form der erfahrbaren Wirklichkeit. „Insbesondere unter Postmo-

164 Baacke, D.:Theorie der Medienpädagogik, S.175
165 Baacke,D.: Jugendforschung und Medienpädagogik., S.53
166 Baacke,D.: Jugendforschung und Medienpädagogik., S. 45 f.

dernisten (...) wächst zunehmend die Ansicht,daß die Grundlagen dessen, was wir unter Wirklichkeit verstehen, fiktionaler Art sind. Wirklichkeit wird nach dieser Auffassung im weitesten Sinne ästhetisch konstituiert. ... Insofern sich die Konstitution von Wirklichkeit fiktionaler Mittel bedient -'Grundbilder, Anschauungsformen, Metaphern, Stile, Phantasmen, Projektionen', wie Postmodernisten betonen -, trage sie in sich bereits kunstverwandte Züge. Solche ästhetischen Züge würden in einer durch die Neuen Technologien und Medien geprägten, wenn nicht gar konstituierten Wirklichkeit, in der wir heute leben, noch erheblich verstärkt.[167] Wenn man davon ausgehet, daß Medien Wirklichkeit tatsächlich mitkonstituieren, dann ist zu fragen, wer davon profitiert. Die technische Massenkultur, so die Vertreter der Postmoderne, habe bisher nicht zur Demokratisierung beigetragen, sondern höchstens zur Privatisierung, Kommerzialisierung und Verdinglichung von Kultur geführt. Da das oberste Ziel der Postmodernisten aber radikaler Pluralismus ist, machen sie sich auch Gedanken darüber, wie die Konstitution von Wirklichkeit an die Individuen zurückgegeben werden kann. „Die Postmoderne ist diejenige geschichtliche Phase, in der Pluralität als Grundverfassung der Gesellschaft real und anerkannt wird und in der daher plurale Sinn- und Aktionsmuster vordringlich, ja dominant und obligat werden....Sie ist von wirklicher Demokratie untrennbar."[168] Die Entwicklung einer sich hierauf beziehenden Pädagogik könnte laut Christian Beck den antidemokratischen und uniformierenden Tendenzen entgegensteuern. „Sie soll der Herausbildung einer kritischen Medienliteralität dienen. Ihr Ziel besteht darin, dem einzelnen die Kompetenz zu vermitteln, der Macht der Kulturindustrie zu widerstehen, und ihm die Möglichkeit geben zu lernen, wie man selbst Kultur hervorbringt. Das geschieht, um letzten Endes eine demokratischere und mehr partizipatorische Gesellschaft zu schaffen. Dafür sei es zunächst wichtig, die Vorstellungen eines Denkens in den Grenzen einer Elitekultur einerseits und einer Massenkultur andererseits zu überschreiten."[169] In der Diskussion um die Umsetzung dachte man zunächst an Video, um in einer Art von „Teletheorie" diese Ansprüche umzusetzen.[170] Mittlerweile geht die Diskussion auch um die Einbeziehung neuerer Medien.

In Abgrenzung zu den erstgenannten Richtungen setzt sich die Medienpädagogik hier nicht mehr zum Ziel, die Realität zu entlarven oder zu verändern, sondern es geht darum, Wirklichkeit zu entwerfen. Das würde bedeuten, daß sich jeder seine eigene Welt konstruieren kann und Medienkompetenz darin besteht, dies möglichst angenehm, perfekt und individuell zu können. Die neue technische Entwicklung, z.B. Cyberspace, schafft die Möglichkeit der interaktiven Kommunikation, d.h., daß der

167 Beck,Ch.: Ästhetisierung des Denkens: zur Postmoderne Rezeption der Pädagogik, Bad Heilbrunn 1993, S.83

168 Welsch, W.:Unsere postmoderne Moderne, Weinheim 1991, S. 5

169 Beck,Ch., S. 140 f.

170 Beck,Ch., S.184

Mensch sich in eine künstliche Welt begeben und diese auch verändern kann. Daraus bezieht er Erfahrungen, die vergleichbar oder identisch mit Erfahrungen sind, die er in der „realen", aber ebenfalls konstruierten Wirklichkeit macht.
Auf der Grundlage des Konstruktivismus, der davon ausgeht, daß sich jeder sein eigenes Bild von der Realität macht, müssen sich Medienpädagogen nun auch damit beschäftigen, was wird, wenn technisch erzeugte Realitäten von Kindern und Jugendlichen konsumiert werden.
„Ein Teil der Medienpädagogen und Mediengruppen setzt neuerdings seine Hoffnungen in den kreativen oder subversiven Umgang mit den Bilderwelten der neuen Medien. Gegen die Anstrengung der Erfahrung und Vermittlung wird die Lust an Effekten, am Rätselhaften und Unverständlichen betont. Die Faszination der Medien soll durch eine Faszination der Herstellung eigener Bilder- und Wunschwelten, durch das Nutzen der Mitmachgelegenheiten der Neuen Medien aufgebrochen werden."[171] Dabei wird oft nicht unterschieden, ob die Medien wirklich interaktiv und damit auch kreativ oder kommunikationsfördernd sind, sondern von ihrer Stuktur her passivierend und isolierend.
Einer der wenigen Medienpädagogen, die sich mit den „virtuellen Welten" beschäftigen, ist derzeit Franz Josef Röll. Geschichtlich betrachtet, so meint Röll, sei dies eigentlich kein qualitativer Sprung, weil jedes Bild, das hergestellt wurde, schon immer nur ein verzerrtes Abbild der Wirklichkeit war. Bilder, gegenständliche und die in unseren Köpfen, sind Produkte von Vereinbarungen und deuten höchstens auf Realität hin, sie können aber nie Realtät sein. Die Suche nach der Wahrheit oder der Realität ist nach dieser Ansicht eine überflüssige Aufgabe. „Das Gehirn wertet nur reflektierte Daten aus, die sich zu einer Gestalt, einem Objekt im visuellen Gedächtnis verdichten. Die Erfahrungen im kompetenten Umgang mit diesen Re-Konstruktionen lassen uns schnell dazu verleiten, die ausgewerteten Daten als Realität zu interpretieren. Es handelt sich jedoch immer um von unserem Gehirn produzierte Wirklichkeitswelten, die sich subjektiv dem einzelnen als wahrhaftiges Erlebnis präsentieren, letztlich aber nur einen durch Anlage geprägten Ausschnitt der Erfahrungswelt darstellen."[172] Die Ausgangsbedingungen beim Entwurf von Realitäten seien bei jedem Menschen verschieden. Sie setzen sich Röll zufolge aus phylogenetischen (stammesgeschichtlichen) und ontogenetischen (individualgeschichtlichen) Faktoren zusammen. „Wie sich die Außenweltverarbeitung in unserem Gehirn zu einem Kontinuum verknüpft, so daß sie sich in unserem Bewußtsein als erfahrbare Wirklichkeit generiert, bezieht sich auch auf die jeweilige Erlebniswelt derjenigen Kultur, in der wir aufwachsen, und damit insbesondere auf die jeweils durch Konvention vereinbarte Vorstellung von Welt.
Die jeweilige Kultur vermittelt über die Perspektive, die Art und Weise, wie sie ihren Bezug zur Realität definiert, prägende Vorstellungen, wie Welt zu interpretieren sei.

171 Kinter,J., S. 215
172 Röll,F.: Perspektivenwandel durch Cyber Space, medien praktisch 3/1993, S. 53

Eine Reflexion über den Wandel der unterschiedlichen Aneignungen von Welt gibt Indizien für das Selbstverständnis einer Gesellschaft. Es gibt plausible Hinweise, daß wir uns mitten in einem Prozeß der Wandlung der Aneignung von Wirklichkeit befinden. Hervorgerufen wird dieser Wandel durch die Entwicklungen neuer Technologien, die unter dem Begriff „Virtual Reality“ oder auch „Cyberspace“ bekannt wurden.“[173] Röll selbst zieht noch wenige theoretische Konsequenzen für die Medienpädagogik. Jedoch drängen sich manche Schlußfolgerungen auf. Wenn die Sicht der Welt über Vereinbarungen geprägt ist, so lassen sich diese Vereinbarungen auch ändern. Nicht die Aufklärung von medienspezifischen Hintergründen steht dann im Vordergrund, sondern die Erfindung einer Darstellungsform, die die Vereinbarung in eine von mir gewünschte Richtung verändert. Aktive Medienarbeit bedeutet dann nicht nur Einblick in Manipulationsformen zu gewinnen, sondern selbst zu „manipulieren“, wobei dieser Begriff dann nicht mehr pejorativ verwendet werden darf.
In eine Bilderwelt hineingeboren, ist für junge Menschen der Umgang mit Video und Fernsehen unabdingbar. Zur gesellschaftlich notwendigen Handlungskompetenz gehören heutzutage Bildschirmtauglichkeit, schnelle Reaktionsfähigkeit, Fähigkeit der Bildaufnahme und -verarbeitung. In einer Welt der Bilderkultur sollten damit auch die Fähigkeiten erworben werden, sich visueller Gestaltungsformen zu bedienen. Daraus folgt für Röll: „Sich auf die Bedürfnisse von Jugendlichen einzulassen, heißt daher heute, sich mit ihrem Lebensalltag nicht zuletzt bildhaft (medial) auseinanderzusetzen; heißt auch, den Wandlungsprozeß von der Wort- zur Bilderkultur, der in der Jugendszene feststellbar ist, nicht als defizitär zu erkennen, sondern den potentiellen Identitätszuwachs darin zu erkennen; heißt aber auch, politische Lernprozesse mittels ästhetischer Kategorien zu diskutieren.“[174] Röll wagt daraus folgende These: „Damit sie (die Jugendlichen, die die Realität mit Augen wie eine Kamera aufnehmen; A.d.V.) Realität als Wirklichkeit aufnehmen können, muß man ihnen eine Kamera (mediale Ausdrucksformen) in die Hand geben nach dem Prinzip von Paradoxon und Gegenparadoxon oder: Wirklichkeit ist das, was Menschen zum Handeln veranlaßt.“[175]

Die Aneignung folgender Fähigkeiten sind Ziel der Pädagogen:

- Fähigkeit zur Bildsprache
Wichtig ist für Jugendliche die Fähigkeit, an das eigene Bilddenken wieder anzuknüpfen und im Umgang mit der Kamera die Manipulationsmöglichkeiten, denen sie selbst ständig ausgesetzt sind, zu entdecken. Nach Abzug dieser medialen „Verfälschungen“, die aber immanent sind bei der Umsetzung der Realität in Bilder, kann auch der Wahrheitsgehalt der Medien besser eingeschätzt werden. „Diese Befähigung

173 Röll,F.: Perspektivenwandel durch Cyber Space, S.53
174 Krügler,K./ Röll,F.: Von der Wort zur Bilderkultur, in: Handlungsorientierte Medienarbeit,Weinheim u. München 1993, S.44
175 Krügler,K./ Röll,F., S.44

zum Bilddenken entspricht einer Alphabetisierung visueller Kommunikationsformen und soll dazu dienen, den „Wahrheitsgehalt“ der Medienwirklichkeit besser, adäquater überprüfen zu können.“[176]

- Ausdruck eigener Wunschträume und Lebensbedingungen
Massenkultur beinhaltet immer einen Moment der Befreiung, z. B. Gleichheit, produktive Spontaneität, Demokratisierung. Sie appelliert oft an ein besseres, freundlicheres, bedürnisgerechteres Leben. Im Rahmen der Videoarbeit können diese Träume durchaus dazu benutzt werden, auf eigene Art Momente der Befreiung unstandardisiert und unzensiert auszudrücken. So sollen die Jugendlichen dazu befähigt werden, „ihre persönlichen und sozialen Lebensbedingungen besser zu verstehen (Bild) und zu erkennen (Begriff).“[177]

- Emotionale Aufarbeitung und emotionale Bindung
Im Gegensatz zur sozialen Wirklichkeit, in der der Mensch nicht immer die emotionale Zuwendung und Stabilität erfährt, die er gerne hätte, bieten Medienerlebnisse eine Möglichkeit, dieses Bedürfnis auf Knopfdruck wenigstens halbwegs zu befriedigen. Das schafft nicht nur falsche Befriedigung, sondern auch Stabilität des Emotionshaushaltes.

„Eine zentrale Aufgabe von Medienpädagogik wird heute unter dem Stichwort ‚Wahrnehmungsbildung‘ diskutiert. Denn Medien prägen zunehmend unsere Erfahrungswelt und damit die Konstruktion unserer Vorstellungen von Welt (Bildern). Kommunikation verläßt die Begrifflichkeiten und wird bildhaft.“[178] Dieser Ansatz ist im Vergleich zu anderen besonders auf Wahrnehmungs-, Ausdrucks- und Verarbeitungsformen von Individuen ausgerichtet.

3.3 Vergleich der verschiedenen Strömungen

Die Auflösung öffentlich-rechtlicher Informationshoheiten führte zu einer Veränderung des Angebots, die zwar einseitig ist, aber dennoch eine Pluralisierung bedeutet. Die technische Entwicklung ist in einer Umbruchphase, deren Konsequenzen noch nicht abgeschätzt werden können. Eine „Informationsgesellschaft“ mit vernetzten Comutersystemen und Datenautobahnen bringt neue Probleme mit sich. Wir wissen weder, welche Auswirkungen der Umgang mit Computern langfristig auf unsere interpersonale Kommunikationsformen hat, noch, ob die technischen Manipulationsmöglichkeiten von Bildern eine Trennung von Wirklichkeit und medialer Wirklichkeit noch zulassen. „Eine wesentliche Sorge betrifft dabei die Frage, ob die noch in

176 Krügler,K./ Röll,F., S.44
177 Krügler,K./ Röll,F., S.43
178 Baacke,D./Röll,F.(Hg.).: Weltbilder, Wahrnehmung, Wirklichkeit, Opladen 1995, Klappentext

ihrer kognitiven, moralischen, emotionalen und physischen Entwicklung stehenden Kinder und Jugendlichen die notwendigen Wahrnehmungskompetenzen und die kognitive und moralische Urteilskraft besitzen, um Künstlichkeit, Zerrissenheit und Widersprüchlichkeit, Vielschichtigkeit und Permanenz von Information durch ständige Medienkonfrontation für sich sinnvoll in einen Zusammenhang zu bringen."[179]
Die beschriebenen medienpädagogischen Strömungen, die parallel nebeneinander existieren, sind also unter dem Blickwinkel zu betrachten, welcher Ansatz den neuen Herausforderungen am ehesten gerecht wird.

- *Der „journalistische Ansatz"* ist bemüht den Menschen als Subjekt gegenüber einem immer enger werdenden Netz medialer Verstrickungen zu verteidigen. Unausgesprochen steht hinter dieser handlungsorientierten Arbeit die Hoffnung, daß durch Selbsttätigkeit der Mensch aus seiner Objekthaltung heraustreten kann und Information nicht zur Ware verkommt. Selbst wenn sich medienpädagogische Projekte nicht mehr explizit als „Gegenöffentlichkeit" verstehen und oftmals geregelte Kapitalformen eingegangen sind, so mischen sie sich immer noch durch kritische Beiträge und selbstbewußte Aktionen in gesellschaftliche Vorgänge ein. Somit steht nach wie vor die „authentische" Produktion und Veröffentlichung im Vordergrund dieses Ansatzes.

- *Der „lebensweltlich-erfahrungsorientierte" Ansatz* war von Anfang an nicht an einer globalen Gesellschaftskritik ausgerichtet. Medienpädagogische Projekte haben weniger den Sinn aktiv in eine Gesellschaft einzugreifen, sondern exemplarisch zu zeigen wie Medien produziert werden, um Hilfestellung bei der Auswahl und Nutzung verschiedener Medien zu geben. Die Selbstverständlichkeit als Grundhaltung gegenüber Medien drückt sich in der Forschung und in praktischen Projekten aus: Medien sind Teil des Alltags und der Umgang mit ihnen kann positiv und negativ sein. Reflektierter Umgang unter Berücksichtigung von Handlungsalternativen führt dazu, daß die Nutzung von Medien im Vordergrund der Überlegungen steht.

- *Der „medienästhetisch-kommunikationskulturelle" Ansatz*
Die technische Entwicklung, Diskussionen um postmodernes Denken und konstruktivistische Medientheorien liefern neuen Zündstoff in der Medienerziehung. Einerseits wird mit der Behauptung, daß es sowieso nur individuelle Realitäten gäbe, der Medienerziehung der Boden entzogen, andererseits begibt man sich wieder auf die Suche nach medienspezifischen Symbolen. Die Kraft der Bilder, die künstlerische Sprache und uneingeschränkte Kreativität sind wieder Thema geworden und finden Eingang in die medienpädagogische Arbeit. Reale oder virtuelle Welten werden nach den gleichen Prinzipien gestaltet. Wichtig ist, daß Kinder und Jugendliche Zugang zur Gestaltung dieser Welten finden. Grundlage hierfür ist die Wahrnehmung.

---

179 Sander, U. Vollbrecht,R.: Wirkungen der Medien im Spiegel der Forschung, in: Hiegemann,S. /Swoboda,W. (Hg.), S.375

Fraglich ist, ob nicht alle drei Ansätze in der heutigen Zeit ihre Berechtigung haben. Der „journalistische Ansatz" garantiert, daß politische Machtverhältnisse nicht aus den Augen verloren werden, der „lebensweltlich - erfahrungsorientierte" Ansatz liefert vor allem praktikable Ansätze für die pädagogische Arbeit in Gruppen. Nur der dritte Ansatz kann nicht so widerspruchslos angenommen werden. Um pädagogische Vorgaben für die Zukunft machen zu können, müssen Visionen hochgerechnet und für Erwachsene vorstellbar werden. Konsequent weitergedacht kann der medienästhetisch-kommunikationskulturelle Ansatz dazu führen, daß Kinder und Jugendliche in der Welt des schönen Scheins belassen werden. Medienpädagogik erübrigt sich oder will nur noch auf ein „besser" oder „schlechter" hinweisen, was sich ausschließlich auf die Qualität der Illusionsvermittlung beziehen kann. Das kann schließlich auch politische Folgen haben. „Eine ästhetische Orientierung in der Welt führt mit ihrer systematischen Oberflächlichkeit und Tendenz zu ‚Verhübschung und Entertainment′ zwangsläufig auf allen Ebenen menschlichen Handelns zu mehr oder weniger großen Fehleinschätzungen und folgenreichen Irrtümern."[180] In einer Welt, in der Machtmittel und Interessen eine große Rolle spielen, kann durch Ästhetik alleine kein neuer Standpunkt gefunden werden. Traumwelten schützen nicht vor der Realität.
Dieser Ansicht widersprechen jedoch Beobachtungen, die die „heutigen Jugend" zum Gegenstand haben: „Mediensozialisationstheoretische Beobachtungen und vorläufige Schlüsse lassen jedoch vermuten, als würde eine sich wandelnde Medienwelt begleitet durch Phänomene einer Mediensozialisation im Sinne einer sich wandelnden Lernumgebung, in der heutige Kinder und Jugendliche sich die notwendige Medienkompetenz aneignen."[181] Uwe Sander und Ralf Vollbrecht begründen diese Vermutungen durch Untersuchungen (vgl. Haen 1985 und Hengst 1985), aus denen hervorgeht, daß bei Kindern eine Akzeleration der Wahrnehmung zu beobachten sei und durch das Hineingeboren sein in eine mediatisierte hochtechnisierte Welt auch die Organisation der Erfahrung anders verlaufe. Das, was sich Erwachsene unter Medienkompetenz vorstellen, könne für die neue Generation deshalb nicht mehr gelten. Da Erwachsene aber die offiziellen Lerninstanzen besetzen müssen sie besonders weitblickend sein.
Da der medienästhetisch-kommunikationskulturelle Ansatz auf die neuartige Organisation von Erfahrung und Wahrnehmung abzielt, ist er für eine Beschreibung dessen, was zukünftige Medienkompetenz anbelangt, sehr ernst zu nehmen. Das soll jedoch nicht bedeuten, daß die beiden anderen Ansätze an Bedeutung verloren haben. Vielmehr ist zu überlegen wie sie sich gegenseitig ergänzend, zusammengeführt werden können.

180 Gawert,J.: Ästhetisierung,in: medien praktisch 4/93, S.2
181 Sander, U. Vollbrecht,R.: Wirkungen der Medien im Spiegel der Forschung, in: Hiegemann,S. /Swoboda,W. (Hg.), S.375

Kapitel 4 Medienkompetenz

Medienpädagogik scheint aufgrund der technischen Entwicklung unverzichtbarer Bestandteil unserer Gesellschaft zu werden. Ihre geschichtliche Entwicklung muß aber auch unter dem Aspekt einer ethischen Werteverschiebung betrachtet werden. Heute stehen Individualisierungs- und Selbstverwirklichungskonzepte im Vordergrund, und es ist offensichtlich, daß diese Selbstverwirklichung einerseits vom Medienmarkt bzw. der Industrie gesteuert wird, andererseits der Medienmarkt eine ethische Symbolisierungs- und Normenklammer darstellt, die kaum mehr eine andere Institution in der Lage ist wahrzunehmen. „Mit der Einführung der neuen Medien wird die gesamte Gesellschaft umgewandelt: Die Prozesse der Informatisierung und Mediatisierung verändern uns Menschen tiefgreifend. Das Handlungsrepertoire der Medienpädagogik muß sich in der jetzigen Situation auch in die gesellschaftliche Diskussion über medienpolitische und ethische Fragen und Richtlinien einschalten, bestimmt der gesamtgesellschaftliche Rahmen doch die Lebensbedingungen der Menschen, mit denen der Medienpädagoge sich auseinanderzusetzen hat.“[182]
Dieser Forderung nachzukommen, wäre einfach, wenn es nicht unterschiedliche Meinungen darüber gäbe, auf welcher Grundlage medienpädagogische Empfehlungen abgegeben werden können.
Eine deutliche Position scheint Wolgang Wunden einzunehmen in der Art und Weise, wie er seine Frage formuliert: „An welchen Leitbildern und Werten können Menschen unserer Zeit sich ihr Handeln im Zusammenhang mit technischen Medien orientieren, sofern sie vernünftig zu Handeln prinzipiell bereit sind?“[183] Diese so einfach gestellte Frage impliziert, daß der Mensch Leitbilder und Werte braucht und zu vernüftigem Handeln fähig ist. Sie führt auf eine heftig geführte Diskussion, die zwischen Argumenten der Aufklärung und der Postmoderne hin- und hergerissen ist. „Ganz offensichtlich ist Pädagogenethik inhaltlich, sie wird zu einer zu verantwortenden Medien-Moral. Dabei liegt es auf der Hand, daß eine solche Medien-Moral nicht deduktiv aus einem ‚objektiven Wertehimmel‘ abgeleitet werden kann; auch die Zeiten einer derart normensetzenden Pädagogik sind längst vorbei. Der Hinweis auf einen sozialethischen Orientierungsrahmen macht schon deutlich, daß es sich um eine Ethik handeln muß, die situationsorientiert die jeweiligen Interaktionen von Menschen in den Mittelpunkt nimmt, und hier müssen ihre näheren inhaltlichen Bestimmungen immer aufs Neue ausgehandelt werden.“[184]
Mit diesen Prämissen fällt es leichter in eine gesellschaftspolitische Diskussion einzusteigen, um gesetzliche und pädagogische Richtlinien für die nähere Zukunft zu

182 Charlton,M. /Neumann-Braun,K. Medienkindheit-Medienjugend, München 1992, S.123
183 Wunden,W.(Hg.): Medien zwischen Markt und Moral, Stuttgart 1989, S.267
184 Baacke,D.: Zum ethischen Orientierungsrahmen der Medienpädagogik, in: Medienpädagogik im Informationszeitalter, Weinheim 1987, S.65

bestimmen. Die Zeit für Stellungnahmen von Seiten der Medienpädagogik ist gekommen. Es geht darum, sich auf praktische und pragmatische Konzepte zu einigen. Nur so wird man sich Gehör verschaffen können. Was für den Medienkonsumenten gilt, das gilt auch für Medienpädagogen:
„Wer der Fülle hilflos gegenübersteht, läuft Gefahr schlechte Entscheidungen zu treffen, denn Entscheidungen verlangen zweierlei: Souveränität der Person und Kompetenz in der Sache. Medien- oder Kommunikationskompetenz wird damit zur Schlüsselqualifikation und zur Einlaßkarte in das 21. Jahrhundert.“[185]

4.1 Medienkompetenz als allgemeines Ziel

Medienwissenschaftler und Medienpädagogen scheinen sich der neuen Literatur nach einig zu sein darin, daß die „Medienkompetenz“ oder „Kommunikative Kompetenz“ des Rezipienten an oberster Stelle aller Zielvorstellungen von Medienerziehung stehen.[186] Jedoch taucht sofort die Frage auf, wie denn das Verhalten des Rezipienten aussehen soll, wenn er als medienkompetent gilt. Heißt Medienkompetenz, daß man zur richtigen Zeit den Ausschaltknopf des Fernsehers findet ? Bedeutet es, daß man resistent oder immun gegenüber dem täglich sich anhäufenden Informationsmüll werden sollte ? Oder sind wir medienkompetent, wenn wir uns elegant und geübt auf der Datenautobahn bewegen können? Möglich ist natürlich auch, daß es keine generelle Antwort auf diese Frage gibt. Vielleicht bedeutet Medienkompetenz nicht nur für jeden etwas anderes, sondern muß auch je nach Alter, sozialer Lage und Situation verschieden sein. Aus diesem Grund muß eine Präzisierung des Begriffs erfolgen.

4.1.1 Medienkompetenz als Perspektive

Vor einiger Zeit erschienen in der Zeitschrift „medien praktisch“[187] drei Artikel über Medienkompetenz, die sich auf völlig verschiedenen Ebenen bewegten. Damit wird deutlich, wie ungeklärt der Begriff nach wie vor ist. Einer dieser Artikel ist besonders beachtenswert, weil er sehr anschaulich alle ungelösten Grundfragen anspricht. Klaus Boeckmann faßt Arbeitsergebnisse zusammen, die aus Diskussionen der „Klagenfurter Projektgruppe Medienerziehung“ entstanden sind:
„Wir behaupten durchaus, daß auch Menschen, die billige Seifenopern und Boulevardblätter rezipieren, medienmündig sein können. (...) Es ist nicht unmündig, sich von einem Medienprodukt ‚einfangen‘ zu lassen; im Gegenteil, das ist Teilnahme an der Medienkultur, die Teil unserer sozialen Wirklichkeit ist. (...) Alle unsere Versuche - und wir haben es ernsthaft versucht -, mündiges Medienhandeln zu beschreiben, sozusagen einen Verhaltenskatalog mündigen Medienhandelns zusammenzustellen,

185 Hamm,I.: Bildungszukunft heißt Medienorientierung, in: Lauffer,J./ Volkmer,I., Kommunikative Kompetenz, Opladen 1995, S.111

186 Lauffer,J./ Volkmer,I., Kommunikative Kompetenz in einer sich ändernden Medienwelt, Opladen 1995

187 medien praktisch. Dez. 1994 Heft 72, S.34 ff.

sind gescheitert. Äußerlich gleiche Verhaltensweisen können sowohl in einem mündigen als auch in einem unselbständig abhängigen Handlungskontext stehen. Diese Einsicht bedeutet nichts anderes als das Eingeständnis, daß mündiges Medienhandeln sich wesentlich im Inneren des Menschen konstiuiert, in dessen Art, sich geistig und emotional mit den Medienbotschaften auseinanderzusetzen.“[188] Boeckmanns Ausdrucksweise mag hier irritieren, denn er greift auf Definitionen aus anderen Epochen der Medienerziehung zurück. Den Begriff „medienmündig“ kann man in diesem Zusammenhang sicher durch „medienkompetent“ austauschen. Worauf es hier ankommt, ist die Aussage, daß sich Medienkompetenz offensichtlich nicht unbedingt am äußeren Verhalten ablesen läßt.

Dieser Diskussion ist eine Befragung von 13-15jährigen Schülern und Scülerinnen vorausgegangen.[189] Das Ergebnis beschreibt Boeckmann folgendermaßen: „Manche Erkenntnisse, derer sich die Medienerzieher mit besonderer Liebe angenommen haben, wie zum Beispiel die Funktionen und Formen der Werbung, die politische Bedeutung und die wirtschaftliche Abhängigkeit der Medien, können wir getrost von der Liste der Themen streichen, die durch Medienerziehung erst bewußt gemacht werden müßten.(...) Einerseits sehen die Jugendlichen völlig klar, daß Themen in verschiedenen Medien unterschiedlich dargestellt werden. Andererseits sind z.B. Bilder für sie quasi objektiv; es ist ihrem Denken fern, daß jede Art von Bild, aber auch jeder Text nur eine mögliche Dar- Stellung mit einer darin eingelassenen subjektiven Sicht ist. (...) Was bei Jugendlichen fehlt, ist so etwas wie die Tiefenschicht der Medienmündigkeit, die wir besonders beim Konstruktionscharakter der Medienprodukte und bei der Wahrnehmung der Kommunikatorinteressen untersucht haben.“[190]

Zwar ist Jugendlichen klar, daß wirtschaftliche Interessen die Aussagen beeinflussen, aber dennoch haben sie eine tief sitzende Überzeugung, daß es eine Wahrheit gibt, die objektiv vermittelt werden könnte. Berichterstattung leidet ihrer Meinung nach meistens nur an fehlerhafter Darstellung. Daß alle Medienprodukte nur Abbildungen von Wirklichkeit sein können, ist ihrem Denken fremd. Aus diesem Grund können sie auch nicht begreifen, daß sich hinter heterogenen Abbildungen dennoch Wirklichkeit zeigen kann.

Am Beispiel von Boeckmanns Beschreibungen sollte möglichst anschaulich dargestellt werden, daß es eine Auffassung von Medienkompetenz gibt, die diese in einer „Tiefenschicht“ des Menschen vermutet und deren Ausdruck durch reine Verhaltensbeobachtung kaum zu fassen ist.

Eine andere Definition von Medienkompetenz liegt darin, sie durch Fähigkeiten zu umschreiben:

---

188 Boeckmann,K.: Thema: „Medienmündigkeit“, in: medien praktisch. 4/1994 Heft 72, S.35

189 Vgl.K. Boeckmann /D.Brunner/ K.Dreier u.a. Wahrnehmung von Kommunikator-Interessen und Darstellungs-Subjektivität in Medienprodukten. Unveröffentlichter projektbericht. Universität Klagenfurt 1991

190 Boeckmann,K., S.36

Auf einer Fachtagung zum Thema „Medienkompetenz als Herausforderung an Schule und Bildung“[191] wurden qualifizierte Teilnehmer aus der BRD und den USA in einem Fragebogen befragt, wie Sie persönlich „Medienkompetenz“ definieren würden. Zwei Drittel der Tagungsgäste nahmen an der Fragebogenaktion teil. Folgende Beschreibung war bei deutschen und amerikanischen Kollegen gleichermaßen überrepräsentiert: Die wesentliche Qualität der Medienkompetenz heißt Souveränität: „Selbstbewußt und verantwortlich soll sich der medienkompetente Bürger in der Medienwelt bewegen.“[192] Die deutschen Kollegen nannten meist in einem Atemzug dazu folgende Fähigkeiten :

- Die Fähigkeit, die Medien – ihre Strukturen, ihre Gestaltungsformen, ihre Wirkungsmöglichkeiten – zu durchschauen.
- Die Fähigkeit, die Medien und ihre Angebote zielgerichtet und angemessen zu nutzen.

Die amerikanischen Kollegen setzten einen weiteren Akzent. Ihnen erscheint eine andere Fähigkeit unerläßlich:

- Die Fähigkeit, Medien als Ausdruck seiner Persönlichkeit, Interessen und Anliegen aktiv zu gestalten.[193]

Bei dieser Definition von Medienkompetenz liegt der Schwerpunkt auf bestimmten Fähigkeiten mit Medien umzugehen, und nicht auf einer tieferliegenden Kompetenz. Dieter Baacke kritisiert eine Pädagogik, die eindimensionale Reduktion auf Fähigkeiten ansteuert: „Verbunden mit der Erziehbarkeit und Bildbarkeit des Individuums ist die Verpflichtung, dies auch zu ermöglichen. Dies bedeutet, daß ‚Kompetenz‘ nicht, wie häufig heute, nur als Verfügung über ‚skills‘ (Fähigkeiten) verstanden werden darf, sondern als Begriff und Konzept einen grundlegenderen Anspruch hat, die grundlegende Eigenschaft des Menschen, ein ‚kompetentes Lebewesen zu sein‘, zu bilden und zu fördern.“[194]

Ob nun Medienkompetenz eher als eine tieferliegende Eigenschaft oder als ein Konglomerat von verschiedenen Fähigkeiten betrachtet werden muß, kann nur durch das Hinzuziehen weiterer Theorien geklärt werden.

191 Konferenz der Bertelsmann Stiftung, März 1992 in Gütersloh

192 Hamm,I./ Mooren,S.: Medienkompetenz: Versuch einer Charakteristik-Auswertung der Umfrage unter den Experten der Tagung,in: Medienkompetenz als Herausforderung an Schule und Bildung, Gütersloh 1992, S.180

193 Hamm,I./ Mooren,S., S.180 f.

194 Baacke, D. : Sprachlose Bürger? Medienkompetenz als zentrales Ziel von Medienpädagogik, in: Wunden,W. (Hg.) Öffentlichkeit und Kommunikationskultur, Beiträge zur Medienethik, Hamburg, Stuttgart 1994, S.240

4.1.2 Kommunikative Kompetenz

In verschiedenen Lexika wird der Begriff „Kompetenz“ weniger beschrieben als gegen andere Begriffe abgegrenzt. Eine einfache Übersetzung mit dem Wort „Zuständigkeit“ ist vielleicht deshalb brauchbar, weil sie die Eigenverantwortung hervorhebt, jedoch wäre das sehr ungenau. Eine andere Beschreibungsweise liegt in der Aufschlüsselung des Begriffs in „sachgerechte, reflektierte und verantwortliche Erschließung der Wirklickeit“. Aber auch damit findet man noch keine Hilfe, wenn es um die Erschließung von Medienkompetenz geht.

Der Begriff Kompetenz wurde aus Noam Chomskys Theorie eines genetisch-strukturalistischen Sprachkonzepts (1957), abgeleitet und immer wieder gebraucht. Nach Chomsky hat jede Äußerung, vereinfacht gesagt, eine unsichtbare Seite, die er Kompetenz nennt (Grammatik) und eine sichtbare Seite, die er Performanz nennt (Sprache) Letztere stellt eine empirisch wahrnehmbare Oberflächenstruktur dar. Nur über sie kann letzten Endes auf die Kompetenz geschlossen werden. Den Transfer zwischen beiden nennt er Transformation.[195]

Jürgen Habermas (1971) erweiterte den Kompetenzbegriff zur „kommunikativen Kompetenz“. „Kommunikative Kompetenz“ sei die Voraussetzung für Sprachhandlungen, die die Grundlage eines herrschaftsfreien Diskurses bildeten.[196]

Eine weitere Variante führte Dieter Baacke (1973) ein. Er differenzierte den Begriff indem er auf diverse kommunikations- und handlungstheoretische Modelle verwies und übertrug seine Überlegungen auch auf andere Formen der Kommunikation, wie z.B. den Umgang mit Medien.[197] Pädagogisch relevant waren vor allem seine Überlegungen zur Veränderbarkeit der „kommunikativen Kompetenz“ durch Erziehung.

Dies führte zu Verwirrungen. Während Chomsky von einer internen Repräsentanz von angeborenen Prinzipien sprach, beziehen spätere Interpretationen, z.B. die von Baacke, die gesellschaftliche Bedingtheit der Tiefenstruktur mit ein. Baacke überträgt das Prinzip der tiefenstrukturellen Sprachgrammatik auch auf die Wahrnehmung und menschliches Handeln. „Eine solche, handlungstheoretisch gefaßte Kompetenz bezieht sich nicht nur auf Sprache, sondern auf alle Arten von Handeln und Wahrnehmen: Gesten, leibgebundene Gebärden, Handlungen und mit ihnen verbundene Deutungskomplexe. Soziales Handeln ‚wird damit nicht nur als Verhalten innerhalb vorfindlicher und im Sozialisationsprozeß übernommener Verhaltensmuster verstanden, die im Abweichungsfalle Sanktionen unterliegen, sondern dieser Begriff impliziert zugleich, wenn keine Verhaltensbeliebigkeit, so doch Verhaltensfreiheit. Es wird behauptet, der Mensch könne seine Verhaltensschemata <generieren>, und zwar in der Aktualisierung einer Kompetenz, die den inneren motivationalen Lagen des Individu-

195 Chomsky,N.: Aspekte der Syntaxtheorie, Frankfurt 1969

196 Habermas,J.: Vorbereitende Bemerkungenzu einer Theorie der kommunikativen Kompetenz, in: Habermas,J./Luhmann,N.: Theorie der Gesellschaft und Sozialtechnologie. Frankfurt, 1971, S.101 ff.

197 Baacke, D.: Kommunikation und Kompetenz, München 1973

ums zur Disposition steht.‘ Ebenso wie die Sprache soziokulturellen Überformungen unterliegt, so auch Handlungen, Kommunikations- und Wahrnehmungsakte“[198]. Die kommunikative Kompetenz von der Baacke spricht, ist sehr umfassend. Lange wurde sie mit vielen Vereinfachungen zum obersten Ziel jeder Medienerziehung erhoben. „Ihre theoretischen Implikationen und analytischen Unschärfen werden dabei meist nicht mehr wahrgenommen; der Begriff wurde - wenn man so will - pragmatisiert, nämlich zu der Fähigkeit hin verkleinert, daß man in und mittels einer Kommunikationssituation angemessen handeln kann oder handeln können sollte, d.h. entsprechend den eigenen Interessen, den strukturellen Bedingungen, bezogen auf die Adressaten und unter reflektierter Verwendung der kommunikativen Möglichkeiten, Codes und Konventionen ziel- und erfolgsorientiert.[199]
Der Begriff „kommunikative Kompetenz“ ist historisch bedingt, hat vieles erklärt, jedoch mit der Zeit auch vieles verwischt. „Gleichwohl kursiert der Begriff seither als allgemeines Lernziel durch die pädagogische und didaktische Literatur: Die Erzeugung und Vermittlung kommunikativer Kompetenz der SchülerInnen avancierte so irrigerweise zur obersten Maxime, anstatt sich - eingedenk jener Prämissen - mit deren Förderung, Differenzierung, funktionalen und situationsangemessenen Optimierung zu begnügen.“ [200]
Um der allseitigen Begriffsverwirrung aus dem Weg zu gehen und, um der Begrifflichkeit der neueren Literatur Rechnung zu tragen, soll der Begriff Medienkompetenz einer pragmatischeren Definition unterzogen werden. Hierfür gibt es leider keine Vorlage. Die meisten Erklärungen, die Kompetenz beschreiben, sind Ausführungen über die Performanzebene.

4.1.3 Kompetenz oder Fähigkeiten

Heute ist das Problem nicht mehr allein darin zu suchen, wie kommunikativ zwischen Menschen und Medien gehandelt wird, sondern darin, daß eine Trennung von Realität und medialer Realität nicht mehr möglich erscheint und dies neue Probleme aufwirft. Franz-Josef Röll weist darauf hin, daß heute auch Baacke Hinweise gibt auf den herausragenden Stellenwert von Wahrnehmung innerhalb seiner Definition von „kommunikativer Kompetenz“. „Mehr als 20 Jahre nach seinem Beharren, daß Kommunikation‘ nicht nur ein sprachlicher Akt’sei und der Feststellung, daß in bestimmten Situationen auch Wahrnehmung allein eine notwendige Orientierung leisten könne und dadurch ‚funktional unersetzlich‘ sein kann und ihr daher eine eigene Qualität grundsätzlicher Art zuzuweisen sei, sieht er nunmehr in der Wahrnehmungsbildung,

198 Baacke,D.: Handlungsorientierte Medienpädagogik, in: Schill,W./ Tulodziecki,G./Wagner,W. (Hg.): Medienpädagogisches Handeln in der Schule,Opladen 1992, S.43

199 Kübler, H.D. :Kommunikation und Massenkommunikation, Münster und Hamburg 1994, S.35

200 Kübler,H.D.: Medienwissenschaft, in: Hiegemann,S./Swoboda,W.: S. 67 f.

der Ausarbeitung von Wahrnehmungskompetenz, einen zentralen Bestandteil einer kommunikativen Kompetenz und damit eine grundlegende Aufgabe der Medienpädagogik."[201] Was wir in den Medien wahrnehmen, ist Abbildung von Realität, die sich aber so auf unser Bewußtsein niederschlägt, als sei sie die Realität. Der radikale Konstruktivismus geht so weit zu sagen, daß wir uns jede Wirklichkeit selbst ausdenken. „Die von unserem Gehirn konstruierte Wirklichkeit ist eine soziale Wirklichkeit, obgleich das Gehirn keine ‚Fenster nach außen'hat. Sie ist subjektabhängig, aber nicht subjektiv im Sinn von willkürlich."[202] Wirklichkeit ist in einer von Massenmedien geprägten Gesellschaft also zunehmend das, was wir über Mediengebrauch als Wirklichkeit konstruieren, dann glauben und entsprechend handeln und kommunizieren. Deshalb fasziniert heute wohl so viele die Entwicklung von Cyberspaces, von ‚virtuellen Realitäten', von Bildern ohne Vorbild, die die Gewißheit unserer visuellen Wahrnehmung denunzieren."[203] Sicher bedurfte die noch von Michael Stadler (1975) vertretene Ansicht, Wahrnehmung sei Widerspiegelung und Aneignung objektiver Verhältnisse[204], einer Korrektur, weil Wahrnehmung in einer Welt von künstlichen Bildern natürlich auch von diesen beeinflußt wird. Der radikale Konstruktivismus von Humberto Maturana (1989) vertritt aber eine Position, die in das entgegengesetzte Extrem fällt: Wahrnehmung ist das Produkt einer selbstorganisierten Ordnungsbildung[205].

Beiden Positionen kann sich hier nicht angeschlossen werden. Vielmehr ist davon auszugehen, daß es tatsächlich so viele verschiedene Wahrnehmungen der Wirklichkeit gibt, wie es Menschen gibt. Wirklichkeit in diesem Sinn ist ein Konstrukt. Aber Wahrnehmung „versucht, die bornierte Subjektivität der Standpunkte und Perspektiven zu überwinden, indem sie die heterogenen Wirklichkeitsaspekte zusammenbringt und so eine Wirklichkeit hinter den Wirklichkeiten sichtbar macht."[206] Das Erkennen dieser Wirklichkeit hinter den Wirklichkeiten basiert auf einer tieferliegenden Kompetenz, die den Menschen zum Subjekt gegenüber Medien macht. Aus diesem Grund soll am Kompetenzbegriff festgehalten werden. Der hier gebrauchte Begriff „Medienkompetenz" wäre danach eine innere „Grammatik", die dazu beiträgt, die Wirklichkeit aus den medialen Wirklichkeiten herauszufiltern. Die sichtbaren Erscheinungsformen sollen als „Fähigkeiten" bezeichnet werden. Sie liegen auf der Performanzebene.

---

201 Röll,F.: Navigieren im Medienraum, in: Lauffer,J./ Volkmer,I., Kommunikative Kompetenz, Opladen 1995, S.148

202 Schmidt,S.: Die Wirklichkeit des Beobachters, in: Merten,K. /Schmidt. S./ Weischenberg, S. :Die Wirklichkeit der Medien, Bonn 1994, S.10

203 Schmidt,S.: S.18

204 Stadler,M./Seeger,F. u.a. Psychologie der Wahrnehmung, München 1975

205 Maturana,H./Varela,F.: Der Baum der Erkenntnis, Bern/München/ Wien 1987

206 Gawert,J.: Krieg und Kosmetik, in: medien praktisch, 1/1996, S.2

4.1.4 Wahrnehmen – Nutzen – Handeln

Wie beschrieben, gibt es drei Stömungen innerhalb der Medienerziehung. Sie repräsentieren die Schwerpunkte pädagogischer Arbeit und formulieren zugleich Zielvorstellungen. Sie sollen hier noch einmal unter den Stichworten Wahrnehmen, Nutzen und Handeln als konstitutive Elemente von Medienkompetenz betrachtet werden. Die Reihenfolge ergibt sich aus der Relevanz für das Individuum.

- Wahrnehmung ist die Grundlage aller Erkenntnis und allen Erkennens. Über Wahrnehmung steuern wir unser Selbstbild und und das Bild von unserer Umgebung. Eine mediale Welt stellt uns standardisierte Symbole bereit, die von Erwachsenen rezipiert, verglichen, verinnerlicht, aber auch abgelehnt werden können. Kinder, deren Wahrnehmung durch einen noch kleinen Erfahrungsschatz vorgeprägt ist, verarbeiten auf die gleiche Weise, sehen jedoch nicht alle Zusammenhänge zwischen Symbolvermittlung und dahinterstehenden Interessen oder, daß jede Symbolisierung bestimmte Inhalte mittransportiert. Wahrnehmung läßt sich laut Baacke aber nicht anerziehen, denn Erziehung umfaßt intentionale Akte. Wahrnehmungsbildung hingegen verschafft Kindern die Freiheit die Deutung der Welt selbst zu vollziehen. „Wahrhaft ‚wahrnehmungsgebildet' ist nicht der, der Wahrnehmungsbilder unhinterfragt rezipiert, sondern der, der sie auf seine Interessen, seinen seelischen Haushalt mit seinen Bedürfnissen, auf seine Handlungsimpulse und sozialen Kontakte bezieht und zu entscheiden lernt, wie er seine Würde und die Würde des anderen, seine eigene Schönheit und die des anderen erkennt und achtet. Wahrnehmung ist die Brücke, die Produzenten und Rezipienten verbindet. Welt gewinnen wir über Wahrnehmungsakte, aber wir können sie auch verlieren, indem wir uns von Bildern überstolpern lassen, da wir unfähig sind, sie auf uns zu beziehen und jenen ästhetischen Kanon zu bilden, den wir als sozialinteragierende Subjekte verantworten können."[207] Diese Auffassung von Wahrnehmung ist sehr individualistisch und am persönlichen Nutzen orientiert. Zur Wahrnehmungskompetenz gehört heute mehr, als den einprasselnden Informationen und Bildern einen individuellen Bedürfniskanon entgegenzustellen. Zur Wahrnehmungskompetenz gehört heute, die Strukturen, Gestaltungsformen und Wirkungsmöglichkeiten von Medien zu durchschauen. Die Art und Weise wie Kinder zu diesen grundlegenden Prinzipien gelangen, mag jedoch über die Anknüpfung an persönliche Vorlieben und Anliegen und kreative Umsetzung geschehen.

- Jede Nutzung von Medien unterliegt nach Charlton und Neumann-Braun einer bestimmten Struktur. Sie verläuft prozeßartig nach einem bestimmten Muster: Das Subjekt sucht sich aus einem Angebot ein bestimmtes Medium heraus. Diese Auswahl trifft es in einem bestimmten sozialen Kontext (z.B. im Kindergarten). Nun beginnt

207 Baacke,D.:Handlungsorientierte Medienpädagogik, in: Schill,W./ Tulodziecki,G./Wagner,W. (Hg.): Medienpädagogisches Handeln in der Schule,Opladen 1992, S.42

der eigentliche Rezeptionsprozeß: Gemäß der Bedürfnisstruktur und dem kognitiven Entwicklungsstand versucht das Subjekt, mit dem Medienangebot zu „kommunizieren“. Es sucht sich gemäß seines „handlungsleitenden Themas“ eine Geschichte aus, bearbeitet sie unter dem Vorbehalt „thematischer Voreingenommenheit“ und steuert seine Rezeption z.B. durch Nebenbeibeschäftigungen. Die daraus entstandene Situation wirkt zurück auf die sozialen Beziehungen um das Kind, die inhaltlichen Effekte wirken zurück in der Form von Lebensbewältigung.[208] Michael Charlton und Klaus Neumann-Braun haben den Schwerpunkt ihrer Forschung auf die Nutzung von Medien gelegt. Sie gehen davon aus, daß Medien der Identitätsentwicklung dienen und Sozialisationsfunktion haben. Die vorhandenen Strategien führen dazu, daß auch kleinere Kinder in diesem Sinn als „medienkompetent“ angesehen werden können.[209] Diese Aussage könnte so verstanden werden, daß es bei der Nutzung von Medien keine Probleme gibt. „Massenmedien sind in den Lebensalltag der Individuen eingebunden, sie übernehmen dort wichtige Funktionen für die Lebensgestaltung und Lebensbewältigung des Einzelnen sowie der sozialen Gruppe (z.B. Familie) Medien können nützlich sein, müssen es aber nicht, wie z.B. das Phänomen des „Vielsehens“einen lehren kann.“[210] Auch die Autoren erkennen offensichtlich, daß nur auf Bedürfnisse ausgerichtete Nutzung auch Probleme mit sich bringen kann. Als kompetent kann man in bezug auf die Nutzung also nur jemanden ansehen, der Medien zielgerichtet und angemessen konsumiert.

- „Handeln“ soll von der „Nutzung“ insofern unterschieden werden, als es hier um gewolltes, bewußtes Tun geht. Der Schwerpunkt liegt hier auf der politischen Seite der Kompetenz, nämlich bei der Befähigung des Menschen, selbst kreativ seine Bedürfnisse in eine mediale Form zu bringen und zu veröffentlichen. „Auch angesichts neuer Kommunikations- und Informationstechnologien bleibt es Aufgabe der Pädagogik, den Menschen bei der Verwirklichung seiner Selbstbestimmung zu unterstützen. Hierzu gehört natürlich auch der Gedanke, daß Wirklichkeit nicht nur für einen oder für wenige Menschen verfügbar sein darf, sondern daß sie gesellschaftlich genutzt werden muß.“[211] Es geht in der Medienerziehung also nicht um den Schaden und Nutzen von Fernsehprogrammen, sondern um Kompetenzentwicklung, die sich darin ausdrückt, wie Menschen Medien als Ausdruck ihrer Persönlichkeit, Interessen und Anliegen gestalten können.

208 Charlton,M/Neumann-Braun,K.:Medienkindheit-Medienjugend S.90
209 Charlton,M/Neumann-Braun,K.:Medienkindheit-Medienjugend S.100
210 Charlton,M/Neumann-Braun,K.:Medienkindheit-Medienjugend S. 118
211 Dichanz,H.: Wirklichkeit, Medien und Pädagogik, in : Bundeszentrale für Politische Bildung: Medien, Sozialisation und Unterricht, Bonn 1990, S.191

4.1.5 Medienkompetenz

„Begriffe durchlaufen mit dem Zeitgeist gewisse Karrieren, und so wird Kompetenz heute in so vielen Zusammenhängen gefordert, daß der Begriff im Dauergebrauch an Substanz verloren hat. Gemeint ist die stabile Befähigung zum Gebrauch von Medien, zur Bewertung ihrer Inhalte und zur erfolgreichen Suche nach Informationen und Programmen. Ideale Ergänzung, wenn nicht Kernbestandteil der Kompetenz, ist Kreativität. Wobei Kreativität hier weniger als künstlerische und ästhetische Betätigung gemeint ist, sondern die aktive Nutzung von Medien zur Gestaltung eigener Vorhaben."[212] Dies ist eine der zahlreichen Beschreibungen, die häufig vom Inhalt her einen Anhaltspunkt liefern, jedoch zum Zweck weiterer wissenschaftlicher Ausführungen zu unpräzise sind.

Um die Definition von Kompetenz so abwandeln zu können, daß sie kurz, umfassend und verständlich ist, soll auf die am Anfang erwähnte Umfrage zur Medienkompetenz[213] zurückgegriffen, jedoch der Begriff Fähigkeit durch den Begriff Kompetenz ersetzt werden, um auch die tiefenstrukturelle Ebene erfassen zu können:

Danach setzt sich **Medienkompetenz** zusammen aus

- der Kompetenz, Medien – ihre Strukturen, ihre Gestaltungsformen und ihre Wirkungsmöglichkeiten – zu durchschauen **(Wahrnehmungskompetenz),**
- der Kompetenz, Medien und ihre Angebote zielgerichtet und angemessen zu nutzen **(Nutzungskompetenz),**
- der Kompetenz, Medien als Ausdruck seiner Persönlichkeit, Interessen und Anliegen aktiv zu gestalten **(Handlungskompetenz).**

4.2 Medienkompetenz als Unterrichtsziel

Die so gefaßte Medienkompetenz ist nicht direkt beobachtbar. Was sichtbar wird, sind die Fähigkeiten eines Menschen, mit den Medien umzugehen. Von den Fähigkeiten auf der Performanzebene können bestimmte Rückschlüsse auf die Kompetenz gezogen werden, sie sind jedoch nicht immer zwingend richtig. Nach wie vor kann man nicht einfach als sicher annehmen, allein anhand des Verhaltens auf Kompetenz schließen zu können. Man kann jedoch die Fähigkeiten eines Menschen betrachten und beeinflussen. Ob sich am Ende dann Kompetenz eingestellt oder erhöht hat, ist schwer zu beweisen. Es gibt jedoch einige Indikatoren, die darauf hinweisen, daß sich ein Prozeß vollzogen hat.

---

212 Hamm,I.:Bildungszukunft heißt Medienorientierung,in: Lauffer,J./Volkmer, I.: Kommunikative Kompetenz, Opladen 1995, S.111

213 Hamm,I./ Mooren,S.: Medienkompetenz: Versuch einer Charakteristik-Auswertung der Umfrage unter den Experten der Tagung,in: Medienkompetenz als Herausforderung an Schule und Bildung, Gütersloh 1992, S.180

4.2.1 Das Transformationsproblem

Geht man davon aus, daß es eine Verbindung zwischen Kompetenz und Performanz gibt und daß sie sich gegenseitig beeinflussen, so stellt sich die Frage, nach welchen Regeln sich der Transformationsprozeß vollzieht.

„Betrachtet man die Bemühungen der Medien-Bildung, so wird heute von einer Medienkompetenz, die es zu erwerben gilt, gesprochen. Unklar bleibt aber, welche Regeln und welche Erweiterungs- und Aufbau-Regeln ausgemacht werden können.“[214]

Um ein Beispiel zu nennen: Wie kommt es, daß man jemanden, der über einen gewissen Zeitraum hinweg Fernsehserien verschlingt u.U. als medienkompetent einschätzen würde? Wie kann ein irrationales Verhalten rationale Hintergründe haben? Wie beeinflussen sich bei diesem Menschen Kompetenz und Performanz?

Diesem Vorgang wurde bei allen Mediendiskussionen bisher wenig Beachtung geschenkt, obwohl er eine Grundlage jeder Medienerziehung ist. In der Literatur bieten sich zwei Erklärungsmuster an. Heinz-Werner Poelchau vertritt die These, daß der Transformationsprozeß nicht durch kognitive, sondern durch emotionale Regeln ausgelöst wird. Er bezieht sein Wissen aus der Psychobiologie: Grundlage für das Verhalten von Personen sind proximate und ultimate Reize: Unter „proximat“ versteht er jene Reize, die in einem beobachtbaren Ursache-Wirkungsgefüge die unmittelbar erkennbare Einflußgröße für ein Verhalten darstellen. Mit „ultimat“ kennzeichnet er die hinter den proximaten Ursachen liegenden Reize, die vor allem der Arterhaltung dienen. „So wie Werbesendungen auf Sexualität anspielen und eine Erklärung ihrer Wirksamkeit auf ultimate Gründe zurückgreift, so ist auch allgemein die Darstellung von Macht und Kraft insofern plausibel zu interpretieren, wenn an Vorbildern neues Verhalten erlernt wird und so proximate Verhaltensgrundlagen erweitert werden.“[215] Diese biologistische Erklärung trifft sicher zu, wenn es um Präferenzen von bestimmten Sendungen geht, reicht aber dennoch nicht für die Erklärung eines reversiblen Prozesses aus. Allgemeiner und umfassender erscheint folgender Erklärungsversuch:

„Transformationsprozesse regeln nicht nur die Überführung der Tiefenstruktur in die Oberflächenstruktur, also die Hervorbringung von Akten, sondern umgekehrt ebenso die Überführung der Oberflächenstruktur in die Tiefenstruktur. Dies ist eine strukturale Beschreibung des Lernens, der zufolge Lernen als Aufbau und ständige Erweiterung der kognitiven Struktur von Individuen durch deren Auseinandersetzung mit der naturalen und sozialen Umwelt verstanden wird.“[216]

Im Prinzip können Kompetenztheorien, richtiger gesagt Transformationstheorien, aber sowohl Reifungs-, Lern-, als auch Sozialisationstheorien sein, je nachdem, wie stark sie von von der Eigenbeteiligung des Sujekts ausgehen. Während Jean Piaget und

214 Poelchau,H.: Psychobiologie und Medien, in: Lauffer,J./ Volkmer,I., Kommunikative Kompetenz, Opladen 1995, S.135

215 Poelchau, H.: S.141

216 Enzyklpädie Erziehungswissenschaft, Bd. 1 Stuttgart 1983, S.474

Lawrence Kohlberg Transformationsprozesse eher als Reifungsprozesse beschreiben, nimmt z.B. Ulrich Oevermann die Sozialisationsfaktoren als kompetenzbildend an.[217]
Die Erziehungswissenschaft sieht den Weg der Werdung eines Menschen als Prozeß der Erziehung und Bildung an. Für sie ist der Mensch ein Wesen, das sowohl fähig als auch bedürftig ist, das ohne Erziehung weder sozialisiert noch enkulturiert werden kann. Im Zusammenhang mit der Bildungsreform ist es üblich geworden den Entwicklungsprozeß als Lernprozeß zu verstehen und sich folglich an Lerntheorien zu orientieren. Dabei unterstellen manche Autoren, daß man mit einer Theorie alles Lernen erklären kann, während andere verschiedene Lernarten unterscheiden und jeder Lernart eine spezifische Theorie zuordnen. Diese Unterscheidung von Lernarten kann ihrerseits wieder unter ganz verschiedenen Gesichtspunkten stattfinden, zum Beispiel in Hinblick auf die verschiedenartigen Bedingungen und Mechanismen des Lernens (vom Reiz-Reaktions Lernen bis zum Regel- und Problemlösungs-Lernen) oder im Hinblick auf die anthropologischen Dimensionen (kognitives, emotionales, psychomotorisches Lernen). In der Erziehungswissenschaft hat sich seit den 50er Jahren die Dreiteilung in kognitives, emotionales, soziales Lernen eingebürgert. Damit wird ausgedrückt, daß Lernen zwar nicht nur auf rationale Elemente ausgerichtet ist, aber nach rationalen Regeln abläuft. Auf unser Beispiel bezogen heißt das: Der serienschauende Mensch folgt einem emotionalen Bedürfnis. Die Befriedigung dieses Bedürfnisses kann dazu beitragen, sein momentanes Leben im Gleichgewicht zu halten. Das Sehen von Fernsehserien heißt also nicht notwendig, daß er andere Informationsquellen ablehnt oder soziale Kontakte vernachlässigt. Das vordergründig irrationale Verhalten kann in Wirklichkeit sehr rational sein, also kompetent.
Erziehung zu mehr Medienkompetenz kann sich in vielen Bereichen abspielen: zu Hause, unter Freunden, in pädagogischen Medienzentren oder in der Schule. Medienerziehung kann aber weder die Reifung von Kindern und Jugendlichen entscheidend beschleunigen, noch kann sie Sozialisationsfaktoren entscheidend verändern. Das können höchstens die Eltern oder die Medienindustrie. Medienerziehung ist also auf das ganz normale Repertoire der unterrichtlichen Lernforschung angewiesen. Sie muß sich auf die Fähigkeiten der Schüler besinnen und in einem sinnvoll angelegten Lernprozeß, der aus kognitven, emotionalen und sozialen Elementen besteht, zur Medienkompetenz führen.
Die Richtung des Prozesses ist nicht einseitig. Der Erwerb von Fähigkeiten wirkt auf die Medienkompetenz, Medienkompetenz wird sich wieder in Fähigkeiten ausdrükken. Auf diesem Hintergrund können die vorhandenen Medienkonzepte neu betrachtet, aber auch relativiert werden.

Oft wird in der Schule weniger die Kompetenz überprüft, sondern eher der Lernerfolg. Lernerfolg ist gegeben, wenn formulierte Lernziele erreicht worden sind. Kom-

217 Enzyklpädie Erziehungswissenschaft, Bd. 1, Stuttgart 1983, S.475

petenz läßt sich nicht so einfach in Lernziele fassen, weil sich tiefenstrukturelle Bedingungen weniger leicht beschreiben lassen. Es muß gesehen werden, „daß die Formulierung von Kompetenzen gegenüber den traditionellen Lernzielbeschreibungen beachtliche Vorteile enthält, besonders den, daß durch die Abstraktion von der jeweiligen inhaltlichen Füllung die Gefahr einer Dogmatisierung in Form von Lernziel- und Inhaltskatalogen vermieden und den situativen Bedingungen des Unterrichts mehr Rechnung getragen werden kann."[218] Für wissenschaftliche Zwecke muß der Kompetenzbegriff jedoch weiter spezifiziert werden.

4.2.2 Verschiedene Zielbeschreibungen

Die beschriebenen Strömungen innerhalb der Medienerziehung (Teil I Kap.3) schlagen sich nicht unbedingt in eindeutigen programmatischen Erklärungen nieder. Eher findet man Beschreibungen von unterschiedlichen Projekten. Besonders in der außerschulischen Medienerziehung befürchtet man vielleicht, daß festgelegte Zielkriterien daran hindern, sich auf die Bedürfnisse der Kinder und Jugendlichen einzustellen und den Erfordernissen des Zeitgeistes nicht gerecht werden zu können. Für den schulischen Bereich gibt es jedoch eine große Zahl von Zielbeschreibungen, die sich in ihren Einschätzungen und Forderungen sehr wohl unterscheiden.
Die folgenden Ziel- und Aufgabenbeschreibungen umfassen weitgehend das Spektrum, das zur Zeit für den schulischen Bereich relevant ist. Als Repräsentanten wurden hier Horst Dichanz, Gerhard Tulodziecki, Dieter Baacke, Georg Ammann und Klaus Neubauer ausgewählt.

Nach Horst Dichanz ergeben sich für die Medienerziehung folgende Aufgaben[219] :

1. *Medienpädagogik muß die Präsenz der Medien im Alltag der Schüler und Jugendlichen zur Kenntnis nehmen und sich des geringen Einflusses bewußt werden, den sie hat, um Medienkonsum zu steuern.*
2. *Medienpädagogik muß mitwirken an der enorm wichtigen Aufgabe, den Schülern eine „sichere Umwelt" zu schaffen. Dies kann nur in Kooperation vor allem mit den Eltern gelingen. Die Stabilisierung des Umweltverhaltens der Heranwachsenden ist ein ganz wichtiger Beitrag zu ihrer Befestigung gegenüber medialer Bedrohung.*
3. *Dies kann auch dadurch erreicht werden, daß Schüler weiterhin in allen nicht mediengebundenen Grundfertigkeiten der Beobachtung, Beschreibung, schließlich der Gestaltung der Umwelt geschult und dafür interessiert werden, sich mit der sie umgebenden Wirklichkeit sachverständig und selbstbewußt auseinanderzusetzen.*

218 Enzyklopädie Erziehungswissenschaft,Bd. 1, Stuttgart 1983 S.476
219 Dichanz,H.: Wirklichkeit, Medien und Pädagogik, in: Medien, Sozialisation und Unterricht, Bonn 1990, S. 201 f.

4. *Medienpädagogik muß sicherstellen, daß der Umgang mit Medien zur selbstverständlichen, alltäglichen Verrichtung ohne Aufregung und Nervosität wird, dem das Besondere genommen wird.*
5. *Medienpädagogik muß ferner sicherstellen, daß im Rahmen der Beschäftigung mit Medien drei Grundqualifikationen verfolgt werden: Die Schüler müssen lernen*
   - durch Dekodierung medial vermittelte Botschaften richtig zu verstehen,
   - die Botschaften, Nachrichten, Informationen in ihrem Kontext und in ihrer Interessengebundenheit zu erkennen,
   - durch eigene Produktion an der Gestaltung von Medienbotschaften teilzunehmen.

Gerhard Tulodziecki sieht das Ziel der Medienerziehung darin[220], daß bei Kindern und Jugendlichen Kenntnisse, Fähigkeiten, Fertigkeiten und Motivationen entwickelt werden, die sie in die Lage versetzen,

1. *medienbedingte Einflüsse, z. B. Gefühle, Vorstellungen und Verhaltensorientierungen, auszudrücken und sich bewußtzumachen sowie im Hinblick auf verschiedene Kriterien, z. B. Angemessenheit, Realitätsgehalt und Rechtfertigung, zu prüfen,*
2. *mediale Produkte hinsichtlich ihrer Formen und Inhalte sowie der mit ihnen verbundenen Interessen zu verstehen, zu analysieren und nach verschiedenen Kriterien zu bewerten,*
3. *vorhandene Medienangebote unter Abwägung von Handlungsalternativen bedürfnis- und interessenbezogen zur Unterhaltung und zur Kunstrezeption, zur Information, zum Lernen und zur Bildung zu nutzen,*
4. *Medien unter Kenntnis der Gestaltungsmöglichkeiten zur Dokumentation von Sachverhalten, zur Artikulation eigener Interessen und Bedürfnisse sowie zur künstlerischen Umsetzung eigener Aussagen zu verwenden und selbst Öffentlichkeit herzustellen,*
5. *Bedingungen der Produktion, der Verbreitung und der Rezeption von Medien unter Beachtung der individuellen und der sozialen bzw. gesellschaftlichen Situation zu analysieren und kritisch zu bewerten sowie Einfluß auf eine Verbesserung nehmen.*

Lernzielformulierung nach Dieter Baacke[221]

Die Ganzheitlichkeit handlungsorientierter Medienpädagogik dokumentiert sich in den folgenden sechs Lernzielbereichen.

---

220 Tuloziecki,G.: Medienerziehung in der Schule, S. 62 f.

221 Baacke,D.:Handlungsorientierte Medienpädagogik in:Schill, W. u.a. Medienpädagogisches Handeln in der Schule Opladen 1992 S.56 f.

1. *Dimension Wissen:*
   Beherrschung von Medientechniken, Kenntnisse der Produktionsbedingungen, der Organisationsformen, der unterschiedlichen Codes (visuell, audiovisuell etc., Unterscheidung der Darbietungsgenres.
2. *Dimension der Kritik:*
   Durchschauen von Ideologien, die dargebotenen Handlungen der Medienwelten an den eigenen Handlungsmöglichkeiten messen, vergleichen und Schlußfolgerungen ziehen.
3. *Dimension der Genußfähigkeit:*
   Betroffenheit erleben, Machart, Tricks und ästhetische Valeurs erfassen, vom Formenreichtum profitieren.
4. *Dimension Handlungsfähigkeit*
   Mit Hilfe von Medien ein Stück Welt gestalten oder die eigene Zukunft bestimmen; sich für die eigene Gruppe, aber auch Außenstehende ausdrücken können in der Handhabung der erweiterten Medienangebote.
5. *Dimension Umsetzungsfähigkeit:*
   Erfahrungen in parasozialen Interaktionen, pathetische Erlebnisformen in den eigenen Alltag mit hineinnehmen und so Strukturierungsleistungen verbessern.
6. *Dimension Offenheit:*
   Die Medien auch als Chancen neuer Entwürfe betrachten, Freisetzen von Kreativität, Wagnis des Ausdrucks- Abenteuers."

G. Ammann bemüht sich die Elemente von Medienerziehung in einen hierarchisch gegliederten Lernzielkatalog einzuordnen, der dem Züricher Schulwesen angepaßt ist:[222]

I. Allgemeine Ziele der Erziehung und Bildung
1. Heranbildung kommunikationsfähiger Menschen
2. Förderung der Eigenständigkeit und Eigenaktivität (Ichstärkung)
3. Förderung der Kreativität
II. Richtziele
1. Gewinnen eines optimalen Umgangs mit den Massenmedien
2. Erwerb einer mündigen, kritischen Position gegenüber Medienaussagen
3. Einsichten über Bedeutung und Wirkung der Massenmedien
III. Grobziele
1. Verstehen und Verarbeiten von Medienaussagen
2. Verstehenlernen von medienspezifischen Angeboten und deren Beziehung zur Realität
3. Kenntnisse über technische Aspekte der Medien

222 Ammann, G.: Medienpädagogik im Unterricht, in: Sturm,H./Grewe-Partsch,M./ Saxer,U. u.a.: Grundlagen einer Medienpädagogik, Zug 1979, S.150

4. *Vorstellungen über formale und ästhetische Aspekte des massenmedialen Angebots.*
(Für Oberstufe/Mittelschule:)
5. *Einsichten in das Verhältnis zwischen Massenkommunikation und Gesellschaft und Fähigkeit zur Verarbeitung von aktuellen Anstößen der Massenmedien*
6. *Befähigung, sich auch als Kommunikator der Medien zu bedienen."*

Nach K. Neubauer, der sich sehr mit der Hörerziehung der Kinder befaßt hat, sollten vier Grundqualifikationen gefördert werden, um das „Hören lernen „ effektiv zu beeinflussen: [223]

- *Aufnahmefähigkeit: Schulung der auditiven Wahrnehmungsfähigkeit durch Aufgaben, die bewußtes, intensives, konzentriertes Hören erfordern*
- *Strukturfähigkeit: Schulung des Differenzierungsvermögens durch auditive Diskrimination*
- *Interpretationsfähigkeit: Schulung der Sinnentnahme aus akustisch übermittelter verbaler und nonverbaler Information*
- *Handlungsfähigkeit: Individuelles und kooperatives Entdecken von Manipulations- und Gestaltungsmöglichkeiten.*

4.2.3 Vergleich der Zielbeschreibungen

Auf den ersten Blick wirken die Aufgabenbeschreibungen sehr unterschiedlich: Dichanz plädiert für Bescheidenheit im Anspruch an Schüler. Zunächst soll der Medienkonsum akzeptiert werden. Damit wehrt er sich wahrscheinlich gegen die kulturpessimistische Art Medien, im Grunde zu verteufeln. Jedoch ist er selbst nicht ganz frei von negativen Einschätzungen. Er spricht von „medialer Bedrohung" und in einem anderen Kontext von „Außenleitung" durch Medien. Im Grunde vertritt er die Ansicht, daß wenn eine Botschafte dekodiert und ihr Urheber identifiziert werden kann, die Chancen ziemlich groß sind sachverständig und selbstbewußt mit Medien umgehen zu können. Ein harmonisierendes Weltbild führt dazu, von einer „sicheren Umwelt" zu träumen, zu der Medienpädagogen beitragen könnten. Dies ist einerseits ein unrealistischer Gedanke, andererseits insofern wichtig, als Medienpädagogik als ein Teilbereich angesehen wird, der zur Absicherung emotionaler Stabilität von Kindern beitragen kann.
Tulodziecki hat mit seinem Fünf-Punkte-Programm viele Lehrpläne beeinflußt. In der Tat umfaßt die Auflistung ein sehr breites Spektrum an Möglichkeiten. Es fällt jedoch auf, daß Worte wie „Angemessenheit", „Abwägung", „kritisch" und „analysieren" einen Medienunterricht, der diese Prinzipien verfolgt, sehr rationalistisch und wenig kreativ aussehen lassen. Wenn es heißt, Kinder sollten Medienangebote unter

223 Neubauer, W.: Medienerziehung in der Grundschule, Köln 1980, S.64

Abwägung von Handlungsalternativen zur Unterhaltung, zur Kunstrezeption, zur Information, zum Lernen und zur Bildung nutzen, dann spricht das für einen vernünftigen, aber wenig sinnlichen Bezug zu Medien.
Allein durch die Einteilung in Dimensionen verrät Baacke seinen hedonistischen Umgang mit Medien. In der Tat beschränkt er sich nicht auf kühle Beschreibung von Zielen, sondern der Ausdruck steht für Genuß und Offenheit die er bei der Medienerziehung mitvertreten haben will. Selbst parasoziale Beziehungen zu Medien werden nicht angeprangert, sondern es soll der Versuch gemacht werden, sie positiv für Strukturierungsleistungen zu nützen.
Ammann trennt nicht in Kompetenzen und Fähigkeiten, aber in Richtziele und Grobziele. Auch er hat offensichtlich die Vorstellung, daß es hinter Fähigkeiten und Kenntnissen allgemeinere Kategorien geben muß. Ähnlich wie Tulodziecki hat er ein sehr rationalistisches Verständnis von Medienpädagogik, was sich vor allem in der Vermittlung von Kenntnissen und der Forderung nach „Verstehenlernen" ausdrückt.
Auch wenn Neubauer sich nur mit der auditiven Medienerziehung befaßt, so ist gerade die Gliederung von Wahrnehmungsfunktionen interessant, weil sie auch für die audiovisuelle Medienerziehung gelten kann. Was fehlt, sind Überlegungen zur sinnvollen Nutzung von Medien.
Trotz der vielen trennenden Formulierungen gibt es wesentliche Gemeinsamkeiten:

- Alle Zielbeschreibungen stimmen überein, daß es notwendig sei, mit Medien praktisch zu arbeiten, um technisches Know-How, aber auch ihre Funktionsweise kennenzulernen.
- Alle Beschreibungen gehen vom selbstverständlichen Umgang mit Medien aus, aber nur einige betonen die Chance, Medien auch positiv nutzen zu können.
- Bis auf Neubauer treten alle dafür ein, daß kritischer Umgang durch Offenlegung von (wirtschaftlichen oder politischen) Interessen gefördert werden sollte.
- Tulodziecki und Baacke verweisen auf die Möglichkeit der Verarbeitung von Medien und deren kreatives Ausdruckspotential.

Diese zweifellos wichtigen Ziele sollen hier neu zusammengefaßt werden.Unter dem Aspekt, daß eine Präzisierung in der Beschreibung dessen erreicht wurde, was als Medienkompetenz anzusehen ist, sollte eine Neudefinition die Aspekte der Wahrnehmung, der individuellen Nutzung und des persönlichen Ausdrucks stärker betonen.

4.2.4 Definition angestrebter Fähigkeiten

Medienerziehung kann sich nicht auf die Kompetenzebene direkt beziehen, sondern sollte versuchen auf der Performanzebene Fähigkeiten zu definieren, die durch medienpädagogischen Unterricht gefördert werden können. Diese Fähigkeiten schlagen sich später bestenfalls in kompetenter Einschätzung und kompetentem Verhalten gegenüber Medien nieder.
Die anfangs eingeführte Dreiteilung in Wahrnehmungskompetenz, Nutzungskompetenz und Handlungskompetenz soll hier beibehalten werden. Nimmt man nun diese

Kategorien und ordnet ihnen die relevanten Aspekte aus anderen Zielbeschreibungen zu, dann ergeben sich folgende Zielbeschreibungen:

1. **Wahrnehmungskompetenz**
   - Die Schüler sollten mediale Produkte hinsichtlich ihrer ästhetischen Formen erkennen und deuten können (**Strukturierungsfähigkeit**)
   - Sie sollten komplexere Zusammenhänge wie Handlungsabläufe und Medienformen verstehen und interpretieren können (**Interpretationsfähigkeit**)
   - Sie sollten Realität und Fiktionalität von Personen und Situationen unterscheiden können (**Differenzierungsfähigkeit**)
2. **Nutzungskompetenz**
   - Schüler sollten sich sich vor zu starken Medieneindrücken schützen und ihre Stimmung mit Hilfe von Medien bewußt beeinflussen können (**Rezeptionssteuerungsfähigkeit**)
   - Sie sollten bedürfnis- und interessengemäß eine Entscheidung zwischen Medien und Medienprodukten treffen können (**Auswahlfähigkeit**)
   - Sie sollten sich über Medien austauschen können und starke emotionale Eindrücke im Spiel verarbeiten können (**Kommunikationsfähigkeit**)
3. **Handlungskompetenz**
   - Schüler sollten wissen, wie Medien hergestellt, gesendet und verbreitet werden (**Produktionsfähigkeit**)
   - Sie sollten Medien kritisieren und selbst gestalten können (**Gestaltungsfähigkeit**)
   - Sie sollten Medien als interessengebundene und individuelle Ausdrucksform betrachten und benutzen können (**Veröffentlichungsfähigkeit**)

„Die enorme Anzahl von Bildern im Kommunikationsalltag, die Techniken des Digital Composing (Nichtunterscheidbarkeit von Abbildwirklichkeit und künstlich konstruierter Wirklichkeit) verlangen komplexe Fähigkeiten, um angemessen im zukünftigen Medienraum handeln und entscheiden zu können. Gerade weil in der zu erwartenden Zukunft die Welt durch ein Labyrinth von Bildern und Tönen umstellt sein wird, ist Medienpädagogik gefordert, jedoch nicht als Prohibitionspädagogik, sondern als Fachrichtung, die Unterstützung leistet, analytische und handlungsorientierte Qualifikationen zu erwerben, die es erlaubt verstehend und agierend im Medienzeitalter (politisch)handeln zu können."[224] Medienerziehung kann bereits Ziele und Praxis vorweisen. Fraglich ist jedoch, wie zeitgemäß sie sind.

224 Röll,F.: Navigieren im Medienraum, in: Lauffer,J./ Volkmer,I.(Hg.) Kommunikative Kompetenz, Opladen 1995, S.151

Kapitel 5 Schulische Medienerziehung

5.1 Schulische Medienerziehung in der Praxis

Medienpädagogische Forschung beschäftigt sich weitgehend mit dem Medienkonsum von Kindern und Jugendlichen innerhalb ihrer Lebenswelt. Ihre Ergebnisse sind für die Erklärung von Medienkonsum von großer, für die Praxis der Medienerziehung manchmal von geringerer Bedeutung. Innerhalb der medienpädagogischen Forschung gibt es einen Teilbereich, der sich speziell mit Fragestellungen zur Praxis der Medienerziehung befaßt.

Besonders bekannt ist der Vergleich von unterschiedlichen Lehrplänen zum Thema Medienerziehung.[225] Die Studie von 1989 unterstreicht, daß medienpädagogische Inhalte in Lehrplänen in den letzten 10-15 Jahren zugenommen haben, vor allen in den Fächern Deutsch, Bildende Kunst, Musik und Sozialkunde. Die meisten medienpädagogischen Aussagen werden in den Lehrplänen der Sekundarstufe I gemacht. Während für die Hauptschulen kaum verbindliche Vorgaben in dieser Richtung gemacht werden, gibt es eine Fülle unterschiedlichster Vorschläge für Realschulen und Gymnasien. „Die Fülle medienpädagogischer Aspekte darf jedoch nicht darüber hinwegtäuschen, daß sich vor allem die Vermittlung von Fakten über die Medien und die Analyse einzelner Medienprodukte durchgesetzt hat. ... Schöpferische, produktive Medienarbeit in der Schule ist ein Ausnahmezustand".[226] Barbara Eschenauer sieht den Grund hierfür in dem Faktum, daß Medienerziehung als eigenes Fach nicht existiert und daher Ziele, Inhalte und Methoden wie einzelne Puzzlesteinchen zusammengesucht werden müssen. Außerdem mangelt es an der entsprechenden Vorbildung von Lehrerinnen und Lehrern. Auch wenn in den Lehrplänen heute nicht mehr die „Manipulation durch Massenmedien" angeklagt wird, sondern vom „kritischen Rezipienten" die Rede ist, so merkt man davon in der Umsetzung des Unterrichts noch wenig. Weiterhin stehen die Printmedien im Vordergrund, während audiovisuelle Medien und Neue Medien kaum berücksichtigt werden. Eschenauer hält das Festhalten an der Lesekompetenz für besonders absurd: „Es müßte doch zu denken geben, daß eine traditionell buchorientierte Schule offenbar nicht in der Lage ist, Lust am Lesen zu vermitteln, die über die Schulzeit hinaus lebendig bleibt."[227] Ihr Vorschlag zur Verbesserung der Curricula liegt darin, Medienpädagogik nicht als kognitive Unterweisung zu betreiben, sondern handlungsorientiert begreiflich zu machen, daß alle Medien der Kommunikation zwischen Menschen dienen. Hierfür müßten neue Konzepte entworfen werden, die Medienerziehung als jahrgangsübergreifend (Kindergarten, Vorschule, Primarstufe bis Sekundarstufe) und im Querschnitt in einer Jahrgangsstufe als fächerübergreifend verstehen.

225 Eschenauer, B.: Medienpädagogik in den Lehrplänen, Gütersloh 1989

226 Eschenauer,B.: Medienkompetenz als Zielvorgabe, in: BertelsmannStiftung: Medien als Bildungsaufgabe in Ost und West, Gütersloh 1993, S.324

227 Eschenauer,B.: Medienkompetenz als Zielvorgabe, S.326

Zwei andere Untersuchungen beschäftigten sich mit der Realisierung von Medienerziehung.
Im Auftrag des Bundesministeriums für Bildung und Wissenschaft wurde eine Untersuchung durchgeführt, die die Medienerziehung von 6-14jährigen im Zeitraum von 1985 bis 1989 dokumentieren sollte[228]. In dieser Untersuchung sollte geklärt werden, welche inhaltlichen Schwerpunkte, welche Methoden und Ziele maßgeblich für die praktische Arbeit sind.
Von den 1821 Institutionen, die im Rahmen der allgemeinen Erhebung geantwortet haben, führten 38,9% keine medienpädagogischen Aktivitäten durch, weder punktuell, noch in Projekten oder längerfristig. Von den außerschulischen Einrichtungen haben 56,4% und von den Schulen 28,1% keine medienpädagogischen Angebote gemacht. Die Schulen im Land Nordrhein-Westfalen waren sehr viel mehr medienpädagogisch engagiert als die Schulen in Hessen, von denen man am ehesten Engagement erwartet hätte. Was den Schultypus anbelangt, so entsprechen die Zahlen eher den Erwartungen. Mit 82,4% liegen die Gesamtschulen an der Spitze der Angebotsmenge von Medienunterricht. Der Anteil der außerschulischen Einrichtungen mit solchen Angeboten ist in den Stadtstaaten Berlin, Hamburg und Bremen besonders hoch. Nur in jeder vierten bis fünften Einrichtung der Bundesrepublik wird längerfristig im Rahmen eines Projektes oder kontinuierlich im Rahmen eines eigenständigen medienpädagogischen Bereichs gearbeitet.
Die meisten Angebote, sowohl in der Schule als auch außerhalb, beziehen sich auf Hilfen zur kompetenten Nutzung von Medien, die Verarbeitung von Medienerlebnissen und die Analyse vorhandener Medien und ihrer Inhalte. Die aktive Medienarbeit, also die Herstellung eigener Medienprodukte, stieg in den Jahren bis 1988 kontinuierlich an. In der außerschulischen Arbeit hat sich die Zahl sogar verdoppelt.
Bei den medienpädagogischen Angeboten werden im Schnitt 10-11jährige Kinder angesprochen, in den Schulen eher ältere, in den außerschulischen Einrichtungen eher jüngere Kinder. Die meistgenannten Motive für die Mitarbeit in derartigen Projekten waren „Spaß“, „Interesse am Thema“ und „aus Neugier“. Bei außerschulischen Projekten wurden jedoch auch andere Motive wie „Zusammensein mit anderen Kindern“ und „auf Wunsch der Eltern“ in hohem Maß genannt. Nach Aussage der Projektmitarbeiter/Innen war die Einstellung der Kinder zu den Projekten sehr positiv und verbesserte sich im Laufe der Zeit vor allem bei außerschulischen Projekten.
Die Projekte wurden in Schulen vor allem von Männern angeboten (72,2% Lehrer, 27,8% Lehrerinnen, während im außerschulischen Bereich eher die weiblichen Mitarbeiter die Angebote machten (67,6% Frauen, 32,4% Männer) Nahezu zwei Drittel dieser Medienpädagogen kamen aus sozialpädagogischen, geisteswissenschaftlichen oder journalistischen Berufsfeldern. Der überwiegende Anteil aller Unterrichtenden

228 Höltershinken,D./Kasüschke H./Sobiech,D.: Praxis der Medienerziehung, Bad Heilbrunn 1991

ist in der Ausbildung für diese Art von Arbeit nicht qualifiziert worden und hat sich die Fähigkeiten selbst angeeignet.
Diese Untersuchung gibt jedoch auch Hinweise darauf, warum sich trotz aller Erkenntnis vielleicht sehr wenig geändert hat. In einer neueren repräsentativen Untersuchung zum Thema „Audiovisuelle Medien und Medienerziehung in der Schule“[229] wurden verschiedene Thesen zum Lehrerverhalten gegenüber Medien aufgestellt. Unter anderem wurde folgende These überprüft:
Für wie dringlich Lehrer Medienerziehung halten, hängt ab vom Stellenwert, den sie Massenmedien im Alltag von Schülern geben. Hierbei zeigte sich, daß Lehrer zwar Mediennutzung als Selbstverständlichkeit, aber die Wirkung der Medien auf Schüler überwiegend negativ ansehen. „Im großen und ganzen scheinen Lehrkräfte, die Schüler geringeren Alters unterrichten, und solche, die aufgrund ihrer Fächer stärker für kommunikative und soziale Phänomene und Probleme sensibilisiert sind, sowohl Chancen als auch Risiken der Medien deutlicher wahrzunehmen. Lehrerinnen sind etwas medienkritischer eingestellt als Lehrer. Am klarsten aber zeichnet sich ab, daß medienkritische Einstellung stärker unter jüngeren als unter älteren Lehrkräften zu finden ist.“[230] Wie realisierbar Medienerziehung erscheint, hängt ab vom gesteckten Ziel:

- Die Vermittlung der Bedeutung und Wirkung von Massenmedien hält zwei Fünftel für möglich.
- Die Vermittlung von Kenntnissen von verschiedenen Arten medienspezifischer Darstellung der Wirklichkeit findet nur ein Drittel realisierbar.
- An die Möglichkeit zur Herstellung von Medien und spielerischer Erprobung ihrer Wirkung glaubt nur etwas mehr als ein Viertel
- Einen Überblick über formale und ästhetische Gesichtspunkte zu geben, hält nur etwas mehr als ein Sechstel für möglich. „Traditionell rezeptive Mediennutzung ist danach in der Schule mit Einschränkungen realisierbar. Ein über bloßes Verstehen von Medienaussagen hinausgehendes kritisches Hinterfragen war jedoch mindestens zum Befragungszeitpunkt nur ansatzweise zu erreichen. Möglichkeiten aktiver Medienarbeit sah nur eine Minderheit der Lehrer.“[231] Zu erwähnen ist, daß die Einschätzung von Realisierungschancen nicht unbedingt etwas mit der technischen Ausstattung der Schule zu tun hatte.

Aus den Ergebnissen der ersten Untersuchung wurden bestimmte Empfehlungen abgeleitet:[232]
1. Empfehlung: Medienerziehung hat sich stärker an der Lebenssituation und an Erfahrungen der Kinder zu orientieren.

229 Sacher, W.: Audiovisuelle Medien und Medienerziehung in der Schule, München 1994
230 Sacher, W., S.42
231 Sacher, W., S.46
232 Höltershinken,D./Kasüschke,H./Sobiech,D., S.22 ff.

Es hat sich herausgestellt, daß viele Medienprojekte, was die Auswahl der Inhalte, die Art der Durchführung, die Einbeziehung der Kenntnisse und Vorerfahrungen betrifft, an den Kindern vorbeigehen. Einerseits sollen Kinder zum eigenverantwortlichen Handeln erzogen werden, andererseits werden ihnen Inhalte und Formen übergestülpt. „Daher müssen verstärkt Formen der Durchführung gefunden werden, bei denen Kinder weniger Konsumenten vorgefertigter Angebote und stärker eigentätige und mitverantwortliche ‚Produzenten' sind."[233]

2. Empfehlung: Vermehrtes Angebot in Schulen und außerschulischen Einrichtungen. Trotz veränderter Lehrpläne ist immer noch nicht garantiert, daß medienpädagogischer Unterricht durchgeführt wird. Auch Familienbildungsstätten erfüllen ihren Auftrag nur in geringem Maße, obwohl doch gerade die Medienerziehung in den familiären Alltag eingebunden werden müßte. Bibliotheken haben ihren Schwerpunkt immer noch auf die Hinführung zum Buch, obwohl sie auch Cassetten und Videos verleihen.

3. Empfehlung: Längerfristige Angebote und Projekte

Medienpädagogische Projekte werden überwiegend punktuell durchgeführt und oft nur über ein paar Stunden: „11,2% aller ausgewählten Projekte wurden lediglich an einem Tag mit durchschnittlich 2 bis 3 Stunden Dauer durchgeführt."[234] Gerade jüngeren Kindern sind verbale Auseinandersetzungen keine Hilfe und müssen durch praktische Übungen ergänzt werden. Das bedeutet aber, daß man sich mehr Zeit nehmen muß. Gerade die Schulen bieten die Gewährleistung konstanter Arbeit.

4. Empfehlung: Vielfalt der Aspekte in der Medienerziehung beachten

Die Vielzahl der Medien bringt auch eine Vielzahl von Problemen mit sich, die nicht alle in einem einzigen Projekt abgehandelt werden können. Gerade die praktische Medienarbeit bietet die Möglichkeit alternative Handlungsmöglichkeiten zu erfahren.

5. Empfehlung: Medienerziehung sollte schon bei jüngeren Kindern beginnen und die Vielfalt der Medien berücksichtigen.

Kinder nutzen Medien schon im Kindergartenalter. Anstatt hier bereits mit der Medienerziehung zu beginnen, werden explizit „medienfreie Räume" geschaffen. Diesem Trend ist nicht zu folgen; vielmehr sollte Medienerziehung kontinuierlich vonstatten gehen und in der Grundschule, systematisch von den Erfahrungen der Kinder ausgehend und ihrer Lebenssituation angepaßt, durchgeführt werden. In der außerschulischen Medienarbeit sollten ebenfalls stadtteilorientierte Angebote für kleinere Kinder gemacht werden.

6. Empfehlung: Medienpädagogische Projekte sollten sowohl von Frauen als auch von Männern durchgeführt werden. Kinder nutzen Medien geschlechtsspezifisch und nutzen auch die medienpädagogischen Angebote geschlechtsspezifisch (95,3% der Nutzer sind Jungen[235]). Eine ausgewogene Repräsentanz von Pädagog/Innen könnte Klischees ausräumen.

233 Höltershinken,D.,/Kasüschke H./Sobiech,D.:S.22
234 Höltershinken,D.,/Kasüschke H./Sobiech,D.:S.17
235 Höltershinken,D.,/Kasüschke H./Sobiech,D.: S.14

7. Empfehlung: Die medienpädagogische Aus- und Fortbildung sollte weiterentwikkelt werden. Die Angaben zur Qualifikation von Pädagogen in medienpädagogischen Feldern zeigt, daß sowohl den Sozialpädagogen als auch den Lehrern ein verpflichtendes Lehrangebot während der Ausbildung helfen würde, eine Basis für Medienarbeit mit Kindern zu schaffen. Der angebotene Stoff sollte Wissen über die neuesten Ergebnisse der Medienforschung und praktische Beispiele stadtteil-und zielgruppenorientierter Arbeit mit Kindern umfassen. Gleiches gilt für die Fort- und Weiterbildung.

8. Empfehlung: Eine Dokumentationsstelle sollte eingerichtet werden.

Medienprojekte werden oft nicht dokumentiert, und wenn sie in schriftlicher Form aufgearbeitet wurden, dann sind die Resultate doch meist nicht veröffentlicht worden. Aufgabe einer Domumentationsstelle wäre eine Sammlung und Weiterreichung von guten, reflektierten Beispielen aus der Medienerziehung.[236]

9. Empfehlung: Sächliche Ausstattung und Voraussetzungen in den außerschulischen Einrichtungen verbessern.

Außerschulische Einrichtungen sind sowohl, was die Geräte, als auch, was die Räumlichkeiten anbelangt, wesentlich schlechter ausgestattet als Schulen. Nur mit besserer Ausstattung ist eine Verbesserung der Medienerziehung möglich. Dieser Empfehlung ist hinzuzufügen, daß die finanziellen Mittel zur Zeit überall gekürzt werden und eine Aufstockung des Geräteparks nicht mehr möglich erscheint. Besonders absurd ist die Situation in Kreisbildstellen. Diese Einrichtungen haben einen großen Gerätepark, aber es fehlen Pädagogen, um Angebote machen zu können. Das Personal wird einzig und allein dafür „verbraucht“ das Material zu verwalten.

10. Empfehlung: Medienforschung anregen und unterstützen.

„Nicht nur die Forschung zum Kinderalltag und zur Mediennutzung, sondern vor allem die Forschung zur praktischen Medienerziehung vor Ort stellt ein vernachlässigtes Feld dar.“[237] In der Tat gibt es bis heute keine Untersuchungen wie die Angebote in Schulen tatsächlich angenommen werden und welchen Effekt Medienerziehung überhaupt haben kann. „Eine rationale Bildungspolitik bedarf jedoch wissenschaftlich abgesicherter Voraussetzungen.“[238]

Die zweite, neuere Untersuchung[239] zur Realisierung medienerzieherischen Unterrichts kommt in ihren abschließenden Bemerkungen zu den gleichen Schlußfolgerungen. Damit wird deutlich, daß sich in den letzten fünf Jahren noch nicht viel geändert hat.

---

236 Dieser Forderung von 1991 ist kürzlich nachgekommen worden. Der Band „Handlungsorientierte Medienpädagogik, Projekte und Unterrichtseinheiten für Grundschulen und weiterführende Schulen in Beispielen ist 1995 erschienen. Tulozieckі,G. Schlingmann, A./ Mose K./ u.a. Handlungsorientierte Medienpädagogik, Bad Heilbrunn 1995

237 Höltershinken,D./Kasüschke H./Sobiech,D., S.26

238 Höltershinken,D./Kasüschke H./Sobiech,D., S.26

239 Sacher, W.: Audiovisuelle Medien und Medienerziehung in der Schule, München 1994

Die Forschungsarbeiten zu konkreten Fragen der Medienerziehung sind dünn gesät. Aus den in den Empfehlungen beschriebenen Themen sollen hier einige ausgewählt und einer weiteren Begutachtung unterzogen werden. Nur so können neuere Entwicklungen erfaßt und präzisere Vorschläge gemacht werden.

5.2 Medienerziehung in den unteren Altersstufen

5.2.1 Medienerziehung im Vorschulbereich

Seitdem die Medien immer jüngere Alterstufen erreichen und Vorschulkinder bereits als kaufkräftige Kunden eingeschätzt werden, ist es fast unabdingbar geworden, bereits im Kindergarten auf Medien einzugehen. Während noch vor einigen Jahren Medienerziehung im Kindergarten eher als undenkbar galt, stehen heute Erzieherinnen der Erziehung zu sinnvollem Umgang mit Massenmedien aufgeschlossener gegenüber. Das gezielte „Auswählen von Sendungen“, das „Abschalten nach einer Sendung“ und das „Sprechen über Sendungen“ bedarf einer gewissen Übung und wird von Erzieherinnen und Eltern gleichermaßen als Ziel angesehen. Nur ist im familiären Alltag diese Vorstellung nicht so leicht umzusetzen. „Das so einfach klingende Konzept, Medien ‚bewußt‘, also mit Verstand zu konsumieren, ist im Familienalltag schwer einlösbar, vor allem in einer Zeit, in welcher der Bildungs- und Informationsauftrag der Medien zunehmend hinter dem Anspruch auf Unterhaltung zurücktritt. Der alltagspsychologische Nutzen der Medien als Unterhaltung, Ablenkung von Langeweile, Bekämpfung von Einsamkeit, Erlösung von Kommunikationsnöten, ‚Beaufsichtigung‘ von Kindern, Anregung von Gefühls-und Gemützuständen- wird den Eltern zum Vorwurf gemacht.“[240] Erzieherinnen kritisieren, daß eine Art Arbeitsteilung zwischen Familie und Kindergarten herrscht: Zu Hause sehen die Kinder fern, im Kindergarten wird das Gesehene verarbeitet. Kindergärtnerinnen berichten, daß besonders das „Freispiel“ von Medien geprägt ist: Es werden Utensilien nachgebaut, Szenen imitiert, Verfolgungsjagden durchgeführt, Titelmelodien gesungen.[241] Es gibt Erziehungskonzepte, die sich diesen Beobachtungen entziehen und mit begründeten Leitlinien elekronische Medien aus dem Kindergarten ausklammern. Eine lebens- und alltagsorientierte Pädagogik, wie sie in den meisten Kindergärten angestebt wird, muß jedoch nicht passiv reagieren. Sie kann durch bewußten Einsatz natürlichen und sinnvollen Umgang mit Printmedien und elektronischen Medien fördern. Das neue Konzept beruht auf drei Säulen:

- *Reproduktionsorientierte Medienarbeit* basiert darauf, daß jedes Kind in seiner Familie Medienerlebnisse hat und diese durch Spiel in den Kindergartenalltag

240 Feil, Ch.: Einleitung, in: Deutsches Jugendinstitut,Handbuch Medienerziehung im Kindergarten, Teil1, Opladen 1994, S.21

241 Deutsches Jugendinstitut, (Hg.), Medienerziehung bei Vorschulkindern, Weinheim und München 1990, S.89

hineinreichen. Die Aufarbeitung wird nun bewußt gefördert in der sog. „Freispielzeit“.

- *Rezeptionsorientierte Medienarbeit* bedeutet, daß von den Erzieher/Innen bewußt Medienangebote zur Auswahl gestellt werden und durch angeleitetes Spiel bearbeitet werden.
- *Produktionsorientierte Medienarbeit* zielt darauf ab, Medien nicht nur zu konsumieren, sondern sie kreativ zu gestalten.[242]

Praktische Vorschläge zur Umsetzung bieten mittlerweile mehrere Handbücher.[243] Sie geben Gesprächs- und Spielanregungen und umfassen Beispiele und Ideen zur kreativen Arbeit mit Bilderbüchern, Cassetten und Filmen.

Die Dringlichkeit, Medienerziehung in unteren Alterstufen zu beginnen, begründet sich auch durch entwicklungspsychologische Erkenntnisse. Es wurde bereits beschrieben, daß der Rezeptionsprozeß des Kindes von sozialen, räumlichen, kognitiven und bedürfnisorientierten Faktoren geprägt ist. Es kommt also nicht allein darauf an, was gelesen, gesehen oder gehört wird, sondern auch, in welcher Situation sich das Kind bewegt und in welchem Entwicklungsstadium es sich befindet. Gerade der Übergang zwischen Entwicklungsstufen kann durch Medien, die starke Eindrücke hinterlassen empfindlich beeinflußt werden. Laut Piaget befindet sich das Kind zum Zeitpunkt der Einschulung an einer Schnittstelle zwischen präoperationaler Intelligenz und konkreten Denkoperationen. Während die Stufe des vorbegrifflichen Denkens (2-4 Jahre) beinhaltet, daß alle Gegenstände nur Anlaß für eigene Phantasien sind (z.B. das Dreirad einen Rennwagen, ein Stock ein Gewehr repräsentiert, erweitert sich in der nächsten Unterstufe, der Phase des intuitiven Denkens (4-7 Jahre), der Symbolgehalt und wird stark auf Sprache ausgedehnt. „Weiterhin kann es auf dieser Stufe gemäß seiner eigenen Feststellung von Ähnlichkeiten verschiedene Objekte klassifizieren. Diese Leistung ist zweifellos auf seine fortgeschrittenen sprachlichen Fähigkeiten zurückzuführen, die für die Übertragung, die Begriffsbildung, für das Abstraktionsvermögen und Problemlösungsverhalten von hervorragender Bedeutung sind. In der Regel setzt es die einzelnen Aspekte oder Dimensionenen einer Situation nicht zueinander.“[244] Eine weniger auf die kognitiven Fähigkeiten bezogene Beschreibung gibt ein etwas umfassenderes Bild von Kindern zum Zeitpunkt der Einschulung ab. Das Streben nach Realismus ist noch nicht ausgebildet. Es gibt noch keine Trennung zwischen Körper-Seele-Geist. „Gerade durch diese Eigenart, in der sich auf dieser Altersstufe die einzelnen körperlichen, seelischen und geistigen Zustände und Fähigkeiten in einer innigen Wechselbeziehung zueinander befinden, unterscheidet sich der Sechs bis Siebenjährige wesentlich von seinen älteren Kameraden. Der ABC-Schütze lebt

242 Feil, Ch., S.26

243 vgl. Näger, S.: Kreative Medienerziehung im Kindergarten, Freiburg 1992; vgl. Deutsches Jugendinstitut,Handbuch Medienerziehung im Kindergarten Teil1+2, Opladen 1994/1995

244 Mussen,P.: Einführung in die Entwicklungspsychologie, München 1972, S.96

eingebettet in sein Erleben der unmittelbar gegebenen Wirklichkeit.Es ist ihm noch nicht zum Bewußtsein gekommen, daß er außer einem Körper auch noch einen Geist, einen Verstand, ein Gefühl, eine Seele hat. Er unterscheidet noch nicht zwischen Empfinden, Fühlen, Denken, Phantasieren, Wollen und Handeln. Er lebt ganzheitlich. Er verarbeitet die Eindrücke noch nicht zerlegend abstrahierend. Er interessiert sich nicht für elementare Teile, baut aber aus Stücken auf. Er fühlt sich als ungespaltene Einheit, als ungeteiltes Ich. Er lebt sich in seinem Erleben aus, ohne daß er schon ein gedanklich sonderndes und stellungnehmendes Verhalten zur Umwelt und zu sich selbst zeigt. Genauso einheitlich, wie er sich selbst als Gesamtheit erlebt, so fühlt er sich auch eins mit der Welt um sich: alles ist ihm ichbezogen, alles ist ihm engverwoben zu einer Wirklichkeit, die er harmonisch ganzheitlich auffaßt. Erst im Verlauf des siebten Lebensjahres bahnen sich die teilhafte Auffassung und isolierende Betrachtung und die Werkgestaltung im ganzen, d.h. synthetisch aufbauend, deutlich an.“ [245]
Diese etwas antiquiert klingende Beschreibung läßt ahnen, daß Medieneindrücke besonders undistanziert aufgenommen werden. Aus diesem Grund ist zu überlegen, ob nicht Medienerziehung gerade in dieser „sensiblen Periode“ [246] beginnen sollte. Es gibt Stadien, in denen sind Kinder besonders aufnahmebereit für bestimmte Inhalte, und andere, in denen Kinder bestimmte Inhalte als unüberwindliche Mauern erscheinen. Es könnte sein, daß sich Kinder in der ersten Grundschulklasse besonders gut dazu eignen, Medienunterricht zu erhalten. Sie sind in einer Umbruchphase von einem unrealistischen, symbolhaften zu einem realistischen durch Hierarchien und Sprachpraxis geprägtem Leben. Die Untersuchungsergebnisse, die darauf hindeuten, daß die Wahrnehmung der Kinder im Vergleich zu früher akzeleriert ist und sie eine andere Organisation der Wahrnehmung besitzen (Kap. 3), sprechen ebenfalls dafür den Beginn der Medienerziehung vorzuverlegen. Daher ist zu fragen, ob die schulische Praxis ebenfalls von diesem Verständnis ausgeht.

5.2.2 Medienerziehung in der Grundschule

Die schulische Medienerziehung ist mittlerweile auch Bestandteil aller Lehrpläne geworden. Nach einem Beschluß der KMK vom 25.11.1983 ist „die Medienerziehung integraler Bestandteil des Unterrichts in allen Schularten mit dem Ziel, die Schüler zu befähigen, verfügbare Medien verantwortlich und sinnvoll zu nutzen sowie wertorientierte Einstellungen zu entwickeln und entsprechende Verhaltensweisen auszubilden. Sie ist keinem besonderen Unterrichtsfach zugeordnet, sondern Gegenstand des Unterrichts in einer Reihe von Fächern“.[247] Damit war klar, daß es kein eigenes Fach

245 Denzel,F.: Erstunterricht, München 1964, S.54

246 Oerter, R./Montada, L. Entwicklungspsychologie, München und Weinheim, 1987, S.38

247 Sekretariat der Kultusministerkonferenz 1986, S.14 zitiert nach Tuloziecki,G./Schlingmann,/ A./Mose,K. u.a.: Handlungsorientierte Medienpädagogik in Beispielen,Bad Heilbrunn 1995, S. 15

Medienerziehung geben wird, sondern medienpädagogische Inhalte in bestimmte Fächer integriert oder fächerübergreifend unterrichtet werden sollen.
Die Bund- Länder- Kommission für Bildungsplanung hat in ihrem „Gesamtkonzept für die informationstechnische Bildung" zur Medienerziehung u.a. festgestellt: „Jede Medienerziehung wird ihrer Aufgabe nur gerecht, wenn sie über bloße Information hinaus aus auch Werte vermittelt. Sie muß das intellektuelle Urteilsniveau ebenso schulen wie moralisches und soziales Verhalten einüben und stärken; die Möglichkeit, individuellen Interessen und Bedürfnissen gerecht zu werden, darf dabei nicht eingeengt werden...Von den Inhalten und Vermittlungsformen her betrachtet hat die Medienerziehung allgemein folgende Aufgaben: Sie soll die Fähigkeit vermitteln,

- Medien genau aufzunehmen
- Medien kritisch zu beurteilen
- Medien nach bestimmten Zwecken auszuwählen und einzusetzen
- Medien selbst zu gestalten."[248]

Hier wurden Grundlagen gelegt, handlungsorientierte oder aktive Medienarbeit in den Unterricht zu integrieren. Angesichts der schnellen technischen Entwicklung und wahrscheinlich auch ausgelöst durch die Diskussionen über „Gewalt auf dem Schulhof", deren Ursachen ja oft in den Medien gesucht wurde, setzten sich in den folgenden Jahren immer mehr die Forderungen nach medienpädagogischen Unterricht durch. In einer Erklärung vom 12. Mai 1995 hat nun auch die Kultusministerkonferenz die Dringlichkeit schulischer Medienerziehung unterstrichen. Ohne die Verantwortung der Eltern für den Umgang mit Medien zu leugnen, wird gerade den schulischen Bildungs- und Erziehungszielen große Bedeutung beigemessen, die den kritischen und kreativen Medienumgang fördern. Unter Verweis auf bereits bestehende medienpädagogische Aktivitäten wird für die Verstärkung in folgenden Bereichen plädiert:

- Grundsätzliche Offenheit der Schule gegenüber Medien mit der Konsequenz fächerübergreifenden projektorientierten Arbeitens.
- Entfaltung und Differenzierung medienpädagogischer Aufgabenfelder in Richtlinien und Lehrplänen.
- Angemessene technische Ausstattung der Schulen
- Entwicklung geeigneter Unterrichtsmedien, -materialien und -modelle, sowie entsprechende Evaluationen.
- Medienpädagogik als verpflichtender Bestandteil der Lehreraus- und -fortbildung.[249]

Es scheint so, als würde die Bildungsplanung nun endlich auf die Anforderungen einer sich gerade in technischer Hinsicht stark verändernden Gesellschaft eingehen.

248 Bund-Länder Kommission für Bildungsplanung (Hg.): Gesamtkonzept für informationstechnische Bildung, Bonn 1987, S.29 f.

249 Eschenauer, B. Verantwortungsbewußter Umgang mit Medien, in: medien praktisch 3/1995, S. 72

Daß die Schulen ohne flankierende Maßnahmen von anderen Seiten trotzdem wenig bewirken können, wird durch den Appell deutlich, den die Kultusminister an die Medienanbieter richten, einen Beitrag zum verantwortungsbewußten Umgang mit Medien zu leisten. Immerhin ist ein Orientierungsrahmen geschaffen worden, in dem sich Neues entwickeln kann. Es wird abzuwarten sein, inwieweit auch die zur Verfügung stehenden Finanzen eine realistische Umsetzung dieser Ziele möglich machen.
Am Beispiel des 1994 neu erstellten Bildungsplans für Grundschulen soll überprüft werden, ob die Forderung nach mehr praktischer Medienpädagogik für die unteren Altersstufen der Grundschule bereits eingelöst wurde. Am Beispiel eines Bundeslandes soll die neuere Entwicklung aufgezeigt werden.

5.2.2.1 Ein Beispiel: Baden-Württemberg

In vielen Bundesländern gehört Medienerziehung auch in Grundschulen zur Selbstverständlichkeit. In Baden-Württemberg verhielt man sich bisher zurückhaltend. Der Lehrplan für Grundschulen (Klasse 1 und 2) von 1984 verliert kein Wort über Medien. Sie werden weder in allgemeinen Vorbemerkungen noch in den Fächern Deutsch oder Heimat- und Sachunterricht thematisiert, wiewohl der allgemeine Anspruch besteht, daß es dem Schüler möglich sein muß, „die Lebenswirklichkeit vertiefend zu erleben, sie klärend zu erfassen, sie vom Verständnis her zu deuten und in ihr mitgestaltend zu handeln“[250] Die Fortschreibung des Lehrplanes von 1994 bezieht diese Prämissen auch auf Medien. Im Fach Deutsch hat man folgende Überlegungen zur Grundlage gemacht: „Da Kinder heute Zugriff auf eine große Auswahl akustischer, audiovisueller und elektroonischer Medien haben, müssen viele für das Lesen von Büchern als Freizeitbeschäftigung erst motiviert werden.“[251] Während man sich hier von elekronischen Medien eher absetzt, versucht man im Heimat- und Sachunterricht den Medienkonsum der Kinder zu integrieren:
„Medien und Konsum: Die Lebenswirklichkeit der Kinder ist durchsetzt mit einem Überangebot in vielen Bereichen, das die Bewertung zwischen dem Notwendigen und Wünschbaren sehr erschwert und beeinträchtigt. Der Unterricht muß deshalb Hilfen für selbständige Entscheidungen anbieten.“[252] Der Satz, „die Funktionen und Wirkungen von Medien können vertieft und bewußt erfahren werden. indem Beispiele selbst hergestellt und eingesetzt werden,“[253], wurde nach der Überarbeitung ersatzlos gestrichen.
Im Fach Heimat- und Sachkunde werden Themen aufgegriffen, die auch relevant für das Familienleben sind. „Der Umgang mit den Medien und ein kritisches Konsumverhalten berühren die Gepflogenheiten des Familienlebens... Zentrale Aufgabe ist bei den letztgenannten Inhalten ist es, die Kinder in ihrer Persönlichkeit so zu stärken, daß

250 Ministerium für Kultus und Sport: Bildungsplan für Grundschulen, Stuttgart 1984, S.134
251 Ministerium für Kultus und Sport: Bildungsplan für Grundschulen, Stuttgart 1994, S.20
252 Lehrplan 1994, S.22
253 Lehrplanentwurf von 1992, S. 17

sie sich gegen Verführungen selbstbewußt behaupten können. Elternhaus und Schule sollen zum Wohle der Kinder dabei vertrauensvoll zusammenwirken."[254] Im Fach Musik verhält man sich wiederum sehr zurückhaltend gegenüber Medien. Hier wird nur darauf hingewiesen, daß an exemplarischen Musikstücken der Ausdrucksreichtum und die Formenwelt der Musik dargestellt werden soll. „Das Umsetzen von Musik in Bewegung, szenisches Spiel oder bildnerische Darstellung unterstützt das Kennenlernen von Hörstücken...."[255] Musikalische Wahrnehmung wird also nur über Rezeption mit Medien in Verbindung gebracht.
Besonders konkretisiert wird der Anfangsunterricht. Hier wird in den pädagogischen Leitgedanken vor allem Wert auf die Entwicklung der Sinne gelegt.
„Vom Schulkind wird erwartet, daß es sich vom unmittelbaren Eindruck lösen kann und zu konkretem Denken fähig wird. Wahrnehmung und Sprache werden differenzierter und das Gedächtnis verbessert sich. Eine zunehmend realistischere Zuwendung zur Umwelt ermöglicht auch die Unterscheidung zwischen Phantasie und Realität. Das Kind verfügt über Vorstellungen vom Raum, zunehmend auch von Zeit, und kann Objekte und Ereignisse in Serien ordnen. Dadurch gewinnt seine Weltsicht Ordnung und Zusammenhang."[256] „Die Schulung aller Sinne und die Entfaltung der Wahrnehmungsfähigkeit schaffen die grundlegenden Voraussetzungen zum Lernen. Es ist eine wichtige Aufgabe, in allen Fächern und Arbeitsbereichen Anreize zum sinnenhaften Lernen zu schaffen, Beeinträchtigungen in der Sinnesentwicklung zu erkennen und Zeit zu gewähren um so den Kindern die nötigen Voraussetzungen zum erfolgreichen Lernen zu sichern. Sensible Wahrnehmung steigert die Erlebnisfähigkeit, regt die Phantasie an und fordert zum spontanen, kreativen Gestalten und Verändern heraus.... Differenzierte und individuelle Spiel- und Lernangebote, die Selbsttätigkeit, eigene Lernwege und individuelle Lerngeschwindigkeit erlauben, knüpfen an unterschiedlichen Wahrnehmungs-, Handlungs- und Denkmuster der Kinder an und klären, ordnen und systematisieren sie. Kinder dieser Altersstufe spielen, probieren und experimentieren, bevor sie Fragen ableiten und Schlüsse ziehen."[257] Hier ist zu prüfen, ob sich die allgemeinen Erklärungen auch auf kreatives Experimentieren mit elektronischen Medien beziehen. Dafür sollen die Themenbereiche der Klassen 1und 2 herangezogen werden:

5.2.2.2 Unterrichtsgestaltung in Klasse 1

Thema: Gestalten eines Buches

„Zielsetzung: Kinder erfahren das Herstellen und Gestalten von Büchern als Möglichkeit, Informationen, Ereignisse, Erlebtes und Gehörtes auf Dauer festzuhalten und anderen zu übermitteln. Ausgehend von bisherigen Erfahrungen mit Büchern erken-

254 Lehrplan 1994, S.23
255 Lehrplan 1994, S.27
256 Lehrplan 1994, S. 35
257 Lehrplan 1994, S. 36

nen sie spezielle Eigenschaften von Bild und Textinformation, lernen diese anzuwenden und nehmen Bücher als ästhetische Objekte wahr"[258]
Das Buch als klassisches Medium ist der einzige Vertreter dieser Sparte, obwohl Kinder, bevor sie Lesen und Schreiben gelernt haben mit anderen Medien sicher häufigeren Kontakt hatten. Dies widerspicht sogar der Auffassung des Lehrplanes von 1984, in dem ausdrücklich die Forderung nach mündlicher Tradition festgehalten wird. „Im Vordergrund des Lernbereichs Sprechen stehen Pflege und Förderung des mündlichen Sprachgebrauchs. Erzählen, Berichten und planmäßige Erweiterung des Wortschatzes unterstützen die Entfaltung des kindlichen Sprachvermögens. Erziehung zum Sprechen bedingt auch Erziehung zum Hören und insgesamt Zuwendung zum Anderen, zu situationsgerechtem und partnerschaftlichem Verhalten. Erziehung zur Gesprächsführung gilt als lernbereichs- und fächerübergreifendes Prinzip."[259] Sicher ist es sinnvoll bereits in den ersten Klassen das Buch als Medium begreifbar zu machen. Doch anknüpfend an die zunächst vorhandene und ausbaufähige Mündlichkeit, wäre es einfacher und geschickter, ein Medium einzusetzen, das Mündlichkeit zum Hauptbestandteil der Informationsübermittlung macht, wie z. B. die Tonbandaufnahme.

Thema: Raumaktionen
„Zielsetzung: Bei Raumaktionen erwerben Kinder grundlegende Erfahrungen, indem sie Räume sinnenhaft wahrnehmen. Durch Einbringen von Objekten und Materialien gestalten sie Räume um und führen sie einer neuen Bestimmung zu. Das Handeln der Kinder ist spielerisch, spontan und abhängig von Material und Raum. Themen können sich auch erst während der Aktion ergeben. Anlässe für Raumaktionen bieten sich in allen Grundschuljahren."[260] Die im Anschluß vorgetragenen Aspekte und Hinweise enthalten sinnliche Wahrnehmungsübungen in Bezug auf Formen, Farben, Klänge Körper und Raum. Auch hier könnte eine indirekte Vermittlung über Tonbandgeräte eine Vertiefung des Themas bedeuten. Seine eigene Stimme via Gerät zu hören schafft größere Distanz, als sich selber zu hören. Der Raumklang von Stimmen spielt bei Hörspielen eine ganz besondere Rolle.

Thema: Hören - verstehen - Sich verstehen[261]
„Zielsetzung: Hören können erschließt dem Menschen einen Zugang zur Welt. Zwar verbindet das Sehen am stärksten mit der Außenwelt, aber diese Wahrnehmung kann auch ganz äußerlich bleiben. Beim Hören ist die Wahrnehmung eher von innen bestimmt. Mit dem Hören verbindet sich eine innere Anspannung, die tiefer reicht als bei einem vergleichbar konzentrierten Hinsehen. ‚Hören können' muß erlernt wer-

258 Lehrplan 1994, S. 42
259 Lehrplan 1984, S.99
260 Lehrplan 1994, S.44
261 Lehrplan 1994, S.47

den. Die Kinder sollen in dieser Themeneinheit erleben und erfahren, daß Hinhören, mit Anteilnahme zuhören, Verstehen und Handeln zusammengehören und daß ‚Hören können' Gemeinschaft stiftet."

Als fächerverbindende Themen wurden folgende Vorschläge gemacht:

„a) Hören können- der Welt begegnen
b) Die Leistungen des Gehörsinns
c) Hören können- die Welt verstehen
d) Nicht hören können- und doch verstehen
e) Verstehen und doch nicht verstehen
f) Einander zuhören
g) Aufeinander hören und sich verstehen
h) Hören lernen. Vom äußeren Hören zum inneren Verstehen"

Außerdem werden folgende Hinweise gegeben:

„a) Geräusche Klänge und Tonfolgen: in der Familie, in der Schule, in der Umwelt, in der Natur
b) Erweiterung und Differenzierung der Wahrnehmung
c) Informationen aufnehmen: Sprache, akustische Signale, Naturgeräusche, Tonfolgen und Melodien. Den Sinn von Aussagen verstehen. Auf Gefahren aufmerksam werden. Naturerfahrungen machen. Bekanntes wiedererkennen. Sich an Musik freuen
d) Hörhilfen, Hörersatz: Vom Mund ablesen, Gebärdensprache, Lichtsignale, Außersprachliche Mittel wie Mimik und Gestik
e) Bedeutungsveränderung durch Veränderung des Tonfalls, der Akzentsetzung, des Satzbaus, Mißverständnisse durch Verstehen im Wortsinn, Bildwörter, Redensarten, Symbolsprache
f) Den anderen ‚zu Wort' kommen lassen
g) Füreinander offen sein, ‚wortlos' verstehen
h) Stille als Voraussetzung zum inneren Hören

Hören und bereit sein, mit Anteilnahme hören, Unausgesprochenes vernehmen. Auf die eigene ‚innere' Stimme hören und danach handeln, Gewissensbildung"

Besonders bei diesem Thema ist nicht zu verstehen, weshalb nicht mediale Tonvermittlung in die Erarbeitung miteinbezogen wird. Die Welt der inneren Bilder, die durch Sprache, Musik und Geräusche aufgebaut wird, ist den Kindern von klein auf bekannt und sollte zu diesem Zeitpunkt unbedingt einer rationalen Prüfung unterzogen werden. Lediglich das In-sich-Hineinhören sollte auf jeden Fall bar aller Medien geübt werden.

Die Ideen, die im Lehrplan 1994 stecken, sind durchaus kreativ und der heutigen Zeit angepaßt. Nur was die Einbeziehung von Medien anbelangt, findet man keine konstruktiven Vorschläge. Der einzige Satz, der auf den experimentellen Umgang mit Medien hätte schließen lassen, wurde vom Lehrplanentwurf nicht in den Lehrplann

1994 übernommen. So bleibt es weiterhin den Lehrkräften überlassen, ob sie mit Medienerziehung bereits in den ersten Klassen beginnen oder, dem Lehrplan strikt folgend, das Thema Medien erst später einbringen.
In den Klassen 3 und 4 wird der Problembereich Medien und Konsum ausdrücklich angeschnitten. „Allerdings können sich Pädagoginnen und Pädagogen, die kein Interesse an der Beschäftigung mit AV- Medien haben, sich auch hier z.T. auf die Behandlung konventioneller Medien wie Buch, Bild, Puppentheater beschränken. Und wenn expressis verbis die Auseinandersetzung mit dem Fernsehen vorgeschrieben wird, dann fließen hier unübersehbar bewahrpädagogische Ansätze mit ein (z. B. ‚Alternativen zum Fernsehen‘ oder ‚Ein Tag ohne Fernsehen'')."[262]
Möglichkeiten, fächerübergreifend oder projektorientiert zu arbeiten, werden im Lehrplan besonders betont: „Integrative Lernformen, in denen Inhalte und Arbeitsweisen der einzelnen Fächer und Arbeitsbereiche eng aufeinander bezogen und untereinander verwoben werden, unterstützen das Lernen. Dabei sind die Eigengesetzlichkeit der Fächer und Arbeitsbereiche, deren fachspezifische Gegebenheiten und die spezielle Bedeutung des einzelnen Lerngegenstandes immer zu beachten....Kinder brauchen von Anfang an vielfältige Lernformen. Lernen in Lehrgängen wechselt mit Lernsituationen, in denen das Spiel, freies Arbeiten oder das Lernen in projektorientierten Verfahren im Mittelpunkt stehen. Gelenkte und offene Lernformen haben gleichermaßen ihren Wert, regen einander an und ergänzen sich."[263] Es liegt also nicht an der mangelnden Möglichkeit der Lerngestaltung, wenn Medienprojekte nicht durchgeführt werden.

5.2.3 Probleme schulischer Medienerziehung

Medienerziehung in der Schule ist in der Regel kein eigenes Fach, sondern sie kann nur in anderen Fächern realisiert werden. In der Grundschule bieten sich der Deutsch- bzw. der Sprachunterricht an, aber auch in den Fächern Kunst und Musik oder in heimat- und gesellschaftskundlichen Fächern kann Medienerziehung integriert werden. Am Beispiel des neuen Lehrplans von Baden-Württemberg wurde jedoch ersichtlich, daß Medien aus dem Unterricht in den Klassen 1 und 2 regelrecht ausgeklammert werden. In der Regel lassen sich zwar immer Lehrplanhinweise finden, die diesen Unterricht rechtfertigen, aber das bleibt Aufgabe spitzfindiger und engagierter Lehrer. Die Betonung auf Printmedien ist vor allem deshalb nicht nachzuvollziehen, weil Kinder z.B. über Cassetten mit Literatur vertraut gemacht werden können, die ihnen als Nichtlesern sonst noch nicht zugänglich wäre. Außerdem könnten sie ihre eigenen Erfahrungen mit Medien bereits bestens spielerisch verarbeiten, weil fast alle begeisterte Cassettenhörer sind. Zum dritten wäre der aktive Umgang mit Cassetten-

262 Heidtmann, H.: Medienpädagogik in Baden-Württemberg - kein Interesse?, in: Bildung und Wissenschaft, 10/1993, S.16

263 Lehrplan 1994, S.36

recordern z.B. eine Möglichkeit, ohne großen technischen Aufwand „mediale Realität“ herzustellen.

Nicht nur in Baden-Württemberg tut man sich mit der Medienerziehung schwer.

Bei der Sichtung der Literatur, die praktische Hilfe beim Medienunterricht leisten soll, fällt auf,daß

- sich die meisten Vorschläge auf die Klassen 3 und 4 beziehen
- viele den Computer als Medium vorschlagen, z.B. zum Erlernen von Rechenarten
- hauptsächlich das Fernsehen thematisiert wird
- sie sich auf nicht-elekronische Medien, wie Comics, beziehen
- viele rein bewahrpädagogische Interessen verfolgen.[264]

So sehr sich Ministerien und Kommissionen um die Medienerziehung bemühen, so wenig lösen Konzepte allein die Probleme. In vielen Schulen sind die Lehrer auf die neuen Anforderungen nicht vorbereitet. Auf die Technik bezogen hinken sie manchmal dem Wissensstand der Kinder hinterher, und didaktisch haben sie nicht die Sicherheit, die angestebten Unterrichtsziele zu verwirklichen. Zwar werden in Zukunft Lehrer in der Ausbildung auf diese Herausforderung vorbereitet werden, aber die technische Entwicklung ist so schnell, daß die Zeit zwischen Ausbildung und Praxis reicht, um den Schülern wieder einen Vorsprung zu verschaffen. Es ist fraglich, ob dic schulische Medienerziehung allein den Lehrern aufgebürdet werden sollte, während an vielen Orten professionelle Medienpädagogen ausgebildet worden sind. An einigen Gesamtschulen scheint es neben Sozialpädagogen auch Medienpädagogen zu geben, die mit den Fachlehrern zusammen Projekte durchführen.

Es gibt aber noch weitere Hürden, die es auf Dauer zu nehmen gilt. „Aktiver Umgang mit Medien oder auch Konzepte, die auf Ursachen und Rahmenbedingungen extensiver Mediennutzung eingehen wollen, lassen sich nur schwer in der Schule umsetzen und kontinuierlich bearbeiten. Fernsehnutzung als Unterrichtsgegenstand kann zu einem heiklen Thema werden, da die Medienerfahrungen der Kinder immer im Rahmen der Familiensituation zu beurteilen sind. Die vielfach für unerläßlich gehaltene Zusammenarbeit mit Eltern scheitert bisher nicht nur aufgrund fehlender Konzepte, sondern auch wegen Befangenheit auf seiten der Pädagogen und Eltern.“[265]

Dennoch kann man sagen, daß sowohl die Gestalter von Lehrplänen als auch die Lehrer die Probleme erkannt haben und es auch schon viele Praxisbeschreibungen und Handreichungen zu diesem Thema gibt.

In der Literaturliste zu medienerzieherischen Beispielen für die Jahrgangsstufen 1-4 werden 131 Titel genannt.[266] Die Beispiele umfassen sowohl kognitive Themen als

---

264 Vgl. Herig,B./ Schmidt,M./Schulte,W. u.a.: Unterrichtsbeispiele zur Medienerziehung in der Primarstufe, Universität -Gesamthochschule- Paderborn, 1993

265 Eschenauer B.: Medienpädagogik in den Lehrplänen: eine wichtige Nebensache, in: Medienpädagogisches Handeln in der Schule,Opladen 1992, S.84

266 Tulodziecki,G./Schlingmann,A./Mose,K. u.a.: Handlungsorientierte Medienpädagogik in Beispielen,Bad Heilbrunn 1995, S.239 ff.

auch Beispiele aus der handlungsorientierten Medienpädagogik. Sie beschäftigen sich mit Printmedien, Fotos, Toncassetten, Diapositiven, Filmen und Computerspielen. Allein für die Elementarstufe, bzw. die erste Klasse, schlägt Tulodziecki 36 mögliche Projektbeschreibungen vor. Die Auswahl und die Beschreibungen richten sich nach den von ihm entwickelten Zielbeschreibungen.
Etwas älter sind die Unterrichtsmaterialien, die in Heidelberg entworfen wurden. Sie umfassen 48 Unterrichtseinheiten zum Thema „Farben-Formen-Klänge" und bieten vor allem für die Klassen 1 und 2 vielseitige Anregungen für die Verknüpfung von nichtelektronischen mit elektronischen Medien.[267]
Kritik kann jedoch daran geübt werden, daß Medienerziehung zu spät beginnt, sie zu bewahrpädagogisch ausgerichtet ist und die praktischen Möglichkeiten nicht genutzt werden. Dadurch ist und bleibt Medienpädagogik in der Schule eine „wichtige Nebensache" und eine „unbewältigte Herausforderung" (Eschenauer 1981).

5.3 Handlungsorientierte Medienerziehung

In der Fachliteratur scheinen die Meinungen zur Durchführung von Medienunterricht nicht mehr weit auseinanderzugehen: „Inzwischen gilt die praktische, aktive oder produktive Medienarbeit als der Königsweg medienpädagogischen Handelns."[268]
Besonders in der gegenwärtigen Situation, in der viel von „interaktiven Medien" die Rede ist, kommt einer Medienerziehung, die zur Eigenaktivität auffordert, besondere Bedeutung zu.

5.3.1 Praktisches Lernen

„Aktive Medienarbeit" war vor allem eine Domäne der offenen Jugendarbeit, als die Schule in der Regel noch als Institution kognitiv-analytischen und mit Zensuren beurteilten Wissens galt. Der Begriff „handlungsorientierte Medienarbeit" kam erst mit einem veränderten Handlungsverständnis auf. Man verstand darunter erfahrungs-, bedürfnis- und interessenbezogene Medienarbeit. Heute gilt weiterhin, daß sich diese Art der Medienerziehung besonders durch praktische Produktion und irgendeine Form der Veröffentlichung auszeichnet.
Das bedeutet jedoch nicht, daß mit jedem praktischen Projekt die gewünschten Kompetenzen automatisch erlangt werden. Man könnte diesem Konzept vorwerfen, daß hier blinder Aktionismus zum Tragen kommt, der pädagogisch und politisch relativ wirkungslos ist. Zum einen ist noch nicht gekärt, ob der Transfer von praktischer Arbeit zu angestrebten Zielen überhaupt machbar ist, zum anderen welche Mittel am ehesten geeignet erscheinen, diesen Transfer zu leisten.

---

267 Landesinstitut für Erziehung und Unterricht: Praxis Medienerziehung, Farben - Formen - Klänge, Stuttgart 1989

268 Baacke,D./ Kübler, H.: Lernen und Erziehen in der Medienwelt, Konzepte der Medienpädagogik,in:Funkkolleg Medien und Kommunikation, Studienbrief 12, Weinheim u. Basel 1991, S.44

„Häufig wird allerdings der Zugang zur Medienanalyse und Medienkritik überhaupt erst einmal mit Hilfe aktiver Medienarbeit gesucht. Damit verbindet sich in der Regel die Hoffnung, daß über die eigene Erstellung von Medien, z.B. einer Diareihe, eines Super 8 mm-Films oder eines Videos, die Manipulationsmöglichkeiten bei der medialen Darstellung von Aussagen erkannt und damit Kritikfähigkeit gegenüber den Massenmedien, sowie reflektierte Nutzungsformen entwickelt werden. Inwieweit eine solche Übertragung von der eigenen Medienerstellung auf die Nutzung von Massenmedien tatsächlich stattfindet, ist allerdings eine offene Frage, die empirisch untersucht werden müßte."[269]
Nicht allein in der Medienpädagogik wurden Theorien zum praktischen Lernen entworfen. Der Lebensbezug der Schule wurde seit der Zeit reformpädagogischer Konzepte immer wieder eingefordert. Lebensbezug hat aber selten allein die Entwicklung vernachlässigter technischer Fähigkeiten für die Qualifikation im Beruf bedeutet. Vielmehr war es der Anspruch, daß Schule auf die Anforderungen einer zukünftigen Kultur vorbereiten sollte. „Schule muß auf die Teilhabe an der modernen Kultur universell vorbereiten; sie kann auch nicht umhin, auf ihre veränderte Stellung im Leben von Kindern und Jugendlichen Rücksicht zu nehmen. Angesichts der heutigen Ausdehnung des Bildungssystems in die ganze Jugendzeit hinein sowie einer zunehmend erfahrungsarmen Lebenswelt außerhalb der Schule kann sich die Schule nicht allein an zukunftsbezogenen Qualifikations- und Berechtigungsinteressen orientieren. Anti-institutionelle oder anti-rationale Vorstellungen und Konzepte führen hier nicht weiter, es gibt keine Rückkehr zur Geschlossenheit. Ihr Schonraum, der geschützte Ort prinzipiellen Lernens und Erfahrens der Kultur wird nur dann von den Schülern nicht als Abseits, als lediglich zukunftsbezogener Ort von Berechtigungsbeschaffung erlebt, wenn Brücken zur aktuellen gesellschaftlichen Wirklichkeit geschlagen und begangen werden."[270]
Die Autoren dieser Formulierung vertreten die Ansicht, daß „Praktisches Lernen" ein Mittel sei, um die Schüler und die Schule gegenüber neuen Anforderungen zu öffnen. Sie gehen von einem Lernbegriff aus, der nicht allein kognitiv gefaßt wird, und von einem Praxisbegriff, der gesellschaftliche und politische Kontroversen in der Konsequenz nicht ausschließt. Sie räumen aber ein, daß es bereits andere Versuche gegeben hat und zur Zeit auch gibt, die ein ähnliches Ziel verteidigen. Verwandte Konzepte sind die Hibernia-Pädagogik Rudolf Steinerscher Prägung, das Konzept des Handlungsorientierten Unterrichts, die Projektmethode, die Nachbarschaftsschule bzw. Community-Education, und das Erfahrungslernen.[271] Die verschiedenen Konzepte

---

269 Tulodciecki, G.: Aufgabenfelder schulischer Medienpädagogik, in: Issing, L.(Hg.): Medienpädagogik im Informationszeitalter, Weinheim 1987, S.165

270 Fauser, P./ Flitner,A./ Konrad, F. u.a., Praktisches Lernen und Schulreform, in: Zeitschrift für Pädagogik, 6/1988, 34 Jg. S. 734

271 Fauser, P./ Flitner,A./ Konrad, F. u.a., Praktisches Lernen und Schulreform, in: Zeitschrift für Pädagogik, 1988 /6, 34 Jg. S. 735 ff.

unterscheiden sich hauptsächlich durch den Grad, in dem sie das gesellschaftliche Umfeld miteinbeziehen. Ohne Zweifel war unter den medienpädagogischen Ansätzen die sog. „Aktive Medienpädagogik“ am stärksten politisch orientiert. Aber sie war in ihrer Geradlinigkeit nicht durchführbar, schon gar nicht im schulischen Rahmen. Antroposophische Ansätze lehnen das Thema Medien insgesamt ab und die Nachbarschaftsschule ist zu stadtteilbezogen, als daß sie das Thema Medien als besonders relevant erachten würde. Die Projektmethode kann als Untergruppe des handlungsorientierten Unterrichts betrachtet werden. Insofern bieten sich für die Schule im Grunde nur zwei Konzepte sinnvoller Medienarbeit an: der „Handlungsorientierte Unterricht“ und der „Erfahrungsbezogene Unterricht“.[272]

5.3.2 Handlungs- und erfahrungsorientierter Unterricht

Merkmale „Handlungsorientierten Unterrichts“ [273] :

1. Handlungsorientierter Unterricht ist ganzheitlich. Er soll den ganzen Schüler ansprechen (Kopf, Herz, Hände und alle Sinne). Die Inhalte werden nach Problemen und Fragestellungen ausgewählt, die sich aus dem vereinbarten Handlungsprodukt ergeben. Gruppen- und Partnerarbeit, Projektunterricht, Rollenspiel und Experimentieren gehören zur Methode.
2. Handlungsorientierter Unterricht ist schüleraktiv, d.h. Selbsttätigkeit des Schülers ist die Voraussetzung für den Lernprozeß.
3. Im Mittelpunkt steht das Herstellen von Handlungsprodukten. Handlungsprodukte sind veröffentlichungsfähige, materielle oder geistige Arbeitsergebnisse.
4. Handlungsorientierter Unterricht soll subjektive Schülerinteressen zum Ausgangspunkt machen.
5. Handlungsorientierter Unterricht beteiligt die Schüler an der Planung, Durchführung und Auswertung des Unterrichts.
6. Handlungsorientierter Unterricht führt zur Öffnung der Schule nach innen und außen.
7. Handlungsorientierter Unterricht bringt Hand- und Kopfarbeit in dynamische Wechselwirkung.

Merkmale „Erfahrungsbezogenen Unterrichts“[274] :

1. Aneignung von Erfahrungen
   Das bedeutet Reflexion und Bearbeitung der vorhandenen subjektiven Erlebnisse, Erfahrungen, Phantasien und Bedeutungen

272 Jank,W./ Meyer,H.: Didaktische Modelle, Frankfurt 1991 5. Auflage

273 Jank,W./ Meyer,H., S.355

274 Jank,W./ Meyer,H.: Didaktische Modelle, S. 310 ff., entwickelt von Ingo Scheller.: Erfahrungsbezoger Unterricht, Frankfurt 1987 2. Aufl.,S.217 f.

2. Verarbeitung von Erfahrungen
   Es sollen Situationen geschaffen werden, in denen eine Konfrontation der themenbezogenen subjektiven Bedeutungszuschreibungen und Haltungen der Schüler mit den Erfahrungen und dem Wissen anderer stattfinden.
3. Veröffentlichung von Erfahrungen
   Schüler sollen die Resultate ihrer Lernprozesse öffentlich zur Diskussion stellen, indem sie ihren Lernprozeß rekonstruieren und andere anregen, eigene Standpunkte zu vertreten.

Der „erfahrungsbezogene Unterricht" als Konzept von Ingo Scheller ist an psychoanalytischen Theoremen und am symbolischen Interaktionismus orientiert. Er widmet sich sehr stark symbolischen Formen und Bedeutungen. Dieser Ansatz ist zwar dem „handlungsorientierten" vorzuziehen, weil er tiefergehende Prozesse verspricht und der Symbolwelt von jüngeren Kindern eher Rechnung trägt. Man muß jedoch bedenken, daß es Schulanfängern noch sehr schwer fällt, Symbolisierungsformen zu reflektieren. Der Vorteil der „handlungsorientierten" Unterrichtsprinzipien liegt in der Schwerpunktsetzung auf Aktion. Der Umgang mit Technik ist den Kindern vertraut, wird aber noch nicht als Ausdrucksmittel begriffen. Diese Zusammenführung hat mehr mit dem Schaffen von Erfahrung zu tun. Man kann also auf der Erfahrung mit Konsum von Medien aufbauen, aber noch nicht auf die Erfahrung von Medienproduktion. „Handlungsorientierte Medienerziehung" sollte diese beiden erfolgversprechenden Konzepte zusammenführen.

Ein weiteres Problem taucht auf, wenn es um die Wahl von verfügbaren Medien geht. Nicht jede Fertigung eines Medienprodukts ist geeignet, als Exempel zur Entwicklung bestimmter Fähigkeiten zu dienen. „Daß bei der modischen Faszination durch das jeweils neueste Medium (derzeit Video) historisch ältere oder weniger technisierte Medien vernachlässigt oder gering geachtet werden, sollte aus pädagogischer Sicht gelegentlich beachtet und relativiert werden. Denn das neuste, möglicherweise dem außerschulischen Medienkonsum analog handhabbare Medium (Fernsehen-Video) garantiert nicht automatisch die schnelle und selbstverständliche Erreichung der Lernziele; im Gegenteil: oftmals kann es elementarisierende und der Transparenz verpflichtete Absichten durchkreuzen. Mit Fotocollagen mögen sich beispielsweise für Kinder optische Perspektiven, mit Tonbandaufnahmen akustische Effekte, mit Super-8 Prozesse visueller Wahrnehmung und ihre filmische Rekonstruktion und Verdichtung eindrucksvoller verdeutlichen lassen, als mit der simultan und kompakt arbeitenden Videokamera. Wer daher außer der Handlungsorientierung die Vermittlung analytischer Fähigkeiten anstrebt, sollte die Verwendung des jeweiligen Mediums im Hinblick auf den beabsichtigten Kommunikationszweck genau überlegen."[275]

275 Kübler, H.: Bemerkungen zur Didaktik der Medienarbeit,in: Bundeszentrale für politische Bildung: Medien, Sozialisation und Unterricht, Bonn 1990, S. 186

Zudem sollte man sich bei handlungsorientierter Medienarbeit im klaren sein, daß sich kognitiv-analytische Fähigkeiten vielleicht nicht sofort einstellen. Das Hauptaugenmerk der Arbeit liegt auf der Erstellung des Produkts. Gerade dadurch, daß selbst „Wirklichkeit“ oder ein „künstlerisches Produkt“ hergestellt wird, kann ein intuitiver Prozeß initiiert werden, der zur Konsequenz hat, daß mediale Realität als „gemachte“ erkannt wird. „Wissen über Mediensysteme und analytische Fähigkeiten für die Medienuntersuchung werden mithin bestenfalls sporadisch, nicht systematisch vermittelt (zum Leidwesen mancher Kommunikationswissenschaftler, die ein deduktionistisches Verständnis von Medienpädagogik haben und durchsetzen wollen).“[276]
Auch entwicklungspsychologische Determinanten spielen hier eine Rolle. Wenn Medienerziehung zu früh die rationalen Aspekte der Medien überbetont, anstatt kreativ mit ihnen umzugehen, wird sie das Gegenteil von dem erreichen, was sie beabsichtigt: „Medienkritik kann, wenn sie Medienbotschaften beurteilt und in den Bereich kindlicher Erfahrung einordnet, zur Kritik an den Gesellschaftsbereichen vorstoßen, die von diesen Medienbotschaften betroffen werden (Thema Werbung). Diese Bewußtseinsleistungen führen aber, ohne die Grundlage einer kreativen Synthese von Sehen, Hören, Denken und Sprechen, von kritischer Analyse und ihre Mittel reflektierender Medienproduktion schon in der Grundschule später allzu leicht hinein in praxisferne, gefühlsarme, intolerante Überheblichkeit (für den Fall des scheinbaren Gelingens) oder in dumpfe Schuldgefühle wegen eines ungesteuerten Medienkonsums (für den Fall ihres Scheiterns).“[277]
Positiv formuliert soll sich „handlungsorientierte Medienerziehung“ vor allem auf ihre Ziele konzentrieren. Damit sind die Fähigkeiten gemeint, die dazu beitragen, Wahrnehmungs-, Nutzungs-, und Handlungskompetenz zu fördern. Aber „handlungsorientierte Medienerziehung“ ist keine „Geheimwaffe“, die mit unmittelbarer Wirkung zum medienkompetenten Bürger erzieht. Vielmehr können gerade in unteren Altersgruppen nur Anstöße gegeben werden. Ernst Zeitter, der selbst Unterrichtshandreichungen für Medienerziehung in der Grundschule erstellt hat, setzt vor allem auf lustvollen Umgang mit Medien, der über den Weg der Sensibilisierung zu einer individuell richtigen Handhabung führt:
„Ziel einer Medienerziehung in den ersten Klassen der Grundschule muß im Gegenteil die Sensibilisierung der Schülerinnen und Schüler für die Vielfalt medialer Angebote sein, die unsere Gesellschaft mitbestimmen. Aus wachsender Sensibilität heraus muß das Kind nach und nach Maßstäbe individuell wertender Auswahl entwickeln lernen.Das Kind muß mit behutsamer Hilfe der Eltern- und Lehrerschaft allmählich beurteilen, welche Medienbotschaften es braucht, was ihm im Angebot zuträglich ist.Eine solche Sensibilität kann nur aus dem konstruktiven Umgang mit den Medien erwachsen, aus praktischer lustvoller Erfahrung: Farbe, Form, gesprochene Sprache,

276 Kübler, H.: Bemerkungen zur Didaktik der Medienarbeit, S.186
277 Zeitter, E.(Hg.): Medienerziehung für Grundschüler, Frankfurt 1995, S.59

Musik und Geräusch, die ja ‚Teilsprachen' vor allem des Fernsehens und des Films sind, sollen in praktischer Tätigkeit, immer auf die Medien bezogen, aber durchaus nicht immer gestützt auf elektronische Medien, erlebt werden" [278] Zeitter setzt auf handlungsorientierten Unterricht, der auch in unteren Jahrgangsstufen technische Finessen, wie Collagen und Montagen erprobt. Aber das Wichtigste bleibt bei ihm die Einheit aus emotionaler und kognitiver Erfahrung: „Medienkompetenz wäre dann bereits für Schülerinnen und Schüler der ersten Grundschulklassen eine sich allmählich aufbauende Synthese von Sehen, Hören, Denken und Sprechen, in einem Wechselbezug von Auswahl und Zusammenfassung, von Analyse und Produktion eingebunden, eine ganzheitliche Fähigkeit, die verhindert, daß kognitive oder emotionale Bewußtseinskräfte im Umgang mit Medien einseitig die Oberhand gewinnen oder daß ein individuell erst zu findendes Gleichgewicht zwischen Medienkonsum und Medienarbeit schon in der Entwicklung verfehlt wird."[279]
Es ist zu überlegen, ob sich aus den Konzepten für „Handlungsorientierten Unterricht", „Erfahrungsorientierten Unterricht" und praktischen Erfahrungen Anhaltspunkte ergeben, um Richtlinien für handlungsorientierte Medienarbeit ableiten zu können.

5.3.3 Prinzipien handlungsorientierten Unterrichts

Gegenüber der emphatischen Haltung von Zeitter erscheinen die von Tulodziecki aufgestellten Prinzipien für „handlungsorientierte Medienerziehung" sehr blaß. Dennoch geben sie eine erste Orientierung. Anhand dieser Kriterien können das Ziel der praktischen Medienarbeit, die Auswahl des Mediums und die Altersgruppe aufeinander abgestimmt werden.
Sie sollen hier als „innere Struktur" der handlungsorientierten Medienarbeit bezeichnet werden.

1. Erfahrungsorientierung: Schüler sollen auf eigene Erfahrung aufbauen können und neue machen
2. Bedürfnisorientierung: Bedürfnisse nach Sinneserregung, Orientierung, Sicherheit, Zugehörigkeit, Liebe, Achtung, Geltung sollen ernst genommen werden und im Arbeitsprozeß zum Tragen kommen
3. Handlungsorientierung: Lernprozesse sollen in handelnder Weise gestaltet werden
4. Kommunikationsorientierung: medienerzieherisches Lernen soll in Kommunikation und für Kommunikation mit anderen erfolgen, Mitteilungen sollen angemessen mitgeteilt, aufgenommen und interpretiert werden können
5. Entwicklungsorientierung: Aktivitäten sollen entwicklungsgemäß und entwicklungsfördernd sein.[280]

278 Zeitter,E., S.57
279 Zeitter,E., S.58
280 vgl. Tuloziecki,G.: Medienerziehung in der Schule, S.63 f.

Ernst Zeitter und vor allem Pädagogen, die Medienarbeit in außerschulischen Projekten leiten, würden die Schwerpunkte m.E. etwas anders setzen. Sie betreffen nicht nur die „innere Seite“, sondern vor allem den Rahmen. Da sie in keiner Literatur katalogisch erfaßt werden, soll hier eine Zusammenstellung der wichtigsten Punkte erfolgen.
Sie sollen hier als „äußere Struktur“ von handlungsorientierter Medienarbeit bezeichnet werden:
1. Erlebnisorientierung: Medienarbeit sollte in erster Linie Spaß machen, eigene Erfahrungen können einfließen, verschiedene Möglichkeiten ausprobiert werden. Auf keinen Fall sollte die Arbeit benotet werden.
2. Ausdrucksorientierung: Das Produkt sollte die Wünsche, Projektionen und Ängste im psychonanalytischen Sinn binden und widerspiegeln. Weder moralische noch künstlerische Kriterien sollten aufgepfropft werden.
3. Produktorientierung: Ziel der medienpädagogischen Bemühungen ist es, ein mit kommerziellen Produkten vergleichbares Werk zu schaffen. Dadurch verliert sich der reine Spielwiesencharakter und Ernsthaftigkeit stellt sich ein.
4. Projektorientierung: Projekte sollten einen Anfang und ein Ende haben. Hierfür müssen geeignete Räume und Personen von der Schule oder einer Freizeitinstitution zur Verfügung gestellt werden.
5. Veröffentlichungsorientierung: Um einem selbstgemachten Medienprodukt die Gewichtung geben zu können, daß es Aussagekraft hat, sollte eine angemessene Form der Veröffentlichung angestrebt werden, sei es im Rahmen der Schule, des Elternabends, einer Kooperation mit einer anderen Rundfunkanstalt.

Die hier aufgestellten Kriterien handlungsorientierter Medienerziehung können beliebig auf verschiedene Gruppen und Medien angewandt werden. Sie sollen dazu beitragen, daß Bedingungen geschaffen werden, die das „Lernen“ in einem praktischen Projekt leichter übertragbar auf den Umgang mit Medien außerhalb des Projekts machen.

5.4 Handlungsorientierter Unterricht mit auditiven Medien

„Bezogen auf die Medienarten, sollten medienerzieherische Fragen in der Grundschule zunächst mit Bezug auf Printmedien, dann mit Bezug auf einfache, visuelle, auditive und audiovisuelle Medien bearbeitet werden.“[281] Die Aussage von Gerhard Tulodziecki, daß Medienerziehung unbedingt mit Printmedien beginnen sollte, ist infrage zu stellen. Zum einen steht diese Aussage in Widerspruch zu anderen Aussagen, in denen die Auswahl von Medien nach bedürfnisorientierten Kriterien erfolgen soll. Zum anderen erscheint der Beginn der Medienerziehung mit Printmedien nicht

281 Tulodziecki,G.: Medienerziehung in der Schule- Zielsetzungen, Strategien, Methoden, in: Bertelsmann Stiftung, Medien als Bildungsaufgabe in Ost und West, Gütersloh 1993, S.65

günstig, weil gerade nichtschriftliche Ausdrucksformen den Schulanfängern entgegenkommen. Aus diesem Grund wäre es vielleicht genauso denkbar mit visuellen oder audiovisuellen Medien zu beginnen. Denn auch Kinder sehen in jungen Jahren mehr fern, als sie z.B. Cassetten hören. Manche von ihnen besitzen vielleicht schon eine Fotokamera, andere spielen auf dem Computer. Geht man bei der Auswahl eines Mediums vor allem von der Erfahrungswelt der Kinder aus, so gibt es eigentlich keine Beschränkung, mit welchen Mitteln Medienerziehung durchgeführt werden kann. Wichtig ist vor allem, daß sie das Prinzip der Medienproduktion sinnlich erfassen können. Beispiele wie die „visuelle Lesefähigkeit" in der Grundschule mit Videokamera und Computer gefördert werden kann,[282] stehen neben anderen Projektvorschlägen mit „antiquierteren" Medien. Ausschlaggebend für die Auswahl sind also das Ziel, die Möglichkeiten der Umsetzbarkeit und die Kenntnisse (bzw. Faibles) der anleitenden Pädagogen. Das Ziel kann bei jüngeren Kindern zunächst darin bestehen, nur die Sinne, z.B. das Hören zu schärfen. Dies kann jedoch auch verbunden werden mit weiterreichenden Zielen: „Wir können bei Kindern nicht die Fähigkeit zu bewußter, zielgerichteter akustischer Wahrnehmung voraussetzen. In ersten Schritten sind also die Möglichkeiten des Hörsinns zu erkunden, sollte eine Sensibilisierung für akustische Reize, für Geräusche, Klänge erfolgen. Über den Wahrnehmungssinn Hören werden Emotionen und Verstand angesprochen, sprachliche wie nichtsprachliche Informationen vermittelt, deren Bedeutung von den Schülern erkannt werden muß. Für die weitere unterrichtliche Arbeit verspricht ein handlungsorientierter medienpädagogischer Ansatz die sinnvollsten Resultate. Durch den produktiven gestalterischen Umgang mit Cassetten und Recordern erfahren bereits jüngere Schüler am anschaulichsten die Funktionsweise des Mediums. Durch die spielerische Nutzung der Technik lassen sich die Fähigkeiten zu akustischer Wahrnehmung weiterentwikkeln. Komplexere Eigenproduktionen können das Verständnis für ästhetische Spezifika des Mediums, für narrative Struktuen, Handlungsmuster von Hörtexten bzw. -spielen schaffen."[283]

5.4.1 Exkurs: Das Hören

Von Lehrern und Erziehern kommen immer wieder Klagen, daß Kinder heutzutage nicht mehr richtig zuhören könnten. Unsere Kultur tendiert tatsächlich immer mehr dazu, visuellen Reizen den Vorrang einzuräumen.

Viele Menschen empfinden das Auge als das wichtigste Sinnesorgan und die Ohren als untergeordnete Anhängsel am Kopf. In Wahrheit trägt das Gehör dazu bei, daß wir uns in der Welt vor allem durch die Ohren orientieren. Durch sie erfahren wir auch, was hinter und neben uns ist, ob jemand kommt oder geht, ohne daß wir die Augen

282 vgl. Daum,W./Langenbuch,G./Mattern,K.u.a.: Medienprojekte für die Grundschule, Braunschweig 1993

283 Heidtmann,H.: Mit dem Hören spielen, in : Grundschule 1993/7-8 S. 27-28

danach richten. Geräusche, Musik und Lärm durchdringen unseren ganzen Körper, denn auch unserer eigener Körper ist ein Resonanzkörper.
Alle Töne bringen ihn zum Schwingen, sogar jene, die wir nicht hören. Ein Erwachsener hört Schallereignisse, die im Frequenzbereich von 20 bis 16000 Hz liegen. Der mittlere Bereich, zwischen 55 und 6000 Hz bei einem Lautstärkepegel um 40 Dezibel ist besonders wichtig für das Hören von Sprache[284]. Hohe Töne über 20 000 Hz bleiben für den Menschen, aber nicht für Hunde unhörbar. Hohe Töne erzeugen mehr Aufmerksamkeit und sind exakter zu orten. Tiefe Töne, niedrige Frequenzen werden über das Ohr, aber auch über den Bauch wahrgenommen. Der Baß, Grundstimme in der Popmusik, spricht vor allem Emotionen und Stimmungen an.
Um Töne über das menschliche Ohr wahrzunehmen, müssen diese zumindest eine über 0 Dezibel liegende Lautstärke aufweisen. Ab einer Lautstärke von 130 Dezibel geht das menschliche Lautempfinden in Schmerz über. Beim Hören dringen Schallwellen in den Gehörgang ein und setzen das Trommelfell in Schwingungen. Die drei Gehörknöchelchen, Hammer, Amboß und Steigbügel leiten diese winzigen Bewegungen weiter an die Schnecke, den Flüssigkeitskörper des Innenohrs. Nerven schicken das Ergebnis zum Gehirn, das die Auswertung vornimmt und die Töne einteilt nach „allgemeinen Schall“, „Musik“ oder „Lärm“. Die Lautstärke ist also nicht allein entscheidend für das, was wir als Lärm bezeichnen. Musik in einem Konzertsaal kann lauter sein als ein Preßlufthammer und dennoch als angenehm empfunden werden. Viel wichtiger für die Einschätzung von angenehmen und unangenehmen Geräuschen ist das Wissen um die Schallquelle und die damit verbundenen Gefühle. Auch wenn wir nicht mehr in der freien Natur leben, so ist das, was wir als „Lärm“ empfinden immer noch das Zeichen für „Alarm“ und unsere Nerven und unser Herzschlag stellen sich darauf ein. Es gibt also eine enge Verbindung zwischen dem physischen und psychischen Bereich, vielleicht eine noch direktere als beim Sehen.
Oft wird davon gesprochen, daß das Hören und Zuhören sehr stark durch den steigenden Lärmpegel beeinträchtigt wird und früher die Umwelt so viel stiller gewesen sei. Wissenschaftler sehen den Grund für Unruhe und Streß jedoch nicht unbedingt in der Zunahme von lauten Geräuschen. Die wirkliche Bedrohung komme vielleicht eher von der Zunahme des „grauen Rauschens“. Damit ist gemeint, daß sich viele Geräusche unter der wahrnehmbaren Hörgrenze liegen und folglich die Schallquellen des „ leisen Lärms“ vom Gehirn nicht mehr geortet und identifiziert werden können. Bedenkt man, daß die Fußböden zwischen einzelnen Stockwerken stark isoliert sind, Computer wesentlich leiser sind als mechanische Schreibmaschienen, daß Schallwälle uns vor Zug- und Autolärm optisch und akustisch schützen, dann könnte man tatsächlich daraus schließen, daß viele Geräusche nur noch empfunden, aber nicht mehr gehört werden.

284 Breitenbach E.: Material zur Diagnose und Therapie auditiver Wahrnehmungsstörungen, Würzburg 1995, S.12

Aber gerade jene Geräusche, die kaum gehört und nicht zugeordnet werden können, könnten Streßverursacher sein und zu sog. Hörstürzen (Tinnitus) führen.[285]
Für das Hören und Zuhören könnte das folgende Auswirkungen haben: Kinder hören nicht mehr zu, weil sie durch latente Geräusche, die sie nicht orten können, in einen permanenten inneren Alarmzustand versetzt werden. Diese innere Unruhe könnte auf Kosten der Konzentration gehen.
Den engen Zusammenhang zwischen Hören und Emotionen stellt auch Joachim-Ernst Berendt heraus. „Es ist geradezu eine Besonderheit des Ohres, ständig Physisches in Psychisches, Körperliches in Geistiges, Materielles in Lebendiges, Zeit in Raum, Additives in Logarithmisches, Meßbares in Unmeßbares, Vergangenes in Zukunft und beide in Gegenwart, Dreidimensionales in Mehrdimensionales, Aperiodisches in Periodisches, Symmetrisches in Asymmetrisches - und meist jeweils auch umgekehrt - zu überführen. Das Ohr hört, weil es überschreitet. Von keinem Organ läßt sich etwas Vergleichbares sagen.“[286] Berendt sieht das Auge als einen aggressieven Pfeil, während das Ohr defensiv ist, weil es immer passiv geöffnet bleibt. Er folgert daraus, daß wer das „Hören“ pflegt, seiner Umwelt aufmerksam und zugewandt bleibt, aber auch den Kontakt zu seiner inneren Stimme behält. „Das Ohr bringt uns auf den inneren Weg, es verwandelt Physisches in Spirituelles, Materielles in Geistiges und Transzendentes.“[287] Mag man diesen esoterischen Gedanken auch nicht folgen, so spricht Berendt dennoch ein weiteres Problem unserer Zeit an: Die Konzentration auf das Visuelle führt u.U. zu einer Überbetonung von Äußerlichkeiten und Out-Put-Verhalten. Die innere Stimme, die sich nur durch „in sich hineinhören“ meldet, kann nicht mehr vernommen werden. Ein Mensch, der seine innere Stimme bei Entscheidungen nicht berücksichtigt, handelt jedoch außengeleitet und nicht autonom.
Pränatale Untersuchungen[288] und Untersuchungen von Säugligen[289] haben ergeben, daß Kinder sehr viel früher auf akustische als auf visuelle Reize reagieren. Das liegt daran, daß die Schnecke, Mittel- und Innenohr einschließlich der Rezeptoren bei der Geburt voll ausgebildet sind. „Die unmittelbare neuroanatomische Funktionstüchtigkeit des auditiven Systems ermöglicht ab der Geburt eine kontinuierliche, physikalische Reizaufnahme und Verarbeitung- und somit Erfahrungen. Die Überbetonung visueller Reize hat im Kleinkindalter noch nicht den Stellenwert wie beim Erwachsenen, und da komplexe Situationen nicht monosensitiv, sondern immer mit allen Sinnen wahrgenommen werden, spielt das Ohr für kleinkindliche Erfahrungen eine gewichtige Rolle.“[290] Diese Empfindlichkeit bleibt noch längere Zeit erhalten. „Kinder hören nicht allein über das Ohr; auch über die Haut und den Knochenbau

---

285 Vortrag von Prof. Gerhard Fleischer zum Thema Hören, Ökomesse Freiburg 1993
286 Berendt,J.: Ich höre-also bin ich, Freiburg 1992, S. 56
287 Berendt,J., S.57
288 Tomatis,A.:Der Klang des Lebens, Reinbek bei Hamburg,1987
289 Prof. Marie de La Motte, Vortrag Musikhochschule 1990
290 Hansen,L/Manzke,G., S. 9

nehmen sie Töne wahr. Kinder hören mit Haut und Haaren, sie werden gepackt. Deshalb weisen Heranwachsende dem Hören eine so starke Bedeutung zu, deshalb ist auch die Verantwortung bei den Hörcassettenproduzenten sehr groß. Hören kann hörig machen, kann so zupackend sein, daß eine Distanzierung und eine Loslösung schwer möglich ist."[291]

5.4.2 Möglichkeiten auditiver Medienerziehung

5.4.2.1 Technische Voraussetzungen für auditive Projekte

Projekte zur auditiven Medienerziehung sind nichts Neues. Dadurch, daß das Tonbandgerät eines der ersten Geräte war, das geradezu aufforderte, technische Spielereien zu verwirklichen, fand auditive, handlungsorientierte Medienerziehung auch Eingang in die Medienerziehung an Schulen. Noch immer ist es so, daß mit einer kleinen Geräteausstattung große Effekte erzielt werden können und ein „Radiostudio" im Klassenzimmer simuliert werden kann. Durch die Teilprivatsierung des Rundfunks ist es in vielen Städten mittlerweile möglich, die selbsthergestellten Sendungen über den Äther zu schicken, so daß ein kompletter Prozeß von medialer Verbreitung nachvollzogen werden kann.

Fast jede Schule besitzt einen Cassettenrecorder. Dier technische Qualität ist oft sehr gut, aber für Kinder nicht unbedingt geeignet, weil sie zu kompliziert sind. Einfache Geräte im Wert von ca. 100 DM mit gut sichtbaren Tasten und automatischer Aussteuerung haben sich sehr bewährt. Sehr vorteilhaft ist es hingegen, ein Abspielgerät zur Verfügung zu haben, das einen größeren Lautsprecher als ein normaler Cassettenrecorder besitzt, um Arbeitsprodukte besser vorstellen zu können.

Man braucht für die Aufnahmen:

- 2-4 Cassettenreorder mit Eingangsbuchse für ein Mikrophon und für ein Überspielkabel
- Batterien für Cassettenrecorder (für Außenaufnahmen)
- 1-3 batterieverstärkte Mikrophone (Elektretmikrophon) mit Schaumgummiumhüllung (Windschutz), langem Kabel und passendem Stecker für Cassettenrecorder
- ChromdioxydCassetten 90 Min. zum Aufnehmen und Überspielen
- 1Überspielkabel zwischen beiden Cassettenrecordern

Wenn die Gestaltung und weniger die Technik im Vordergrund stehen sollte, reicht diese Grundausstattung. Für aufwendigere Produktionen mit Jugendlichen empfiehlt sich der technisch etwas höhere Standard, den Richard Stang und Klaus Koziol vorschlagen.[292]

291 Rogge, J.: Hören als Erlebnis,in:medien praktisch 3/95, S. 32
292 Stang,R./ Koziol,K.: Audio-phonie, Stuttgart 1989,S.75

5.4.2.2 Spiele zu auditiver Medienerziehung

Mittlerweile gibt es mehrere Sammlungen von Anregungen zu auditiver Medienarbeit. Sie gliedern sich grob in: Geräuschespiele, Sprachspiele, Arbeiten mit vorhandenen Cassetten, Eigenproduktionen.[293]

Geräuschespiele:

Jagd nach Tönen:
2 Gruppen nehmen Geräusche aus der Umwelt auf. Sie werde getrennt aufgenommen und im Klassenzimmer abgespielt. Die andere Gruppe muß erraten, um welche Geräusche es sich gehandelt hat und wo sie aufgenommen wurden.

Geräuschewerkstatt:
Natürliche Geräusche sind oft schlechter identifizierbar als künstlich hergestellte. Eine große Liste von Tricks erleichtert das Aufnehmen von künstlich hergestellten Geräuschen, wie z.B. Regen: Reis auf eine Pappschachtel rieseln lassen.
Geräuschecollagen:
Die Schüler stellen in Gruppen Geräusche zusammen, die in irgendeiner Beziehung zueinander stehen: z.B. Weckerklingeln, Gähnen, Zähneputzen, Gurgeln, Geschirrgeklapper.
oder: Klingeln, Treppensteigen, Klopfen, Küßchen

Sprachspiele

Hörcomic:
Entweder man sucht eine Szene aus einem Comikheft heraus, oder man läßt die Kinder eine kleine Geschichte erfinden. Dann ahmen die Kinder mit dem Mund Geräusche nach und erzählen dazwischen die sprachlich noch notwendigen Teile der Geschichte. z.B. „Brummm. Er steigt aus. Nimmt den Schlauch von der Tanksäule. Schlllllllll, Klong. Macht 50 Mark. Kling-ling. Auf Wiedersehen.“

Kettengeschichte:
Die Lehrerin spricht ohne Dabeisein der Schüler einen Satz auf das Tonband und gibt das Gerät an einen Schüler weiter, der nach draußen geht und den Satz anhört. Anschließend spinnt er die Geschichte weiter. Der Nächste, der nach draußen geht, darf nur das abhören, was sein Vorgänger gesagt hat. Dann spricht er den nächsten Satz auf Band u.s.w. Dem letzten fällt die Aufgabe zu, alles abzurunden und zum Schluß zu bringen. Anschließend wird das Band der ganzen Klasse vorgespielt.

293 vgl.Heidtmann,H.: Mit dem Hören spielen, in : Grundschule 7-8/1993 S. 27-28

Stimmungsgeschichte:
Der Lehrer gibt eine kurze, relativ neutrale Geschichte vor. Durch stimmliche Abwandlung beim Erzählen und durch verschiedene Hintergrundgeräusche soll die Story in eine lustige, traurige, spannende oder bedrohliche Situation umgewandelt werden.

Arbeiten mit vorhandenen Cassetten

Geschichten nachspielen:
Nach dem gemeinsamen Anhören einer Cassette werden die Rollen verteilt und die Geschichte nachgespielt. Durch Kostüme können die Geschichten dann visualisiert werden.

Geschichten weitererzählen:
Der Lehrer versucht eine Cassette zu finden, die niemand der Schüler kennt. An der Stelle, an der ein Interessens-, Rollen- oder moralischer Konflikt am Höhepunkt anlangt, soll das Tonband ausgeschaltet werden. Die Schüler sollen sich das Ende ausmalen und weitererzählen.

Geschichten mixen:
Kinder bringen eine Vielzahl von eigenen Cassetten mit. Aus Erkennungsmelodien, typischen Dialogen und musikalischen Pausenfüllern wird dann eine neue Cassette durch Überspielen zusammengemixt.

Eigenproduktionen:

Interview:
Kinder denken sich aus, was sie schon immer einmal vom Hausmeister, vom Schulrektor oder von einzelnen Schülern wissen wollten. Die Fragen müssen nicht unbedingt bierernst sein. Anschließend ziehen sie in kleinen Gruppen mit dem Tonbandgerät und dem Mikrophon los und machen Interviews. Als Hausaufgabe können sie mit dem eigenen Rekorder auch zu Hause Interviews machen, die dann in der Schule vorgespielt werden.

Hörfunkparodie:
Einzelne Gruppen teilen sich auf und imitieren verschiedene Sendeformen:
Werbung, Kinderfunk, Nachrichten, Musiksendungen. Ein Zusammenschnitt der einzelnen Teile ergibt ein kleines Hörfunkprogramm, das anderen vorgespielt werden kann.

Hörerzählung:
Anders als beim Hörspiel wird hier die Geschichte nicht in Dialogform gesprochen, sondern von einer Person. Zwischen oder während einzelner Passagen werden Geräusche oder musikalische Sequenzen zur „Bebilderung“ der Geschichte eingebaut. Vor-

sicht: „Doppelpunktdramaturgie“ vermeiden! Die Geräusche und die Musik sollen nicht Worte in anderer Form wiederholen, sondern stimmungsmäßig ergänzen, präzisieren oder ersetzen.

5.4.3 Hörspielprojekte

5.4.3.1 Begründung für Hörspielprojekte

Obwohl Kinder im Grundschulalter gerne Cassetten hören und die Grundschulen meistens mit CR ausgestattet sind, führt das Thema Hörspiel ein Schattendasein. „So steht in den ersten beiden Schuljahren, wenn die Lesefertigkeit noch sehr unterschiedlich gut ausgebildet ist, mit dem Hörspiel eine literarische Gattung zur Verfügung, die unsichere und langsame Leser nicht von vornherein benachteiligt und demotiviert und die es ermöglicht, lange vor Abschluß des Leselehrgangs altersangemessene Texte anzubieten. Der Einsatz inhaltlich wie gestalterisch anspruchsvoller Hörspiele in der Grundschule eröffnet zudem die Chance, die Kinder in einem Alter, in dem sie noch wirkliches Interesse zeigen - nicht erst in der Sekundarstufe, wenn sie in der Freizeit zum Musikhören übergegangen sind -, an dieses Genre und seine spezifischen Möglichkeiten heranzuführen. Vor allem bieten Hörspiele ideale Anknüpfungspunkte für die Hörerziehung, deren Stellenwert hier mit dem Hinweis auf die Bedeutung des Hörens für verschiedenste schulische Bereiche- z.B. Erstlesen, mündlicher Sprachgebrauch, Rechtschreiben, Musik- und mit Blick auf das außerschulische Leben, in dem die Konfrontation mit akustischen Informationen und Eindrücken allgegenwärtig ist, nur angedeutet werden können.“[294] Immer wieder betonen Pädagogen, die wie Eva Engel mit dem Hörspiel im Unterricht Erfahrung haben, wie „ertragreich“ diese Arbeit sein kann. In der Tat ist es immer wieder erstaunlich wie schnell sich Kinder in den unteren Klassen einarbeiten.

Kindern sind Cassettenhörspiele bekannt, aber sie machen sich meist keine Gedanken darüber, wie sie hergestellt werden. Die Produktion eines Hörspiels versetzt Kinder in die Lage, zumindest die Aufnahmetechnik und ihr Ergebnis kennenzulernen. Damit machen sie verschiedene Erfahrungen. Sie entdecken den Unterschied zwischen Sehen und Hören: Wie kann man einen Inhalt vermitteln, ganz ohne Körpersprache wie Kopfschütteln, Nicken und mit dem Finger deuten? Welche Rolle spielt die Akustik bei Hörspielen? Eine Aufnahme im Badezimmer klingt anders als im Wohnzimmer. Draußen haben die Stimmen überhaupt kein Echo. Raumklang, Geräusche und Musik können in einem Hörspiel oft lange Erklärungen ersetzen. Wenn man mit Kindern selbst eine Cassette herstellt, so gehen sie den entscheidenden Schritt von der Realität zur medialen Realität ganz alleine. Sie entdecken, daß in einem Cassettenrecorder keine sprechenden Männchen sitzen, sondern, daß sie selbst etwas einspeisen, was dann ungefähr so, wie sie es gemeint haben, wieder herauskommt. Oft hören sie zum ersten Mal ihre eigene Stimme, leicht verändert, aber doch gut von den anderen zu

294 Engel,E.: Hörerziehung mit Hörspielen, in: Grundschule 7-8/1993, S. 9

unterscheiden. Daß ein zusammengeknülltes Papier wie loderndes Feuer klingen kann, also auch Täuschungen möglich sind, begreifen Kinder sehr schnell. Außerdem müssen sie überlegen, was nötig ist, um eine Geschichte zu erzählen und wie man sie zum Abschluß zu bringt. Das fertige Produkt hat den Wert eines Dokuments und gleichzeitig den eines eigenständigen medialen Produkts.

Es gibt mittlerweile eine Menge von didaktischen Anleitungen, wie Hörspiele gemacht werden können und eine stattliche Anzahl an Projektbeschreibungen. Zum Teil wird dabei das Hörspiel als Kunstform gesehen und dementsprechend aufwendig inszeniert. Zum Teil wird das Hörspiel als medienerzieherische Übung benutzt, bei dem es kaum auf das Endprodukt ankommt, sondern eher auf den spielerischen Umgang mit einzelnen Elementen und der Technik. Unabhängig vom Alter der Teilnehmer eines medienpädagogischen Projekts sollten jedoch beide Komponenten verknüpft werden, denn wenn das Endprodukt nur wenig mit einer gekauften Cassette zu tun hat, ist es auch schwer, Prozesse anzuregen, die den kritischen Umgang mit Medienprodukten nahelegen. Jedoch dürfen die Anforderungen auch nicht überzogen sein.[295]

5.4.3.2 Beispiele von Unterrichtseinheiten zum Thema Hörspiel

Eine der ältesten, aber bis heute hilfreiche Projektbeschreibung für den Unterricht stammt von Wolgang Neubauer. Die Unterrichtseinheit ist gedacht für das 2. Schul-

295 Folgende Literatur gibt Hinweise für die Praxis der Hörspielproduktion mit Kindern:
- Engel, E.: Hör - Spiele, Anregungen zum produktiven Umgang mit dem Kassettenrecorder, in: Praxis Grundschule 4/1993, S.14-19
- Everling, E.: Ein Hörspiel produzieren, Anleitung sprachlicher und technischer Gestaltungselemente in der Sekundarstufe, Bielefeld 1988
- Haas G.: Hörspiel und Hörspielelemente im Unterricht der Primarstufe, in: Praxis Deutsch 109/ 1991, S. 22-26
- Heidtmann, H.: Mit dem Hören spielen,Spiele, Übungen, Projekte, in: Grundschule 7-8/93 S. 27-29
- Hess, H.: „Nicolas, wo warst du?", Medienarbeit in der Grundschule, Grundschulmagazin 5/94 S.31-34
- Knister: Mikromaus mit Mikrophon, Spiele mit dem Kassettenrecorder, Würzburg 1988
- Meyer-Denkmann, G.: Kassettenrekorderspiele und Tonbandproduktionen, Modelle und Projekte für den Unterricht., Regensburg 1984
- Neubauer, W.: Medienerziehung in der Grundschule, Köln 1980 S.80-90
- Pöttinger,I.: Das Leben ist ein Krimi, in Brenner,G., Niesyto, H. Handlungsorientierte Medienarbeit, Weinheim und München 1993 S.87-93
- Pöttinger, I.: Die Hasenschule - Kinder produzieren ein Hörspiel, in: DJI, Handbuch Medienerziehung im Kindergarten, Bd.2 Opladen 1995 S.325-331
- Stang,R./ Koziol K: Audiophonie, Zur Kultur des Hörens, Stuttgart 1989
- Treumannn,K./ Schnatmeyer,D./Volkmer I.: Mit den Ohren sehen, GMK- Schriften zur Medienpädagogik 22, Bielefeld 1995

jahr. In vielen kleinen Schritten baut er die Hörspielproduktion systematisch auf durch verschiedene „Bausteine“ [296] :

Baustein 1:	Variationsbreite eigener lautlicher Äußerungen
Baustein 2:	Auditive Diskrimination von Geräuschen
Baustein 3:	Differenzierte auditive Wahrnehmung
Baustein 4:	Korrespondenz zwischen Inhalt und Musik
Baustein 5:	Dramaturgie eines Hörspiel-Projekts
Baustein 6:	Massenmedium Radio

Neubauer geht davon aus, daß die meisten Bausteine in den normalen Unterricht integriert werden können und nur das Hörspiel (Baustein 5) als Projekt organisiert werden soll.
Die Herstellung eines Hörspiels erfolgt in 4 Phasen: Textauswahl, Texterarbeitung, Produktionsvorbereitung, Aufzeichnung.
Das Hörspielprojekt, das Klaus Treumann für die 4. Klasse Grundschule vorschlägt, ist ebenfalls nur Teil einer Unterrichtseinheit.[297] Sie ist weniger auf Musik bezogen, sondern thematisiert vor allem den Cassettenkonsum.
1. Stunde (45 Min). Wir reden über Hörspielcassetten!
Ziel: Die Schüler/innen sollten die unterschiedliche Toncassetteninhalte benennen, erkennen und entsprechend zuordnen.
2.Stunde: Wir lernen unterschiedliche Cassetteninhalte kennen!
Ziel: Die Schüler/innen sollen die unterschiedlichen Cassetteninhalte bestimmen.
3.Stunde: Wir hören ein Hörspiel
Ziel: Die Schler/innen sollen typische Merkmale eines Hörspiels erkennen lernen.
4. Stunde: Wir analysieren ein Hörspiel!
Ziel: Die Schüler/innen sollen das Hörspiel nach seinen typischen Elementen mit Hilfe einer Skala einteilen.
5. Stunde: Wir experimentieren mit Geräuschen!
Ziel: Natürliche Geräusche künstlich herstellen und auf Echtheit überprüfen.
6. Stunde: Wir schreiben eine Geschichte!
Ziel: Die Schüler/Innen sollen eine Geschichte schreiben, und die hörspieltypischen Elemente mit einfließen lassen.
7./8. Stunde: Wir machen Probeaufnahmen!
Ziel: Die Schülerinnen sollen entsprechend der gewünschten Hörspielfassung Musik, Geräusche und Sprache aufnehmen.
9./10. Stunde: Wir produzieren ein Hörspiel!
Ziel: Die Schülerinnen sollen die endgültige Fassung des Hörspiels aufnehmen.

296 Neubauer,W., S. 63-91
297 Treumannn,K./ Schnatmeyer,D./Volkmer I., S.71 ff.

Während der Vorschlag von Treumann viele Bereiche der Mediennutzung umfaßt, wird nur wenig Zeit für die Hörspielproduktion verwendet. Insgesamt werden nur vier Schulstunden dafür veranschlagt, um eine Geschichte aufzunehmen und zu bearbeiten. Eine öffentliche Vorführung oder das Senden einer selbstgemachten Cassette wird nicht angestrebt, so daß der Aspekt von „öffentlichem Medium“ vollkommen wegfällt. Bei der Unterrichtsbeschreibung von Neubauer fällt auf, daß mehr Zeit für die einzelnen Abschnitte verwendet wird. Aber auch hier werden die Texte gelesen, so daß sich Spontaneität und Ausdruckserprobung kaum einstellen kann, zumindest nicht bei Kindern, die nicht so gut lesen können. Besetzt man jedoch die Hauptrollen wieder mit jenen Kindern, die gut lesen können, widerspricht dies dem Anspruch, ein Medium zu benutzen, das die Mündlichkeit fördert und besonders geeignet ist für leseschwache Kinder. Neubauer macht keine zeitlichen Vorgaben. Das ist einerseits sinnvoll, auf der anderen Seite unrealistisch, weil Lehrer sich an zeitliche Begrenzungen halten müssen. Die Unterrichtsvorschläge von Treumann sind so umfassend, daß man befürchten muß, daß die Erkenntnisse sehr oberflächlich bleiben müssen. Zwar ist sein Vorschlag für die 4. Klasse Grundschule gedacht, was bedeutet, daß schon sehr viel schneller gearbeitet werden kann als mit Schülern der 2. Klasse. Nur scheint der Zeitpunkt für ein derartiges Projekt sehr spät zu liegen. Kinder mit 10 Jahren wenden sich bereits tendenziell vom Hörspiel zu Musikcassetten hin. Beide Unterrichtseinheiten haben Vorteile, die durchaus kombinierbar wären. Es ist zu prüfen, wie Medienerziehung ausehen könnte, wenn man die aufgestellten Prinzipien für handlungsorientierte Medienerziehung zu Hilfe nimmt, um Unterricht zu planen.

5.4.4 Ziele und Prinzipien von Hörspielprojekten

5.4.4.1 Ziele

Ziel des Unterrichts soll die Erlangung von Medienkompetenz sein. Kompetenz wird als „innere Grammatik“ betrachtet (siehe Teil I, Kapitel 4). Sie wird nur auf der Performanzebene in Oberflächenphänomenen (Fähigkeiten) sichtbar.

Wahrnehmungskompetenz:

- *Strukturfähigkeit*

Geräusche, Stimmen, sprachlichen Ausdruck, Raumatmosphäre, Musik, Symbole und Handlung erkennen:

Alle diese Elemente spielen bei den Aufnahmen eine große Rolle. Sie werden bei der Produktion eines Hörspiels nach den Vorschlägen der Kinder eingesetzt und verändert. Dadurch ist größere Aufmerksamkeit gegenüber einzelnen Elementen zu erwarten.

- *Interpretationsfähigkeit*

Handlungsabläuf, Medienformen und dramaturgische Mittel verstehen:

Dadurch, daß eine Geschichte in Szenen eingeteilt werden muß, dramatuurgische Effekte wie Spannungsaufbau berücksichtigt werden müssen, lernen Kinder von Andeutungen auf Ganzes zu schließen. Zwar lernen sie nur den Umgang mit einer Medi-

enform, gehen aber mit dem Mikrophon so selbständig um, daß sie auch auf andere Medienformen, wie Interview und Nachrichten schließen können.
- *Realitätsfähigkeit*
die „Irrealität“ von Medien erkennen:
Durch Geräuschetricks, Schnitte und Blenden können sie erfahren, daß das was aufgenommen wird, noch lange nicht dem entspricht, was man hinterher wahrnimmt. Sprecher können sowohl reale Personen vertreten als auch Phantasiefiguren so darstellen als seien sie „echt“.

Nutzungskompetenz
- *Rezeptionssteuerungsfähigkeit*
sich vor zu starken Medieneindrücken schützen und seine Stimmung mit Hilfe von Medien bewußt beeinflussen:
Im Gespräch während der Hörspielaufnahmen tauschen sich Kinder aus, wie sie z.B. mit beängstigenden Inhalten umgehen; manche schalten vielleicht aus, andere suchen vielleicht Trost bei Erwachsenen.
- *Auswahlfähigkeit*
bedürfnis- und interessengemäß eine Entscheidung zwischen Medien und Medienprodukten treffen:
Im Gespräch mit den Kindern können während der Hörspielproduktion Anregungen für andere Medien und Cassetten gegeben werden, die handlungsleitende Themen ansprechen.
- *Medienkommunikationsfähigkeit*
sich mit anderen über Medien austauschen und zu starke emotionale Eindrücke durch Spiel verarbeiten:
Die Eigenproduktion regt an, mit anderen über Cassetten zu reden, sich auszutauschen und zuhause nachzuspielen.

Handlungskompetenz
- *Produktionsfähigkeit*
Wissen über die interessengebundene Machart von Medien und technisches Wissen über die Machbarkeit und Gestaltung von Medien erlangen:
Der direkte Umgang mit der Technik veranlaßt Kinder weiterzufragen, woher die Medien kommen und wie sie gemacht werden.
- *Gestaltungsfähigkeit*
Medien als persönliche, individuelle Ausdrucksform betrachten und benutzen: Dadurch, daß sie ihre eigenen Meinungen und Gefühle auf das Band bannen können, müssen sich Kinder Gedanken machen in welcher Form man Inhalte transportieren kann. Mit der Zeitkönnen sie auch Vergleiche anstellen.
- *Veröffentlichungsfähigkeit*
Medien als Form der Veröffentlichung gebrauchen:
Durch das Senden ihres eigenen Hörspiels können Kinder erkennen, daß es viele

Formen der Veröffentlichung von Meinungen und kreativen Produkten gibt und daß dies ein Beitrag für die anderen sein kann.

5.4.4.2 Prinzipien

Die allgemeinen Prinzipien handlungsorientierten Unterrichts sollten auch auf ein Hörspielprojekt übertragen werden können. Für die „innere Struktur" werden die von Tulodziecki aufgestellten Kriterin herangezogen:

Erfahrungsorientierung: Schüler sollen auf eigene Erfahrungen aufbauen können und neue machen. Wie ausgeführt besitzen die meisten Kinder heutzutage einen Cassettenrecorder und im Durchschnitt 20-25 Hörcassetten. Sie hören Musik und Hörspiele, besonders gerne Hörspiele aus Serien. Ein Hörspiel selberzumachen, liegt zwar nicht in ihrem Erfahrungsschatz, aber die Elemente des Hörspiels haben sie bereits kennengelernt. Auch das Bedienen eines Cassettenrecorders ist ihnen nicht neu. Was sie dazulernen, ist die eigene Gestaltung und das Aufnehmen mit Mikrophonen.

Bedürfnisorientierung: Cassettenhören ist für Kinder in der Regel Privatsache. Da sie aber einen Teil ihrer Freizeit mit diesem Medium verbringen und besonders emotional angespannte Situationen mit ihm verarbeiten, ist es naheliegend, daß sie auch in der Schule über dieses Thema sprechen möchten. Neben der „eigentlichen Arbeit" können sie sich über die ihnen vertrauten Figuren z.B. den väterlichen Benjamin Blümchen, den frechen Pumuckel oder die aufmüpfige Bibi austauschen. Die Akzeptanz ihrer Medienerlebnisse durch die Unterrichtenden fördert Ehrlichkeit und Selbstbewußtsein im Umgang mit Medien.

Handlungsorientierung: Lernprozesse sollen handelnd gestaltet werden. Der eigentliche Lernprozeß beim Hörspiel liegt nicht darin, wie ein Hörspiel hergestellt wird, sondern zu erkennen, daß dies eine Form der Darstellung von Wirklichkeit oder Fiktion ist. Dafür ist es besonders wichtig, daß sie die Täuschungsmanöver, die jede mediale Umsetzung beinhaltet, an Beispielen selbst erfahren. Das Verstellen von Stimmen, Geräusche- und Aufnahmetricks vermitteln ihnen die Diskrepanz zwischen dem, was sie selbst gemacht haben, und dem, wie es sich hinterher anhört.

Kommunikationsorientierung: Ein Hörspiel zu produzieren bedeutet Gruppenarbeit. Beim Entwerfen der Szenen müssen alle Kinder beteiligt werden, weil sie sich selbst in der Geschichte wiederfinden und mit großer Motivation das Produkt erstellen sollen. Es muß Einigungsbereitschaft und Flexibilität hergestellt werden in Bezug auf verschiedene Rollen: Welche Kinder sind Sprecher, welche interessieren sich mehr für die Technik, wer hat Lust auf Musik- und Geräuschemachen. Sie können ihre eigene Ideen einbringen und Fähigkeiten auf neuen Gebieten austesten. Schließlich müssen sich bei allen Szenenaufnahmen die „Techniker" mit den Sprechern, Geräusche- und Musikmachern abstimmen.

Entwicklungsorientierung: Die Fähigkeiten der Kinder zwischen dem 6. und 7. Lebensjahr kommen bei Hörspielproduktionen besonders zum Tragen. Einerseits ist ihr Denken in Symbolen noch ganz natürlich (z. B. Jemand klettert eine Leiter hinauf. Kinder denken sofort daran, das im Raum befindliche Klavier zu benutzen, um durch die Tonleiter diesen Vorgang darzustellen.) Andererseits können sie auch schon kleine Geschichten in Dialogform erzählen. Außerdem können sie sich technische Vorgänge, wie das Speichern von Tönen auf Magnettonbändern, schon vorstellen.

Folgt man weiterhin den Prinzipien, die für handlungsorientierten Unterricht aufgestellt wurden, so müßten von der „äußeren Struktur" her folgende Bedingungen erfüllt werden:

Erlebnisorientierung: Hörspielarbeit sollte in erster Linie Spaß machen, eigene Erfahrungen können einfließen, verschiedene Möglichkeiten, z.B die unterschiedliche Art, Geräusche realistisch, synthetisch oder symbolisch zu verwenden, sollten ausprobiert werden. „Try and error" und „learning by doing" sind wichtige Faktoren beim Experimentieren. Das Aufgenommene muß immer wieder abgehört werden, um ein Gefühl für das Spezifikum des Mediums zu entwickeln. Auf keinen Fall sollte die Arbeit benotet werden, weil jede Form von Leistungsdruck die Kreativität einschränken würde. Ein gewisser Zeitdruck als Einschränkung wird jedoch nie zu vermeiden sein.

Ausdrucksorientierung: Das Produkt sollte die Wünsche, Projektionen und Ängste im psychonanalytischen Sinn binden und wiederspiegeln. Jüngere Kinder schlüpfen gern in Tierfiguren und problematisieren unbewußt ihre eigene Situation. Verdrängte Phantasien können dadurch eher gedacht und unaussprechliche Dinge eher gesagt werden. Dies gilt vor allem bei selbsterfundenen Geschichten. Da es darum geht, Medien als subjektiven Ausdruck zu entlarven, muß der künstlerische und moralische Entwicklungsstand der Kinder berücksichtigt werden.

Produktorientierung: Ziel der medienpädagogischen Bemühungen ist es, ein mit kommerziellen Produkten vergleichbares Werk zu schaffen. Dadurch verliert sich eher der reine Spielwiesencharakter und eine gewisse Ernsthaftigkeit stellt sich ein. Eine fertige Cassette mit selbstgestaltetem Cover sollte am Ende in das Regal gestellt werden können.

Projektorientierung: Projekte sollten einen Anfang und ein Ende haben. Hierfür müssen geeignete Räume und Personen von der Schule oder einer Freizeitinstitution zur Verfügung gestellt werden. Hörspielarbeit kann mit einer Gruppe von mehr als 5 Kindern nur mit zwei Personen und in zwei Räumen durchgeführt werden. Diese besonderen Bedingungen zwingen zu Kooperation, die sich normalererweise nur zeitlich befristet herstellen läßt. Solange es kein eigenes Unterrichtsfach gibt, müssen Kinder

Anfang und Ende einer Phase, in der andere Gesetzmäßigkeiten gelten, erkennen können.

Veröffentlichungsorientierung: Um einem selbstgemachten Medienprodukt die Gewichtung geben zu können, daß es Aussagekraft hat, sollte eine angemessene Form der Veröffentlichung angestrebt werden, sei es im Rahmen der Schule, des Elternabends oder der Kooperation mit einer anderen Rundfunkanstalt. Hörspielvorführungen bedürfen keines großen Aufwands. Ein Abspielgerät mit guten Boxen ist in jeder Institution zu finden. Manchmal lassen sich auch offene Kanäle auf eine öffentliche Vorführung, die dem Produkt das Kennzeichen „Sendung" verleihen, ein. Mit einem derartigen Abschluß der Arbeit können alle Schritte der Medienproduktion und Veröffentlichung leicht nachvollzogen werden.

5.5 Zur Glaubwürdigkeit der Medienerziehung

Medienpädagogik hat nun schon eine jahrzehntelange Tradition vorzuweisen, und dennoch wird sie nicht ganz ernst genommen. Nur dann, wenn gesellschaftliche Probleme nahelegen, daß Medien und Medienkonsum die Ursache sein könnten, wird lautstark nach profilierten Helfern gesucht. Insofern unterscheidet sich Medienpädagogik nicht von „Hilfspädagogiken" wie Verkehrspädagogik oder Ausländerpädagogik u.s.w., die zur Behebung von Brennpunkten Rezepte aus dem Hut zaubern sollen. Man hat man den Eindruck, sie will auch sonst nicht so recht gedeihen, nicht einmal unter dem Schutz des Schlagwortes „Medienkompetenz", das heute Industriemanager, Politiker, Lehrer und Eltern im Munde führen. Es ist sogar gelungen die Vokabel in vielen amtlichen Verlautbarungen, in Lehrplänen und Richtlinien zu implantieren; „selbst pädagogisch ferne Politiker beschwören sie mit Hingabe - meist dann, wenn sie mit ihrem politischen Latein angesichts der Konzernmacht und (vermeintlichen) Technologiezwänge am Ende sind."[298] Der Grund warum die Medienpädagogik keinen besonders guten Ruf genießt, liegt laut Hans-Dieter Kübler, in ihrem selbstproduzierten Dilemma. Einerseits muß die Medienpädagogik, in jeder ihrer Erhebungen konstatieren, daß die meisten Probanden mit den ihnen entsprechenden Möglichkeiten kompetent umgehen, so daß sie keine pädagogische Unterstützung brauchen. Andererseits muß die Medienpädagogik, um ihre Existenz zu legitimieren, Defizite in der Kompetenz anmahnen, plausible Konzepte entwickeln und wirksame Strategien realisieren.[299]

298 Kübler, H.D.: Kompetenz der Kompetenz, derKompetenz...Anmerkungen zur Lieblingsmetapher der Medienpädagogik, medien praktisch, 2/1996 S.11

299 Kübler, H.D.: Kompetenz der Kompetenz, derKompetenz...Anmerkungen zur Lieblingsmetapher der Medienpädagogik, medien praktisch „/1996 S.13

Auch Thomas Voß-Fertmann spricht von einer „verunsicherten Medienpädagogik". Immer dann, wenn von ihr Stellungnahmen verlangt werden „stellt sie sich als verunsichert, ja hilflos dar" mit einem „diffusen Selbstbild".[300]

Der Hauptgrund für den Mangel an Selbstvertrauen liegt darin, daß die Medienforschung sehr widersprüchliche Forschungsergebnisse hervorgebracht hat. Einerseits gibt es immer noch Autoren, die behaupten, daß Medien starke Wirkungen bei Kindern und Jugendlichen hervorrufen (z.B. Glogauer[301]), andererseits haben sich die meisten mit den verschiedenen Nutzen- und interaktionistischen Ansätzen angefreundet und versuchen, in der Öffentlichkeit das einseitige Bild zu korrigieren. Diese Widersprüchlichkeit nach außen trägt allein schon zur Verunsicherung bei. Wer sich die Mühe macht, sich etwas näher mit Themen der Medienpädagogik zu beschäftigen, erkennt schnell, daß es im Grunde nur eine Position gibt: Alle befinden sich auf der Seite der Wirkungsgegner. Daß dann auch noch viele Medienpädagogen der These zustimmen, daß Medienkonsum nicht nur Sinn macht, sondern Sinn hat und zur Identitätsfindung beiträgt, führt fälschlicherweise zu einer Entpolitisierung der Diskussion. In der Öffentlichkeit entsteht das Bild, daß die Medienpädagogen in Fragen der Erziehung rein permissiv reagieren und nichts unternehmen, um die „Drahtzieher" der standardisierten „Identitätsstiftung" auszumachen. Weder gibt es, außer paradoxerweise im konservativen Lager, eine Lobby, die verhindern könnte, daß die Medienindustrie durch bestimmte Menschenbilder Identitätsvorlagen liefert, noch gibt es eine Lobby, welche die Chance der Identitätsstiftung zugunsten von humanistischen und differenzierten Identitätsvorlagen nutzen könnte. Medienpädagogische Forschungsergebnisse sind schwer vermittelbar und noch schwieriger ist es, Ergebnisse in politisch umsetzbare Formen zu bringen. Somit leistet die Medienpädagogik durch ihre zur Eigenverantwortung erziehende Arbeit oft nur Vorschub für weitere Anpassungen an die technische und industrielle Entwicklung. „Daß sich die Pädagogik mit der Realität auseinanderzusetzen hat, ist richtig. Das bedeutet aber nicht, daß sie sich weisungsgebunden mit jeder politischen Entscheidung arrangieren muß. Letzlich ist die Pädagogik nicht der Politik verpflichtet, und so die Medienpädagogik auch nicht der Medienpolitik. Verpflichtet ist sie den ihr anvertrauten Menschen, im Konfliktfalle ihnen ausschließlich."[302]

Ein anderer Grund für die mangelnde Anerkennung der Leistungen ist in der ungeklärten Ausbildungsstruktur von Medienpädagogen zu suchen. Besonders in Deutschland ist normalerweise Verlaß auf genau definierte Ausbildungsgänge mit entsprechenden Berufsbezeichnungen. Medienpädagoge aber kann sich im Prinzip jeder nen-

300 Voß-Fertmann,T.: Synthesis und Wechselspiele, Frankfurt 1995, S. 93

301 Glogauer, W.: Kriminalisierung von Kindern und Jugendlichen durch Medien. Wirkungen gewalttätiger, sexueller, pornographischer und satanistischer Darstellungen, Baden-Baden 1991

302 Schiefele, H., Medienpolitik ist nicht der Politik verpflichtet, in: medien + erziehung 2/198, S.84

nen, der ein medienpädagogisches Projekt organisiert. Der Beruf des Medienpädagogen ist relativ neu. Es gibt verschiedene Ausbildungswege und verschiedene Berufsfelder, die mehr oder weniger mit Medienpädagogik zu tun haben. Häufig ist es so, daß trotz geeigneter Ausbildung keine entsprechenden Arbeitsplätze gefunden werden. „Nicht selten geschah es, daß Medienpädagogen, die sich an Fachschulen für Sozialpädagogik oder pädagogischen Hochschulen in diesem Feld spezialisiert hatten, in einem fremden pädagogischen Beruf oder einem Medienberuf landeten."[303] Die Ungenauigkeit der beruflichen Ausrichtung führte dazu, daß Medienpädagogik sich fast immer irgendwo „anhängen" muß, aber wenig wirklich zielorientierte Arbeit leisten kann. Die Hauptarbeitsfelder sind in Einrichtungen der Aus- und Fortbildung von Erwachsenen

- sozialpädagogischen Einrichtungen für Kinder und Jugendliche
- einigen wenigen Schulen
- in Forschungsinstituten
- in journalistischen Berufen

Zu dem diffusen Selbstbild gesellt sich also auch noch das diffuse Fremdbild.

An den unterschiedlichen Ausbildungen mag es auch liegen, daß die meisten Forschungsergebnisse im Bereich des Medienkonsums vorliegen. Jedes Jahr werden unzählige Antworten geliefert wie, wann und warum Kinder und Jugendliche diese oder jene Sendung sehen, warum sie Erwachsenenprogramme bevorzugen und wie gut sie doch mit anderen über Computer kommunizieren. Es liegen jedoch noch keine Ergebnisse vor, welche Auswirkungen Medienerziehung auf Kinder und Jugendliche hat und mit welchen Mitteln das Ziel Medienkompetenz am ehesten zu erreichen ist. Das Bedürfnis, hier Klarheit und Bestätigung zu schaffen, ist jedoch vorhanden. Herbert Schulte kündigte bereits 1988 an, daß ein Forschungsprojekt in dieser Richtung geplant sei: „Um (hier) gezielt pädagogisch und didaktisch handeln zu können, benötigen Lehrer präzise Informationen darüber, in welchen Bereichen die Wissensbestände ihrer Schüler durch Medien beeinflußt werden, und welche unterrichtlichen Methoden bei welchen Schülergruppen geeignet sind, die unter anderem medienbedingten Benachteiligungen auszugleichen- im Sinne einer kommunikations- und handlungsorientierten Medienerziehung, die nicht nur die kognitiven, sondern auch die emotional-sinnlichen Aspekte des Lehrens und Lernens einbezieht."[304] Zu dem seit 1990 von der Deutschen Forschungsgemeinschaft geförderten Projekt sind mittlerweile zwei Bände erschienen, die theoretische Überlegungen zu Teilbereichen enthalten.[305] Berichte über die Anlage des Projektes, zu seiner Durchführung und konkrete

303 Wunden,W.: Medienpädagogik als Beruf. in: Hiegemann,S./Swoboda,W.(Hg.):Handbuch der Medienpädagogik, S.328

304 Schulte, H.: Mediennutzung, Medienkompetenz und Identität. Umrisse eines Forschungsvorhabens, in: Unterrichtswissenschaft 4/1988

305 Schulte, H.: Medienanalyse und Medienkritik, Münster und Hamburg 1992; Schulte, H.: Zwischen Bildschirm und Bildung, Münster 1995

Forschungsergebnisse sollen Ende 1996 veröffentlicht werden. Aus diesem Grund können sie hier leider noch nicht einbezogen werden.
Vielleicht können Untersuchungen in dieser Richtung sowohl die Methoden der Medienpädagogen festigen, als auch der Öffentlichkeit den Beweis liefern, daß sich durch medienerzieherische Arbeit tatsächlich etwas ändert. Ein Versuch, dies zu beweisen, soll hier unternommen werden.

Teil II
Forschungsprojekt zur auditiven Medienerziehung

Kapitel 1 Forschungsgegenstand und -methoden

1.1 Forschungsgegenstand

Wissenschaftler und Pädagogen, die es mit Forschung innerhalb der Pädagogik zu tun haben, sind sich über die Komplexität des Handlungsfelds einig. Aus diesem Grund schrecken die meisten von ihnen davor zurück, den Versuch zu unternehmen, behauptete Erziehungserfolge nachzuprüfen. Nach einem bildungspolitischen Boom der 70er Jahre ist eine Flaute und Verunsicherung eingetreten, die sich sowohl am Selbstbewußtsein der Pädagogen, als auch am öffentlichen Interesse ablesen läßt. „Empirische, quantitativ verläßliche oder qualitativ aufschlußreiche Befunde fehlen jedenfalls weitgehend. Eigentümlicherweise haben sich auch die Protagonisten der Forderung nach öffentlicher Wirkung der Erziehungswissenschaft sogar einer bloß spekulativen Vermutung über diese enthalten; sie beschränken sich auf Klagen über Defizite, die aber ebenfalls nicht empirisch validiert werden (können). So vermißt man selbst den Ansatz zu einer heuristischen Phänomenologie der Formen, in welcher Erziehungswissenschaft öffentlich erscheint; operationalisierbare Annahmen, die forschungsstrategisch oder aber auch pragmatisch, d.h. in der Öffentlichkeitspolitik der Erziehungswissenschaft eingesetzt werden könnten, wurden bisher höchstens in Ansätzen entwickelt. Insofern betritt man Neuland."[1] In der Medienpädagogik liegt der Fall etwas anders. Es wird natürlich auch über Defizite geklagt, andererseits werden ständig neue Forschungsergebnisse veröffentlicht, die zum pädagogischen Handeln auffordern. Der Ruf nach medienerzieherischem Unterricht beginnt allmählich Früchte zu tragen. Dies drückt sich in den Lehrplänen, in den Studienplänen für Lehramtsanwärter und im Fortbildungsangebot für Lehrer und Erzieher aus. Selbst das Erziehungsziel scheint ausgemacht zu sein: Medienkompetenz ist zum Schlagwort für alles geworden, was man als Heranführung an einen autonomen und kritischen Umgang mit Medien bezeichnen kann. Während sich Medienpädagogen, Soziologen und Psychologen hauptsächlich um die Erforschung der Medienrezeption und deren Auswirkungen auf die Psyche und den alltäglichen Umgang gekümmert haben, stünde es jetzt den Pädagogen an, ihre ersten Erfahrungen mit den Folgen medienerzieherischer Praxis auszuwerten. Denn noch ist ziemlich ungeklärt, welche Veränderungen

---

1 Winkler,M.: Unerfüllte Sehnsüchte; Einige Vermutungen über das Verschwinden erziehungswissenschaftlichen Wissens in der Öffentlichkeit,in: Drerup,H./ Terhart,E.(Hg.): Erkenntnis und Gestaltung, Weinheim 1990, S.22

sich in Menschen abspielen, wenn ihr eigener Medienkonsum thematisiert und bearbeitet wird und sie die „Machbarkeit" von Medien praktisch erfahren.
Die hier folgende Studie möchte diese Vorgänge genauer beleuchten. Dies setzt voraus, daß eine Klärung dessen vorliegt, was Medienkompetenz in der heutigen Zeit bedeutet. Dies setzt weiter voraus, daß Erkenntnisse und Erfahrungen in einer Unterrichtsform gebündelt sind, die grundlegende Elemente modernen medienerzieherischen Unterrichts enthält. Diese Voraussetzungen wurden in den vorangehenden Kapiteln geschaffen. Nun stellt sich die Frage, anhand welcher Gruppe und in welchem Zeitraum eine Untersuchung über den Prozeß der Erweiterung von Medienkompetenz durch Medienunterricht dargestellt werden kann. Im Hintergrund steht die Frage: Wie sinnvoll ist medienerzieherischer Unterricht? Im Vordergrund steht die These: Handlungsorientierter Unterricht erhöht die Medienkompetenz.

1.2 Wissenschaftliche Einordnung und Begriffsklärung

Die Debatte zwischen verschiedenen methodologischen Grundlagen der Forschung dauert seit den 70-er Jahren an. „Die quantitative Datenform gilt den Autoren, die ‚objektive' (positivistische) Forschung präferieren, als die eigentlich wissenschaftliche oder wissenschaftlich überlegene (beispielsweise Roth 1984, Bortz 1984). Dagegen betonen ‚qualitative' Autoren die Nützlichkeit der anderen Datenart (z.B. Glaser, Strauss 1967), ebenfalls die ´kämpferischen Richtungen' der qualitativen amerikanischen Phänomenologie, die sich gegen den qualitativen amerikanischen Positivismus durchzusetzen versuchen (beispielsweise Giorgi 1985 oder die Angriffe auf Experiment und Test, zusammengefaßt bei Preiser 1982). Viele Autoren stellen sich aber weder auf den einen, noch den anderen Standpunkt, sondern versuchen zu vermitteln."[2] Die Frontlinien verlaufen heute nicht mehr so gerade als in früheren Jahren. Hypothesenprüfende, deduktiv arbeitende Forscher, die sich quantifizierbarer Daten bedienen, und induktiv arbeitende Forscher, die interpretierend-qualitativ arbeiten, bekämpfen sich nicht mehr und richten die Methoden eher nach dem Forschungsgegenstand aus. Prinzipielle Unterschiede bleiben jedoch erhalten. „Die Vertreter des interpretativen Paradigmas bemängeln an der normativ-deduktiven Theorietradition die von der Sinngebungsleistung und Handlungswirklichkeit der Subjekte abgehobenen theoretischen Konzepte, in denen gesellschaftliche Normen zu Hauptdeterminanten menschlichen Handelns werden. Dies kann der Situationsbezogenheit und Prozeßhaftigkeit interpretativer Anteile des sozialen Handelns nicht gerecht werden. Hingegen fordern die Vertreter des interpretativen Paradigmas eine der Natur des sozialwissenschaftlichen Gegenstandes entsprechende Methodologie, welche die Welt des Handelns nicht dinghaft begreift, sondern sich auf die Sichtweise der Individuen einläßt, um deren Konstruktionsweisen der gesellschaftlichen Wirklichkeit zu erfassen."[3]

2 Kleining,G.: Lehrbuch entdeckende Sozialforschung, Bd.1, Weinheim 1995, S. 123
3 Witzel, A.: Das problemzentrierte Interview, in: Jüttemann,G.(Hg.): Qualitative Forschung in der Psychologie, Weinheim und Basel, 1985, S.227 f.

Die Unterschiede zwischen verschiedenen Forschungsparadigmen zeigen sich in jedem Forschungsplan, jeder Datenerhebung und jeder Datenauswertung. Sie betreffen alle Sozialwissenschaften, also auch die Forschung innerhalb der Erzeihungswissenschaft. Ohne Richtungsquerelen zum wiederholten Male aufwärmen zu wollen, muß ein Rückblick auf die Geschichte erfolgen, um Begriffe eindeutig definieren zu können.

1.2.1 Rückblick

In der Pädagogik dominierte bis Anfang der 60er Jahre die geisteswissenschaftlich verstehende Richtung, deren bekanntester Vertreter Wilhelm Dilthey war.[4] Zunächst stand eine Forschungsabsicht mit naturwissenschaftliche Methoden nicht zur Dabatte um pädagogische Sachverhalte überprüfen zu wollen. Von daher bildeten Interpretationen von Texten und Dokumenten den Schwerpunkt der Forschung. Jedoch wurde daraus keine einseitige Methode entwickelt. Dann jedoch ging ein Umbruch vonstatten, der ungewöhnlich schnell und gründlich empirisch-quantitative Methoden in die Erziehungswissenschaften einführte. „Der Ausbau pädagogischer Lehrstühle in Folge der Bildungsreform in den 60er und 70er Jahren kam fast ausschließlich dieser Richtung zugute. Fragebogen und Interviewverfahren, pädagogische Experimente, Testverfahren (z.B. Schulleistungstests) waren die bevorzugten Methoden."[5] Der nächste Umschwung wieder in Richtung geisteswissenschaftlich-qualitativer Forschung kam durch die Handlungsforschung, die den Diskurs „Forscher-Betroffene" in den Vordergrund stellt. Verschiedenen Richtungen prallten nun unversöhnlich aufeinander. Verfechter quantitativer Forschung pochten auf Validität (Gültigkeit, daß ein Meßinstrument auch das mißt, was was es messen soll) und Reliabilität (Verläßlichkeit, daß ein Meßinstrument bei Wiederholung unter gleichen Bedingungen zu gleichen Ergebnissen kommt) der Forschungsanlage und- durchführung. Vertreter qualitativer Ansätze forderten den unverstellten Blick auf die Realität und propagierten deduktive Verfahren, wie z.B. inhaltsanalytisches Vorgehen. Hinzu kam eine neue Perspektive, die sich ideologiekritisch mit beiden hinter den Forschungsrichtungen liegenden Geisteshaltungen auseinandersetzte und nach der gesellschaftlichen Relevanz von Forschung fragte. Die ideologiekritische Fragestellung und Methode ging davon aus, daß menschliches Denken und Handeln, menschliche Lebensformen und kulturelle Objektivationen aller Art durch gesellschaftliche Kapital- und Machtverhältnisse mitbestimmt sind. Jeder Forscher versuchte seinen Ansatz als den alleinseligmachenden zu verteidigen, wobei kaum noch davon die Rede war, wie sich die verschiedenen Paradigmen in ihrer Breite und Tiefe ergänzen könnten. Daß im Ausspielen unterschiedlicher Positionen besonders in der Erziehungswissenschaft keine Probleme gelöst werden können, hat Wolfgang Klafki als einer von wenigen bereits 1971 erkannt. „Den

4 Dilthey, W.: Gesammelte Schriften. Bd. 5, Stuttgart, Göttingen 1966,S.144

5 Mayring,Ph.: Einführung in die qualitative Sozialforschung, Weinheim 1993,2 S.7

wunden Punkt der geisteswissenschaftlichen Pädagogik, an dem der empirische Ansatz mit seiner Kritik einsetzte, haben wir bereits gekennzeichnet: Es ist die methodische Naivität der geisteswissenschaftlichen Pädagogik im Hinblick auf die Erfassung der jeweils gegenwärtigen Erziehungswirklichkeit, also Vorgänge, Institutionen, Faktoren, die den tatsächlichen Ablauf von erzieherischen oder erzieherisch bedeutsamen (Handlungen A.d.V) in der jeweiligen Gegenwart ausmachen oder bestimmen."[6] Er plädierte für eine Erweiterung der textanalytischen, hermeneutischen Methoden durch exakte kontrollierte Beobachtungen, Fragebogen- und Interviewverfahren, statistische Erhebungen, pädagogische Versuche, Experimente und Testverfahren.[7] Damit öffnete er die Erziehungswissenschaft gegenüber empirischen Methoden. Er ging sogar noch weiter: „Prizipiell kann die Hermeneutik die ideologiekritische Perspektive durchaus in sich aufnehmen, und sie muß es heute tun, wenn sie nicht hinter den erreichten Kenntnisstand zurückfallen will."[8] Klafki versuchte also auch zur ideologiekritischen Position eine Brücke zu schlagen. Offen gegenüber Neuem, verwehrte er sich aber dagegen, daß geisteswissenschaftliche Methoden als unwissenschaftlich abgetan werden: „Für außenstehende Beobachter jenes Prozesses und auch für manche Forscher mag es zeitweilig den Anschein gehabt haben, als werde im Zuge dieses Vorganges geisteswissenschaftliche Pädagogik im ganzen als eine durch und durch vorwissenschaftliche Phase der Entwicklung pädagogischen Denkens entlarvt, als ein Komplex von Spekulationen, normativen Setzungen, idealistisch übersteigerten Selbstinterpretationen und allenfalls historisch interessanten Aussagen über die Geschichte pädagogischer Theorien, die aber die Wirklichkeit der Erziehung meist gar nicht zu fassen vermochten."[9] Vielmehr schlägt sich Realität immer in Objektivationen nieder, die es so genau wie möglich zu erfassen gilt. Welche Verfahren angewandt werden, ist nicht entscheidend, denn: „Jede empirische Methode setzt Fragestellungen oder Hypothesen voraus. In diesen Fragestellungen oder Hypothesen stecken aber immer Voraussetzungen geschichtlich-gesellschaftlicher Art, pädagogische Meinungen, scheinbare Selbstverständlichkeiten oder pädagogische Zielsetzungen... Wer durch empirische Untersuchungen nicht nur irgendwelche Fakten ermitteln, sondern daraus Konsequenzen für die Veränderung und Verbesserung von Erziehung und Unterricht und ihrer Institutionen ziehen will, der ist darauf angewiesen, die erfahrungswissenschaftlich gewonnenen Ergebnisse zu interpretieren, also Aussagen über die Bedeutung seiner Ergebnisse in größeren, geschichtlich- gesellschaftlichen Zusammenhängen zu machen."[10] Klafki sieht zwischen verschiedenen Forschungsmethoden keinen Widerspruch, sondern betrachtet sie eher als sich ergänzend und zirkulär an: von

6 Klafki W.: Erziehungswissenschaft als kritisch-konstruktive Theorie: Hermeneutik-Empirie-Ideologiekritik, Zeitschrift für Pädagogik 1/1971, S.367 f.

7 Klafki,W.: Erziehungswissenschaft... S.370

8 Klafki,W.: Erziehungswissenschaft... S.380

9 Klafki,W.: Erziehungswissenschaft... S.372

10 Klafki,W.: Erziehungswissenschaft... S.373

hermeneutischer Entwicklung der Fragestellungen und Hypothesen über die erfahrungswissenschaftliche Überprüfung dieser Hypothesen zur hermeneutischen Interpretation. „Die drei großen Ansätze der Erziehungswissenschaft seit 1945 - die geisteswissenschaftliche Position, die erfahrungswissenschaftliche Position und die gesellschaftskritische Position - sind nicht notwendigerweise ausschließende Wissenschaftsrichtungen. Jede dieser Richtungen erhält erst in der Zuordnung zu den beiden anderen ihre wissenschaftliche Funktion...“[11] Seit diesem Aufsatz sind einige Jahre vergangen. Der ideologiekritische Ansatz hat sich als historisch relevant, aber als Methode nicht tragfähig genug erwiesen. Tatsächlich sind jedoch viele Überlegungen in die geisteswissenschaftliche Position miteingegangen und durch den „Positivismusstreit“[12] wurden auch die empirischen Methoden mitbeeinflußt und korrigiert.

1.2.2 Gegenwärtiger Stand

Die Auseinandersetzungen zwischen Methoden finden heutzutage auf einem anderen Terrain statt. Leo Roth[13] versucht in einem Überblick folgende Methoden gegeneinander abzugrenzen:

- geisteswissenschaftliche Forschungsmethoden: Interpretation von Objektivationen
- empirische Forschungsmethoden: deduktive Hypothesenbildung und -prüfung anhand bestimmter Untersuchungsinstrumente,
- ethnographische Forschungsmethoden: induktive Bestandsaufnahme, Beschreibung der subjektiven Sicht der Beforschten, Rekonstruktion des Alltags.

Die Überschneidung der ethnographischen mit den geisteswissenschaftlichen Methoden liegt auf der Hand. Beide bemühen sich um das Verstehen von Zusammenhängen anhand von subjektiven Aussagen.

Aus diesem Grund werden in der neueren Literatur wohl oft nur noch die „empirischen“ Forschungsmethoden, verstanden als hypothesenprüfende Methoden, von den interpretativen abgegrenzt.[14] Hierbei kommt es jedoch zu größeren begrifflichen Unsicherheiten, denn empirisch im Sinn von erfahrungswissenschaftlich sind auch ethnographische Methoden. Viele Forschungstheoretiker, wie z.B. Peter Atteslander[15], sind der Meinung, daß alle Untersuchungen der „empirischen“ Sozialforschung zugeordnet werden können, wenn sie theoretische Aussagen machen, die an realen Tatbeständen überprüft werden können.[16] Dieser Meinung wird sich hier angeschlossen. Empirische Forschung wird hier also als Überbegriff gebraucht. Er schließt verschie-

11 Klafki,W.: Erziehungswissenschaft... S.385

12 Atteslander,P., S.385

13 Roth,L.: Forschungsmethoden der Erziehungswissenschaft, in: Roth, L.(Hg.), Pädagogik, München 1994 S. 32-S.67

14 Kleining,G.: Lehrbuch entdeckende Sozialforschung, Bd.1, Weinheim 1995, S. 123

15 Atteslander,P.: Methoden der empirischen Sozialforschung,Berlin, New York, 1995, 8.Aufl.

16 Atteslander,P., S.12

dene Verfahrensmethoden ein. Sie wird jedoch nach der Art und Weise des Zugangs unterschieden. Dafür sollen, die vor allem auf das Verfahren ausgerichteten Begriffe von „quantitativer Forschung“ und „qualitativer Forschung“ verwendet werden. Mit der Bezeichnung ist jedoch kein Werturteil über die Güte der Methode verbunden. Im Gegenteil: sie werden als gleichwertig und sich ergänzend angesehen.
Die Studie zur Veränderung der Medienkompetenz wird, weil sie an realen Tatbeständen gemessen zu theoretischen Aussagen gelangen will, eine empirische Untersuchung sein. Untersuchungsplan, Datensammlung und -auswertung sollen danach gewählt werden, welche Methoden besser geeignet sind, um die Realität erfassen, bzw. rekonstruieren zu können. Sie sollen also nach dem Gegenstand der Untersuchung und nicht nach einer prinzipiellen Entscheidung für qualitative oder quantitative Methoden ausgewählt werden. „Für jede der Möglichkeiten gibt es gute Gründe dafür - aber auch dagegen. Die Gründe sind praktisch-empirisch, nicht theoretisch.Eine solche Begründung müßte die Frage beantworten, ob die eine oder andere Datenform im Prinzip besser geeignet ist, soziale Gegenstände zu beschreiben und zu analysieren, um ihre Besonderheiten zu erkennen. Der Zweckmäßigkeitsgesichtspunkt bei der Produktion von Daten bzw. der Verwendung von Methoden muß also ersetzt werden durch den Wahrheitsgesichtspunkt.“[17] Insofern stehen zunächst verschiedene Möglichkeiten zur Debatte.
Entscheidend für das hier zu erforschende Projekt ist außerdem, daß eine entsprechende Form gefunden wird, die sowohl der Kapazität der Forschenden, als auch der wissenschaftlich korrekten Durchführung entspricht.

1.3 Untersuchungspläne

Der Untersuchungsplan oder das Untersuchungsdesign bezeichnet die grundsätzliche Anlage der Untersuchung. Er umfaßt auf formaler Ebene Untersuchungsziel und -ablauf und stellt Rahmenbedingungen für das Verhältnis von Forscher und Beforschtem auf.[18] Der Untersuchungsplan sagt noch nichts über die Methoden der Datenerhebung, -aufbereitung und -auswertung aus, obwohl es sicher naheliegende Zuordnungen gibt. Bei der Untersuchung, ob sich durch handlungsorientierten Unterricht Verbesserungen der Medienkompetenz zeigen, erscheint es angebracht vor, und nach dem Unterricht eine Untersuchung durchzuführen. Bei der hier angestrebten Lösung der Verfahrensfragen bieten sich unterschiedliche Designs an:

1.3.1 Experimentelle Forschung

Das Experiment beschreibt Zustände vor und nach einem gewissen Input.
Trotz allgemeiner Ernüchterung ist das Experiment eine der Formen, die man heran-

17 Kleining,G., S. 124
18 Mayring,Ph.: Einführung in die qualitative Forschung, Weinheim 1993, S. 26

ziehen kann, um strittige Fragen in der pädagogischen Praxis genauer zu untersuchen. In Amerika wurden verschiedene Verfahren ab den 20er Jahren[19] herangezogen und laufend verändert und überprüft. Der große Verdienst von Donald T. Campbell und Julian C. Stanley[20] war, daß sie die unterschiedlichsten Designs und ihre Tücken aufgelistet und systematisiert haben. Die größte Schwierigkeit bei experimenteller Forschung liegt natürlich in der Komplexität unterrichtlicher Situationen. Nur großangelegte Forschungsprojekte können diesen Bedingungen genügen, weil ein Experiment nicht nur die genaue Erfassung der Ausgangslage und des Effekts beschreiben muß, sondern vor allem nachgewiesen werden muß, daß der Effekt auch wirklich im Zusammenhang mit dem „Input“ steht. Wird eine Studie ohne großen personellen, zeitlichen und finanziellen Aufwand betrieben, so lassen sich Laborsituationen kaum herstellen. Da in dieser Studie Schüler in ihrer natürlichen Umgebung untersucht werden sollen, ist eine Randomisierung (Auswahl nach Zufallsanordnung) von Schülern ausgeschlossen. Auch eine Parallelisierung (Auswahl nach bestimmten sozialen Daten) der Probanden ist allein schon aus Gründen des Datenschutzes unmöglich. Aus diesem Grund kann hier nicht von einer experimentellen Anordnung gesprochen werden, auch wenn der Ablauf einer „before-after“-Untersuchung entspricht. Fraglich ist, ob die Untersuchung den Bedingungen eines „quasi-experimentellen“ Designs entspricht. Diese Art Untersuchungsplan wird dann angewandt, wenn man Effekte in Klassen untersuchen möchte und die Auswahl der Schüler nicht beeinflussen kann. Durch den Medienunterricht wird zweifelsohne in den normalen Alltag der Schüler eingegriffen, so daß sich auch Effekte ergeben werden. Jedoch soll auch von diesem Design Abstand genommen werden, weil es nicht allein um Effekte geht. Außerdem wird sich der Medienunterricht, auch wenn er bestimmte festgelegte Kriterien erfüllt, nie in der gleichen Form wiederholt werden lassen. Ein Klassenzimmer hat (zum Glück) keine Laboratmosphäre. Hier soll vielmehr davon ausgegangen werden, daß es sich um eine Prozeßbeschreibung handelt, aus der dennoch gewisse Rückschlüsse gezogen werden können. Der Untersuchungsplan kann also nicht wie bei einem Experiment angelegt werden, jedoch ist es hilfreich, bei der Anlage Probleme zu bedenken, die durch langjährige Erfahrungen mit diesem Design in der Literatur aufgearbeitet worden sind.

1.3.2 Feldforschung

Feldforschung ist der typische Untersuchungsplan von Ethnologen. Sie versuchen, möglichst unvoreingenommen und beobachtend eine fremde Kultur zu erfassen. Diese Methode wurde auch auf andere Sozialwissenschaften übertragen. Besonders bekannt ist die 1933 veröffentlichte Marienthal-Untersuchung, in der Forscher die Auswirkungen der Arbeitslosigkeit in einer kleinen Industrienansiedlung untersucht und

19 vgl. Mc Call,W.A.: „How to Experiment in Education“ 1923

20 Campbell,D. /Stanley,J.:Experimental and Qusiexperimental Designs for Research on Teaching, Chicago 1965

dabei von Personenbiographien über die Mahlzeiten bis zu den Weihnachtsgeschenken für die Kinder unterschiedlichste Faktoren zusammengetragen haben, um zu einem realistischen Bild der Situation zu gelangen.[21] Die Feldforschung will ihren Forschungsgegenstand in ihrem natürlichen Feld belassen. Der Forscher begibt sich in das Feld und versucht das, was er vorfindet, zu beschreiben und Schlüsse daraus zu ziehen. Der Forscher sollte möglichst wenig direkten Einfluß auf das Feld ausüben.[22] Ein Input wie handlungsorientierter Unterricht würde jedoch das vorgefundene Feld, die Klasse, empfindlich stören. Diese Störung wäre intendiert und würde in unserem Fall vom Forscher selbst ausgehen. Insofern entsprechen die Voraussetzungen nicht diesem Untersuchungsplan.

1.3.3 Handlungsforschung

Der Begriff Handlungsforschung wird oft synonym gebraucht mit Begriffen wie „Aktionsforschung“ oder „aktivierende Sozialforschung“. Auch wenn es feine Unterschiede geben mag, so bleibt das Grundkonzept gleich. Kurt Lewin, einer der Begründer moderner Sozialwissenschaften, hat bereits 1946 festgestellt, daß diese Art von Forschung Bedingungen und Wirkungen verschiedener Art sozialen Handelns vergleichen und zu Handeln führen soll. „Eine Forschung, die nichts anderes als Bücher hervorbringt, genügt nicht“.[23] Diese Art von Forschung soll ihre Ergebnisse bereits im Forschungsprozeß in die Tat umsetzen. Das ist jedoch nur legitim, wenn

- zunächst das Praxisproblem definiert wird
- zwischen Forschern, Praktikern und Betroffenen eine gleichberechtigte Beziehung herrscht.
- auftretende Erkenntnisse und Differenzen diskursiv gelöst werden
- der weitere Ablauf ein Pendeln zwischen Informationssammlung, Diskurs und praktischem Handeln ist.[24]

Handlungsforschung hatte gerade in den 70er Jahren große Bedeutung in den Erziehungswissenschaften. Wolfgang Klafki äußert sich 1973 zu den Grundcharakteristika von Handlungsforschung folgendermaßen:

„(1) Handlungsforschung ist in ihrem Erkenntnisinteresse und damit ihren Fragestellungen von Anfang an auf gesellschaftliche bzw. pädagogische Praxis bezogen, sie will der Lösung gesellschaftlicher bzw. praktisch-pädagogischer Probleme dienen.
(2) Handlungsforschung vollzieht sich in direktem Zusammenhang mit den jeweiligen praktischen Lösungsversuchen, denen sie dienen will; sie greift als Forschung unmittelbar - und nicht erst nach vollzogenem Forschungsprozeß, als sog. ‚Anwendung‘ der Forschungsergebnisse - in die Praxis mit ein, und sie muß sich daher für

21 Jahoda,M./Lazarsfeld,D./Zeisel,H. (1933):Die Arbeitslosen von Marienthal, Frankfurt 1978
22 Vgl. Mayring,Ph.: Einführung ...S.38
23 Lewin, K.: Aktionsforschung und Minderheitenprobleme, Gesamtausgabe Bd.7, Bern 1982, S.280
24 Mayring, Ph, Einführung ...S.34 f.

Rückwirkungen aus dieser von ihr selbst mitbeeinflußten Praxis auf die Fragestellungen und die Forschungsmethoden im Forschungsprozeß selbst- und nicht erst in der abschließenden Auswertungsphase im Hinblick auf zukünftige Forschung -offenhalten. (3) Handlungsforschung hebt in irgendeinem Grade bewußt und gezielt die Scheidung zwischen Forschern auf der einen und Praktikern in dem betreffenden Aktionsfeld - in unserem Falle: den pädagogischen Praktikern, genauer: den Schulpraktikern - auf der anderen Seite auf zugunsten eines möglichst direkten Zusammenwirkens von Forschern und Praktikern im Handlungs- und Forschungsprozeß."[25] Die Art der Untersuchung, die hier konkret vorgenommen werden soll, beinhaltet zweifelsohne einen starken Bezug zur Praxis und damit auch die Tendenz zu gesellschaftlicher Veränderung im weitesten Sinn. Die Betonung von enger Zusammenarbeit zwischen Forschung und Schulpraktikern ist notwendig, um relevante Daten sammeln zu können. Die Offenheit gegenüber quantitativen und qualitativen Methoden, die Klafki betont, käme der Untersuchung sehr entgegen.
Dennoch bleibt die Frage, ob sich das vorgesehene Projekt als „Handlungsforschung" umschreiben läßt, denn wichtige Kriterien der Handlungsforschung werden nicht erfüllt. Zwar soll durch die Ausführung eines Medienprojekts direkt in die Praxis eingegriffen werden, aber es mangelt an Diskurspartnern und der Möglichkeit, die neugewonnenen Erkenntnisse wieder in die Praxis einfließen zu lassen. Bei einem Medienprojekt in der Grundschule macht es unter Umständen wenig Sinn, die Ergebnisse der Untersuchung mit den Kindern zu diskutieren. Außerdem können die neugewonnenen Erkenntnisse sicher nicht direkt in den Unterricht einfließen, weil der Lehrplan einer Wiederholung des Projekts einen Riegel vorschieben würde. Daß die Ergebnisse aber eines Tages die Unterrichtssituation beeinflussen, ist nicht auszuschließen. Insofern greifen die Voraussetzungen wirklicher Handlungsforschung nicht ganz.

1.3.4 Evaluation

Evaluation reiht sich nicht bruchlos in diese Aufzählung mit ein, soll aber hier aufgenommen werden, weil es gerade in der Unterrichtsforschung differenzierte Untersuchungspläne und auch das Verhältnis Forscher/Beforschter bzw. Forscher/beforschter Gegenstand erprobte Vorlagen gibt. „Evaluation ist die systematische Sammlung von Daten, die als Erfolgs- oder Mißerfolgsindikatoren für ein pädagogisches Programm interpretiert werden, wobei dieser Prozeß zugleich ein Werturteil über die Ziele des Programms selbst zu fällen gestattet, mit der Intention, die Pädagogische Praxis zu verbessern. Das innovative Moment ist dabei wesentlich."[26] Diese stark auf Werturteile ausgerichtete Definition ist nicht überall zu finden. Manche Evaluationen geben sich auch mit Beschreibungen zufrieden. Dadurch jedoch, daß Evaluationen besonders in der Curriculumsforschung eingesetzt wurden, war man auf abschließende Werturteile angewiesen, um diese einer Revision unterziehen zu können. „Mit der

25 Klafki,W. :Handlungsforschung im Schulfeld, Zeitschrift für Pädagogik 2/1973, S. 488
26 Prell, S.: Evaluation und Selbstevaluation, in: Roth,L. :Pädagogik, München 1994, S.869

Frage nach der Funktion der Evaluation erhebt sich zugleich das zentrale Problem, inwieweit Evaluation eine Beschreibung von pädagogisch relevanten Sachverhalten ist oder in welchem Maß sie zur Bewertung der Reformen und ihrer Ergebnisse beiträgt oder inwieweit Evaluation als Entscheidungsvorbereitung und Entscheidungshilfe für Entscheidungsträger dienen kann."[27] Danach sprechen viele Faktoren für eine Anlage als Evaluationsvorhaben.

Nach Gene Glass,[28] die sich an den Tylerschen Curriculumsmodellen der 30er Jahre ausrichtet, sind folgende Schritte relevant:

(1) Formulierung der Ziele. Bestimmung der allgemeinen Ziele des Curriculum
(2) Klassifikation der Ziele. Entwicklung eines Zielkatalogs zur rationellen Abwicklung der theoretischen und praktischen Arbeit.
(3) Definition der curricularen Ziele in Verhaltensbegriffen.
(4) Entwurf von Situationen, in denen die Erreichung der Lernziele nachgewiesen werden kann.
(5) Entwicklung oder Wahl von Bewertungstechniken
(6) Sammlung und Interpretation von Verhaltensdaten.

Diese Wegbeschreibung trifft sicher auf die hier angestrebte Untersuchung zu, denn letzten Endes soll geprüft werden, ob das Ziel „Medienkompetenz" erreicht bzw. verbessert wird und wie dieser Prozeß vonstatten geht. Dennoch kommt es hier weniger auf die vom Curriculum festgelegten Ziele an als auf die in Teil I, Kap.3 definierten, die ebenso für die außerschulische Medienarbeit gelten sollen.

Die Literatur in der Curriculumsforschung geht davon aus, daß im Allgemeinen bestimmte Lernprogramme getestet werden und es besser sei, professionelle Evaluatoren einzusetzen. Alles andere sei schwer generalisierbare Selbstevaluation.[29] In der Tat spricht viel dafür, daß bei Selbstevaluationen eigener Programme viele Fehler unterlaufen, denn Selbstevaluatoren sind oft voreingenommen oder so sehr von ihrem Projekt begeistert, daß sie nicht unabhängig urteilen können.[30]

Ein weiteres Problem bei der Untersuchung von Unterrichtszielen liegt in der Kontrollmöglichkeiten von Zielen insgesamt. „Für einen großen Teil des Gesamtcurriculum - vielleicht seinen größten Teil - können die wirklichen von Pädagogen angestrebten Verhaltensweisen nicht beobachtet werden. Deshalb muß der Unterricht durch die Beobachtung stellvertretender Ereignisse oder Verhaltensweisen evaluiert werden. Stellvertretende Verhaltensweisen stehen anstelle der letztlich angezielten Verhaltensweisen, die aus ökonomischen und ethischen Gründen nicht beobachtbar sind. Ein Verhalten in einer stellvertretenden Situation läßt nur bedingt Schlüsse über das entsprechende Verhalten in der wirklichen oder letztlich gemeinten Situation zu. Ein

---

27 Wulf, Ch.: Vorwort, in: Wulf,Ch.(Hg.): Evaluation, München 1972, S.11

28 Glass, G.: Die Entwicklung einer Methodologie der Evaluation, in: Wulf,Ch.(Hg.) : S. 171

29 Wulf, Ch.: Vorwort, in: Wulf,Ch.(Hg.):S.11; Prell,S.: Evaluation und Selbstevaluation, in: Roth,L. :S. 869

30 Scriven, M.: Die Methodologie der Evaluation, in: Wulf,Ch.(Hg.): S.66

großer Teil der Evaluation, der in der Einschätzung von Verhaltensweisen in bezug auf Verhaltensziele besteht, schafft nur einen geringen Nachweis darüber, ob der Schüler das tatsächliche Unterrichtsziel, das im allgemeinen in der Übertragung oder Verallgemeinerung auf eine nicht-schulische Situation besteht, erreicht hat oder erreichen wird.[31] In der Tat ist die Abstimmung zwischen Zielen, Unterricht und beobachtbarem Schülerverhalten immer wieder ein Problem unterrichtlicher Forschung. Zwischen den intendierten Voraussetzungen, Prozessen und Zielen müsse logische Kontingenz herrschen. Zwischen den Aussagen über Intentionen des Unterrichts und den beobachtbaren Verhaltensweisen müsse Kongruenz hergestellt werden können.[32] Diese verständliche Forderung ist jedoch nicht leicht einzulösen und legt u.U. dem Forschungsprozeß Maßstäbe an, die die Wirklichkeit zu sehr ausblenden zugunsten von Logik. Dadurch, daß man sich sehr auf das Instrumentarium konzentriert, werden subjektive Empfindungen der Probanden und verstehende Methoden von Seiten der Forscher weitgehend ausgeblendet. Dies gibt bereits Hinweise auf die Methode von Evaluation: „Hermeneutische bzw. ideologiekritische Verfahren sind im Rahmen amerikanischen Evaluationsliteratur bisher wenig ausgearbeitet worden."[33] Zurecht sind viele Unterrichtsevaluationen kritisiert worden, dennoch ist die selbstgerechte Haltung von Pädagogen, die jede Art von Überprüfung des Unterrichts ablehnen, weil es nicht möglich sei, so komplexe Vorgänge zu entschlüsseln, nach Meinung von Michael Scriven ebenfalls einseitig. „Man darf Evaluation nur ablehnen, wenn man begründen kann, daß man sich nicht um eine Antwort auf Fragen nach dem Wert pädagogischer Instrumente bemühen sollte."[34] Die Untersuchung hier zielt genau auf die Frage nach dem pädagogischen Wert von Medienerziehung ab. Insofern ist es sinnvoll, sich nach weitgehend nach den Vorgaben der Evaluationsforschung zu richten. Während „summative" Evaluation den Vergleich von verschiedenen Unterrichtsmethoden leisten will, soll in der „formativen" Evaluation der Prozeß der Zielerreichung eines Projektes beschrieben werden.[35] Auf das hier zu untersuchende Problem bezogen könnten ebenfalls diese beiden Forschungsmöglichkeiten umgesetzt werden. In einer summativen Evaluation würden verschiedene Unterrichtsmöglichkeiten untersucht, wie man besser zum Ziel „Medienkompetenz" gelangen kann. Mit großer Wahrscheinlichkeit würde man einen Unterricht mit rein kognitiven Unterrichtsmethoden mit handlungsorientiertem Unterricht vergleichen. Dieses Problem soll aber hier nicht bearbeitet werden. Zunächst wird davon ausgegangen, daß handlungsorientierter Unterricht in der Medienerziehung die gängige oder wünschenswerte Unterrichtsmethode darstellt. Hier steht auf dem Prüfstand, ob und wie das

31 Glass, G.: Die Entwicklung einer Methodologie der Evaluation, in: Wulf,Ch.(Hg.): S.172

32 Stake, R.: Verschiedene Aspekte pädagogischer Evaluation, in in: Wulf,Ch.(Hg.): S.105

33 Wulf, Ch., Evaluation S. 11

34 Scriven, M.: Die Methodologie der Evaluation, in: Wulf,Ch.(Hg.): S.61

35 Prell, S.: Evaluation und Selbstevaluation, in: Roth,L. : S.870 u. Scriven, M.: Die Methodologie der Evaluation, in: Wulf,Ch.(Hg.): S.66

Ziel Medienkompetenz zustande kommt, bzw. mit dieser Art von Unterricht verbessert werden kann.
Aus diesem Grund gelten hier die Arbeitswege, die für die formative Evaluation vorgeschlagen werden.

1.3.5 Evaluierende Handlungsforschung

Da evaluative Methoden in Deutschland in einer generellen Zeit des Umbruchs entwickelt wurden, verschiedene Untersuchungspläne und Untersuchungsmethoden einer überaus kritischen Untersuchung unterzogen wurden, konnte aus den verschiedenen Verteidigungspositionen heraus kaum Abstand dazu gewonnen werden. So grundsätzlich wie in den 70er Jahren wird zwar nicht mehr gestritten, dennoch ist es nicht immer möglich, eine dem Gegenstand angepaßte Form zu finden. „Die wesentlichen Kritikpunkte an der empirisch-analytischen Forschungspraxis und dem naturwissenschaftlich-experimentellen Erkenntnisideal beziehen sich auf die Effektivitätsorientierung unter Ausblendung der Inhalts- und Beziehungsaspekte, die Reduktion komplexer sozialer Prozesse auf psychometrische Variablen, die mangelnde Praxisrelevanz der Forschung und auf die Nichtberücksichtigung organisatorischer Strukturen und Herrschaftsverhältnisse und damit auch gesellschaftlicher Hintergründe institutionalisierten Lehrens und Lernens. ... Global gesehen wird der Zusammenhang und die Einheit zwischen Hypothesen- und Datengewinnung und -analyse im Rahmen situativ bedingter und sozial gestalteter Kontexte zum Gegenstand der Kritik.“[36] In Bezug auf Untersuchungspläne in der pädagogischen Forschung wird folgendes kritisiert:

- „die Negation des Subjekts durch die Objektrolle, die die Untersuchten im Forschungsverlauf erhalten;
- die Künstlichkeit des Experiments anstelle einer Untersuchung von pädagogischen Situationen in ihrem ‚natürlichen' Ablauf;
- die Anwendung standardisierter Verfahren, das heißt, die Vorab-Festlegung leitender Begriffe und Kriterien und die damit einhergehende Reduktion der Äußerungen sowie die Konzentration auf das beobachtbare Verhalten statt Offenheit und Flexibilität der Methoden“.[37]

Die Bedenken, die hier geäußert werden sind verständlich und zutreffend. Ob allerdings nur durch qualitative Verfahren die Probleme zu lösen sind, ist fraglich.
Mit der qualitativen Schulforschung „verknüpft sich die Erwartung, daß Unterricht modifiziert werden kann- sofern deutlich wird, welche vielschichtigen Wahrnehmungen und Interpretationen in der komplexen unterrichtlichen Lehr- und Lernsituation zum Tragen kommen, welche Verhaltensweisen in bestimmten Situationen dominant sind und wovon sie beeinflußt werden.“[38] Das wollen aber Evaluatoren, die eher aus

36 Ackermann,H./Rosenbusch,H.: Qualitative Forschung in der Schulpädagogik, in: König,E./ Zedler,P.: Grundlagen qualitativer Forschung Bd.1, Weinheim 1995, S.136 f.

37 Ackermann, H./ Rosenbusch,H., S.137

38 Ackermann, H./ Rosenbusch,H., S.138

der quantitativ-orientierten Forschung kommen, ebenfalls. Das Ziel unterscheidet sich also nicht so sehr voneinander. Der Zugang zur Fragestellung und zum Forschungsgegenstand ist jedoch ein anderer. In der qualitativen Forschung erfolgt der Zugang aus einer verstehenden und sinnerfassenden Perspektive. Diese Perspektive schlägt sich weniger im Untersuchungsdesign als in der Untersuchungsmethode nieder.
Die Anlage des hier zu entwickelnden Forschungsprojekts kann sich also weitgehend nach den Bedingungen ausrichten, die in der Curriculumsforschung zur Evaluation von Projekten entwickelt wurden, ohne sich gleichzeitig auf ein Paradigma festlegen zu müssen. Allerdings enthält dieser Forschungsplan auch Teile aus der Handlungsforschung, denn im hier vorgestellten Projekt ist die unterrichtende Person mit der des Evaluators identisch. Der Begriff Handlungsforschung verweist eher auf die hier in Erwägung gezogene qualitative Auswertung von Daten.
Es wäre falsch, dieses Vorgehen als Selbstevaluation zu bezeichnen, weil der Unterrichtsablauf nicht individuell gestaltet wurde, sondern sich nach bestimmten Kriterien richtet, und weil die Untersuchungsmethoden, wie später zu sehen sein wird, allgemeinen wissenschaftlichen Maßstäben gehorchen müssen. Um diese Verzahnung von Handlungsforschung und Evaluation deutlich zu machen, soll die Bezeichnung „evaluierende Handlungsforschung" hier eingeführt werden. Die von Robert Stake und Gene Glass dargestellten Prozesse der Verarbeitung von beschreibenden Daten sollen dabei Hilfestellung geben:[39]

(1) Begründung und Formulierung der Ziels Medienkompetenz
(2) Unterteilung in Wahrnehmungs- Nutzungs- und Handlungskompetenz
(3) Präzisierung in Fähigkeiten, z.B. Auswahl- und Gestaltungsfähigkeit
(4) Prinzipien handlungsorientierten Unterrichts
(5) Projekt: Hörspielproduktion

Bis zu diesem Punkt sind die Vorentscheidungen bereits gefallen. Die folgenden Punkte müssen noch entschieden bzw. erarbeitet werden.

(6) Wahl von Bewertungstechniken
(7) Entwicklung von Bewertungstechniken
(8) Sammlung von Daten.
(9) Auswertung von Daten

Am Ende ist zu beachten, daß der intendierte Prozeß mit den beobachteten Prozeß und die intendierten Ergebnisse wirklich mit den beobachteten Ergebnissen verglichen werden können. Außerdem muß untersucht werden, ob sich der Unterricht tatsächlich auf das Ziel bezogen hat.

39 Stake,R.: Verschiedene Aspekte pädagogischer Evaluation, in: Wulf,Ch. (Hg.): S.105 und Glass,G.: Die Entwicklung einer Methodologie der Evaluation, in: Wulf,Ch. (Hg.): S. 171

An diese Stelle ist anzumerken, daß Thomas Heinze 1984 ein ähnliches Vorgehen für die Unterrichtsforschung vorgestellt[40] und sein Verfahren „handlungsorientierte Evaluation“ bezeichnet hat. Er vertritt einen hermeneutisch-lebensgeschichtlichen Ansatz. Da er ausschließlich qualitative Methoden (Tagebücher, Briefe, narrative Interviews, teilnehmende/beteiligte Beobachtung, Gruppendiskussionen, qualitative Inhaltsanalyse u.a.) verwendet, sollen seine Vorstellungen erst bei der Entscheidung für bestimmte Methoden diskutiert werden.

1.4 Abhängigkeiten des Untersuchungsverfahrens

Das Untersuchungsverfahren umfaßt die Erhebung, Aufbereitung und Auswertung der Daten. Die Möglichkeiten sind sehr verschieden. Dennoch müssen spätestens bei der Datenerhebung Entscheidungen getroffen werden. Im Rahmen der Methodendiskussion in den Sozialwissenschaften wirft man quantitativen Methoden vor, daß sie das soziale Feld nur sehr ausschnittweise und reduziert erfassen, während qualitative Methoden vor allem nach der inneren Struktur von Gegebenheiten und der Sicht des jeweiligen Probanden suchen. So gerieten die Positionen in den Verdacht, daß quantitative Methoden wegen der festgelegten Methodologie normativ seien und qualitative Methoden wegen der grenzenlosen Offenheit gegenüber Methoden jeder beliebigen Interpretation Tür und Tor öffnen würden.
Typische Methoden der quantitativen Forschung sind schriftliche bzw. mündliche standardisierte Fragebögen oder Tests und standardisierte nicht-teilnehmende Beobachtungen. Durch die Standardisierungen können höhere Fallzahlen zum Vergleich herangezogen und computergestützt verarbeitet werden.

Hauptkritikpunkte an quantitativen Methoden sind:
- Die nomothetische Ausrichtung der Forschung gegen das einzelfallorientierte Vorgehen
- Das hypothesenprüfende statt einem explorativen Verfahren
- Eine messende und erklärende Vorgehensweise anstelle des Verstehens sozialer Sachverhalte

Typische Methoden qualitativer Forschung sind teilnehmende Beobachtungen, narrative (unstrukturierte, erzählende) oder wenig strukturierte Interviews und Gruppendiskussionen. Dazu gehören Methoden, die Deutungen, Sichtweisen und handlungsrelevante Einstellungen erfassen und wiedergeben, sowie interpretierende Dokumenten- und Inhaltsanalyse, z.B. bei Biographien und Erzählungen. Durch die Fülle und die mangelnde Standardisierung des Materials können nur wenige Einzelfälle bearbeitet werden.

40 Heinze,Th.: Handlungsorientierte Unterrichtsforschung, Kurseinheit 1/2, Gesamthochschule Hagen, Fernuniversität 1984, S.41 ff.

Hauptkritikpunkte an qualitativen Methoden sind:
- Die mangelnde Validität z.B. bei narrativen Interviews
- Die mangelnde Reliabilität, weil nur zufällige Erscheinungen erfaßt werden und keine exakte Wiederholbarkeit möglich ist
- Die mangelnde Generalisierbarkeit der meist wenigen Einzelfälle

Tendenziell kommen immer mehr Forschungsberichte mit qualitativen Methoden auf den Markt, die sich aber mittlerweile dem Vorwurf, unwissenschaftlich zu sein, entgegenstellen und nach bestimmten festgelegten Kriterien arbeiten. „Der Forschungsprozeß muß trotz seiner Offenheit methodisch kontrolliert ablaufen, die einzelnen Verfahrensschritte müssen expliziert, dokumentiert werden und nach begründeten Regeln ablaufen."[41] Und das ist nur eine von 13 Regeln, die Mayring aufgestellt hat. Insofern nähern sich sowohl die Forscher als auch ihre Methoden an.
Ein Überblick über neuere Forschungsanlagen in der Erziehungswissenschaft ist wegen der Themen- und Methodenvielfalt äußerst schwierig herzustellen. Sie bedienen sich der einen oder anderen Methode und mischen in vielen Fällen auch die Verfahren. „Weiterhin kompliziert die oftmals mangelnde Eindeutigkeit und Kenntlichmachung der Forschungsmethoden den Zugriff auf Forschungsberichte und sogenannte ‚graue' Literatur. In einigen Fällen ist es auch problematisch, bestimmte Vorgehensweisen eindeutig dem qualitativen oder dem quantitativen Forschungsparadigma zuzuordnen, in besonderer Weise gilt dies für Methodenkombinationen."[42]
In der Medienforschung dominieren zur Zeit eher qualitative Ansätze, aber auch hier scheint sich eine Wende anzudeuten. Anfangs favorisierten die „Wirkungsforscher" quantitative Methoden und die „Nutzenforscher" qualitative Methoden, um Aufschluß über die Rezipienten zu erhalten. In einem Artikel über die Trends zukünftiger Medienpsychologie plädiert Jo Groebel[43] für ein methodenintegriertes Vorgehen bei der Erforschung von Medienstrukturen, Medienwirkungen und Medienbedürfnissen der Rezipienten. „Die Frage ist also nicht, ob z.B. standardisierte Umfragen, offene Interviews oder Experimente einzig richtig sind, sondern, sofern nach den Regeln der Kunst angewandt, auf welchen Analyseebenen sie jeweils angemessen sind... Hier kann die, sicher aufwendige, systematische Verknüpfung der einzelnen Methoden ein vollständigeres Bild ergeben, zugleich die Nachteile jeder einzelnen Erhebungsprozedur kompensieren."[44] Einige der neusten Untersuchungen wurden bereits mit integrierten Methoden vorgenommen. Entweder eine große Anzahl Stichproben ging voraus, bis die Thematik soweit eingegrenzt werden konnte, daß sich Fallbeispiele als Bereicherung der Hinter-

41 Mayring,Ph.: Einführung in... S.17
42 Ackermann, H./ Rosenbusch,H., S. 142
43 Groebel,J./ Winterhoff-Spurk, P.: Themen und Trends zukünftiger Medienpsychologie. in: Empirische Medienpsychologie, München 1989, S.277
44 Groebel,J./ Winterhoff-Spurk P., S.278
45 Theunert,H.(Hg.): Einsame Wölfe-und schöne Bräute, Was Jungen und Mädchen in Cartoons finden, München 1993

gründe anboten, wie z.B bei Helga Theunert.[45] Oder die Untersuchungen begannen mit narrativen Interviews und versuchten dann das Feld über Fragebögen zu erweitern.[46] Ziel ist es in allen Fällen, die soziale Wirklichkeit möglichst komplex zu rekonstruieren.

Im Augenblick scheint festzustehen, daß viele Forschungsfragen nur mit Hilfe des gesamten Methodeninventars der empirischen Forschung gelöst werden können. Das heißt jedoch nicht, daß die Methoden in sich gemischt werden, sondern innerhalb eines Untersuchungsplans werden verschiedene Facetten eines Problems verschieden erfaßt. Dies ist besonders überlegenswert, wenn man einem Phänomen wie Medienkompetenz auf der Spur ist. Stefan Aufenanger, reklamiert für die Rezeptionsforschung: „Der Blick auf den reinen kognitiven Umgang reicht (dennoch) nicht aus, um als kompetent gelten zu können. Wichtiger erscheinen die affektiven Möglichkeiten Medien in die eigene Psychodynamik zu integrieren, ohne von ihnen abhängig zu werden. Medienkompetenz muß aus diesem Blickwinkel also auch die affektiven Komponenten umfassen."[47]

Um ein Instrumentarium zu entwerfen, das wirklich dem Gegenstand angemessen ist, muß hier noch einmal auf die Ausgangslage zurückgegangen werden: Wie kann der Prozeß der Veränderung von Medienkompetenz, ausgelöst durch Medienunterricht, nachgezeichnet werden? Um diese Frage klären zu können, müssen bestimmte Entscheidungen bezüglich des Alters der Untersuchungspersonen, des Untersuchungszeitraums und des Untersuchungsablaufs getroffen werden.

1.4.1 Abhängigkeit vom Alter der Untersuchungspersonen

Wie bereits dargestellt, wird heutzutage bereits im Kindergartenalter Medienerziehung propagiert. Die Konzepte hierzu sind jedoch noch sehr in der experimentellen Phase und müssen auch stark der jeweiligen Situation angepaßt werden. Der frühest mögliche Zeitpunkt zur gezielten Einflußnahme und zu kontinuierlicher Untersuchungsmöglichkeit besteht deshalb erst in der 1. Klasse Grundschule. Diese Altersgruppe hat den Vorteil, daß sie vom entwicklungspsychologischen Standpunkt aus noch sehr offen ist gegenüber Realität und Fiktionalität, d.h. auch sehr bildbar. Der zweite Grund, warum eine Untersuchung in der 1. Klasse vorteilhaft ist, liegt darin, daß diese Kinder noch wenig zu sozial erwünschten Antworten neigen. Sie bekommen noch keine Noten und selbst wenn sie beurteilt würden, so können sie sich das nur vorstellen, wenn es um Leistungen geht, aber nicht, wenn es um Gespräche geht. Sie erzählen über ihre Erfahrungen mit Medien „frei von der Leber weg", ohne Anbiederungen an die Meinung von Lehrkräften.

46 Treumann,K./Volkmer,I.: Die Toncassette im kindlichen Medienalltag: Rekonstruktionsversuche parzellierter Lebensräume durch Medien, in: Zentrum für Kindheits-und Jugendforschung (Hg.): Wandlungen der Kindheit, Opladen 1993

47 Aufenanger, S.:Strukturanalytische Rezeptionsforschung- Familienwelt und Medienwelt von Kindern, in: König, E./Zedler, P.: Grundlagen qualitativer forschung Bd.1, Weinheim 1995, S.411

Ein dritter Grund, mit der 1. Klasse Grundschule eine Untersuchungsreihe durchzuführen, liegt darin begründet, daß sie garantiert noch keine schulischen Vorerfahrungen mit Medienunterricht haben, also keine vorangegangenen schulischen Informationen das Bild verzerren würden.
Ein großer Nachteil dieser Altersgruppe besteht allerdings darin, daß sich jede Form von schriftlicher Analyse verbietet, weil bei Schülern der ersten Klasse nicht davon ausgegangen werden kann, daß alle auf dem gleichen Stand von Lesen und Schreiben sind. Würde man eine schriftliche Untersuchung bevorzugen, kämen erst Kinder des 3.Schuljahrs infrage, weil sich in diesem Alter das Gefälle wieder einigermaßen ausgeglichen hat. In der 3.Klasse spielen jedoch andere Medien als Cassetten schon eine bedeutende Rolle, sodaß Effekte noch schwerer dem Medienunterricht zugeordnet werden können. Dies gilt auch für alle Altersgruppen, die darüberliegen.

1.4.2 Abhängigkeit vom Zeitraum

Die Beobachtung von Rezeptionsveränderungen in Richtung Medienkompetenz verlangen einen relativ langen Zeitraum. Erstens kann man nicht damit rechnen, daß handlungsorientierter Unterricht sofort Ergebnisse zeigt, also Kinder nach einer relativ kurzen Unterrichtsphase sofort ihr Verhalten in kognitiver, emotionaler und sozialer Hinsicht ändern. Zweitens muß bei einer Untersuchung gewährleistet sein, daß die Veränderungen im Zusammenhang mit dem Unterricht stattgefunden haben und nicht durch andere Anstöße und Einflüsse hervorgerufen wurden. Eine sinnvolle Anordnung zur Untersuchung von einem Zusammenhang zwischen Medienkompetenz und handlungsorientiertem Unterricht liegt in der Erfassung der Ausgangslage, dann folgt der Unterricht, nach dem Unterricht wird versucht, die neue Situation zu erfassen. Da man aber nicht ahnen kann, wann sich Effekte des Unterrichts zeigen, müßten die Kinder über einen längeren Zeitraum hinweg immer wieder kontrolliert und befragt werden. Weil in diesem Rahmen eine Untersuchung über mehrere Schuljahre nicht geleistet werden kann, wird versucht, im Zeitraum eines Schuljahres mögliche Veränderungen zu erfassen. Jedoch können Beobachtungen nicht einmal über das ganze Schuljahr hinweg durchgeführt werden. Dies würde den Unterricht erheblich stören. Sinnvoll ist es aus diesem Grund, mindestens zwei Stichproben zu machen, um den Effekt kontrollieren zu können. Um möglichst andere Einflußgrößen ausschalten zu können, sollte die erste Stichprobe direkt nach dem Unterricht erfolgen und für das Ende des Schuljahres eine zweite Erfassung des Ist-Standes vereinbart werden. Daraus ergibt sich aller Wahrscheinlichkeit nach ein Abstand von ca. 4 Monaten, vom Projektende bis zum Schuljahresende gerechnet.
Damit ergibt sich zunächst ein Design von O X O O, wobei X stellvertretend für den Unterricht gesehen wird und O die Untersuchung repräsentiert.

1.4.3 Abhängigkeit zwischen Unterricht und Untersuchung

Für die Untersuchung von Lehr- und Lernsituationen müssen oft andere Methoden angewandt werden als in anderen Forschungsbereichen. Oft entsprechen Klassenuntersuchungen keinem exakten Forschungsdesign, z.B. weil sie dem Prinzip der Randomisierung und Parallelisierung widersprechen. Für solche „quasi-experimentellen" Untersuchungen wurden Anleitungen gegeben, deren Ausführungen auch hier zu bedenken gegeben werden. Laut Elisabeth Schwarz, die Ergebnisse aus der Unterrichtsforschung von Campbell und Stanley übersetzt hat,[48] wird eine quasi-experimentelle Anordnung angenommen, wenn sich nicht alle Stimuli kontrollieren lassen, aber sich dennoch in einem gewissen Rahmen gültige Aussagen machen lassen. Besonders gilt dies für die Unterrichtsforschung, die nur selten im Labor durchgeführt werden kann, sondern in der Schule mit allen bekannten Unwägbarkeiten ihren Platz hat. Über lange Zeiträume Veränderungen zu erfassen ist schwierig. Andere Einflüsse als X können einen Effekt hervorrufen. In diesem Zusammenhang spricht man von Störfaktoren. Gerade 6-7jährige sind in einer starken Entwicklungsprozeß begriffen (s. Teil I, Kap.4), so daß nicht genau gesagt werden kann, ob die Veränderungen wegen X eingetreten sind, oder aufgrund ganz normaler Reifungsumstände. Diesem Problem soll begegnet werden, indem man eine Kontrollgruppe einführt. „Eine der am weitesten verbreiteten experimentellen Anordnungen in der Unterrichtsforschung enthält eine Experimental- und eine Kontrollgruppe, die beide einen Vor-und Nachtest erhalten, deren Stichprobengleichartigkeit jedoch vor der Untersuchung nicht gewährleistet ist. Bei den Gruppen handelt es sich meistens um vorgegebene Einheiten wie Schulklassen, die zwar so ähnlich wie möglich sind, aber doch nicht ähnlich genug, um auf einen Vortest verzichten zu können.Welche der beiden Gruppen X erhält, sollte durch Zufall bestimmt werden und der Kontrolle des Versuchsleiters unterliegen."[49] In unserem Fall sollen Fragen also nicht nur einer Klasse vorgelegt, sondern gleichzeitig einer Parallelklasse dreimal vorgelegt werden. Die Auswahl, welche Klasse den medienpädagogischen Unterricht erhält, soll vom Rektor der Schule getroffen werden, weil er dieser Entscheidung keine Bedeutung beimißt noch irgendwelche Kriterien anlegt. Die Unterschiedlichkeit der beiden Klassen werden ersichtlich, wenn die Mittelwerte der Experimentalgruppe und der Kontrollgruppe nicht gleich sind. „Auf der einen Seite steht die Situation, in der dem Versuchsleiter zwei natürliche Gruppen zur Verfügung stehen, z.B. Schulklassen, und es ihm freigestellt ist, welche X erhält, oder er zumindest keinen Grund hat zu vermuten, daß sie sich im Hinblick auf X unterschiedlich zusammensetzen. Selbst wenn sich die Gruppen in den ursprünglichen Mittelwerten von O voneinander unterscheiden, kann sich die Untersuchung einem echten Experiment annähern."[50] Da es bei dieser Untersuchung aber um den

48 Schwarz,E.: Experimentelle und quasiexperimentelle Anordnungen in der Unterrichtsforschung, deutsche Bearbeitung des Kap. 5 von Experimental and Quasi-Experimental Designs for Research on Teaching von Donald T.Campbell und Julian C. Stanley,in: Pädagogisches Zentrum: Handbuch der Unterrichtsforschung Teil I, Weinheim und Basel 1973, 3.Auflage

49 Schwarz, E., S.562

50 Schwarz, E., S. 568

relativen Fortschritt geht, spielt es keine Rolle, wenn die Ausgangspositionen nicht ganz gleich sind. Viellmehr kommt es darauf an, was sich aus dieser Ausgangssituation heraus entwickelt. Eine Gefährdung der Gültigkeit entstünde dann, wenn sich die Kontrollgruppe in ihrer Motivation oder vom Entwicklungsstand her gravierend unterscheiden würde.

Damit ergibt sich für das Untersuchungsdesign folgende Anordnung:

Untersuchungsklasse:	O X O O
Kontrollklasse:	O O O

Schwarz nennt außer dem Reifungsproblem, das Problem des *zwischenzeitlichen Geschehens*: Das, was als Effekt von X angesehen wird, könnte genauso der Effekt von Absprachen, Motivationsänderungen oder irgendwelchen Ereignissen sein, die den Effekt erhöhen. Wenn z.B. die Schüler der Untersuchungsklasse sich über den Unterricht und die Untersuchungsinstrumente mit der Kontrollklasse austauschen und Ergebnisse vergleichen würden, dann könnte eine Verbesserung der Ergebnisse erzielt worden sein, ohne daß diese Verbesserung mit dem Unterricht zusammenhängen würde.

Da eine begrenzte Untersuchung im Schülerleben der 1. Klasse einen recht geringen zeitlichen und persönlichen Aufwand bedeutet, ist ein Erfahrungsaustausch nicht anzunehmen. Vor allem aber werden die Ergebnisse von der Forschenden während des gesamten Ablaufs nicht preisgegeben, sondern betont, daß es lediglich auf die subjektive Einschätzung ankomme. Jegliche Motivation für ein Herausbekommen der Ergebnisse der anderen Klasse entfällt hiermit.

Ebenso störend für das Ergebnis wären ein Lehrerwechsel oder ein anderes für die ganze Klasse einschneidendes Erlebnis. Wenn z.B. die Lehrerin der Kontrollklasse, angeregt durch den Unterricht in der Untersuchungsklasse, ebenfalls Medien zu ihrem Thema machen würde. Durch vorherige Absprache kann aber dieses Problem ausgeräumt werden.

Eine weitere Störung der Untersuchungsgültigkeit läge in der Tatsache, daß getestete Personen eine höhere Anpassung besitzen und bei nochmaligen Tests besser abschneiden. „Wenn Schüler einen Leistungs- oder Intelligenztest ein zweites Mal bearbeiten oder eine Parallelform des Tests erhalten, schneiden sie im Allgemeinen besser ab als diejenigen, die den Test zum ersten Mal bearbeiten.“[51] In unserem Fall sollen mit beiden Klassen zur gleichen Zeit die Untersuchungsunterlagen bearbeitet werden. Die zusätzliche Aufmerksamkeit, die die Untersuchungsklasse von der Untersuchungsleitung durch den Unterricht erhält, spielt wahrscheinlich eine geringe Rolle, weil jede erste Klasse ganz verschiedene Vorgehensweisen hat.

Eine weitere Störvariable wird als *Veränderung der Hilfsmittel* bezeichnet. Man meint damit z. B. die veränderte Wahrnehmung des Beobachters, wenn er zum zweiten Mal den gleichen Vorgang wiedergeben soll. Bei der Untersuchung der Kinder soll darauf

51 Schwarz,E., S. 466

geachtet werden, daß die Prozedur immer die gleiche ist. Unter dieser Voraussetzung können sich Fehler kaum einschleichen.
Genauerer Analyse muß jedoch der Störfaktor „*Regression*" unterzogen werden. Regression bedeutet, daß sich diejenigen, die beim ersten Test extrem abgeschnitten haben, generell beim zweiten Test dem Mittelwert annähern. Wählt man also nur die „Schlechten" aus und überprüft man das Ergebnis nach dem zweiten Durchgang, dann stellt man generell eine Erhöhung des Ergebnisses fest. Dadurch könnte man zu dem Ergebnis kommen, daß X diesen Effekt herbeigeführt hat. Überprüft man aber die „Guten", so erkennt man, daß sie beim zweiten Mal eher schlechter abschneiden.[52] Im Schnitt hebt sich das Ergebnis wieder auf, so daß es in unserem Fall bei der Betrachtung der Mittelwerte keine Rolle spielt.

Diese Ausführungen beschreiben bereits die konkrete Situation und die möglichen Probleme. Ungeachtet der einzelnen Erhebungsmethoden ergibt sich bisher folgende Anordnung:

1.5. Datenerhebungsmethoden

1.5.1 Datenerhebung mit quantitativen Methoden

Als Methoden der Datenerhebung innerhalb der quantitativen Forschung werden vor allem standardisierte Verfahren angeboten. Diese haben den Vorteil, daß eine größere Menge Material bearbeitet werden kann, aber auch den Nachteil, daß sie unter Umständen nicht genügend auf den einzelnen Fall abgestimmt sind, oder noch schlimmer, Dinge erfassen, die am wirklichen Problem vorbei gehen. Bei der Überprüfung von Medienkompetenz liegt die Schwierigkeit darin, daß mit einem standardisierten Verfahren drei verschiedene Phasen (vor und nach dem Medienunterricht und am Schuljahresende) mit zwei verschiedenen Gruppen (Untersuchungsklasse und Kontrollklasse) geprüft werden sollten. Fraglich ist, ob ein Instrument alle Bedingungen umfassen kann. Möglich wäre, zur Datenerhebung standardisierte Beobachtung oder standardisierte Befragung einzuführen.

1.5.1.1 Beobachtung

Standardisierte bzw. strukturierte Beobachtung zeichnen sich durch eine hochstrukturierte, theoriegeleitete und kontrollierte Wahrnehmung, Aufzeichnung und Auswertung aus, wobei die Datensammlung und auswertung meist zeitlich und personell auseinanderfallen. Die Beobachtung kann durch am Forschungsprozeß beteiligte oder unbeteiligte Personen vorgenommen werden. „Quantitativ orientierte Beobachtungsdesigns betonen die Rolle als forschenden Beobachter, was meist mit einem geringen Partizipationsgrad im Feld verbunden ist....Forscher und Beobachter müssen bzw. sol-

52 Schwarz,E., S. 471 ff.

len nicht dieselbe Person sein, verschiedene Beobachter sollen vielmehr bei einer parallel verlaufenden Beobachtung zum gleichen Beobachtungsergebnis kommen."[53] Diese Möglichkeiten sind einem größeren Forschungsprojekt vorbehalten mit ausreichender personeller, gut geschulter Besetzung. Außerdem handelt es sich bei der Überprüfung von Wahrnehmungskompetenz nicht unbedingt allein um Überprüfung des Verhaltens der Kinder. Auch Einstellungsänderungen spielen eine Rolle. Nur eine erneute Wiederholung eines Medienprojekts würde u.U. Aufschluß über einen „Lerneffekt" geben. Die Veränderung der „Handlungskompetenz", einem Teilbereich der definierten Medienkompetenz könnte theoretisch durchaus mit Beobachtung kontrolliert werden. Praktisch ist dies jedoch aus den oben erwähnten Gründen nicht zu bewerkstelligen.

1.5.1.2 Befragung

Der entscheidende Unterschied zwischen der alltäglichen und wissenschaftlichen Befragung liegt in der theoriegeleiteten Kontrolle der Fragestellung und Fragesituation. Interviewsituationen, die face to face ablaufen, lassen u.U. noch gewisse Rückfragen von Seiten des Befragten zu. Eine schriftliche standardisierte, bzw. stark strukturierte Befragung muß von Anfang an alle Fehlerquellen berücksichtigen. Aus Erfahrungen vieler Untersuchungen können folgende Faustregeln formuliert werden:[54]

Fragenformulierung:

Die Fragen sollten im Hinblick auf die Ziele der jeweiligen Untersuchung formuliert werden. Sie sollten eindeutig sein, so daß jeder das gleiche unter der Frage. versteht. Die Fragen sollten einfach formuliert, neutral und nicht wertend sein.

Frageform:

Es gibt offene, geschlossene und Skalenfragen. Offene Fragen und Skalenfragen, in denen die Befragten sich für einen Grad von Zustimmung oder Ablehnung entscheiden müssen, sind für 6/7jährige Kinder zu schwierig zu beantworten. Also scheint ein Bogen mit geschlossener Fragestellung am leichtesten zu beantworten zu sein. Außerdem gibt es die Möglichkeit direkte und indirekte Fragen zu stellen. Hier sollte wegen leichterer Verständlichkeit die direkte Frageform bevorzugt werden.

Fragebogeneinteilung:

Einleitungs- und Übergangsfragen strukturieren den Fragebogen, Filterfragen sollen zur Unterscheidung von Untergruppen dienen. Wichtig ist für Kinder in erster Linie, daß sie langsam in die Beantwortung der Fragen eingeführt werden und nicht gleich frustriert den Stift weglegen. Daher sollten Einleitungsfragen und die Reihenfolge der Fragen vom Leichten zum Schwierigeren führen. Insgesamt gilt, daß Befragte nicht überfordert werden sollen. Dies betrifft sowohl jede einzelne Frage als auch die Länge der Befragung.

---

53 Atteslander, P: Methoden der empirischen Sozialforschung, Berlin, New York 1995, S.101

54 vgl. Atteslander,P.: S.192 ff

Ferner ist zu unterscheiden, ob es sich mehr um einen Fragebogen oder eher um einen Test handelt. „Diagnostische Fragebogen im engeren Sinne sind z.B. Persönlichkeits- und Interessenfragebogen, für ihre Items gibt es höchstens subjektiv richtige Antworten.“[55]
Da zur Erforschung von Medienkompetenz nicht nur Fragen zur eigenen Befindlichkeit und zur eigenen Meinung gestellt werden sollen, sondern durchaus auch Wissensfragen gestellt werden, könnte die Art der Fragen in mancher Beziehung einem Test gleichen. „Für Fragen in Leistungstests ist charakteristisch, daß es für sie eine objektiv richtige Antwort gibt, so daß besondere Überlegungen zum Problem des Ratens erforderlich werden.“[56] Dieser Gefahr kann begegnet werden, indem es mehrere Antwortmöglichkeiten gibt. Bei drei Antwortmöglichkeiten reduziert sich z.B. die Rategefahr auf 30%. Außerdem können zu dem jeweiligen Thema mehrere Fragen gestellt werden, so daß daraus Schlüsse auf die Konstanz des Wissens gezogen werden können.

Alle Arten von Fragebögen oder Tests, die in schriftlicher Form bearbeitet werden sollen, können bei Kindern, die weder lesen noch schreiben können, nicht angewandt werden. Auch standardisierte Befragungen, in denen die Kinder keine Rückfragen stellen können und der Interviewer keine zusätzlichen Informationen geben darf, sind unvorteilhaft, weil es sich schließlich um keinen Intelligenztest handelt. Es ist schwierig, ein Niveau zu finden, das der sprachlichen Kompetenz von Kindern genau angepaßt ist. Viele Diagnosetests bedienen sich aus diesem Grund Bildern. Entweder werden Kindern Bilder vorgelegt, oder sie sollen zu bestimmten Fragen Bilder malen. Jedoch wird die Glaubwürdigkeit im ersten Fall dadurch eingeschränkt, daß Kinder sehr große Unterschiede in ihrer Assoziationsfähigkeit haben und auch die Antworten schwer zu interpretieren sind. Im zweiten Fall ist das Ergebnis stark von der Fähigkeit abhängig, wie gut oder schlecht das Kind seine Gedanken zeichnerisch zu Papier bringen kann. Dennoch bieten Bilder den einzigen Weg eine größere Anzahl von schriftlichen Dokumenten zu erhalten. Deshalb ist zu überlegen, wie ein Untersuchungsinstrument aussehen könnte, das trotz aller Bedenken sinnvoll erscheint.
Zunächst ist es wichtig, auf das Problem der Nonliteralität von Grundschulkindern eingehen zu können. Das Thema Hören-Hörspiel legt nahe, die Fragen akustisch zu stellen, also Fragen und Beispiele über ein Tonband in eine gesicherte Form zu bringen. Schwieriger erscheint es, die Antworten in eine Form zu bringen, die Kindern entspricht. Die Entscheidung, gezeichnete Bilder verwenden zu können, wurde gestützt durch Arbeiten von Jerome Bruner und Arnold Lohhaus. Bruner[57] machte interkulturelle Untersuchungen über die kindliche Entwicklung. In seiner Reifungstheo-

55 Tränkle,U.: Fragebogenkonstruktion, in: Brederkamp,J/Feger,H. Datenerhebung, Bd.2 Reihe Forschungsmethoden der Psychologie, Hogrefe, Göttingen, Toronto, Zürich 1983, S. 227

56 Tränkle, U.: S. 227

57 Bruner,J./Olver,R./ Greenfield,P. u.a.: Studien zur kognitiven Entwicklung, Stuttgart 1971

rie geht Bruner davon aus, daß die Entwicklung der Kinder mit Erfahrung beginnt. Im Laufe der Entwicklung können Kinder ihre Erfahrungen in verschiedenen Formen darstellen: zunächst in Handlungen, dann in der Vorstellung und schließlich in symbolischen Formen wie der Sprache. Das Stadium der „Vorstellung“ drückt sich in inneren und äußeren Bildern aus. Dieses Stadium wird im Alter von 5 bis 7 Jahren abgelöst durch abstraktere und symbolischere Formen. „Entweder unterdrückt Sprache die Gewohnheit, Vorstellungsbilder zu benützen, oder aber diese werden während des Spracherwerbs beibehalten und an die Bedürfnisse des komplexen Problemlösens angepaßt.“[58] Bildhaftes Denken und Spracherwerb gehen ineinander über, können sich unterstützen, aber auch behindern. Das legte den Schluß nahe, daß die Antwortmöglichkeiten nicht nur gezeichnet, sondern unterstützend auch verbal vorgegeben werden sollten. In einer Untersuchung der Universität Münster brachte Arnold Lohhaus ebenfalls Ergebnisse zur verbalen und nonverbalen Kommunikation von Kindern heraus. Er stützt sich auf Bruner und die darauf aufbauende Repräsentations- Entwicklungshypothese von Kosslyn (1978, 1980). „Nach einer Phase, in der ein handlungsmäßig-enaktiver Repräsentationsmodus vorliegt, folgt etwa um das zweite Lebensjahr eine Phase, in der Repräsentationen vor allem in bildhaft -ikonischer Form gespeichert werden. Erst um das siebte Lebensjahr findet ein Präferenzwechsel zur sprachlich-symbolischen Repräsentation statt. Die zeitlich früheren Repräsentationsformen gehen dabei nicht verloren, sondern treten in den Hintergrund, da die späteren Formen eine effektivere Nutzung erlauben.“[59] Lohhaus untersucht weitere Ableitungen dieser These in Bezug auf das Verständnis (Dekodierung) und die Mitteilung (Enkodierung) von Informationen.

Die Untersuchung bezieht sich auf Kinder zwischen 5 und 11 Jahren und deren Enkodierungs- und Dekodierungsverhalten in Bezug auf mimisch-gestisch, zeichnerisch oder sprachlich dargestellte Begriffe. Das Ergebnis bestätigt weitgehend die Repräsentations-Entwicklungshypothese.

Für einen zu erstellenden Fragebogen für Kinder ist folgendes Teilergebnis von Bedeutung: „Im Bereich der zeichnerischen Kommunikation finden sich sehr große Entwicklungsveränderungen bei der Enkodierung, aber wenig Veränderungen bei der Dekodierung. Hieraus läßt sich folgern, daß bildhaft-zeichnerisches Material in allen einbezogenen Altersgruppen mit vergleichbarem Erfolg einsetzbar ist, wenn ausschließlich Dekodierungsleistungen gefordert sind. Dies ist unter anderem für entwicklungspsychologische Datenerhebung über eine größere Altersspanne hinweg von Bedeutung, da Überlagerungen der inhaltlich angezielten Entwicklungsveränderungen mit Entwicklungsveränderungen im kommunikativen Bereich hier vermieden

58 Bruner,J./Olver,R./ Greenfield,P. u.a., S.49

59 Lohhaus,A.: Verbale und nonverbale Kommunikation im Kindesalter: Ergebnis einer entwicklungspsychologischen Studie, in: Zeitschrift für Entwicklungspsychologie und Pädagogische Psychologie 1992, Band XXIV, Heft 1 S.23

werden können."[60] Das bedeutet, daß man in dem beschriebenen Rahmen durchaus Fragebögen für eine altersgemischte und sich im Umbruch befindlichen Gruppe entwerfen kann.
Die Fragen können für 6/7jährige über Sprachsymbole akustisch gestellt werden. Dies kann, um die Situation in allen Phasen und allen Klassen gleich zu halten, über eine Toncassette erfolgen. Die Antwortmöglichkeiten sollten über Zeichensymbole schriftlich dargestellt und noch akustisch über Sprache erläutert werden. Der „Fragebogen" bestünde damit aus einer Fragecassette und einem Antwortbogen.
Dank dieser Untersuchung bietet sich die Möglichkeit an, eine gewisse Standardisierung von Fragen herzustellen. Die Fragen und Antworten erfordern in erster Linie Dekodierungsleistungen, die im Alter von 5 bis 8 Jahren relativ konstant sind. Die einzige Enkodierungsleistung besteht im Ankreuzen von zeichnerischen Symbolen. Natürlich bedeutet die Festlegung der Antwortmöglichkeiten eine gewisse Einschränkung der spontanen Leistung und Kreativität.

1.5.2 Datenerhebung mit qualitativen Methoden

Das Thema dieser Forschungsarbeit provoziert geradezu die Auseinandersetzung mit qualitativen Methoden, denn auf noch nicht untersuchten Gebieten ist die Offenheit des Forschers/der Forscherin gegenüber dem Gegenstand von größter Wichtigkeit. Nur induktive Methoden können den Boden bereiten für genauere Hypothesen. „Qualitative Sozialforschung ist gegenüber den im sozialen Feld agierenden Personen aufgeschlossen und auch gegenüber dem Untersuchungsfeld selbst. Sie ist offen gegenüber der Bildung von Theorien, weil sie auf Theoriebildung ex ante verzichtet. Auch die Methodologie des qualitativen Paradigmas ist dadurch offen, weil sie im Forschungsablauf jederzeit modifiziert werden kann, wenn sie sich dem Erkenntnisinteresse nicht angemessen erweist."[61]
Auch wenn der Forschungsablauf verändert werden kann, so ist es dennoch notwendig, Entscheidungen zu Datenerhebungsmethoden zu finden. Auch hier soll zunächst geprüft werden, welche Untersuchungsinstrumente infrage kommen.

1.5.2.1 Beobachtung

Qualitativ orientierte Beobachtung legt andere Prinzipien an als quantitative Beobachtung. Im Grunde ist der Prozeß umgekehrt, denn aus der Beobachtung heraus werden erst Schlüsse gezogen, die dann widerum als Kriterium für die weitere Bearbeitung herangezogen werden. Insofern gelten als oberste Postulate die Offenheit des Forschers und der Prozeßcharakter. Auch hier gibt es Unterschiede, inwieweit der Forscher in das Feld involviert ist. „Qualitativ orientierte Beobachtungsdesigns betonen (dagegen) die Teilnehmerrolle, was einen hohen Partizipationsgrad des Forschers

60 Lohhaus, A.:, S.37
61 Fürst,G.: Familiäre Lebenbedingungen und subjektive Bedeutsamkeit der Medien Fernsehen und Videospiel für 12 bis 14jährige Kinder, Frankfurt 1994, S.240

im Feld und die Identiät von Forscher und Beobachter voraussetzt.[62] Bei Kindern bietet sich die Beobachtung als Forschungsform besonders an, weil sie sich sprachlich noch nicht so differenziert ausdrücken können. Andererseits sind Kinder auch irritiert von fremden Blicken. Unabhängige, fremde Beobachter stören leicht den Forschungsprozeß. Insofern ist zu überlegen, ob teilnehmende oder beteiligte Beobachtung nicht sehr viel mehr Vorteile bietet. Bekannte Personen neigen aber dazu, sich mit dem Feld zu identifizieren, worunter die Wahrnehmung leiden würde. „Die alltägliche Form der Beobachtung ist für den Erzieher/Lehrer in der Regel die aktiv teilnehmende Beobachtung. Dies bedeutet Einschränkung und Erweiterung der Beobachtungsmöglichkeiten zugleich. Der Erzieher/Lehrer kann sich als gleichzeitig für Spiel- und Lernsituationen Verantwortlicher und Beobachtender eben nicht voll und ganz auf die Beobachtung konzentrieren, er wird im Gegenteil sogar oft genug von ihr durch seine vorrangigen unterrichtlichen und erzieherischen Aufgaben abgezogen. Die Folge sind u.U. unvollständige Beobachtungsergebnisse, die für stichhaltige Schlußfolgerungen nur bedingt geeignet sind. Diesen Nachteil kann der Erzieher/Lehrer durch entsprechend häufiges Beobachten im gleichen Situationszusammenhang in etwa ausgleichen. Der Hauptvorteil teilnehmender Beobachtung aber liegt darin, daß der Erzieher/Lehrer durch sein Mitleben im Beobachtungsfeld Bedingungszusammenhänge, Verhaltensentwicklungen und den zu Beobachtenden in der Gesamtheit seines Verhaltens eher wahrnehmen und würdigen kann als der auf einen bestimmten Beobachtungsaspekt innerhalb einer abgesteckten Situation und bei begrenzter Zeit angesetzte Spezialist.“[63]
Im vorliegenden Fall wird es so sein, daß das Medienprojekt allein in der Hand der Forschenden liegt. Sehr viel Zeit und Abstand zum Geschehen sind also nicht zu erwarten. Deshalb soll während der Erarbeitung des Hörspiels mit den Kindern ein Tonband den Verlauf des Unterrichts festhalten und die spontan nach der Stunde angefertigten Protokolle unterstützen. Findet der Unterricht mit der ganzen Klasse statt, muß auf Tonbandaufzeichnungen verzichtet werden, weil die Stimmen nicht mehr identifizierbar sind. Protokolle aus der teilnehmenden Beobachtung spielen vor allem für die Evaluation des Unterrichts eine große Rolle. Nur so kann überprüft werden, ob der intendierte Prozeß mit dem tatsächlichen übereinstimmt.

1.5.2.2 Die Befragung

Auch die qualitative Forschung bringt gewisse Einschränkungen bei der Befragung bzw. dem Interview mit sich. Ein Problem ist der enorme zeitliche Aufwand bei narrativen Interviews, der „Urform“ der qualitativen Methode. Ziel von narrativen Interviews ist das Verstehen, das Aufdecken von Sichtweisen und Handlungsmotiven sowie deren subjektive Erklärung von eigenen sozialen Bedingungen.Die Gespräche

62 Atteslander,P.: S.101

63 Köck,P. : Praxis der Beobachtung, Donauwörth 1990,2 S.47

müssen vorbereitet und nachbereitet werden. Hinzukommt die Schwierigkeit der Auswertung. Das Material ist meist sehr umfangreich und unübersichtlich. Selbst wenn es mittlerweile sehr viele verschiedene anerkannte Methoden der Inhaltsanalyse gibt, so müssen sie dennoch immer für den Gegenstand neu entwickelt werden. „Das wenig strukturierte Interview setzt eine sorgfältige Schulung des Forschers voraus. Er hat nicht nur auf den Verlauf des Gesprächs zu achten, nicht nur Hinweise auf der Sprachebene und Bedeutungszusammenhänge wahrzunehmen, sondern auch die ganze Umgebung zu beobachten.“[64] Oft werden Interviews, in denen weder die Fragen noch die Antworten festgelegt sind, als Vorstufe quantifizierbarer Verfahren benutzt. Aber auch für standardisierte oder teilstandardisierte Verfahren sind sie eine wichtige Vorstufe. Einerseits kann damit das Thema besser eingegrenzt werden und die Fragen nach subjektiver Befindlichkeit können wesentlich präziser gefaßt werden, andererseits eröffnen narrative Interviews Tür und Tor zu unkontrollierten Intervieweinflüssen. Aus diesem Grund sind teilstandardisierte Verfahren zwar einschränkend für den Frager, geben aber eine gewisse Sicherheit, daß der Befragte nicht von einer suggestiven Situation überrollt wird. Um eine Interviewform zu finden, die sowohl dem Vorwissen und der Erfahrung der Forscherin als auch den Auswertungsmöglichkeiten entspricht, sollte hierfür die Form einer stärker strukturierten Befragung, das problemzentrierte Interview, besonders geprüft werden.
Für das problemzentrierte Interview gelten nach Andreas Witzel folgende Regeln:
Problemzentrierung:
Das Problemfeld sollte vorläufig beschrieben, aber das Vorwissen sollte gegenüber der Empirie offengehalten werden. Diese Spannung zwischen Vorerfahrung und vorgefundenem Gegenstand bezeichnet er nach Blumler 1954 (sensytizing concept) als Elastizität. [65] Das bedeutet in vorliegenden Fall die Fragen möglichst offen zu halten und im direkten Gespräch Dinge zu klären.
Gegenstandsorientierung:
Anstelle sich an machbaren Methoden zu orientieren, sollte sich die Methode am Gegenstand orientieren. Es sollte ein geeigneter Zugang zu Handlungs- und Bewußtseinsebenen gefunden werden.[66] Für die Untersuchung heißt das, sich möglichst stark auf die Kinder einzulassen, sie in einer vertrauten Umgebung zu befragen, ohne daß sie Angst vor „falschen“ Antworten haben müssen.
Prozeßorientierung:
Das Problemfeld sollte schrittweise eruiert und analysiert werden. Wichtig ist die flexible und reflexive Handhabung von Methoden. „Zunächst induziert das Datensammeln, -sortieren und -interpretieren Kategorien und theoretische Konzepte. Anschließend wird stärker selektiv vorgegangen, indem aus der entstehenden Theorie Kernkategorien benutzt werden, um einen strukturierten Suchprozeß nach neuen Ide-

64 Atteslander,P.: S.161
65 Witzel,A, S.231
66 Witzel,A., S.232

en und Zusammenhängen in den Daten zu organisieren."[67] Dieser deduktive Prozeß ist die Grundlage weiterer induktiver Prozesse.

Der Ablauf dieses Verfahrens ist für Witzel immer derselbe. Begonnen wird das Interview mit einem Kurzfragebogen, der Auskunft über biographische Daten gibt und in das Thema einführt. „Solche Fragen fördern bei den Untersuchten eine erste Beschäftigung mit dem Thema, bestimmte Gedächtnisinhalte werden dabei aktiviert und erfahren dabei eine Zentrierung auf das zu untersuchende Problemgebiet."[68] Dieser Kurzfragebogen ist von Witzel in schriftlicher Form gedacht. Für Kinder, denen Lesen und Schreiben jedoch noch nicht so geläufig ist wie Erwachsenen, sollte auch der Einstieg mündlich erfolgen. Die Fragen können vorformuliert werden. Darauf folgen Fragen, die sich aus einem Interviewleitfaden ergeben. Sie sollten nicht ganz festgelegt sein. „Der Leitfaden hat nicht die Aufgabe, ein Skelett für einen strukturierten Fragebogen abzugeben, sondern soll das Hintergrundwissen des Forschers thematisch organisieren, um zu einer kontrollierten und vergleichbaren Herangehensweise an den Forschungsstand zu kommen. Da Kinder aber besonders schwer zu befragen sind, einerseits die Fragen nicht zu abstrakt und andererseits nicht suggestiv sein dürfen, ist es hier angezeigt eine Art Fragenkatalog zu erstellen, der „kindergetestet" ist. Zwischenfragen und Bitten um Präzision sollten jedoch möglich sein, insbesondere bei Fragen, die Unbewußtes bewußt machen könnten. Das Interview muß grundsätzlich aufgezeichnet werden, wobei Gestik und Mimik festgehalten werden sollen. Das kann in der Form geschehen, daß man z.B. nach dem Grund des Lächelns fragt, oder durch schriftliches Festhalten der Reaktionen. Von jeder Aufnahme soll ein postscriptum, eine „Postkommunikationsbeschreibung" angefertigt werden, das die Situation vor, während und nach dem Interview beschreibt und alle wichtigen atmosphärischen Einflüsse und Ereignisse festhält. Es kann bei Interviews und Gruppendiskussionen wichtige Daten liefern, „einzelne Gesprächspassagen besser zu verstehen und das Gesamtbild besser abzurunden."[69]

Das problemzentrierte oder focussierende Interview eignet sich hervorragend für eine theoriegeleitete Forschung, weil es keinen rein explorativen Charakter hat, sondern direkt auf das Problem zusteuert. Außerdem ist die teilweise Standardisierung von Vorteil wegen der größeren Vergleichbarkeit und der leichteren Auswertung.[70] Dennoch ist diese Art von Befragung ungleich aufwendiger als ein rein standardisiertes Interview in dem letzten Endes nur angekreuzt werden muß. Insofern kann niemals für die Schüler beider Klassen ein solches Verfahren herangezogen werden. Über das subjektive Empfinden, über Ideen und Motivationen von ausgewählten Schülern sollen auf diese Weise genauere Aufschlüsse gewonnen werden. Die Zahl und die Kriterien für die Auswahl der Einzelfälle müssen nach dem Ziel bestimmt werden.

67 Witzel,A., S.233
68 Witzel,A., S. 236
69 Witzel,A., S.238
70 Mayring,Ph.: Einführung...S. 49

1.5.2.3 Gruppendiskussion

Gruppendiskussion ist eine Methode der Datenerhebung, in der die Mitglieder möglichst unbeeinflußt sich zu einem gestellten Thema äußern. Der Forscher hält sich so weit wie möglich im Hintergrund.[71] Dies ist eines der wichtigsten Instrumente, das Thomas Heinze bei seiner „handlungsorientierten Evaluation" einsetzt. Im kooperativen Dialog mit Schülern will er Handlungsstrategien herausfinden, die der Verbesserung des Unterichts dienen. „Das Modell der ‚diskursiven Untersuchungsstrategie' hat für die Konzeption handlungsorientierter Evaluation zur Konsequenz, den Prozeß der allmählichen Zielfindung und Zielkonkretisierung methodisch anzuleiten, um im Verlauf des Projekts oder der Seminardiskussion empirisch begründbare didaktische Strategien für die Schul- und Unterrichtspraxis zu finden und auszuarbeiten."[72] Gruppendiskussionen haben den Vorteil, daß der Diskussionsleiter in den Hintergrund rückt und, daß kollektive Einstellungen und Ideologien aufgedeckt werden können[73]. Eine Klasse ist aber nicht unbedingt mit einer Gruppe zu vergleichen. Ältere Schüler, von denen Heinze offenbar spricht, mögen sich auf die Bedingungen einer forschungsbegleiteten Diskussion einlassen und fruchtbare Ergebnisse bringen. Ein Klassengespräch mit Kindern der Grundschule entspricht nur wenig der Form dieser Gruppendiskussion. Die Kinder verlieren im Klassenraum den Forscher und den Lehrer bzw. die Lehrerin nur wenig aus den Augen, weil die Schulatmosphäre, auch wenn man im Kreis sitzt, sehr autoritätsbezogen bleibt. Während bei Einzelfallanalysen auf individuelle Handlungen und Deutungsmuster eingegangen werden kann, entsprechen Klassengespräche eher Bestandsaufnahmen. Das „Warum" kann nur wenig beleuchtet werden. Dennoch können breitere Meinungen eingeholt werden und sozial gängige Handlungen und Meinungen erfragt werden.

Aus den genannten Gründen gelten für Klassengespräche eher die methodischen Schritte des problemzentrierten Interviews und nicht die der Gruppendiskussion.

1.6 Methodische Konsequenzen in Bezug auf das Untersuchungsziel

Um den Prozeß der Erreichung von Medienkompetenz nachzeichnen zu können, ist zu überlegen, ob nicht die Verfahren beider Paradigmen herangezogen werden sollten. Zum einen ist Medienkompetenz ein definiertes Ziel, das hier zur pädagogischen Norm erhoben wird, zum anderen ist der Erwerb von Medienkompetenz ein Prozeß, der nur durch Nachvollzug von Denken, Fühlen und Handeln erfaßt werden kann.

Die Methode sollte so nah wie möglich am Gegenstand orientiert sein. Qualitative Methoden verlangen Offenheit gegenüber dem zu untersuchenden Ziel. Diese Offenheit wird natürlich eingeschränkt durch Vorerfahrungen. Insofern wurden zunächst einmal Thesen aufgestellt. Wie in Teil I, Kap.4 beschrieben, setzt sich danach Medienkompetenz zusammen aus:

Wahrnehmungskompetenz, Nutzungskompetenz und Handlungskompetenz.

---

71 Atteslander,P., S.174

72 Heinze,Th.: Handlungsorientierte Unterrichtsforschung, S.23

73 Mayring,Ph.: S. 54

Um den empirischen Erkenntnisgewinn nicht zu schmälern, sollte aber auf eine endgültige Hypothesenbildung verzichtet werden. Dennoch fließen in jede Art von Forschung Erfahrung und Wissen des Forschers mit ein. Deshalb sollte bei diesem Forschungsgegenstand die kognitive Seite eher durch quantitative Methoden erfragt und die gefühlsmäßige und im Handeln sichtbare Seite mit Hilfe von qualitativen Methoden erfaßt werden. Ob sich diese Methode als sinnvoll erweist, wird erst während des Forschungsprozesses beantwortbar sein.
Aufgrund unserer Definition von Wahrnehmung als Grundlage für Nutzen und Handeln muß zunächst untersucht werden, welche gemeinsame Basis Kinder von 6/7 Jahren in Bezug auf Medien haben. Da Wahrnehmung nicht nur aus kognitiven Elementen besteht, sollte man bei möglichst vielen Kindern eine Art Bestandsaufnahme machen. Diese Bestandsaufnahme wird durch einen Fragebogen erhoben, der Auskunft über folgende Fähigkeiten geben soll:
Strukturierungs-, Interpretations- und Differenzierungsfähigkeit.

Die Nutzungskompetenz von Kindern ist aus technischen Gründen am schwersten zu erfassen, denn der sichtbare Teil hiervon spielt sich zuhause ab. Was den Medienkonsum anbelangt, so sollen als Grundlage und Vergleich die in TeilI, Kap.1 beschriebenen Theorien und Statistiken herangezogen werden. Nur die Rezeptionssteuerung und Kritikfähigkeit können z.T. auch durch den Fragebogen erhoben werden. Genaueres wird man jedoch nur durch einzelne Gespräche in Form von problemzentrierten Interviews erfahren können. Die Fragen beziehen sich auf folgende Fähigkeiten:
Rezeptionssteuerungs-, Auswahl-, und Kommunikationsfähigkeit.

Die Handlungskompetenz von Kindern wird eigentlich erst durch das Hörspielprojekt erweitert. Diese Veränderung soll im Klassengespräch, durch teilnehmende Beobachtung und durch Einzelgespräche nachgezeichnet werden. Bei der Erstellung des Hörspiels, dem anschließenden Studiobesuch bei Radio Dreyeckland und im Klassen- und Einzelgespräch soll auf folgende Fähigkeiten geachtet werden:
Produktions-, Gestaltungs- und Veröffentlichungsfähigkeit

Die Untersuchungsinstrumente sollten soweit wie möglich durch eine Voruntersuchung erprobt werden. Aus den aufgeführten Gründen ergibt sich dadurch folgende Übersicht über die Anlage und Ausführung der Untersuchung (s. Abbildung auf der gegenüberliegenden Seite):

	Voruntersuchung	*Bestandsaufnahme 1. Phase*	*Medienprojekt 2.Phase*	*Untersuchung danach 3. Phase*	*U. nach 4 Monaten 4. Phase*
Untersuchungsziel	Wahrnehmungskompetenz	Wahrnehmungskompetenz		Wahrnehmungskompetenz	Wahrnehmungskompetenz
Meßinstrumente	Fragecass./Antwortbogen	Fragecass./Antwortbogen		Fragecass./Antwortbogen	Fragecass./Antwortbogen
Untersuchungs-personen	Kinder im Kindergarten und in Grundschulen	Klasse / Kontrollklasse		Klasse / Kontrollklasse	Klasse / Kontrollklasse
Untersuchungsziel	Nutzungskompetenz	Nutzungskompetenz		Nutzungskompetenz	Nutzungskompetenz
Meßinstrumente	Fragecass./Antwortbogen	Einzelinterviews Fragecass./Antwortbogen		Einzelinterviews Fragecass./Antwortbogen	Einzelinterviews Fragecass./Antwortbogen
Untersuchungs-personen	Kinder im Kindergarten und in Grundschulen	Schüler/innen der Klasse Klasse / Kontrollklasse		Schüler/innen der Klasse Klasse / Kontrollklasse	Schüler/innen der Klasse Klasse / Kontrollklasse
Untersuchungsziel	Handlungskompetenz	Handlungskompetenz		Handlungskompetenz	Handlungskompetenz
Meßinstrumente	Klassengespräch	Einzelinterviews		Einzelinterviews	Einzelinterviews
Untersuchungs-personen	Klasse in Grundschule	Schüler/innen der Klasse		Schüler/innen der Klasse	Schüler/innen der Klasse
Untersuchungsziel			intendierter/tatsächl. Prozeß		
Meßinstrumente			teiln. Beobachtung		
Untersuchungs-gegenstand			handlungsorient. Unter-richt - Lehrer/Schüler		

Kapitel 2
Untersuchungsschritte und -instrumente

Die getroffenen Entscheidungen bezüglich des Untersuchungsplans und der Untersuchungsinstrumente mündeten in eine vorläufige Erstellung eines „Fragebogens“ und eines Interviewleitfadens. Bereits im Schuljahr 1993/94 fanden Voruntersuchungen statt. Sie bezogen sich hauptsächlich auf die Erprobung der Fragecassette und des Antwortbogens. Hierfür wurde eine Cassette mit Hörbeispielen entwickelt und ein dazugehöriger Bilder-Antwortbogen. Er wurde in drei Grundschulklassen und einer Kindergartengruppe getestet.
Anfang des Schuljahres 1994/95 wurde die verbesserte Version des Fragebogens an einer 4. Klasse Grundschule getestet, weil diese gerade ein Hörspielprojekt durchgeführt hatte. Außerdem wurde der Interviewleitfaden, der für Fallstudien zusammengestellt worden war, in einem Klassengespräch auf Verständlichkeit und Relevanz überprüft. Die Überlegungen und Ergebnisse dieser Voruntersuchungen führten zur Ausarbeitung des endgültigen Untersuchungsinstrumentariums.

2.1 Voruntersuchung

2.1.1 Voruntersuchung mit dem „akustischen Fragebogen“

Zur Erhebung eines allgemeinen Kenntnisstandes sollte eine Art akustischer Fragebogen an die Kinder zwischen 5 und 8 Jahren ausgegeben werden. Da die Wahrnehmung als Basis zum Erwerb von Medienkompetenz angesehen wird, hatte der „Fragebogen“ den Zweck, vor allem die Wahrnehmung von medialen Produkten zu prüfen. Weil Kinder in diesem Alter vorwiegend alleine Cassetten hören und wir ihre Aufnahme- und Diskriminierungsfähigkeit nur wenig kennen, wurden ihnen Ausschnitte aus Hörspielen vorgespielt, bei denen sie sich auf ein bestimmtes Merkmal konzentrieren sollten. Sie erhielten drei Antwortmöglichkeiten, die durch kleine vereinfachte Zeichnungen in der Art von Piktogrammen dargestellt wurden. Hiervon war eine Antwort richtig, eine annähernd richtig und eine ganz falsch. Ein anderer Teil der Fragen bezog sich nicht auf die Hörspielanalyse, sondern auf den Umgang mit medialen Produkten: Auswahl, Rezeptionssteuerung und Kommunikation. Hierzu wurden Ja/Nein- Antworten angeboten, die ebenfalls graphisch dargestellt waren.
Auf dem Antwortbogen, der nur Bilder enthielt, war die Reihenfolge der Fragen nicht einfach zu erkennen. Aus diesem Grunde wurde versucht, auch die Antwortzeichnungen in sichtbare Blöcke einzuteilen und nicht nach Nummern, sondern altersgemäß nach Farben zu trennen. Am Beginn jedes neuen Absatzes befand sich ein Kringel, den die Kinder vor Ablauf des Tests in der entsprechenden Farbe anmalen sollten. Mit dem Hinweis auf der Cassette z.B. : „Jetzt kommen wir zur Fragegruppe blau“ sollte das Kind sich neu orientieren und, falls sein Blick ins Umherschweifen gekommen

war, sich wieder neu auf den angesprochenen Absatz konzentrieren können. Außerdem enthielt die Cassette eine genaue Beschreibung dessen, was zu tun sei, die Fragen und eine Abmoderation. Ihre Laufzeit betrug ohne Pause 22 Minuten. Der Antwortbogen bestand aus drei Din A 4 Blättern, die schwarz/weiß bedruckt waren. Augewählt wurden für den „Fragebogen“ drei Schulklassen der Grundschule, an der auch die Hauptuntersuchung durchgeführt werden sollte. An dieser Schule wurden schon mehrmals Hörspielprojekte gemacht. Deshalb waren das Rektorat und die LehrerInnen aufgeschlossen gegenüber solchen Experimenten. Die Schule besitzt einen Rckorder mit großem Lautsprecher, der zur Verfügung gestellt wurde. Ausgewählt wurden die Klassen 1a, 1b, 3 b.Der im gleichen Ort befindliche Kindergarten erklärte sich ebenfalls bereit, bei der Voruntersuchung mitzumachen. Diejenigen Kinder, die im nächsten Jahr in die Schule kommen sollten, waren in einer Vorschulgruppe zusammengefaßt worden. Damit ergab sich ein ziemlich durchgehendes Spektrum von Altersgruppen zwischen 5 und 10 Jahren. An diesem Spektrum von Kindern sollte überprüft werden, wie kindgemäß der „Fragebogen“ wirklich ist und ob man aus den Antworten tatsächlich Rückschlüsse ziehen kann.

Ein erster Eindruck, ohne zahlenmäßige Erfassung des Ergebnisses, ergab, daß der Fragebogen gut angenommen worden war, aber neue Probleme aufwarf. Am interessantesten war die erstmalige Erprobung des „Fragebogens“. Die Klasse 1b war begeistert bei der Sache. Auf jede gestellte Frage aus dem Lautsprecher riefen die Kinder laut ihre Antwort heraus. Individuelle, subjektive Beantwortung der Fragen war dadurch unmöglich. Auch die nachträgliche Ermahnung, daß sich jeder auf sein Blatt konzentrieren möge, war vergebliche Liebesmüh. Bei den folgenden Untersuchungen wurden die Kinder von Anfang an instruiert, daß sie ganz leise sein müßten, und allein ihren Bogen ankreuzen sollten. Aber auch sonst gab es noch kleine Schwierigkeiten. Die Zeitspanne zwischen den Fragen sollte genau nach Erfahrungswerten bemessen werden. Manche Pausen waren zu kurz, manche zu lang. Kinder unterer Altersgruppen können nicht mehr als 2 Ja- nein- Fragen hintereinander beantworten, sonst verlieren sie den Überblick. Bei den Zeichnungen sollte die „fast richtige Antwort“ manchmal noch näher an der richtigen Antwort liegen, sonst ist der Test zu leicht. Die falsche Antwort quittierten die Kinder fast alle mit Lachen, so daß kaum jemand die falschen Antworten angekreuzt hat. Ob dies auf Wissen oder kollektiven Druck zurückzuführen ist, kann man nicht ersehen. Die Fragen zur „Kritikfähigkeit“ sind schwer auswertbar, weil sie sehr subjektiv sind. Sie können höchstens durch Nachfragen genauer erläutert werden. Die Antworten, ob Kinder bei angstauslösenden Hörspielen den Recorder abschalten oder sich einer Person ihres Vertrauens zuwenden, unterscheiden sich sehr geschlechtsspezifisch. Hier sollten auf jeden Fall Korrelationen hergestellt werden. Die Fragen zu Medienformen waren sehr schwer zu beantworten und von den Bildern her vielleicht mißverständlich. Man hatte den Eindruck, als wüßten die Kinder die richtige Antwort, aber wußten nicht, was sie ankreuzen sollten. In der durchgeführten Form ist der Test zu lang. Wenn nur einige

Rückfragen kommen, kann die Schulstundeneinteilung nicht eingehalten werden. Insgesamt haben sehr viele Kinder die Fragen richtig beantwortet, so daß von einer höheren Wahrnehmungskompetenz als angenommen ausgegangen werden kann. Eine prinzipielle Änderung der Fragen erschien nicht erforderlich, nur der Schwierigkeitsgrad sollte erhöht werden. Möglich wäre eine Änderung der Reihenfolge der Fragen. Man könnte den Test durch die Mischung von Ja- Nein - Fragen und Fragen zu Hörbeispielen unübersichtlicher machen und Verwirrung stiften, damit vielleicht die Antworten spontaner und weniger konzentriert kommen. Dagegen spricht aber, daß sich Chaos in den Köpfen der Kinder ausbreitet und sie mit Panik reagieren, so wie es jenem Mädchen erging, das in Weinen ausbrach, weil sie nicht folgen konnte. Es sollte noch erwähnt werden, daß fast allen Kindern das Ausfüllen der Bögen sehr viel Spaß bereitet hat. Nur bei den letzten Fragen zeigten sich wirkliche Schwierigkeiten.
Für die zahlenmäßige Auswertung wurden nur die Fragebögen aus dem Kindergarten, der Klasse 1a und der Klasse 3b herangezogen, weil die Klasse 1b zu wenig individuelle, sondern häufig kollektive Antworten lieferte.
Zunächst ging es darum herauszubekommen, ob die Fragen von Kindern zwischen 5 und 10 Jahren verstanden und beantwortet werden können.

Es wurden insgesamt 59 Fragebögen ausgewertet:

Kindergarten	10
Klasse 1a	23
Klasse 3b	26

Anhand der folgenden Tabelle kann man die Altersstufung ersehen:

Alter:	5	6	7	8	9	10	
Anzahl der Kinder	6	5	21	2	23	2	gesamt: 59

Am Vortest nahmen 27 Mädchen und 32 Jungen teil. Von den 59 Kindern gaben 51 an, daß sie einen eigenen Cassettenrecorder besitzen und 55 hören gerne Cassetten. Die Anzahl derjenigen, die schon eigene Aufnahmen gemacht haben liegt mit 31 Kindern, also über 50 % sehr hoch, wahrscheinlich deshalb, weil die Lehrerin der Klasse 3 b schon öfter Cassettenrecorder im Unterricht eingesetzt hat und mit den Kindern früher bereits eine Sendung gestaltet hat.

Im Vortest ging es vor allem darum, den Fragebogen in eine altersadäquate Form zu bringen und genau auf die operationalisierten Thesen auszurichten. Deshalb wurden folgende Aspekte überprüft:

- ob Fragen schwer verständlich waren:
Die Unverständlichkeit der Fragen kann man am ehesten daraus lesen, wieviele Fragen unbeantwortet blieben oder wo die Kinder leicht in der Zeile verrutscht sind und

zwei Kreuze in die gleiche Zeile gesetzt haben. Alle diese Antworten wurden als „nicht beantwortet“ eingestuft. Die Mehrzahl der Fragen wurden beantwortet. Nur eine von 42 Fragen stieß auf größeres Unverständnis. Die Frage 42 zielte darauf ab, das ästhetische Empfinden der Kinder zu erforschen. Dabei wurden ihnen 2 Zaubersprüche angeboten und sie sollten entscheiden, welcher schöner sei. Da ein Zauberspruch aus einer bekannten Serie, aber der andere sprachlich interessanter war, schwankten die Kinder vielleicht zwischen Vertrautheit und Interesse. Möglich ist aber auch, daß die Veränderung des Frageschemas sie verwirrte. Sie sollten nicht mehr Bilder ankreuzen sondern Zahlen.

- ob Fragen zu leicht oder zu schwer waren:
Wie schon erwähnt, war die Kompetenz der Kinder höher als angenommen und die Mehrzahl der Kinder hat die Fragen richtig beantwortet. Selbstverständlich war der Anteil der richtig beantworteten Fragen bei den älteren Kindern höher als bei den Kindergartenkindern. Dennoch erziehlten bei den meisten Fragen auch die Kindergartenkinder gute Ergebnisse. Die meisten Schwierigkeiten hatten diese bei der Beantwortung von Fragen, die sich auf die Sprache und auf die Medienformen bezogen, was sich entwicklungspsychologisch leicht erklären läßt, aber auch an den Testantworten liegen kann. Auch konnten die kleineren Kinder noch schwerer zwischen Realität und Fiktion unterscheiden.

- ob die Zeichnungen verstanden wurden:
Die Zeichnungen wurden in der Regel von allen Kindern gut verstanden. Probleme machten vielleicht die Ja/Nein- Bildchen, die sich nicht so sehr unterschieden. Die Schwierigkeit war dabei, daß „Nein“ nicht als abwertend qualifiziert werden sollte, also die Mimik nicht negativ gezeichnet werden konnte.
Schwierigkeiten gab es aber eher durch die Massierung der Ja/Nein-Antworten.
Auch die Medienformen sind schwer zeichnerisch zu differenzieren. Nur der Nachrichtensprecher stach durch seriöses Aussehen besonders heraus. Dennoch wurden verhältnismäßig gute Ergebnisse erzielt.

- ob die Reihenfolge der Fragen korrekt angeordnet war:
Nachdem es im ersten Teil hauptsächlich um demoskopische Fragen ging, im zweiten Teil um kognitive Wahrnehmung und im dritten Teil um subjektives Empfinden, war die letzte Frage nach der Realität deplaziert, weil sie auch eher zu den „kognitiven“ Fragen gehört. Bei der Einschätzung von Realität ging es nur um richtig oder falsch. Insgesamt waren gegen Ende zuviele Fragen, die mit Ja oder Nein beantwortet werden sollten. Die lange Liste verunsicherte manche Kinder, so daß sie in der Zeile verrutschten. Das führte zu einigen „nicht beantwortet“- Ergebnissen.

- ob sozial erwünschte Antworten gegeben wurden:
Bei der Frage nach der gefühlsmäßigen Einschätzung von lustigen und gruseligen

Hörspielsequenzen war zu befürchten, daß sich manche Kinder einer unausgesprochenen Erwartung angepaßt haben. Diese Anpassung ist aber zahlenmäßig nicht zu sehen, weil die Antworten sehr unterschiedlich ausfielen.
Tatsächlich wurde das nur „ein wenig gruselige“ Hörspiel als weniger gruselig eingestuft (13 zu 40), während ein Hörspielausschnitt, der sich durch markerschütternde Schreie auszeichnete, von der Hälfte der Antwortenden als gruselig eingestuft wurde (28 zu 28). Daß immerhin 28 Kinder dieses Hörspiel als „nicht gruselig“ einstuften, spricht eher dafür, daß sie sich nicht um Erwartungshaltungen gekümmert haben.

- ob sich die Altersgruppen und die Geschlechter in ihren Nutzungsstrategien unterscheiden:
Bei der Rezeptionssteuerung ergeben sich erstaunliche Unterschiede:
Auf die Frage, wie sie sich verhalten, wenn sie Angst bekommen, kreuzen die Kinder folgende Möglichkeiten an:
Bei der Antwort „Ich sage mir, daß das nicht echt ist“ antworteten mit zunehmendem Alter die Kinder eher ja an (3 von10 Kindern im Kindergarten, 13 von 22 in der 1. Klasse, 17 von 26 in der 3. Klasse)
Die Antwort „ ich schalte aus“ beantworteten die Kinder mit steigendem Alter eher mit nein (4 von 9 im Kindergarten,15 von 21 in der 1. Klasse,18 von 26 in der 3. Klasse). Trost bei Erwachsenen suchen sich die wenigsten, egal welcher Altersgruppe sie angehören (nur 2 von 10 im Kindergarten; 4 von 17 in der 1. Klasse, 5 von 25 in der 3. Klasse). Daß sie mediales im Spiel verarbeiten, dessen sind sich nur wenige bewußt. „Ich spiele das Gehörte nach“ sagten nur sehr wenige. (3 von 9 im Kindergarten; 7 von 20 in der ersten Klasse; 5 von 25 in der 3. Klasse)
Gliedert man die Rezeptionssteuerung nach Geschlechtern auf, dann entdeckt man deutliche Unterschiede im Verhalten: Mädchen sagen sich eher als Jungen, daß das Gehörte „nicht echt“ ist (18 von 27 Mädchen,15 von 29 Jungen). Mädchen schalten eher den Rekorder aus, wenn sie Angst bekommen (11 von 25 Mädchen, 8 von 31 Jungen). Mädchen suchen sich auch eher Trost bei Erwachsenen (6 von 23 Mädchen, 5 von 29 Jungen). Mädchen und Jungen spielen Geschichten jedoch nicht sehr häufig nach (8 von 26 Mädchen, 7 von 28 Jungen).

- ob sich die Altersgruppen und die Geschlechter in der gefühlsmäßigen Beurteilung unterscheiden:
Interessant ist das Ergebnis der gefühlsmäßigen Wahrnehmung von Hörspiel alterspezifisch betrachtet. Die kleineren Kinder sahen manche Hörspiele relativ willkürlich als gruselig oder lustig an, während ältere Kinder eher zu der einen oder anderen Meinung neigen, die vom Erwachsenenstandpunkt aus die „richtigere“ ist. Zum Beispiel beurteilten ausgerechnet die Jüngsten das „objektiv“ gruseligste Hörspiel als nicht gruselig, während alle anderen es zum überwiegenden Teil als gruselig einstuften (0 von 10 im Kindergarten, 12 von 22 in der 1. Klasse, 16 von 24 in der 3. Klasse).

Aus der Auswertung des Vortests ergaben sich folgende Konsequenzen:
- Der Test muß etwas verkürzt werden.
- Die Antworten zur Sprach- und Medienwahrnehmung sollten verdeutlicht werden.
- Die „fast richtige" Antwortmöglichkeit sollte näher an der „richtigen" Antwortmöglichkeit liegen. Die „falsche" Antwort sollte nicht völlig unrealistisch sein. Mit dieser Veränderung erreichte der „Fragebogen" vom Schwierigkeitsgrad her ein höheres Niveau.
- Die Fragen zur Realität sollten integriert werden in den kognitiven Teil.
- Die Antworten zur Rezeptionssteuerung sollten differenzierter sein.
- Das Muster zur Beantwortung von Gefühlswahrnehmung sollte gleich bleiben, aber um ein Beispiel erweitert werden.

Die Struktur des „Fragebogens" erwies sich insgesamt als einfach durchzuführen und kindgemäß. Die Handhabung wurde bereits während der Durchführung verändert. Nach dem ersten „Reinfall", als die Kinder alle lauthals ihre Antworten verkündet hatten, legte die Forscherin größten Wert darauf, daß die Kinder alleine und still ihren Bogen ausfüllten. Dies wurde erreicht durch einen Trick, den eine andere Lehrerin in solchen Fällen immer angewandt hatte. Bevor die Cassette eingeschaltet wurde, mußten alle Kinder ihren Mund mit einem imaginären Schlüssel verschließen. Nach dem Abspann durften alle Kinder ihren „Schlüssel" holen und den Mund wieder „aufsperren". Dieser kleine Kniff verhalf tatsächlich zu einer Atmosphäre, die eine individuelle Auswertung erst möglich machte.

2.1.2 Voruntersuchung mit Interviewleitfaden

Die Schwierigkeit des Untersuchungsinstruments „Fragebogen" bestand darin, daß er nicht auf alle Untersuchungsphasen angewandt werden konnte. Um Veränderungen der Handlungskompetenz zu erfahren, mußte man in den Fragen auf verändertes Verhalten eingehen können. Die Kontrollklasse konnte jedoch Fragen, die auf den „Input" des Hörspielprojektes eingingen, nicht beantworten, weil sie ja von diesem „Input" ausgeschlossen war. Aus diesem Grund mußte eine offenenere Form gefunden werden, die vor allem die Situation nach dem Hörspielprojekt erfassen konnte. Hiefür wurde die Form des „problemzentrierten Interviews" gewählt. Zur Durchführung einer solchen Interviewform gehört ein Interviewleitfaden. Eine Vorprüfung der Fragen konnte aber nur geleistet werden, wenn man eine Gruppe kannte, die gerade ein Medienprojekt hinter sich hatte. Es ergab sich, daß noch vor der Hauptuntersuchungszeit eine 4. Klasse ein Medienprojekt unter der Regie der Forscherin abgeschlossen hatte. Die Schüler hatten an einem außerschulischen Medienprojekt im Rahmen der Kinderkulturwoche teilgenommen. Sie hatten ein Hörspiel erfunden und selbst umgesetzt. Es wurde im SWF und bei Radio Dreyeckland gesendet. Da Kinder in diesem Alter schon besser formulieren können, inwieweit sich ihr Verhalten durch die Produktion eines Hörspiels verändert hat, wurden sie hinterher befragt. Da es aber keine Möglichkeiten gegeben hatte, eine Art Bestandsaufnahme ihres vorherigen Verhaltens zu erlangen, können ihre Antworten nur begrenzt für die Beschreibung von Veränderun-

gen herangezogen werden. Es fanden zwei Gespräche statt, die über den Verlauf ihrer Prozesse in bezug auf Erweiterung von Medienkompetenz Aufschluß geben sollten.
Im ersten Gespräch wurden Fragen zu ihrem Hörspielkonsum gestellt. Hierbei wurden hauptsächlich die Ergebnisse bestätigt, die man aus Untersuchungen zur Medienrezeption kennt. Kinder der 4. Klasse hören immer noch Cassetten, allerdings nicht nur Hörspiel-, sondern auch verstärkt Musikcassetten. Jungen hören mit Vorliebe Action- und Krimi-Cassetten, Mädchen bevorzugen soziale Themen. Sie hören Cassetten besonders dann, wenn sie alleine sein möchten, wenn sie Streit mit jemanden hatten, oder aus irgendeinem Grund traurig sind. In der Regel hören sie keine anderen Cassetten als vor dem Hörspielprojekt.
In einem zweiten Klassengespräch ging es mehr um die Frage, was sich für die Schüler geändert hat, seitdem sie selbst ein Hörspiel produziert haben. Fast alle erzählten, daß sie mehr und aufmerksamer hören als vorher.
Frage: Hört ihr mehr Cassetten ?:
P: Ja, mich interessieren die Tricks. Nach dem Hörspiel habe ich viel mehr Cassetten gehört. Ich hör manche Cassetten den ganzen Tag.
Tricks und Vortäuschung von Realität fallen ihnen in Hörspielen und Filmen immer mehr auf. Viele von ihnen experimentieren nun mit dem eigenen Cassettenrecorder.
Frage: Ich wollte von euch wissen, wie man so Cassetten macht. Hat sich etwas verändert, seht ihr manche Dinge anders als vorher ?
A: Ich mache mehr Aufnahmen als vorher. Ich habe versucht,von einer Cassette auf die andere zu überspielen.
B: Früher hab ich mir vorgestellt, daß die echt draußen die Aufnahmen machen. Dann hab ich mir gedacht, die machen das zuhause. Dann hab ich im Studio gesehen, daß man da Geräte braucht.
D: Nach dem Hörspiel hab ich mir vorgestellt, wie die das machen können, Erst dachte ich, die reiten wirklich auf Pferden.
Frage: Wie ist es beim Fernsehen?
E: Die arbeiten auch mit Tricks
Sie haben sich daran gewöhnt, daß ihre Stimme auf Band anders klingt. Sie erfinden zuhause Geschichten und nehmen sie auf. In der Schule haben sie ein geschichtliches Thema als Hörspiel umgesetzt, es aber nicht gewagt zu veröffentlichen. Ihr Interesse an Technik ist sehr gestiegen. Sie wollten unbedingt wissen, wieso ein Tonband Töne aufnehmen und wiedergeben kann und wie die Töne vom Studio über eine Antenne oder ein Kabel ins Haus gelangen.
Schlußfolgerungen für das methodische Vorgehen:
Die Klassengespräche in der 4. Klasse Grundschule verliefen sehr diszipliniert. Die Lehrerin hatte die Schüler auf diese Sozialform des Unterrichts über Jahre vorbereitet.
Aus den Erfahrungen mit der 4. Klasse der Schneeburgschule ergaben sich, was die Aufzeichnung und Auswertung von Klassengesprächen anbelangt, ebenfalls Konsequenzen. Zwar ist es möglich, die Stimmen der Kinder mit einem Tonbandgerät zu

dokumentieren, aber wenn man die Schüler nicht genau kennt, ist es später unmöglich, die Stimmen aller am Gespräch Beteiligten richtig zuzuordnen. Mehrere Beiträge einer bestimmten ausgewählten Person können also nicht in Beziehung gesetzt werden und ergeben so kein Bild. Für dieses Verfahren müßten Videokameras eingesetzt werden, die im vorliegenden Fall nicht zur Verfügung standen. Um mit einer rein akustischen Aufzeichnung arbeiten zu können, müssen Gruppen sehr klein sein. Beide Gespräche ergaben viele Hinweise darauf, wie ein Interviewleitfaden aufgebaut werden muß, um Veränderungen von Medienkompetenz festzuhalten.

2.2 Hauptuntersuchung

Im Anschluß an die Voruntersuchungen wurden die Untersuchungsinstrumente einer Verbesserung unterzogen. Hinzu kamen Überlegungen zur Verknüpfung der verschiedenen Untersuchungsinstrumente und zur Durchführung der Untersuchung.
Konkret auf die Problemstellung bezogen, ergeben sich für den beobachtbaren Prozeß folgende Phasen, in denen verschiedene Untersuchungsinstrumente in Einsatz gebracht werden:

Phase 1: Bestandsaufnahme
Zunächst soll herausgefunden werden, auf welchem Stand sich die Kinder befinden. Auschlaggebend ist dabei, was Kinder bereits an Differenzierungen wahrnehmen können. Um einen Überblick zu gewinnen, welchen Stand die Kinder haben, sollen zwei Klassen (Untersuchungsklasse und Kontrollklasse) herangezogen und miteinander verglichen werden. So bekommt man einen Eindruck vom Entwicklungsstand der Wahrnehmungs- und Nutzungskompetenz von Elementarschülern. Da Wahrnehmung als die Grundlage von Begreifen angesehen wird, ist diese Art von Bestandsaufnahme notwendig. Sie soll mit dem „akustischen Fragebogen“ durchgeführt werden.
Aus der Untersuchungsklasse sollen sofort danach einige wenige Schüler ausgewählt werden, die sich als besonders gut, bzw. besonders schlecht in ihrer Wahrnehmung gezeigt haben. Es sollte eine numerische Zusammenfassung gemacht und drei Schüler mit der höchsten Punktzahl und drei Schüler mit der geringsten Punktzahl ausgewählt werden. Außerdem sollte noch ein Kind mit einem Mittelwert interviewt werden. Von Interesse ist hierbei auch, ob gutes oder schlechtes Wahrnehmungsvermögen in einem direkten Zusammenhang mit dem Umgang mit Medien steht und ob die Wahrnehmung letzten Endes ausschlaggebend für die Erweiterung von Medienkompetenz ist. Untersuchungsinstrument ist der Interviewleitfaden 1.

Phase 2: Medienunterricht
Anschließend sollte der Medienunterricht in der Untersuchungsklasse in Form eines Projekts beginnen. Ausschlaggebend ist die Einhaltung bestimmter Kriterien für die innere und äußere Struktur des handlungsorientierten Medienunterrichts. In Form von teilnehmender Beobachtung soll geprüft werden, ob der intendierte Prozeß mit dem tatsächlichen Prozeß übereinstimmt. Als Grundlage für diesen Ver-

gleich dienen der formulierte Unterrichtsplan und Protokolle über den tatsächlichen Unterrichtsverlauf.

Phase 3: direkte Nachuntersuchung
Im direkten Anschluß sollte eine erneute Bestandsaufnahme der Wahrnehmungs- und Nutzungskompetenz in den beiden Parallelklassen erfolgen. Als Untersuchungsinstrument dien der „akustische Fragebogen". Dabei kommt es darauf an, ob beide Klassen verbesserte Ergebnisse zeigen oder dies nur bei einer Klasse der Fall ist.
Parallel hierzu sollen die ausgewählten Kinder der Untersuchungsklasse mit dem Interviewleitfaden 2 zu ihrem Medienkonsum befragt werden. Auch hier geht es darum, zu prüfen, ob sich durch den Medienunterricht Veränderungen im Umgang mit Medien ergeben haben.

Phase 4: spätere Nachuntersuchung
In einem Abstand von 4 Monaten sollen beide Klassen noch einmal in ihrem Verhalten überprüft werden, weil man davon ausgehen kann, daß sich neue Erfahrungen erst setzen müssen, bevor sie wirksam werden. Zudem können bei Untersuchungen zweier Parallelklassen entwicklungsbedingte Kompetenzverbesserungen leichter kontrolliert werden, wenn die Untersuchung über einen längeren Zeitraum geht. Untersuchungsinstrument ist auch hier wieder der „akustische Fragebogen".
Parallel hierzu sollen die Einzelfälle ebenfalls nach ihrem Medienverhalten befragt werden. So können u.U. Rückschlüsse auf eine längerfristige Auswirkung von Medienunterricht gezogen werden. Die Schlußbefragung erfolgt mit Hilfe des Interviewleitfadens 3.

	Vortest	*Bestandsaufn. 1. Phase*	*Hörspielprojekt 2. Phase*	*Untersuchung 3. Phase*	*Untersuchung 4. Phase*
Untersuchungsziel	Medienkompetenz „Fragebogen"	Medienkompetenz	intendierter/tatsächl. Prozeß	Medienkompetenz	Medienkompetenz
Meßinstrumente	Leitfadeninterviews	„Fragebogen" Leitfadeninterview 1	teilnehmende Beobachtung	„Fragebogen" Leitfadeninterview 2	„Fragebogen" Leitfadeninterview 3
Untersuchungspersonen	Kindergarten Klasse 1 Klasse 3 Klasse 4	Klasse / Kontrollklasse Einzelfälle	Lehrer/Schüler	Klasse / Kontrollklasse Einzelfälle	Klasse / Kontrollklasse Einzelfälle

2.2.1 Der „akustische Fragebogen“

2.2.1.1 Das Konzept des „akustischen Fragebogens“

Um Aufschlüsse über die Wahrnehmung von Kindern zu bekommen, ist es wichtig, zunächst einige allgemeine Daten zu sammeln. Kinder, die weder Cassetten hören noch Zugriffsmöglichkeiten auf einen Recorder haben, könnten die folgenden Fragen nur fiktiv beantworten, was nicht Sinn der Sache wäre. Demnach stehen am Anfang Fragen zu :

- Geschlecht
- Alter
- Besitz eines Cassettenrecorders
- Beliebtheit von Cassettenhören
- Nutzung des Cassettenrecorders

Geschlecht

Nach jahrelangen Versuchen, geschlechtsspezifische Unterschiede zu ignorieren oder zu vermeiden, ist man in der Forschung mittlerweile wieder soweit, getrennte Untersuchungen zu machen oder zumindest auf die Unterschiedlichkeit der Ergebnisse hinzuweisen. In der Medienforschung hat man große Unterschiede bei der Präferenz von Themen herausgefunden. Insofern könnte man auch bei den Fragen zur Interpretation von Hörspielen und bei Fragen der Angstverarbeitung gewisse Geschlechtsabhängigkeiten erwarten. Insofern ist die Frage nach der Geschlechtszugehörigkeit von Bedeutung.

Alter

Kinder werden heute wieder eher später als früher eingeschult. Daraus ergibt sich, daß Kinder zu Beginn der 1. Klasse zwischen 5 und 7 Jahre alt sind. Da jeder Monat in diesem Alter bereits von Bedeutung sein kann, sollte eine möglichst genaue Altersangabe erfolgen.

Medienbesitz und -gebrauch

Fast alle Haushalte sind mit einem Cassettenrecorder ausgestattet. Viele Kinder besitzen bereits ein eigenes Gerät. Ein eigenes Gerät ist meist die Vorbedingung für autonomen Umgang. Da es hier vor allem um den eigenständigen Umgang mit dem Medium geht, muß der Eigenbesitz eigens erfragt werden. Ob Kinder Cassetten gerne anhören und ob sie manchmal auch selbst Aufnahmen machen, soll für den passiven und aktiven Gebrauch des Cassettenrecorders stehen.

Fragen zur Wahrnehmungskompetenz

Strukturierungsfähigkeit

Auditive Medien müssen sehr stark auf die Vermittlung von akustischen Symbolen bauen. Die akustischen Symbole werden beim Kind durch wiederholte Erfahrung

gebildet. Ein Kind kann ein Hörspiel also nur verstehen, wenn es die dort verwendeten akustischen Symbole, wie Geräusche, Stimmen, Sprache, Atmosphäre verstehen und einordnen kann. Andernfalls ergibt das Hörspiel keinen Sinn.
Aber nicht nur für die Rezeption, sondern auch für die im handlungsorientierten Unterricht zu erstellenden Eigenproduktionen ist es notwendig, sich ein wenig Klarheit über die verwendbaren Elemente des Hörspiels zu machen. Welchen Stand an Erfahrung man bei schulpflichtigen Kindern voraussetzen kann, soll in diesem Fragebogen genauer ermittelt werden. Anhand von Tonbeispielen aus Hörspielen und Fragen hierzu soll herausgefunden werden, welchen Kenntnisstand die Kinder haben in Bezug auf das Verstehen von Geräuschen, Stimmen, Sprache, Atmosphäre und Musik.

Geräusche
Weder Erwachsene noch Kinder nehmen Geräusche immer bewußt wahr, obwohl sie für unser Leben laut Joachim-Ernst Behrendt[74] noch stärker als das Sehen bestimmend sind. Auch wenn es für diese These keinen endgültigen Beweis gibt, so ist unsere räumliche Orientierung sicher stärker vom Hören beeinflußt als wir gemeinhin annehmen. Der Fragebogen geht in verschiedener Form darauf ein. Zunächst sollen Kinder anhand von bereits „gereinigten“ Geräuschen (von anderen Nebengeräuschen befreit) herausfinden, welches Symbol welchen Gegenstand repräsentiert. Hierfür wurden drei Beispiele ausgewählt: das Klingeln eines Telephons, das Ticken eines Weckers und das Rollen eines Zuges. Diese Frage ist einfach zu beantworten und gilt deshalb als Eingangsfrage.

Stimmen
Die Stimme eines Menschen verrät etwas über sein Alter, seine Statur, seine Laune und manchmal auch etwas über seinen Charakter. Hörspielproduzenten machen sich diese Tatsache zunutze und versuchen, die Rollen mit möglichst passenden und prägnanten Stimmen zu besetzen. Bei den für die Kinder hier präparierten Hörbeispielen soll mit steigendem Schwierigkeitsgrad herausgefunden werden, wem die Stimme gehört: einer alten Dame, einem Roboter, einem Mädchen oder einem Schäfer. Dabei soll es den Kindern nicht darauf ankommen, was die Personen sagen. Die Beispiele sind auch so ausgewählt, daß sich aus dem Sinn der Wörter kein Aufschluß über die Person ergibt.

Sprache
Auch schon vor der Entdeckung des restringierten und elaborierten Codes von Basil Bernstein,[75] bediente man sich in der Literatur verschiedener Sprachstile, um soziale Herkunft, Interessen und Machtgefälle darzustellen. Sprache ist in vielen Hörspielen das wichtigste Element. Dennoch bedarf es zu ihrer Entschlüsselung eine Menge Vor-

74 Behrendt, J.: Ich höre-also bin ich, Freiburg 1989, 2. Aufl.
75 Schönpflug/W./Schönpflug, U.: Psychologie, München, Wien, Baltimore 1983, S.475

erfahrung. Es stellt sich die Frage, ob Kinder verschiedene Sprachstile bestimmten Personen zuordnen können. Aus diesem Grunde werden hierfür alle Sätze von ein und derselben Person gesprochen und auch der Sinn des Satzes ist der gleiche. Die Kinder sollen anhand der Wortwahl herausfinden, welche Person hinter einem so formuliertem Satz stecken kann.

Atmosphäre
Ganz entscheidend für Hörspiele ist die Atmosphäre. Oft kann man sie kaum hören und nimmt sie nur unbewußt wahr. Mit Musik, leisen Hintergrundgeräuschen, schallschluckenden oder schallverstärkenden Wänden können Effekte erzeugt werden, die die Stimmung, die Räumlichkeiten, die Tages- oder Jahreszeiten andeuten. Auf der Cassette werden verschiedene Stilmittel als Beispiel aufgenommen. Einmal verrät ein durchgehend leises Hintergrundgeräusch den Ort der Handlung, ein andermal der Hall der Stimme.

Musik
Musik in Hörspielen hat vielerlei Bedeutung. Sie kann Stimmungslagen erzeugen, Informationen über Zeit und Raum geben oder Personen und fiktive Hörspielfiguren charakterisieren. Sie kann Pausenfüller oder Trailer sein, Hörspiele ankündigen oder einen Schlußpunkt setzen.

Interpretationsfähigkeit
Die Fragen nach der Interpretationsfähigkeit von Kindern richten sich weniger auf das Erkennen, sondern auf das Verstehen von dramaturgischen Strukturen von medialen Produkten wie Hörspielen. Auf der Cassette soll es um das Verständnis von Zusammenhängen und von Medienformen gehen.

Zusammenhänge
Selbst wenn Kinder bereits in der Lage sind, verschiedene Einzelteile eines Hörspiels zu deuten und zu diskriminieren, so heißt das noch lange nicht, daß sie die Zusammenhänge verstehen und interpretieren können. Dadurch daß die visuelle Ebene fehlt, gibt es mehrere Interpretationsmöglichkeiten, die im Kopf zu einem einheitlichen Bild geformt werden. Dieses Bild ist von Vorerfahrungen und individuellem Wunschdenken geprägt. Für die Geschichte, die in einem Hörspiel erzählt werden soll, sind jedoch Hinweise nötig, die alle Kinder verstehen. Anhand von Hörspielausschnitten, die einen bestimmten Gegenstand an-, aber nicht aussprechen, soll geprüft werden, ob die Kinder das Bild soweit ergänzen können, daß sie herausfinden, um was es sich handelt.

Medienformen
Der gefühlsmäßige Eindruck kann stark sein, aber zur Wahrnehmungkompetenz gehört auch Distanz zur eigenen Gefühlslage. Dies setzt ein gewisses Maß an Wissen

voraus. Zum Beispiel ist es nicht von vornherein klar, ob Kinder ein Hörspiel von einem Werbespot unterscheiden können, ob sie also die Intention von Werbung anhand der Aufmachung erkennen können. Um dies zu untersuchen, werden Fragen zu verschiedenen Sendeformen des Radios gestellt, die sich alle einer eigenen Ausdrucksweise bedienen: Das Hörspiel, die Nachrichten, die Musiksendung, das Interview und der Werbespot.

Differenzierungsfähigkeit
Fragen nach dem Differenzierungsvermögen zwischen Realität und Fiktion
Medienfiguren treten in verschiedenster Form auf: Sie können ganz real sein wie ein Nachrichtensprecher, sie können fiktive Personen darstellen, wie z. B. Tina in *Bibi Blocksberg*, das ein ganz normales Mädchen ist, aber eben nur im Hörspiel existiert, oder ganz fiktiv sein, wie z.B. *Benjamin Blümchen*, der sprechende Elephant.

Fragen zur Nutzungskompetenz
Zwar sind Cassetten, die eigens für Kinder hergestellt werden, selten gewalttätig und grausam. Dennoch bleibt für Kinder genügend Phantasiespielraum, um auf bestimmte spannungsgeladene Stellen mit Angst zu reagieren. Die Abenteuer- und Kriminalgeschichten wie *TKKG* oder *Die drei ???* richten sich eher an eine Gruppe von 8 bis 13 jährigen Kindern und können bei Kleineren durchaus Schrecken hervorrufen. Aber auch weniger angstmachende Situationen können negative Eindrücke hinterlassen. Die natürlichste Reaktion von Kindern ist normalerweise das Nachspielen solcher Szenen. Um die spontanen Reaktionen und die Verarbeitung durch Spielen erfassen zu können, werden die Kinder nach ihren Handlungen direkt befragt.

Auswahlfähigkeit (subjektive Kritikfähigkeit)
Schwierig wird es bei der Kritikfähigkeit, denn wie man weiß, gebrauchen Kinder Medien aus völlig unterschiedlichen Gründen. Die Qualität eines Hörspiels richtet sich also nicht allein nach ästhetischen Kriterien, sondern ist abhängig von dem Nutzen, den ein Kind daraus ziehen kann. Aus diesem Grunde kann die Beurteilung der „Güte" eines Hörspielproduktes nur auf zwei Ebenen erfragt werden, die sich jedoch nicht einfach trennen lassen. Die erste Ebene, die ästhetische Beurteilung, soll anhand der Wahl zwischen zwei Zaubersprüchen untersucht werden, die zweite Ebene anhand von Beispielen, die eine bestimmte Gefühlslage ausdrücken.
Es soll der Versuch unternommen werden, sie durch Gegenüberstellung von Hörspielen zu Aussagen zu bewegen, die Auskunft über ihre Einschätzung über die gelungene Wiedergabe von Stimmungen geben.
An drei Beispielen sollen sie herausfinden, welches Hörspiel für sie die bessere Variation des gleichen Themas darstellt.

a) Zauberspruch
b) gruselige Situation
c) lustige Situation

Rezeptionssteuerungsfähigkeit
Kinder nehmen Medien nicht nur passiv auf, sondern sie setzen sie aus bestimmten Gründen ein, oder wehren Einflüsse ab. Wenn ihnen eine Stelle zu beängstigend erscheint, schalten sie ab, suchen Schutz oder wehren sich auf andere Arten gegen zu viel Einfluß.

Kommunikationsfähigkeit
Ebenso ist es möglich, über Hörspiele mit anderen zu kommunizieren. Kinder können Cassetten untereinander austauschen und sie können sich über die Handlung oder die Spannungsgeladenheit einer Geschichte austauschen. Sie können aber auch allein oder mit anderen Hörspiele nachspielen. Dies gibt Hinweise auf die Möglichkeit der Verarbeitung.

2.2.1.2 Text der Cassette und Bilder aus dem Antwortbogen:
Bei dem hier folgenden Abschnitt wurde die Fragecassette mit dem Antwortbogen kombiniert, um das Verständnis für den Leser zu erleichtern. In der Untersuchung wurde der hier kursiv geschriebene Text gesprochen und auf Cassette aufgenommen. Auf dem Antwortbogen erschienen nur die Bilder und die Kringel, die über Farben den Themenbereich ankündigten. Lediglich die Schule, die Klasse und die Fragenbogennummer wurden von der Forscherin eingetragen.

Schule

Klasse

Fragebogennummer
Du hast nun Blätter mit Bildern vor dir liegen. Die Bilder entsprechen Antworten auf Fragen. Die Fragen zu den Bildern hörst du auf der Cassette. Du mußt also gut zuhören, dann kannst du die passende Antwort ankreuzen.
Ein Beispiel:
Wenn ich dich frage: Was bist du, ein Mädchen oder ein Junge, dann machst du ein Kreuz in das Mädchenkästchen, wenn du ein Mädchen bist oder in das Jungenkästchen, wenn du ein Junge bist. Ist doch ganz einfach, oder?

Geschlechtsangabe

Was bist du?

ein Mädchen

ein Junge

Hast du's?
Dann zur nächsten Frage

Altersangabe

Wie alt bist du?

5, 6, 7 Jahre alt

Die nächsten 3 Fragen kannst du nur mit Ja oder Nein beantworten. Das Bildchen für Ja ist ein Gesicht, das dich anguckt, als würde es mit dem Kopf nicken. Das Bild für Nein ist ein Gesicht, das zur Seite guckt, als würde jemand den Kopf schütteln. Also, wenn deine Antwort ja heißt, kreuzt du das Gesicht an, das du von vorne siehst. Bei Nein kreuzt du das Gesicht an, das zur Seite sieht. Und nun gehts richtig los.

Fragen zum Medienbesitz

Hast du einen eigenen Cassettenrecorder

ja nein

Fragen zum Cassettengebrauch

Hörst du dir gerne Cassetten an?

ja nein

Machst du manchmal selbst Aufnahmen ?

ja

nein

Fragen zur Strukturfähigkeit

Verstehen von Geräuschen (Fragengruppe blau)

Jetzt wirst du verschiedene Stimmen, Geräusche und Musik hören. Du sollst dazu Fragen beantworten, indem du die passenden Bilder ankreuzt. Über jeder Fragengruppe ist ein Punkt, den du selbst angemalt hast, damit du nicht durcheinanderkommst. Nun sind wir bei der Fragengruppe blau.

Was ist das für ein Geräusch? Ist das ein (e)

klingeln (1)

Glocke

Türklingeln

Telefon

ticken (2)

Herz

Auto

Uhr

rollen (3)

Zug *Auto* *Bagger*

Verstehen von Stimmen (Fragengruppe rot)

Wem gehört diese Stimme?
Wer hat eine Stimme, die so klingt? Gehört sie einer/ einem

alte Frauenstimme (4)

Mädchen, ***Dame,*** *Mann*

abgehackte Stimme (5)

***Roboter*,** *Vogel,* *Gespenst*

alte Stimme (6)

Lehrer, ***Schäfer*,** *Polizist*

<u>Verstehen von Sprache</u> (Fragengruppe grün)

Wie stellst du dir die Person vor, die so etwas sagt?

Man möge mir diese Flasche reichen. *Sagt das*

ein Mädchen, eine Dame, eine ***Prinzessin***

Hey, schmeiß mir mal die Pulle rüber !

ein Mann, ***Jugendlicher,*** *ein Junge*

Wären Sie bitte so freundlich und würden mir die Flasche herübergeben?

ein Schüler, ***eine Bedienung****, Schaffner*

Verstehen von Atmosphäre (Fragengruppe gelb)

Wo befinden sich die Personen, die ihr sprechen hört ?

Flugzeug (7)

im Auto, *im **Flugzeug**,* *im Schwimmbad*

Wald (8)

*im **Wald**,* *auf Baustelle,* *auf dem Jahrmarkt*

Kirche (9)

im Garten, *in der Schule,* *in einer **Kirche***

Verstehen von Musik

An was denkt ihr, wenn ihr solche Musik hört? (Fragengruppe rosa)

Denkst du an:

Weihnachtsmusik (10)

Fasnacht, *Kirche,* ***Weihnachten,***

Gesang im Wald (11)

Weltall, *Zimmer,* ***Geisterwald***

Flötenmusik (12)

Vogel, *Löwe,* *Ente*

Fragen zur Interpretationsfähigkeit

<u>Verstehen von Zusammenhängen</u> (Fragengruppe braun)

Um was geht es in dieser Geschichte?

Handlung Polizist (13)

*um ein Gespenst, einen **Polizisten**, Stau*

Handlung Pirat (14)

*um ein **Piratenschiff**, Ruderboot, Strand*

Handlung Seiltanz (15)

*um Theater, **Seiltänzer**, Clownnummer*

Verstehen von Medienformen (Fragengruppe schwarz)

Welche Art von Sendung hörst du gerade?

Nachrichten (16)

Hörspiel, ***Nachrichten,*** *Interview*

Interview (17)

Interview, *Werbesendung,* *Musiksendung*

Werbesendung (18)

Nachrichten, ***Werbung,*** *Hörspiel*

Fragen nach der Realität (Fragengruppe weiß)

Gibt es Bibi Blocksberg und Benjamin Blümchen wirklich?

ja *nein*

Gibt es die Leute wirklich, die man in der Tagesschau sieht ?

ja *nein*

Fragen zur Nutzungskompetenz

Fragen nach Auswahlfähigkeit (Fragengruppe hellblau)

Du hörst jetzt zwei Zaubersprüche und du sollst entscheiden, mit welchem man besser zaubern kann. Findest du, daß man mit dem ersten besser zaubern kann, dann kreuzt du die Eins an, findest du, daß man mit dem zweiten besser zaubern kann, dann kreuzt du die Zwei an.
Zauberspruch Wunschpunsch (19)
Zauberspr. Bibi Blocksberg (20)

der 1. oder der 2. Zauberspruch

Und nun hört ihr noch ein paar Hörspielausschnitte. Ihr sollt entscheiden welches der beiden Hörspiele euch grusliger vorkommt.

Ritter (21)
Gewitter (22)

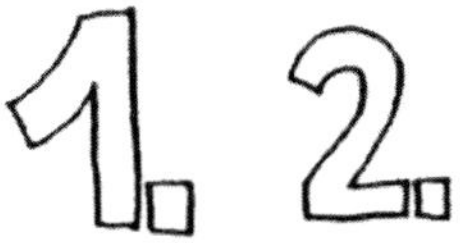

der 1. oder 2. Ausschnitt

Hast du dich entschieden, welchen der beiden Ausschnitte du gruseliger findest ? Und nun spiele ich euch zwei lustige Ausschnitte vor

Pippi Langstrumpf (23)
Stimmenimitator (24)

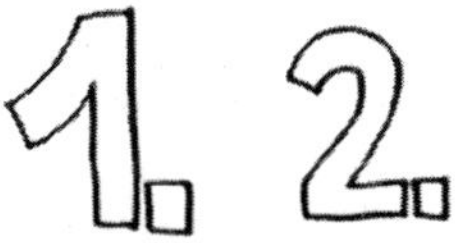

Welchen Hörspielausschnitt fandest du lustiger?

den 1. oder 2. Ausschnitt

Fragen nach Rezeptionssteuerung (Fragengruppe grün)
Ich möchte noch ein paar Fragen an euch stellen und ihr sollt mit ja oder nein antworten.

Wenn du Cassetten hörst und Angst bekommst, was machst du dann ?

Sagst du dir, daß das alles nicht echt ist ?

ja *nein*

Schaltest du aus oder drehst leise ?

ja *nein*

Gehst du aus dem Zimmer, vielleicht zu jemanden, der dich tröstet ?

ja *nein*

<u>Fragen nach Kommunikation und Verarbeitung</u> (Fragengruppe lila)

Die Geschichten, die du hörst, gehen dir vielleicht manchmal im Kopf herum. Sprichst du mit Freundinnen /Freunden darüber ?

ja *nein*

Spielst du manchmal die Geschichten mit Freunden/ Freundinnen oder Spielfiguren nach ?

ja *nein*

Nun hast du viele Geräusche, Stimmen und Musik gehört und viele Fragen beantwortet. Nun mußt du nicht mehr stillsitzen, sondern kannst selbst wieder Geräusche machen.
Vielen Dank!

Dieser „Fragebogen“ ist die verbesserte Version des „Fragebogens“ der Voruntersuchung. Er war gekürzt worden (früher enthielt er vier Fragen zum gleichen Thema), weil er mit allen Erklärungen zum Ablauf eine Unterrichtsstunde überschritten hatte. Er war erweitert worden um Hörbeispiele zur Struktur- und Kritikfähigkeit. Einige Fragen waren umgestellt worden, damit nicht zu viele Ja/Nein-Antworten hintereinander folgten.
Das Verfahren wurde immer damit begonnen, daß die Klassleiterin alle Bücher und Hefte wegpacken ließ. Nur Blei- und Buntstifte konnten auf dem Tisch bleiben. Nach dem Verteilen der zusammengehefteten Antwortbögen wurde den Kindern erklärt, in welcher Reihenfolge sie die Felder vor den Antwortblöcken anzumalen hätten. Außerdem mußten sie noch den Anfangsbuchstaben ihres Vor- und Nachnamens auf dem Blatt vermerken. Der Ablauf wurde insofern verändert, daß bei der Einführung besonders erwähnt wurde, daß die Kinder ganz still zuhören und sich nicht nach den Antworten bei den Nachbarn umsehen sollten, weil es nur um ihre eigene Meinung gehen würde. Dann erst wurde die Cassette mit den Fragen und den Hörbeispielen eingeschaltet.
Der hier vorgestellte Fragebogen kam im Laufe des Schuljahres in unveränderter Form in Einsatz. Die Experimentalklasse führte diese Aktion vor und nach dem Hörspielprojekt durch. Nach vier Monaten, also gegen Ende des Schuljahres, wurde der Fragebogen ein 3. Mal wiederholt. Zwischen den einzelnen Untersuchungen wurde weder von der Lehrkraft noch von der evaluierenden Person jemals über den Inhalt gesprochen. Wenn die Kinder die Rede darauf brachten, wurde jedes Mal betont, daß es bei den Antworten nicht um richtig oder falsch ginge, sondern um ihre Meinung. Die Kontrollklasse erhielt die „Fragebögen“ immer zum gleichen Zeitpunkt wie die Untersuchungsklasse, also ebenfalls drei mal. Auch ihnen wurde keine weitere Erklärung angeboten.
Erstaunlicherweise forderten die Kinder auch keine Begründung, weil es ihnen Spaß machte, die Cassette mit so vielen Hörspielausschnitten anzuhören und den Bogen auszufüllen.

2.2.2 Fallstudien

Um ein genaueres Bild von der Situation zu bekommen, vor allem was die Nutzung und den Umgang mit Medien anbelangt, und um den Prozeß der Veränderung durch Unterricht verfolgen zu können, sollten Beschreibungen von Einzelfällen herangezogen werden. Forschungsansätze nach dem interpretativen Paradigma wollen statt nach Ausschnitten und Modellen der Realität zu suchen „menschliches Erleben und Handeln erklären, indem sie komplexe soziale Wirklichkeiten in ihrem Kontext rekonstruieren“.[76]

76 Swoboda,W.: Konkurrierende Paradigmen in der pädagogisch orientierten Freizeit-,Spiel- und Medienforschung, in: Hiegemann,S./Swoboda,W. (Hg.),:Handbuch der Medienpädagogik, Opladen 1994, S. 422

2.2.2.1 Rekonstruktion und Forschungspraxis

Der Versuch, ein komplettes Bild des Alltags der Kinder zu rekonstruieren, würde bedeuten, sie rund um die Uhr ein ganzes Schuljahr zu begleiten. Da dies unmöglich ist, müssen Ausschnitte sinnvoll gewählt werden.

Um die Nutzung der Kinder herauszubekommen, war zunächst klar, daß außer den Aussagen der Kinder auch die Eltern befragt werden sollten. Das stellte sich jedoch als schwierig heraus, weil sich nach Rücksprache der Klassleiterin nur einige wenige Eltern zu einem Gespräch bereiterklärten. Die Auswahl der befragten Kinder hätte sich somit nach der Bereitschaft der Eltern zur Zusammenarbeit gerichtet. Dies stand jedoch nicht im Interesse der Untersuchung, weil gerade Kinder mit besonders hoher und besonders gering ausgeprägter medialer Wahrnehmungskompetenz befragt werden sollten. Aus verschiedenen Gesprächen und Literatur zur Medienbefragung von Eltern zum Konsum ihrer Kinder (siehe Teil I, Kap.1) wurde auch deutlich, daß die Widersprüche zwischen den Angaben der Eltern und denen der Kinder nicht aufzulösen sei. Im Allgemeinen sei es besser, sich an die Angaben der Kinder zu halten. Im besonderen Fall erschien dies auch sinnvoller, weil gerade Cassetten alleine und ohne elterliche Kontrolle gehört werden.

Außerhalb des Medienprojekts wurden die Kinder keiner weiteren Beobachtung unterzogen. Die Anwesenheit einer fremden Person während des Unterrichts hätte die Klassleiterin als störend für die Kinder und hemmend für sie empfunden. Die einzigen Hinweise auf das Verhalten der Kinder außerhalb des Medienprojekts können in der Aussage der Lehrerin über ihre Leistungen während des Schuljahres bestehen. Zeugnisse können aus Datenschutzgründen nicht herangezogen werden. So kann die beteiligte Beobachtung lediglich aus Protokollen und Tonaufzeichnungen während des Medienprojekts bestehen.

Anders verhält es sich mit der Befragung der Einzelfälle. Diese können nach Absprache mit der Klassleiterin ohne Probleme während des ganzen Schuljahres in einem gesonderten Zimmer durchgeführt und aufgezeichnet werden.

Die Fragen richten sich nicht nach dem, was sie gelernt haben sollten, also nach den beschriebenen Lernzielen, sondern nach dem, was die Kinder an Fähigkeiten erworben haben sollten, um danach Rückschlüsse auf ihre Kompetenz ziehen zu können. Einige Fragen überschneiden sich bewußt mit denen auf dem „Fragebogen", um die Glaubwürdigkeit untersuchen zu können. Jede Frage bezieht sich auf ein bestimmtes operationalisiertes Gebiet von Fähigkeiten. Dadurch soll vermieden werden, daß die Antworten bei der Auswertung zu schwer zuzuordnen sind. Allerdings sollte noch ein gewisser Spielraum herrschen, den die Kinder mit eigenen Überlegungen füllen können.

Am einfachsten wäre es gewesen, wenn man eine bestimmte Frageform und Fragenreihe dreimal hintereinander hätte anwenden können. Dadurch wäre die Vergleichbarkeit der Antworten ganz sichergestellt. Das ist aber ganz und gar unmöglich, weil die Kinder sich nicht ernst genommen gefühlt hätten. Zurecht würden sie sagen: „Warum fragst du mich immer das gleiche, das habe ich dir doch schon gesagt." Außerdem ist es unmöglich, die Kinder vor dem Hörspielprojekt nach ihren Erfah-

rungen nach dem Hörspielprojekt zu befragen. Sie können nicht auf etwas antworten, was sie noch nicht erlebt haben.
Ein dritter Grund, die Fragestellung zu verändern, liegt darin, daß anfangs noch keine Vertrauensbasis vorhanden ist. Fragen, die sich z.B. auf die Mediengewohnheiten im häuslichen Bereich beziehen, würden die meisten Kinder wahrscheinlich ganz am Anfang nur ungern oder falsch beantworten. Aus diesem Grund müssen trotz größtmöglicher Vergleichbarkeit die Fragen in jeder Phase anders gestellt werden.
Anhand der Interviews kann sich natürlich kein komplettes Bild des Alltags der Kinder ergeben. Deshalb ist es wichtig, auch noch andere Daten aufzunehmen.
Abgesehen von den Fragen, die sich auf Fähigkeiten und Kompetenzen beziehen sollten, möglichst viele persönliche Daten aufgenommen werden, die für die Auswertung eine Rolle spielen könnten. Hierzu gehören Angaben wie Alter, Geschwisterzahl, der Besitz eines eigenen Rekorders, die Verfügung über Medien im Haushalt, die individuelle Nutzungszeit und nicht zuletzt die Cassettenanzahl.
Die Interviews sollten nicht länger als eine Viertelstunde dauern, weil in einer Schulstunde dann jeweils drei Kinder interviewt werden können und ein Kind in der Pause. Dadurch verlieren die Kinder nicht zuviel Stoff im Unterricht, und das Interview gewinnt nicht allzu große Wichtigkeit gegenüber den anderen nicht-interviewten Kindern. Im Übrigen läßt nach dieser Zeit auch die Konzentrationsfähigkeit erheblich nach.
Die Schwierigkeit der Fragen richtet sich nach der Auffassungsgabe der Kinder. Umschreibungen und Beispiele sind manchmal notwendig, um die Kinder auf den Sinn der Frage zu führen. Dem Dilemma, daß man durch Beispiele Antworten suggeriert, ist nicht in allen Fällen auszuweichen. Die Bemühungen, bei der Fragestellung ohne manipulative Fragen auszukommen, waren groß. Allerdings war klar, daß ein problemzentriertes Interview immer in eine bestimmte Richtung drängt. Durch die Erstellung eines Interviewleitfadens wurde versucht, möglichst kindgemäße Formulierungen zu wählen.

2.2.2.2 Interviewleitfaden

Der Interviewleitfaden hat die Funktion, die Themenbannbreite nicht ausufern zu lassen. Er umfaßt Fragen nach sozialen Daten (Alter, Geschlecht, Geschwisterreihenfolge, Lebenssituation, Medienumgebung) und Fragen zum Thema. Die Fragen gehen hauptsächlich davon aus, daß Kinder bereits eine selbstverständliche Art der Medienkompetenz besitzen. Da Veränderungen nicht nur im Verhalten ablesbar sind, sondern auch Einstellungsänderungen umfassen, deren Folgen erst sehr spät oder nie zum Ausdruck kommen, zielen die Fragen auch auf subjektive Meinungen ab. Je nach Phase der Forschung werden die Fragen möglichst eng an die veränderte Situation angepaßt. Dennoch bietet ein Interviewleitfaden genügend Raum, um Zwischenfragen zu stellen und zu beantworten. In qualitativen Verfahren ist das Verhältnis zur interviewten Person besonders wichtig. Zwischen Kindern und Erwachsenen ist es nicht immer einfach, ein Verhältnis herzustellen, das keine Subjekt- und Objekt-Rollen kennt, besonders dann, wenn der Erwachsene der Interviewer ist und das Kind die befragte Person. Das Verhältnis zwischen Forscherin und den Schülern soll hier als respektvoll, freundlich und spielerisch von beiden Seiten beschrieben werden. Alle Interviews wurden mit einem Tonbandgerät aufgezeichnet.

Interviewleitfaden 1

Ich heiße I.P. Ich war bei euch in der Klasse und habe euch eine Cassette vorgespielt. Ihr habt dann Kreuzchen auf eure Blätter gemacht. Daher kennst du mich schon. Ich habe eure Lehrerin gefragt, ob mir einige Kinder noch mehr über Cassetten erzählen könnten. Dich und ein paar Freunde von dir hat sie ausgesucht, weil ihr heute Zeit dazu habt.
Hier ist ein Cassettenrecorder und ein Mikrophon. Wenn du möchtest, kannst du den Kopfhörer aufsetzen. Wichtig ist, daß du in das Mikrophon sprichst, wenn du mir antwortest. Ich will dir gleich ein paar Fragen zum Cassettenhören stellen. Aber zuerst möchte ich wissen wer du bist.

1. Wie heißt du?
2. Wie alt bist du?
3. Hast du Geschwister?
4. Hörst du gerne Cassetten?
5. Hast du einen eigenen Cassettenrecorder?
6. Wann hörst du Cassetten?
7. Welche Cassette ist deine Lieblingscassette?
8. Warum magst du sie besonders gerne?
9. Welche Cassette gefällt dir nicht so gut?
10. Warum magst du sie nicht so gerne?
11. Welche Cassette hat dir früher besonders gefallen
12. Welche gefällt dir jetzt gut?
13. Warum gefällt sie dir?
14. Hast du schon etwas Neues und Interessantes gelernt bei Cassettenhören
15. Hilft dir manchmal das Anhören einer bestimmten Cassette?
16. Wobei hilft sie dir?
17. Gibt es die Personen, die im Hörspiel sprechen?
18. Was machst du, wenn du beim Cassettenhören Angst bekommst?
19. Sprichst du mit Freunden/Freundinnen über die Geschichten?
20. Spielst du manchmal das nach, was du auf Cassetten hörst?
21. Weißt du, wie Cassetten gemacht werden?
22. Hast du selbst schon Aufnahmen mit dem Cassettenrecorder gemacht?
23. Gibt es Cassetten, die du besonders gut gestaltet findest?
24. Gibt es welche, die dir schlecht erscheinen?
25. Kannst du dir vorstellen, selbst ein Hörspiel zu machen?
26. Würdest du gerne eine selbstgemachte Cassette im Radio hören?
27. Möchtest du mir sonst noch etwas erzählen?

Interviewleitfaden 2

Du weißt ja jetzt schon, wie du in ein Mikrophon sprechen mußt. Ich brauche dir nichts mehr zu erklären. Wie das erste Mal möchte ich dir ein paar Fragen zum Cassettenhören stellen. Wenn du eine Frage nicht verstanden hast, dann sag es mir, ja?
Vor ein paar Tagen haben wir das Hörspiel, das wir zusammen gemacht haben, im Radio gehört. Jeder von euch hat eine Cassette bekommen. Auf dieser Cassette ist euer Hörspiel gleich zweimal darauf. Die zwei Hörspiele sind nicht ganz gleich.

1. Welches Hörspiel von euch hat dir besser gefallen? Das erste Hörspiel oder das zweite?
2. Worin lagen die Unterschiede?
3. Was hat dir besonders gut gefallen?
4. Was hat dir nicht so gut gefallen?
5. Was hättest du anders gemacht?
6. Hörst du mehr Cassetten, seitdem wir das Hörspiel gemacht haben?
7. Hörst du jetzt andere Cassetten als vorher?
8. Wenn du nun deine Lieblingscassette hörst, fallen dir jetzt andere Dinge auf als früher, z.B. die Geräusche oder Stimmen?
9. Glaubst du, daß bei den Hörspielen, die ihr von Cassetten kennt, auch so getrickst wird, wie z.B. mit Geräuschen?
10. Wenn du jetzt Radio hörst oder fernsiehst, ist da irgendetwas anders?
11. Machen sie Fehler oder bemerkst du Versprecher?
11. Hast du jetzt noch Angst davor, ins Mikrophon zu sprechen?
13. Machst du nun selber mal Aufnahmen mit dem Cassettenrecorder?
14. Wirst du einmal eine Sendung für das Radio machen, z.B. vom Schulaus flug?
15. Weißt du nun, wie Hörspielcassetten gemacht werden?
16. Weißt du jetzt, wie eine Radiosendung zustande kommt?
17. Weißt du jetzt ungefähr, wie Fernsehsendungen gemacht werden?
18. Hat sich irgendetwas an deinen Hörgewohnheiten verändert, seitdem du das Hörspiel gemacht hast?

Interviewleitfaden 3

Im Februar habe ich mit euer Klasse ein Hörspiel gemacht. Möglicherweise hat sich seitdem einiges geändert. Mich würde interessieren, an was du dich noch erinnern kannst.
Es geht mir nicht darum, wie gut du in der Schule bist. Ich bin nicht deine Lehrerin und beurteile auch nicht deine Leistungen. Ich frage dich nur aus einem ganz

persönlichen Interesse an der Wirkung meiner Arbeit. Deshalb können wir uns einfach unterhalten. Du kannst mir antworten, wie du magst. Wenn ich etwas nicht verstanden habe, dann sage ich es dir. Und wenn du etwas nicht verstanden hast, dann sagst du mir das auch, ja?
(Hinweis auf Vertraulichkeit und Datenschutz unterlasse ich, weil ein „Geheimnis“ das Kind belasten könnte.)
Wir haben schon zweimal miteinander geredet. Du hast mir erzählt, daß du..... Geschwister hast. Du hast einen Cassettenrecorder und ungefähr soviele Cassetten(..........cm).

1. Habt ihr noch andere Geräte zum Hören oder Gucken oder Spielen z.B. ei nen Fernseher oder einen Gameboy?
2. Welche Regeln gibt es bei euch zuhause mit Fernsehen und Cassettenhören ?
3. Wer bestimmt, wann du Cassetten hörst?
4. Überlag mal, wann schaltest du den Cassettenrecorder ein? (Zu welcher Tageszeit?)
   - Hörst du vor der Schule Cassetten? (regelmäßig, immer)
   - Wenn du nach der Schule zuhause bist, hörst du dann auch Cassetten?
     mittags vor den Hausaufgaben
     nach den Hausaufgaben
     während der Hausaufgaben
     beim Spielen
     beim Einschlafen
5. Hörst du dir öfter Cassetten an, seitdem wir das Hörspiel gemacht haben?
6. Hörst du jetzt andere Cassetten als vorher?
   - Nein
   - Ja. Welche?
7. Was ist für dich eine „gute“ Cassette“?
8. Was ist für dich eine „schlechte Cassette“?
9. Deine LieblingsCassette war...
   Findest du sie noch genauso gut wie vorher?
   - Ja
   - Nein : Wie heißt deine jetzige Lieblingscassette?
10. Hast du dir mal angehört, wie die Cassette gemacht wurde?
    - Nein
    - Ja. Beschreibe die Geräusche
    Beschreibe die Musik
11. Was gefällt dir so gut an dieser Cassette?
12. Wie heißt die Hauptfigur?
13. Gibt es .... in Wirklichkeit?
14. Möchtst du so sein wie......................................
15. Geht es dir manchmal so ähnlich wie..................................

16. Ist ....dein Freund / deine Freundin?
17. Hilft dir manchmal das Anhören einer bestimmten Cassette, wenn du Probleme hast?
    - Nein
    - Ja. Wobei?
18. Hast du eine Cassette, die du nicht gerne anhörst?
    - Nein
    - Ja. Wie heißt sie?
19. Was gefällt dir nicht daran?
20. Bekommst du manchmal Angst,wenn du Cassetten hörst?
21. Was machst du, wenn du beim Cassettenhören Angst bekommst?
    Cassettenrecorder ausschalten
    andere Cassette einlegen
    Decke über den Kopf ziehen
    Mama rufen
22. Du lernst in der Schule viel Neues, hast du auch schon mal etwas Neues von Cassetten gelernt?
    - Nein
    - Ja. Was hast du gelernt?
23. Erzählst du deinen Freundinnen oder Freunden was von Geschichten, die du angehört hast?
    - Nein
    - Ja. Welche Geschichten waren das?
24. Spielt ihr manchmal die Geschichten, die ihr von Cassetten kennt ?
25. Wann entscheidest du dich für Cassettenhören, für Lesen oder Film anschauen?
26. Wir haben zusammen ein Hörspiel gemacht. An was kannst du dich erin nern?
27. Machst du jetzt manchmal selbst Aufnahmen mit dem CR?
    - Nein: Weißt du noch wie das geht? Erzähl mal!
    - Ja: Wie machst du das?
    - Auf was muß man besonders achten?
28. Wir haben eine Cassette gemacht, waren im Studio und du hast zuhause das Hörspiel im Radio hören können. Wenn du jemandem erzählen solltest, wie so eure Stimmen aus dem Radio kamen, was würdest du sagen?
29. Angenommen, in einer Geschichte kommt ein Baum vor, der sprechen kann. Wie kann man dem Hörer deutlich machen, daß es ein Baum ist? Der Hörer kann ihn ja nicht sehen.
30. Woran merkt man, daß eine Geschichte ganz spannend wird?
    - sprechen sie anders?
    - ist die Musik anders?

Mareike Amado/Linda de Mol

31. Hättest du Lust, einmal ein Interview mit.........................zu machen?
32. Möchtest du wieder einmal ein Hörspiel machen und im Radio senden?

Vielen Dank, daß du mir so viele Fragen beantwortet hast. Nächstes Jahr bei den Projekttagen könntet ihr vielleicht wieder ein Hörspiel machen.

2.2.2.3 Gesamtschau der Erhebungsdaten

Die Interviewleitfäden 1 bis 3 konnten immer nur einen Teil des Gesamtkatalogs an Fragen umfassen. Welche Fragen auf welches Thema abzielten, ist an folgendem Schema ersichtlich:

Beschreibung des Einzelfalls:	
Name Alter Geschwister Familiensituation	 Medienausstattung Mediengebrauch
Schulleistung Charakteristik Rolle im Hörspiel	Medienverfügung Nutzungszeiten Cassettenzahl
Hypothesen als Fragen formuliert	*Indikatoren*
1.Wahrnehmungskompetenz	
Strukturierungsfähigkeit Kann das Kind in einem Hörspiel die Geräusche, die Stimmen, den sprachlichen Ausdruck, die Atmosphäre, die Musik, erkennen und deuten?	Kind erkennt die Geräusche Kind erkennt die Person an Stimme Kind erkennt die Person an Sprache Kind erkennt die Umgebung an der Atmo Kind erkennt die Situation an der Musik
Interpretationsfähigkeit Kann das Kind anhand komplexere Zusammenhänge wie Handlung und Medienformen verstehen und interpretieren?	Kind kann unausgesprochenes Sujet erfassen Kind kann Medienformen auseinanderhalten
Differenzierungsfähigkeit Kann das Kind reale von irrealen Personen unterscheiden?	Kind weiß, daß es fiktive Personen real nicht gibt Kind weiß, daß es reale Personen in Medien gibt

2. Nutzungskompetenz	
Rezeptionssteuerungsfähigkeit Kann das Kind sich vor zu starken Medieneinflüssen schützen und seine Stimmung mit Hilfe von Medien bewußt beeinflussen?	Kind findet Möglichkeiten ängstigende Medienerlebnisseituationen zu vermeiden Kind kann negative Stimmungen bewußt über Medienkonsum beeinflussen
Auswahlfähigkeit Kann das Kind gemäß seinen Bedürfnissen und Interessen zwischen verschiedenen Medienprodukten auswählen ?	Kind kann Lieblingscass.nennen u. begründen Kind kann ungeliebte Cass.nennen u. begründen Kind kann Hörspielproduktionen unterscheiden Kind sucht sich Cassetten zur Bildung Kind sucht sich Cassetten zur Lebenshilfe Kind sucht sich Cassetten als Identifikationshilfe Kind entscheidet sich bewußt für ein Medium Kind verändert seine Gewohnheit
Kommunikationsfähigkeit Kann sich das Kind mit anderen über Medien austauschen und emotionale eindrükke über das Spiel verarbeiten, ohne parasoziale Beziehungen mit Hörspielfiguren aufzubauen ?	Kind spricht mit Freunden über Cassetten Kind spielt Szenen von Cassetten Kind betrachtet Medienfiguren nicht als Freunde
3. Handlungskompetenz	
Produktionsfähigkeit Weiß das Kind, wie Hörspiele oder andere Medien technisch gemacht, gesendet und verbreitet werden ?	Kind hat mit dem CRec.schon experimentiert Kind kann sich vorstellen, wie Cass. gemacht werden Kind weiß, wie Sendungen zu ihm ins Haus kommen Kind erkennt Fehler und Tricks in Produktionen Kind erinnert sich an Aufnahmevorgang
Gestaltungsfähigkeit Kennt das Kind die Bausteine eines Hörspiels und kann sich ihrer bedienen?	Kind kann gut gemachte von schlecht gemachten Cass. unterscheiden Das Kind kann Elemente des Hörspiels benennen Kind erkennt Unterschiede zwischen den Hörspielversionen
Veröffentlichungsfähigkeit Weiß das Kind, daß man mit Medien seine Meinung und Ansichten verbreiten kann und zieht es dies in Erwägung ?	Kind kann sich eine Form der Veröffentlichung vorstellen Kind hat keine Angst vor Mikrophon Kind möchte wieder eine Sendung machen

2.2.3 Hörspielprojekt

Mit einer ersten Klasse Grundschule soll ein Hörspiel produziert werden, das anschließend in einem Radiosender gesendet wird. Hörspielprojekte sind sehr einfach durchzuführen, weil sie keinen großen technischen Aufwand mit sich bringen. Nur wenige Schulen führen Hörspielprojekte durch, auch wenn sie mittlerweile mit passenden Geräten ausgestattet sind. Der Beistand von Medienpädagogen erleichtert dies den meisten Lehrern sehr. Sie erhalten dadurch persönliche Unterstützung und individuelle Anleitung, so daß sie die Schwierigkeiten, die sich aus den nicht immer optimalen Bedingungen ergeben, leicht meistern können. Folgende Unterichtsplanung und -vorbereitung wurde für das Hörspielprojekt gemacht:

2.2.3.1 Bedingungsanalyse

Die Mühlmattenschule ist eine Grundschule in Freiburg - Hochdorf für die ersten vier Schuljahrgänge. Durch den starken Zuzug vor allem von jungen Familien wurde es notwendig, ein neues Gebäude zu erstellen. Der Jahrgang, der 1994 eingeschult wurde, war so groß, daß man fünf Erstklassen einführen mußte. Alle Kinder dieser Klassen kommen aus dem Einzugsgebiet Hochdorf, Hochdorf-Benzhausen und Hochdorf-Industriegebiet. Diese Stadtteile gehören zu Freiburg.
Der Rektor der Schule stand Medienprojekten schon immer aufgeschlossen gegenüber. Zusammen mit einer Medienpädagogin hatte eine Lehrerin während der Projektwochen und auch währed des Schuljahres schon mehrere Hörspielprojekte mit verschiedenen Klassen durchführen können. So war es ein Leichtes mit Unterstützung des Rektors eine Lehrerin der ersten Klasse zu finden, die das Wagnis einging, mit 6-7jährigen Kindern ein Hörspielprojekt zu initiieren, das zudem wissenschaftlich begleitet werden sollte.
Frau F., die Klassenleiterin der Klasse 1c, erklärte sich bereit, mit ihrer Klasse das Hörspiel zu produzieren, unter der Voraussetzung, daß nicht zuviel Unterricht ausfiele und sie nicht die Anleiterin sein müßte. Wir einigten uns auf 10 Doppelstunden im Abstand von zwei Tagen. Das bedeutete, daß Montag, Mittwoch und Freitag die 4.und 5. Schulstunde an dem Projekt gearbeitet werden sollte.
Die Vorbereitungen begannen im Dezember. Am Mittwoch, den 11. Januar sollte das Projekt beginnen.
Der Klassenverband besteht aus 24 Schülerinnen und Schülern im Alter zwischen 6 und 7 Jahren, wobei die Mehrzahl der Kinder zu Beginn des Projekts 6 Jahre alt war.

Technische Ausstattung:
Für das technische Rüstzeug sorgt zum Teil die Schule, zum Teil ergänzt die Medienpädagogin die notwendigen Geräte.
Man braucht für die Aufnahmen:
- 4 Cassettenreorder mit Eingangsbuchsen für Mikrophone und für ein Überspielkabel
- Batterien für den Cassettenrecorder (für Außenaufnahmen)

- 4 batterieverstärkte Mikrophone (Elektretmikrophone) mit Schaumgummiumhüllung (Windschutz), langem Kabel und passendem Stecker für Cassettenrecorder
- 3 Cassetten in Chromdioxydqualität und so iele Ferrocassetten wie Kinder teilnehmen, hier also 24 Cassetten plus jeweils eine Cassette für die Klassleiterin und Medienpädagogin.

Räumlich-organisatorische Voraussetzungen:
Da die Schule sehr viele Neuzugänge aufnehmen mußte, sind alle „Gemeinschaftsräume", wie z.B. die Bibliothek, zu Klassenzimmern umfunktioniert worden. Aus diesem Grund bieten sich für Gruppenarbeit außer dem Klassenzimmer nur noch der Musikpavillon und der Raum für „Kernzeitbetreuung" an. Beide Räume stehen nur nach Absprache zur Verfügung. Räume spielen bei Hörspielen wegen der Akustik eine große Rolle. Sie werden normalerweise nach dramaturgischen Gesichtspunkten ausgewählt. Manche Szenen müssen außerhalb des Klassenzimmers oder im Freien aufgenommen werden. Bei dem geplanten Projekt soll das Klassenzimmer der Hauptarbeitsort für Besprechungen sein, der fast daneben liegende Musikpavillon der Ort, an dem Gruppenarbeit stattfinden kann. Für Aufnahme in Innenräumen wählt man normalerweise einen kleinen Raum mit Teppichboden und Regalen an der Wand aus. Der Musikpavillon ist jedoch groß und kahl, also sehr „hallig". Es gibt aber keine andere Alternative.

Unterrichtsorganisation:
Da Kinder zwischen 6 und 7 Jahren wenig auf Kausalität achten, fällt es ihnen manchmal schwer, schlüssige Geschichten zu erfinden. Sie entleihen sich gerne Themen, die sie schon von Cassetten kennen. Hier kann man etwas steuernd eingreifen und ihnen einen Rahmen bieten, in dem sie jedoch genügend Platz haben, ihre eigenen Phantasien zu entfalten. Manchmal reicht ein Anfangssatz, manchmal ist es besser, ihnen eine Geschichte vorzulesen. Wichtig dabei ist, daß die Assoziationsvorlage akustisch gut umsetzbare Elemente enthält und Themen anspricht, die für Kinder in dieser Alterstufe als wichtig erachtet werden. Geeignet ist eine Anregung, wenn sie
- das Thema Freundschaft oder Schule thematisiert
- in verschiedenen Räumen spielt, Musik und Geräusche eine Rolle spielen
- nur wenige Erwachsenenfiguren vorkommen
- möglichst wenige reale Figuren enthält
- einige Szenen enthalten sind, bei denen alle mitspielen können.

Wenn Kinder keine eigene Geschichte in Bilderbuchform bringen, dann kann man zur Anregung auch andere Medien nehmen. In der Regel biegen sich die Kinder die Geschichten für ihre eigenen Bedürfnisse zurecht.
Für dieses Projekt wird die Geschichte „Kleine Grille, spiel mir was" von Janosch als Ausgangslage für ein Hörspiel gewählt. Sie soll mehrere Wochen vor Beginn des Hörspielprojekts vorgelesen werden.

Voraussetzungen der Schüler:
In der ersten Klasse bringen Kinder sehr unterschiedliche Voraussetzungen mit. Manche können bereits lesen und schreiben. Andere haben sich mit anderen Dingen auseinandergesetzt, können Instrumente spielen oder interessieren sich besonders für Technik. Einige stehen gerne im Vordergrund und übernehmen Schauspielrollen, als hätten sie immer auf der Bühne gestanden, andere arbeiten lieber im Hintergrund. Die Hörspielarbeit ist so vielfältig, daß fast jedes Kind eine Funktion übernehmen kann, die ihm gemäß erscheint. Besondere intellektuelle Voraussetzungen sind also nicht gefordert. Allerdings spielt bei den Aufnahmen Disziplin eine große Rolle. Wenn aufgenommen wird, muß es leise sein und jeder muß auf sein Stichwort achten. Ein Kind in der Klasse spricht kaum deutsch. Es ist unklar, ob es gut integriert werden kann.

Voraussetzungen im Lehrplan:
Die Bedingungen, ein Hörspielprojekt in der ersten Klasse durchzuführen sind in der ersten Klasse nicht optimal. Es gibt keine ausdrücklichen Hinweise darauf, daß Medienerziehung in diesem Alter umgesetzt werden sollte. Aber man könnte die Produktion eines Hörspiels durchaus unter das Thema „Hören" subsumieren (vgl. Teil I, Kap.4). Um fächerübergreifend arbeiten zu können müßte man sich vielleicht mit den Religionslehrern zusammentun. Das hier durchgeführte Projekt erhielt die Unterstützung einer Medienpädagogin. Das ist nicht die Regel. Alleine läßt sich ein solches Projekt nicht durchführen.

2.2.3.2 Didaktische Analyse

Ziel des Unterrichts soll die Erlangung von Medienkompetenz sein. Kompetenz wird als „innere Grammatik" betrachtet (siehe Teil I, Kap. 3). Sie wird nur auf der Performanzebene in Oberflächenphänomenen (Fähigkeiten) sichtbar.
Zur Erinnerung für den Leser sollen hier die Ziele noch eimal aufgeführt und in Beziehung zur konkreten Hörspielarbeit in der Untersuchungsklasse gestellt werden.

Wahrnehmungskompetenz:

Strukturierungsfähigkeit
Geräusche, Stimmen, sprachlichen Ausdruck, Raumatmosphäre, Musik, Symbole und Handlung erkennen: Alle diese Elemente spielen bei den Aufnahmen eine große Rolle. Sie werden bei der Produktion eines Hörspiels nach den Vorschlägen der Kinder eingesetzt und verändert. Dadurch ist größere Aufmerksamkeit gegenüber einzelnen Elementen zu erwarten. Welche Elemente die Kinder einsetzen, kann nicht vorgeplant werden.

Interpretationsfähigkeit
Handlungsabläufe und Medienformen und dramaturgische Mittel verstehen: Dadurch, daß eine Geschichte in Szenen eingeteilt werden muß, dramaturgische Effekte wie

Spannungsaufbau berücksichtigt werden müssen, lernen Kinder von Andeutungen auf Ganzes zu schließen. Zwar lernen sie nur den Umgang mit einer Medienform, dem Hörspiel, gehen aber mit dem Mikrophon so selbständig um, daß sie auch auf andere Medienformen, wie Interview und Nachrichten schließen können.

Realitätsfähigkeit
Die „Irrealität" von Medien erkennen: Durch Geräuschetricks, Schnitte und Blenden können sie erfahren, daß das was aufgenommen wird, noch lange nicht dem entspricht, was man hinterher wahrnimmt. Sprecher können sowohl reale Personen vertreten als auch Phantasiefiguren so darstellen, als seien sie „echt". Meist schlüpfen Kinder diesen Alters in die Rolle eines Tieres.

Nutzungskompetenz:

Rezeptionssteuerungsfähigkeit
Sich vor zu starken Medieneindrücken schützen und seine Stimmung mit Hilfe von Medien bewußt beeinflussen: Im Gespräch während der Hörspielaufnahmen tauschen sich Kinder aus, wie sie z.B. mit beängstigenden Inhalten umgehen; manche schalten vielleicht aus, andere suchen vielleicht Trost bei Erwachsenen.

Auswahlfähigkeit
Bedürfnis- und interessengemäß eine Entscheidung zwischen Medien und Medienprodukten treffen: Im Gespräch mit den Kindern können während der Hörspielproduktion Anregungen für andere Medien und Cassetten gegeben werden, die handlungsleitende Themen ansprechen. Durch die Eigenproduktion setzen sie ihre Themen um.

Medienkommunikationsfähigkeit
Sich mit anderen über Medien austauschen und zu starke emotionale Eindrücke durch Spiel verarbeiten: Die Eigenproduktion regt an, mit anderen über Cassetten zu reden, sich auszutauschen und zuhause nachzuspielen. Der Unterschied zwischen wirklichen Freunden und „Medienfreunden" kann plastischer werden.

Handlungskompetenz:

Produktionsfähigkeit
Wissen über die interessengebundene Machart von Medien und technisches Wissen über die Machbarkeit und Gestaltung von Medien erlangen: Der direkte Umgang mit der Technik veranlaßt Kinder weiterzufragen, woher die Medien kommen und wie sie gemacht werden.

Gestaltungsfähigkeit
Medien als persönliche, individuelle Ausdrucksform betrachten und benutzen: Dadurch, daß sie ihre eigenen Meinungen und Gefühle auf das Band bannen können, müssen sich Kinder Gedanken machen, in welcher Form man Inhalte transportieren kann. Mit der Zeit können sie auch Vergleiche anstellen und Kritik üben.

Veröffentlichungsfähigkeit
Medien als Form der Veröffentlichung gebrauchen: Durch das Senden ihres eigenen Hörspiels können Kinder erkennen, daß es viele Formen der Veröffentlichung von Meinungen und kreativen Produkten gibt, und daß dies ein Beitrag für die anderen sein kann. Sie werden selbstbewußter im Umgang mit Medien.

Die Aufschlüsselung von Zielen legt nahe, daß es sich um lernzielorientierte Unterrichtsplanung handelt. In der Tat sollte man, wenn Unterricht wissenschaftlich nachgeprüft werden soll, auf möglichst genaue Ausrichtung der Ziele und möglichst genaue Überprüfung des erwünschten Verhaltens achten. Jedoch ist fraglich, ob eine Operationalisierung bis ins letzte Detail möglich ist, wenn es sich um den praktischen Umgang mit einem Lerngegenstand handelt. Laut Peterßen[77] schließen sich verschiedene Ansätze nicht unbedingt aus: „Es sei noch einmal betont, daß lernzielorientierter Unterricht mit seiner zentralen Forderung nach Operationalisierung von Lernzielen keineswegs dogmatisch verstanden werden darf, sondern daß diese Konzeption mit anderen praktiziert werden kann." In einigen Konzeptionen, die sich dennoch von „offenen Curricula" unterscheiden, geht es vor allem darum, den Unterricht genau auf Ziele auszurichten, aber nicht unbedingt das Endverhalten der Schüler logisch abzuleiten. Alle Gegenmodelle zum Konzept der Lernzieloperationalisierung beinhalten folgende Argumente:
- Lernzieloperationalisierungen beziehen sich hauptsächlich auf kognitives Lernen
- Lernzieloperationalisierungen machen den Unterricht starr, weil sie nicht so leicht dem Unterrichtsverlauf angepaßt werden können
- Lernzielorientierter Unterricht ist reproduktiv und nicht innovativ.[78] Es gibt jedoch verschiedene Modelle, die den Gegensatz von Lernzielorientiertem Unterricht und Offenem Unterricht überbrücken wollen. Offene Unterrichtsplanung würde bedeuten, daß sich Schüler nicht nur in den Inhalten offen ausdrücken können, sondern auch die Struktur und Planung des Unterrichts beeinflussen können. Klaus Heipke ist ein Vertreter einer vermittelnden Richtung. Er schlägt vor, „Lernziele um Handlungsziele zur ergänzen". Handlungsziele geben nach seinem Verständnis kein von außen gesetztes Endverhalten vor, sondern „erwachsen im Unterricht aus dem Handeln der Betroffenen", wobei sie zum einen Zielvorstellun-

77 Peterßen, W. Handbuch Unterrichtsplanung,München 1982, S. 138
78 Peterßen, W., S. 141

gen von Schülern enthalten sollen und zum anderen die Beteiligung der Schüler an der Erstellung gewährleisten sollen".[79]

Diese Unterscheidung erscheint vor allem dann sinnvoll, wenn es sich um projektorientiertes Lernen handelt. Eine weitere Operationalisierung ist nicht sinnvoll, weil der Unterricht verschiedene Prozesse auslösen kann. Die intensive Beschäftigung mit Cassetten hat nicht zwangsläufig zur Folge, daß sich der Umgang mit Medien ändert. Insofern kann mit den Schülern eine Vereinbarung über das zu erstellende Produkt getroffen werden, jedoch kann logisch nicht genau abgeleitet werden, welche Tätigkeit sich aus den Grobzielen ableitet, und umgekehrt kann nicht jede praktische Handlung haargenau einem Grobziel zugeordnet werden. Ernst Zeitter und Magdalena Schultz haben versucht Feinziele in ihren Unterrichtsmaterialien „Farben-Formen-Klänge"[80] anzugeben. Jedoch sind dort die Unterrichtseinheiten wesentlich weniger komplex als ein Hörspielprojekt.

Handlungsziele hingegen werden gemeinsam mit den Schülern entwickelt, ihre Umsetzung erfordern schon vorhandene Qualifikationen. Die Diskrepanz zwischen Lehrendem und Lernendem tritt vor allem dann auf, wenn Kinder noch keine Einsicht in übergeordnete Ziele haben können. Bei Kindern von 6-7 Jahren, die sich im Umbruch zwischen anschaulichem Denken und konkret-logischen Operationen befinden, ist nicht zu erwarten, daß sie übergeordnete Vorgaben in ihr Denken einbeziehen können. Dennoch können Absprachen getroffen werden, was das gemeinsame konkrete Projekt betrifft. Durch ein spiralförmig angelegtes Curriculum wird sich der Widerspruch zwischen Leit- und Handlungszielen vielleicht allmählich auflösen.

2.2.3.3 Hörspielproduktion

Das Erfinden der Geschichte:

Bereits einige Wochen vor Beginn des Hörspielprojekts liest die Klassleiterin den Kindern eine Geschichte vor, die als Ausgangslage für die szenische Umsetzung dienen soll:

Liebe Grille spiel mir was [81]

Eine Grille hatte den ganzen Sommer nichts anderes getan, als gegeigt und gegeigt und gegeigt. Und als der Winter kam hatte sie nichts zu essen, denn sie hatte das Feld nicht bestellt, also auch keine Ernte. Hatte keine Wolle gezupft also auch keine Handschuh. Hatte kein Winterhaus gebaut, also auch keinen Ofen. Und sie fror bitterlich und sehr. Da ging sie zum Hirschkäfer und sprach: „Sie sind doch der Oberförster im Wald, denn Sie haben ein Geweih. Könnte ich bitte ein bißchen bei Ihnen wohnen?" „Oh nein, „ sagte der Hirschkäfer, „oh nein, gewiß nicht..." Und die Grille ging wei-

79 Peterßen, W., S. 141

80 Zeitter,E./Schultz M.:Farben-Formen-Klänge, Hg.:Landesinstitut für Erziehung und Unterricht, Stuttgart 1989

81 Janosch, Liebe Grille, spiel mir was, in: Liebe Grille spiel mir was, Weinheim 1991, 4.Auflage

ter, fragte die Maus, ob sie ein bißchen von ihren Nüßchen... „Oh nein," sagte die Maus, „oh nein, gewiß nicht und gar nicht." Da stapfte die Grille weiter in dieser jämmerlichen Kälte.. und ging zum Maulwurf, der dort hinten in einer Kellerwohnung haust, mit Ofen. „Oh Besuch," rief der Maulwurf. „Kommen Sie, damit ich sie etwas befühlen kann, sehe nämlich nicht gut, weil ich blind bin. Kommt von der schwarzen Erde, wo ich arbeite. Macht nix." „Ach bleib doch bei mir," sagte der Maulwurf, „und spiel mir was auf deiner Fiedel, ja!" Und die Grille blieb, und sie machten sich ein schönes warmes Leben zusammen. Sie kochten sich gute Krautsuppe mit Mauserspeck, oder 2 süße Erbsen. Pro Person. Abends lasen sie zusammen in der Waldzeitung, hinten bollerte der Ofen, das Sofa war schön weich, und sie haben sich nie, nie, nie gezankt. Ach, war das eine gemütliche Zeit! Wohl die schönste Zeit in ihrem ganzen Leben.
Wohlwissend, daß die Kinder sich nicht mehr ganz auf den Inhalt besinnen, sollen sie nach ihren Bedürfnissen die Geschichte nachkonstruieren und nach ihren Wünschen verändern. Ihre Ängste und Phantasien sollen zum Ausdruck kommen. Beim Erfinden der Geschichte muß darauf geachtet werden, daß sich die Szenen mit kleinen Gruppen realisieren lassen, sodaß sich eine Person um die Aufnahmegruppe und eine Person um den Rest der Klasse kümmern kann.

Die Aufnahme in Szenen:
Die Aufnahmen sollen mit den einzelnen Gruppen szenenweise in einem vom Klassenzimmer getrennten Raum aufgenommen werden. Hörspielarbeit verlangt akustische Stille. Durch das Vorspielen von Probeaufnahmen hören sie, daß alle Nebengeräusche mitaufgenommen werden.
Zuhören und still sein, wenn andere ihre Rolle spielen ist Voraussetzung für gute Aufnahmen. Jede kleine Gruppe gestaltet ihre Szene nach eigenen Wünschen. Sowohl die Dialoge werden frei erfunden als auch die Geräusche und die Musik.
Für Kinder diesen Alters ist es wichtig, daß die Stimmen, die Geräusche und die Musik synchron gespielt und die Geschichte in der richtigen Reihenfolge aufgenommen wird. Die Ideen für die Gestaltung sollen von ihnen kommen. Anregungen und Hilfen können gegeben werden (Kann man das hören, was du machst?), weil sich Kinder nur schwer vom Visuellen trennen können. Daß man natürliche Geräusche durch synthetische ersetzen kann und, daß durch Tricks der Raumklang verändert werden kann, muß erklärt werden. Der Text wird weder schriftlich fixiert noch auswendig gelernt. Nur dann behält die Stimme ihren natürlichen und spontanen Ausdruck. Kinder müssen den Sinn dessen, was sie sagen wollen, erkannt haben. In der Regel finden sie dann auch die richtigen Worte. Von jeder Szene können maximal drei Aufnahmen gemacht werden. Hinterher sind die Kinder meist nicht mehr fähig, sich zu konzentrieren.

Die Gesamtgestaltung:
Sind die einzelnen Szenen aufgenommen, soll das Endprodukt innerhalb der Klasse vorgeführt und besprochen werden. Kleine Verbesserungen am Anfang oder am Ende

können meistens noch vorgenommen werden. Dabei ergibt sich die Gelegenheit, das „Schneiden" durch Überspielen in kleinen Gruppen zu erklären. Welche Effekte durch Weglassen oder Hinzufügen entstehen, kann hier erfahren werden. Die Kinder sollten mit ihrem Hörspiel zufrieden sein, wobei der Grad der Zufriedenheit nicht unbedingt mit erwachsenen Gütekriterien gemessen werden kann. Es ist wünschenswert, daß die fertige Cassette im Hinblick auf die Qualität annähernd kommerziellen Cassetten entspricht, weil sonst kein Vergleich mit ihnen stattfinden kann. Eine Cassette, deren Handlung durch keine lauten Hintergrundgeräusche gestört wird, die einen Titel und einen Abspann enthält, ist in der Regel ein sendefähiges Produkt.

Die Besichtigung des Sendestudios:
Nur wenige Hörfunkanstalten bieten die Gelegenheit, medienpädagogische Projekte in der Form zu unterstützen, daß Kinder ihre eigene Sendung veröffentlichen können. Führungen durch Sendehäuser gibt es jedoch überall. Die imponierenden Mischpulte und Mikrophone sind auf jeden Fall einen Besuch wert.
In Studios, die gerade nicht in Betrieb sind, können Kinder die Moderation einer Sendung ausprobieren. Dadurch lernen sie, daß ganz normale Menschen hinter den Mikrophonen stehen und zumindest theoretisch die Möglichkeit besteht, daß auch sie ihre Meinung verbreiten können. Noch besser ist es natürlich, wenn sie eine Sendung nicht nur simulieren, sondern tatsächlich eine eigene Sendung gestalten können.

Das Anhören im Radio:
Wenn Kinder ihre eigene Stimme im Radio hören, sind sie im allgemeinen stolz und verblüfft zugleich. Es macht sie neugierig, genau zu wissen, wie das gehen kann. Die technischen Einzelheiten können nicht erklärt werden, aber ein grobes Schema, wie Informationen zu uns nach Hause kommen, kann dennoch vermittelt werden.
Eine Kontrolle der vermittelten Fähigkeiten sollte nicht durch mündliche Überprüfung erfolgen, weil die Vorgänge so komplex sind, daß sie sich erst setzen müssen, d.h. erst mit eigener Wahrnehmung und eigenen Handlungen verknüpft werden müssen. Die Wiederholung eines ähnlichen Projekts wäre sinnvoll, nimmt aber viel Zeit in Anspruch. Ein spiralförmig aufgebauter Medienunterricht in den folgenden Jahren könnte jedoch gut darauf aufbauen. Im Grunde kommt es auch nicht auf die einzelnen Fähigkeiten an, sondern auf den Erwerb von Medienkompetenz, die jedoch durch schulische Leistungsmessung nicht geprüft werden kann.

2.2.3.4 Zugänglichkeit:
Manchmal erzählen Kinder im „Morgenkreis" Erzieherinnen im Kindergarten oder Lehrern von ihrem Fernsehkonsum. In der Regel wird darauf nicht unbedingt positiv reagiert. Das Hörspielprojekt eröffnet die Möglichkeit, frei und ohne Gewissensbisse von eigenen Erfahrungen zu erzählen. Somit wird ein wichtiges Stück ihres Lebens in ihren Schulalltag hineingetragen und bearbeitet.

Für die Kinder ist es zwar etwas irritierend, wenn eine Medienpädagogin als schulfremde Person plötzlich in den Unterricht kommt, auch wenn die Klassleiterin die Kinder darauf vorbereitet. Die Gestaltung der Einstiegsphase soll aber vermitteln, daß diese fremde Person Medien gegenüber positiv eingestellt ist und die Bedürfnisse und Vorlieben der Kinder kennenlernen möchte. Die Akzeptanz ihrer Bedürfnisse macht Kinder offen für neue Erfahrungen.
In der Einstiegsphase sollen die Kinder sich mit dem Mikrophon und den Geräten vertraut machen. Aus diesem Grund bekommt jede Tischgruppe (insgesamt sind es 4 mit jeweils 5-6 Kindern) einen Rekorder und ein Mikrophon. Sie sollen ihren Namen aufnehmen und sagen welche Lieblingscassette sie haben. Anschließend wird die Cassette abgehört. Auf diese Weise hören alle, wer welche Cassetten bevorzugt und gleichzeitig kann man herausfinden, welche Fehler beim Aufnehmen allzuleicht unterlaufen, z.B. Mikro zu nahe, zu weit weg; zu sehr genuschelt; zu laute Nebengeräusche etc.
Da Kindern praktischer Unterricht immer Spaß macht, kann man davon ausgehen, daß sie motiviert werden weiterzuarbeiten.

2.2.1.5 Unterrichtsentwurf

Der grob skizzierte Unterrichtsentwurf enthält in diesem Fall keine Trennung zwischen der Tätigkeit der Klassleiterin und der Medienpädagogin. Dies beruht auf der arbeitsteiligen Haltung der Lehrerin, die sich vor allem um die Schüler kümmern will, die nicht direkt mit dem Hörspiel beschäftigt sind. Die Spalte „Lehrerverhalten" beschreibt also die Tätigkeit der Medienpädagogin, sofern es sich um Gruppenarbeit in einem anderen Raum handelt. Die Klassengespräche werden gemeinsam durchgeführt.
Dieser Unterrichtsplan dient gleichzeitig als Basis für einen Vergleich mit dem tatsächlich durchgeführten Unterricht. Dieser Vergleich kann nur zustandekommen, wenn während des Unterrichts oder direkt nach dem Unterricht Aufzeichnungen gemacht werden. Da bei dieser Untersuchung die unterrichtende Person identisch mit der Forscherin ist, kann es zu sehr subjektiven und ausschnittweisen Beobachtungen kommen. Aus diesem Grund sollten alle Unterrichtssituationen mit einem Tonbandgerät aufgezeichnet werden. Der Vortest hat jedoch gezeigt, daß Aufzeichnungen nur bei kleineren Gruppen sinnvoll sind. Aus diesem Grund sollen zur Auswertung nur Aufzeichnungen herangezogen werden, die die Arbeit in Kleingruppen dokumentiert. Da Tonbandgeräte auch visuelle Auffälligkeiten nicht erfassen können, sind sie nicht geeignet als einzige Dokumentationsform herangezogen zu werden. Vielmehr sollten Protokolle, die direkt nach dem Unterricht angefertigt werden zur Ergänzung herangezogen werden. Die Unterrichtsaufzeichnungen und das Endprodukt, das Hörspiel der Kinder, kann Aufschluß darüber geben, inwieweit der Unterricht das Ziel konsequent verfolgt hat. Aus diesem Material können weitere Schlüsse gezogen werden.

UNTERRICHTSEINHEIT HÖRSPIEL

Ziel/Inhalt	**Lehrerverhalten**	**Schülerverhalten**	**Bemerkungen**
1. DS=Doppelstunde Handhabung der Geräte	L. erklärt die Geräte L. gibt Hinweise zur Verbesserung	S. experimentieren mit Geräten S. verbessern Ergebnisse	*Gruppenarbeit*
Geschichte erfinden	L. nimmt Ideen auf und strukturiert sie	S. machen Vorschläge für Story	*Klassengespräch*
2. DS Aufteilung in aufnehmbare Szenen	L.teilt nach Szenen die Gruppen ein	S. formieren sich in Gruppen mit eigenen Kompetenzen	*Klassengespräch*
Probeaufnahmen	L. macht mit einzelnen Gruppen Aufnahmen	S. erfinden Dialoge, Geräusche und Musik	*Gruppenarbeit*
3.DS Besprechung der Probeaufnahmen Vervollständigen der Geschichte Besetzung der Rollen	L. führt Arbeitsergebnisse vor. L. erläutert Spannungsbogen, fragt nach Anfang und Ende der Story L. steuert sinnvolle Rollenverteilung	S. hören erste Ergebnisse S. bedenken Einleitung, Hauptteil und Schluß der Story anhand der Problemstellung S. müssen sich auf Rollen festlegen	*Klassengespräch*
4.DS, 5.DS und 6.DS Aufnahmen	L. motiviert zu Ausdruck, koordiniert die Szenenübergänge und stellt Hilfsmittel zur Verfügung	S. suchen Möglichkeiten der Umsetzung des Sinns; S. sprechen, machen Geräusche, Musik und die Technik	*Gruppenarbeit*

UNTERRICHTSEINHEIT HÖRSPIEL

Ziele /Inhalte	Lehrerverhalten	Schülerverhalten	Bemerkungen
7.DS Vorspielen und Korrektur	L. stellt ersten Schnitt zur Disposition, nimmt konstruktive Kritik auf und schafft Möglichkeiten zur Verbesserung	S. hören die Szenen der anderen an, kritisieren und machen Vorschläge zur Verbesserung	*Klassengespräch*
8. DS Einbauen der Korrekturen und gleichzeitiges erklären des „Schneidens" durch Überspielen	L. fügt die neuen Aufnahmen in Hörspiel ein, erklärt Vorgang und läßt sie selbst experimentieren	S. versuchen Vorgang nachzuvollziehen und selbstzumachen	*Gruppenarbeit*
Vorführung in der Klasse	L. stellt das fertige Hörspiel vor	S. hören fertiges Hörspiel an und diskutieren Ergebnis	*Klassengespräch*
Erläuterung: von der Produktion bis zum Hören zuhause	L. teilt Arbeitsblatt aus und erklärt es	S. stellen Fragen	
9. DS Besichtigung einer Rundfunkanstalt und eines Aufnahmestudios	L. übergibt Erklärungen an Experten	S. folgen den Erläuterungen von Experten, können Fragen stellen und selbst experimentieren	*PPGespräch mit Experten*
10. DS Anhören der eigenen Sendung bzw. Teilnahme an Sendung zum Hörspiel	L. gibt Auskunft über Sendeplatz, begleitet Kinder bei Teilnahme	S. hören entweder passiv zuhause ihre Sendung an oder beteiligen sich aktiv an Sendung	*Sendung im Rundfunk*

Kapitel 3
Chronologische Untersuchungs- und Projektbeschreibung

Zu Beginn des Schuljahres 1994/95 wurde mit dem Rektor einer Freiburger Grundschule die Abmachung getroffen, daß von einer schulfremden Medienpädagogin das Medienprojekt mit wissenschaftlicher Begleitforschung durchgeführt werden konnte. Die Klasse 1c wurde durch das Engagement von Frau F. zur Untersuchungsklasse. So konnten die konkreten Absprachen zum Projekt und zur Untersuchung direkt mit Frau F. getroffen werden. Außerdem wurde noch eine andere Klassleiterin gewonnen, die parallel zur Untersuchungsklasse in der Klasse 1 d die Durchführung der dreimaligen „Fragebogen"-Aktion ermöglichen sollte.
Die Zeitplanung richtete sich weitgehend nach den emotionalen und schulischen Bedingungen der Kinder. Zunächst sollten die Schulanfänger sich in der Schule einleben können, was bedeutete, daß das Medienprojekt nicht vor Weihnachten beginnen sollte. Der Unterricht sollte von dem Projekt nicht allzusehr eingeschränkt werden. Das hieß, daß die Kinder frühestens nach der großen Pause sich mit dem Projekt beschäftigen sollten, und für das Vorhaben nicht mehr als 10 Doppelstunden vom Unterricht abgezweigt werden konnten.
Die wissenschaftliche Begleitung des Projekts erforderte nochmals Unterrichtszeit und belastete den Zeitplan der Klassleiterin zusätzlich. Aus diesem Grund war es wichtig, die Untersuchungspläne an die Gegebenheiten anzu-passen.
Organisatorisch sollte das Projekt allein in der Hand der Medienpädagogin liegen, während die Klassleiterin den Kindern, die gerade nicht involviert waren, Lernspiele anbot, die mit dem Hörspiel in keinem Zusammenhang standen.
Die einzige Vorarbeit, die im Zusammenhang mit dem Projekt stand, bestand darin, den Kindern in der Zeit vor Weihnachten die Erzählung „Liebe Grille spiel mir was" von Janosch vorzulesen. Sie sollte den Anreiz liefern, eine Geschichte für das Hörspielprojekt nach Weihnachten zu erfinden.

3.1 Phase 1: Bestandsaufnahme

Frau.F. hatte sich bereit erklärt, mit ihrer Klasse das Medienprojekt durchzuführen. Da sie nicht genau wußte, was sie erwartete, wurden in einem vorbereitenden Gespräch der Sinn und der Ablauf der Hörspielarbeit und der Untersuchung besprochen. Als die erste Bestandsaufnahme gemacht werden sollte, hatte Frau F. die Klasse auf die Untersuchung vorbereitet, wußte aber selbst nicht so genau, was gemacht wird. Man merkte den Kindern Anspannung an. Durch das Anmalen der Kringel und dem Betrachten des Fragebogens lockerte sich die Stimmung. Dann mußte es ganz still sein. Während der Cassettenrecorder lief und die Fragen über das laufende Gerät gestellt wurden, unterbrach Frau F. und sagte, die Fragen würden zu schnell gestellt werden. Ein Kind hatte tatsächlich große Probleme. Es war vor kurzer Zeit erst aus dem Ausland gekommen und verstand sehr wenig deutsch. Frau F. setzte sich an die Seite des

Kindes und wiederholte manchmal die gestellte Frage für das Kind. Das brachte relativ große Unruhe in die Klasse und das Tempo konnte nicht eingehalten werden. Die Konzentration ließ nach, was man an den verrutschten Zeilen und im Ergebnis („nicht beantwortet" - Antworten) ersehen kann. Die Kinder brauchten fast die ganze Schulstunde, um den Bogen auszufüllen.
Die Klasse 1 d, deren Klassleiterin Frau M. war, schien auf den ersten Blick kleiner zu sein. In Wirklichkeit war es nur ein Kind weniger. Der Eindruck entstand dadurch, daß alles sehr geordnet und klar war. Die Kinder sollten zunächst eine ihnen vor der Pause gestellte Aufgabe zuende führen, dann durfte erst das Tonbandgerät aufgebaut werden. Die Kinder hatten keinerlei Erwartung, sie waren nicht vorbereitet worden. Nachdem es vorher Schwierigkeiten gegeben hatte, einen geeigneten Termin zu finden, hatte die Klassleiterin offensichtlich beschlossen, das Ganze sehr spontan zu machen. Die Klasse war vom ersten Augenblick an sehr leise. Der Ablauf, der durch die Vortests schon fast zur Routine geworden war, konnte schnell erklärt werden. Nur ganz wenige Kinder plapperten dazwischen. Die Lehrerin hielt sich von Anfang bis zum Ende ganz und gar im Hintergrund. Der „Fragebogen" war in weniger als 30 Min. zuende, die Kinder stellten keine weiteren Fragen.
Die Auswahl der Einzelfälle sollte nach einem bestimmten Punktsystem erfolgen.

Zunächst war wichtig, festzustellen, inwieweit die Kinder die Wissensfragen, also den kognitiven Bereich der Wahrnehmung, richtig beantwortet hatten.
Die Untersuchungsklasse 1c (Durchschnitt 50,95 Punkte) hatte eine geringere Punktzahl als die Kontrollklasse 1d (Durchschnitt 56,5 Punkte).
Aus der Klasse 1c wurden 7 Kinder ausgewählt, wobei das eine Kind, das offensichtlich erst vor kurzer Zeit aus Rußland eingereist war, nicht berücksichtigt wurde. Aufgrund der Punktzahlen wurden Kinder mit niedriger, mittlerer und hoher Punktzahl ausgewählt:

Milan	(Nr.4)	64 Punkte
Patricia	(Nr.23)	59 Punkte
Frederik	(Nr.13)	59 Punkte
Marie	(Nr.16)	49 Punkte
Caroline	(Nr.6)	37 Punkte
Nora	(Nr.20)	37 Punkte
Karl	(Nr.17)	31 Punkte

Einige Tage später wurden mit diesen Kindern Einzelinterviews auf der Gundlage des Interviewleitfadens 1 gemacht. Die Befragung konnte während des Unterrichts bzw. während der Pause durchgeführt werden. Frau F. schickte hierfür die Schüler nacheinander in den fast angrenzenden Musikpavillon, in dem das Tonbandgerät für die Interviews aufgebaut war. Der Ablauf war bei allen Kindern unspektakulär. Sie interessierten sich zunächst für das Mikrophon, konzentrierten sich aber zunehmend auf die Fragen.

3.2 Phase 2: Durchführung des Hörspielprojekts

3.2.1 Unterrichtsablauf

Das Hörspielprojekt wurde durch Tonbandaufzeichnungen durch ausführliche Protokolle dokumentiert. Aus diesen Aufzeichnungen wurden die Situationen extrahiert, die das Lehrerverhalten und das Schülerverhalten besonders charakterisieren. Zusätzliche Bemerkungen wurden nur zu Sozialformen des Unterrichts, zum Einsatz von Geräten oder zu Auffälligkeiten gemacht, die aus dem Raster nicht hervorgegangen wären. Das Schema der Unterrichtsvorbereitung und das Schema des Stundenablaufs kann bei der weiteren Auswertung besser verglichen werden, als Protokolle.

1. DOPPELSTUNDE

Ziele	Lehrerverhalten	Schülerverhalten	Bemerkungen
Technischer Umgang mit Gerät Mikrophon mit Schlinge halten	Jeder Tisch bekommt einen CR und ein Mikrophon. Anweisung, sie mögen ihren Namen und ihre Lieblingscass. nennen	Schüler reißen sich um das Mikrophon. Ein Kind jeder Tischgruppe behält das Mikro. Die anderen sprechen.	*Gruppenarbeit* technische Ausstattung: 4 Cassettenrecorder 4 Mikrophone 4 Cassetten
	Anhören der aufgenommenen Texte und Korrektur (zu nah, zu weit weg von Mikro; Nebengeräusche, Schlingengeklapper)	Aufmerksames Zuhören, Wiedererkennen der eigenen Stimme, Lachen	Einsammeln der Geräte
Geschichte erfinden	Anknüpfung an „Grille und Maulwurf“ Frage: Wer kann sich an die Geschichte erinnern?	Meldungen: Ein Kind erzählt, daß es sich um eine Grille handelt, die Futter sucht und andere um Hilfe bittet. Der Maulwurf nimmt sie auf, weil er blind ist. Andere: „Ich habe die Geschichte als Videofilm“, „Heute morgen, als wir in die Turnhalle gingen, haben wir auch einnen toten Hasen gefunden“	*Klassengespräch* Kinder können sich kaum an Geschichte erinnern. Andere Assoziationen zum Thema
	Einführung: Wir wollen ein Hörspiel machen, das ruhig etwas anders sein kann. Wenn wir die Grille als Hauptperson nehmen, dann bräuchten wir jemanden der Geige spielt. Welches Instrument könnt ihr spielen?	3 Kinder spielen Blockflöte. Sie erzählen welche Instrumente ihre Väter, Mütter und Geschwister spielen.	Abschweifen vom Thema
	Frage: Welches Tier spielt Flöte? Dieses Tier könnten wir als Hauptperson nehmen	Die Kinder nennen verschiedene Vögel. Der Vogel hat den Abflug in den Süden verpaßt und hat deshalb kein Futter. Das könnte ein Storch, ein Zaunkönig, eine Amsel, Drossel, ein Wellensittich oder eine Nachtigall sein. Einigung auf Amsel.	Rege Anteilnahme an Thema
	Frage: Die Amsel bittet andere Tiere um Futter. Zu welchen Tieren geht sie?	Vorschläge der Kinder: Spatzen, Igel, Fuchs, Grille und Maus. Die Maus soll der Amsel wirklich helfen.	Eingreifen von Klassleiterin Sie schlägt Amsel vor. Alle sind einverstanden.

1. DOPPELSTUNDE			
Ziele	**Lehrerverhalten**	**Schülerverhalten**	**Bemerkungen**
Pausenläuten.Klasse besteht auf Pause	L. malt die Tiere an die Tafel in waagrechter Reihenfolge, so wie die Stationen der Amsel verlaufen: Spatz, Igel, Fuchs, Grille, Maus	S. bestaunen nach Pause die Zeichnungen	Reibungsloser Beginn nach Pause
Ausgestalten der Geschichte	Erklärung: Das ist unsere Geschichte. Den Schluß mit der Maus lassen wir erst einmal weg. Jede Tischgruppe denkt sich jetzt aus, wie es wäre, wenn zu ihnen die Amsel käme und um Futter bitten würde.Tisch 1 ist der Spatzentisch, Tisch 2......	S. sprechen untereinander, aber wenig über das Thema.	Unruhe
	Frage: Was habt ihr euch ausgedacht?	S. melden sich einzeln und erzählen ihre Ideen. Die Spatzen, wissen wo es Fütter gibt, wollen aber nicht teilen.	Keine wirkliche Gruppenarbeit mit gemeinsamen Vorschlägen. Jedes Kind trägt seine Ideen vor.
	Zusammenfassung der Geschichte: Amsel sucht Futter und wird von den Tieren auf verschiedenste Art abgeleht. Offen sind noch Anfang und Schluß Verabschiedung	Der Igel macht Winterschlaf und will nicht gestört werden. Der Fuchs tut so, als würde er helfen, will aber die Amsel fressen. Die Grille hat nur gegeigt und hat nichts.	Vorschläge gut und praktikabel, umfassen das Spektrum menschlichen Verhaltens. Die erste Stunde brachte ein gutes Ergebnis: Die Geschichte steht in groben Zügen, fast alle Kinder waren am Prozeß beteiligt.

2. DOPPELSTUNDE

Ziel	Lehrerverhalten	Schülerverhalten	Bemerkungen
Probeaufnahmen: experimenteller Umgang mit Geräuschen, Musik, Simme und Rollen 1. Spatzengruppe 2. Igelgruppe 3. Fuchsgruppe 4. Grillengruppe	L. malt die einzelnen Tiere (Szenen) auf große Karteikarten L. gibt jeder Tischgruppe eine Karteikarte. L. erklärt, daß nun probehalber die einzelnen Szenen aufgenommen werden. Während L. mit einer Gruppe den Raum verläßt, arbeiten die anderen mit der Klassleiterin im Schulzimmer weiter. Erst wenn eine Gruppe fertig ist, kommt die nächste dran. In jeder einzelnen Gruppe sind folgende Rollen zu besetzen: Techniker/in, Geräuschemacher, Amsel, Tiere Jede Szene wird zunächst inhaltlich besprochen. Dann werden ein paar Aufnahmen gemacht.	In jeder Gruppe gibt es zunächst eine Amsel. Wer sich für die Rolle meldet bekommt sie. Die Kinder reißen sich nicht um die Hauptrolle. Sehr beliebt ist Geräuschemachen. Marie und Nora melden sich für Geräusche der Spatzen (Tücher schwenken) Frederik meldet sich für Geräusche (Laubrascheln, Triangel als Türklingel) Milan spielt den Fuchs, Caroline macht Geräusche (Flattern der Amsel mit Tuch)	Ein Kind, jenes das nicht gut deutsch versteht, stört sehr, daurch entsteht Zeitdruck. Verteilen der Karteikarten und Erklärung ca. 10 Min. Jede Gruppe braucht für Probeaufnahmen ca. 20 Min. Material: 1 CR 1 Mikrophon Anschlußkabel Für Geräusche: Eimer, Tücher, Flöte alle anderen Materialien sollten sie sich selbst suchen.

3. DOPPELSTUNDE

Ziel	Lehrerverhalten	Schülerverhalten	Bemerkungen
Reflexion über Aufnahmen	L. spielt der ganzen Klasse die Probeaufnahmen vor.	Schüler verstecken ihr Gesicht hinter ihren Händen oder sehen selbstbewußt um sich	Vorführungsgerät ist ein größerer tragbarer Recorder aus der Schule.
Ausdenken von Anfang und Schluß	L. fragt, weshalb Pauli nicht mitgeflogen ist ? L. fragt, wie es genau weitergeht. L. : Was passiert bei der Maus in der Gießkanne? L.: Wer möchte die Amsel spielen. ?	Schüler sind z.T. der Meinung, daß die Eltern Pauli vergessen haben. Ein anderer Teil meint, daß Pauli den Abreisetermin verbummelt hat. Kompromiß: Die Spatzen- und Igelszenen bleiben weitgehend gleich. Die Fuchsgruppe will, daß die Amsel verspeist wird. Aber dann würde die Geschichte zuende sein. Kompromiß: Fuchs versucht Amsel zu braten. Der Grillengruppe fällt kein guter Übergang zur Mäuseszene ein. Den Schluß entwirft ein Mädchen der Grillengruppe. Sie meint, daß die Amsel von den Mäusen aufgenommen und verpflegt wird.	*Klassengespräch*
Besetzung der Hauptrolle Besetzung der Erzählerrolle Endgültige Besetzung der anderen Rollen.	L.: Wer möchte den Erzähler spielen? L.: Diejenigen, die keine Rolle haben, kommen mit. Wir proben die letzte Szene	Kinder diskutieren, daß von allen Amseln bei den Probeaufnahmen Kristina die beste Amsel gewesen sei. Sie übernimmt diese Rolle. Für die Rolle des Erzählers meldet sich nur Fabian. Er stottert manchmal ein wenig, kann sich aber sehr gut ausdrücken. Milan will kein Fuchs mehr sein, dafür Mansur 4 Jungen und die Amsel gehen mit	*Gruppenarbeit mit Mäusegruppe*

4. DOPPELSTUNDE

Ziele	Lehrerverhalten	Schülerverhalten	Bemerkungen
Beginn mit den richtigen Aufnahmen Aufnahme der Eingangsszene und der 1. Szene mit: Erzähler Spatzengruppe Flötenspielerin	Aufbau der Geräte im Kernzeitbetreuungsraum, in dem es viele ablenkende Spielsachen gibt. Gespräch über die Dialoge und endgültige Verteilung der Rollen innerhalb der Gruppe. Alle Dialoge werden einmal geprobt, dann aufgenommen und abgehört.	Alle sind aufgeregt, weil es „ernst“ wird. Sie finden sich aber gut in die selbstgewählten Rollen ein. Zwei Mädchen (Nora und Caroline) machen mit Tüchern das Geflatter von Flügeln nach. Zwei andere Mädchen spielen die Satzen. Die Dialoge der Spatzen mit der Amsel sind etwas mühsam. Sie verpassen manchmal ihren Einsatz. Die Au- Rufe von Kristina sind zu wenig gequält, bis ihr ein Kind wirklich etwas wehtut. Mit dieserAufnahme sin d sie zufrieden.	*Gruppenarbeit* Geräte: CR, Mikro, Cassette, Hilfsmittel: Tücher für Flügelflattern, Flöte S. beurteilen selbständig, welche Szenen gut gelungen sind. Der Unterschied zwischen gespielten und tatsächlich empfundenen Gefühlen ist deutlich hörbar und wird von S. registriert.
Aufnahme der 2. Szene mit Igelgruppe Amsel Erzähler	Da die Geräte aufgebaut sind, könnten gleich Aufnahmen gemacht werden.	Axel macht die Technik. Celina und Susanne wollen die Igeleltern spielen, aber es fällt ihnen kein Text ein. Als der Text klar ist, finden sie nicht gleich ihre Einsätze. Christian und Frederik streiten sich um den Triangel. Schließlich einigen sie sich. Einer spielt Triangel, der andere raschelt, zusammen dürfen sie laute Schnarchgeräusche machen, was ihnen am besten gefällt.	Hilfsmittel: Triangel, Papier für Klingel und Laub S. setzen sich gut mit Geräuschen auseinander. Was klingt wie am Echtesten ? Es kommt zu keiner guten Aufnahme mehr. Aufnahme wird auf nächstes Mal verschoben.

5. DOPPELSTUNDE

Ziele	Lehrerverhalten	Schülerverhalten	Bemerkungen
Besprechung des Endes der Geschichte, weil sich aus den früheren Vorschlägen und der Version der Mäusegruppe eine moralische Differenz herausgestellt hat.	L. erklärt Klasse, daß noch einmal über das Ende gesprochen werden muß: Wenn die Maus freiwillig die Amsel aufnähme, dann sei das ein „gutes Ende". Wenn die Amsel nur geduldet wird und für Kost und Logis mit Unterricht bezahlen muß, dann sei das ein weniger gutes Ende. L. läßt abstimmen. L. erklärt, daß sie sich nach diesem Votum richten wird.	Schüler rufen ihre Meinung in den Raum Nur 5 Schüler/innen sprechen sich dafür aus, daß die Amsel ohne Vorbehalte aufgenommen und versorgt wird. Alle anderen finden die zweite Lösung auch ein gutes Ende.	Der Moral der Kinder soll nicht vorgegriffen werden. Es soll ihr Produkt bleiben.Deshalb Klassengespräch
Aufnahme der 2. Szene mit Igelgruppe, Erzähler und Amsel	L. geht mit Kindern in den Pavillon	Die Aufnahmen können von den Kindern relativ zügig gemacht werden. Die Rollen werden nicht angezweifelt oder diskutiert.	*Gruppenarbeit* Geräte: CR, Micro, Cass.
Aufnahme der 3. Szene mit Fuchsgruppe, Mansur aus Grillengruppe Amsel	L. versucht, die Rollen neu zu klären. Milan will kein Fuchs mehr sein, sondern Mansur. Aber alle anderen Rollen sind besetzt. Christina und Marie machen hier die Geräusche, Lukas die Technik. Milan soll dabei helfen und das Mikro bedienen.	Christina und Anne-Marlen wollen beide Geräusche machen, aber zugunsten der anderen zurücktreten. Aufgaben werden gleichmäßig verteilt. Milan ist etwas unzufrieden.	Hilfsmittel: Triangel, Papier für Klingel und Laub Hilfsmittel: Tücher für Flügel. Eimer für Echo, Pfanne
Aufnahme der 4. Szene mit Grillengruppe Amsel Erzähler	L. schlägt vor über Szene nochmal zu sprechen. Nimmt neue Vorschläge auf. L. mahnt Waldemar, der immer nur herumrennt, aber nicht mitmachenwill	Robin will keine Grille sein. Anna springt ein. Anguli spielt Glockenspiel. Waldemar wollte Technik machen.	Hilfsmittel: Glockenspiel Es gongt vor Abschluß der 2.Aufnahme, aber die 1.Aufnahme war brauchbar.

6. DOPPELSTUNDE

Ziele	Lehrerverhalten	Schülerverhalten	Bemerkungen
Vorspielen des zusammengeschnittenen Bandes	L. hat zuhause einen Zusammenschnitt der bisher aufgenommenen Szenen gemacht. L. spielt ihn am Anfang der Stunde vor. L. erklärt, daß sie die letzte Szene nun aufnehmen wird und anschließend den Zusammenschnitt durch Überspielen vorführen wird. Sie geht mit der Mäusegruppe in den Pavillon.	S. hören gebannt zu. Sie hören zum ersten Mal die Szenen der anderen und fragen, wie sie das gemacht haben	Geräte: großes Abspielgerät Klassleiterin ist sichtlich beeindruckt. *Klassengespräch*
Aufnahme der Mäusezene Die Mäusegruppe ist aus verschiedenen Tischgruppen zusammengesetzt Amsel Erzähler	Das Potential der Kinder muß irgendwie gebündelt werden. L. fällt dazu nichts ein. L. Überlegt mal, was passiert, wenn die kleine Amsel an die Tür der Mäuse klopft. L. merkt, daß die Kinder ohne Input nicht weiterkommen. Sie macht den Vorschlag, Karl solle der Mäusevater sein, Christian seine Söhne. Die Kleinen halten die Amsel für einen schwarzen Adler.	Karl, Christian und Dominik laufen im Raum herum. Sie bemühen sich, nicht an der Geschichte zu arbeiten, sondern betrachten die Aufnahmesituation als Freistunde. Nur negative Phantasien beflügeln sie „Den (Vogel) schlag ich zusammen!“ „Was muß ich sagen?“, ist noch das Beste, was sie zustandebringen. „Du weißt ja selbst nicht, wie es weitergeht“ rügt D. die L.	Geräte: CR, Micro, Cass. Hilfsmittel: Eimer als Gießkanne *Gruppenarbeit* Die Aufnahme wird vertagt. Es bleibt keine Zeit mehr, den Schnitt vorzuführen.

7. DOPPELSTUNDE

Ziele	Lehrerverhalten	Schülerverhalten	Bemerkungen
Aufnahme der Mäuseszene Mäusegruppe Erzähler Amsel	L. geht mit der Mäusegruppe in den Pavillon. L. läßt die Szene nun im Raum verteilt spielen. Das geht auf Kosten der Qualität, ist aber das einzige Mittel, um Identifikation mit den Tierfiguren zu erreichen.	Christian, Dominik und Karl sind nicht ernsthaft bei der Sache. Erst als „Theater" gespielt wird, können sich die Jungen ihren Text merken.Mit viel Radau wird die Szene aufgenommen.	Geräte: CR, Mikro, Cass. Hilfsmittel : Eimer als Gießkanne Flöte *Gruppenarbeit* Alle sind unzufrieden.
	L. ruft Christian und Dominik zurück. Sie dürfen noch einmal mit der Flöte wild herumflöten.	Christian und Dominik bauen beim Flöten ihre Spannung ab.	Das Flöten kann eingebaut werden. Zufriedenheit kehrt ein.
Aufnahme der letzten Szene mit Erzähler und Flöte	L. nimmt die letzten Worte und die Musik selbst auf L. schneidet den Rest an das Hörspiel.	Fabian und Laura arbeiten gut zusammen	*Gruppenarbeit* Es ist nicht sicher, ob die letzten Aufnahmen gelungen sind. Um Frustration zu vermeiden, wird von L. ein Zusammenschnitt gemacht
Vorführung des fertigen Hörspiels	L. führt fertiges Hörspiel vor.	Die Kinder sind begeistert. Besonders die letzte, „schlimme" Szene begeistert die Schüler	Geräte: großes Abspielgerät Klasse Aus zeitlichen Gründen muß die Erklärung zum Schneiden durch Überspielen noch einmal verschoben werden

8. DOPPELSTUNDE

Ziel	Lehrerverhalten	Schülerverhalten	Bemerkungen
„Schneiden“ durch Überspielen	L. besprach mit der Klassleiterin, daß sie die Klasse teilen sollte und eine Hälfte für 20 Minuten in den Pavillon schicken sollte und dann die zweite Hälfte. L. hatte zwei CR aufgebaut, die mit Überspielkabel verbunden waren.	Die Schüler interessierten sich nicht für die Überspielung, sie wollten mit dem Mikrophon Aufnahmen machen.	Geräte :2 CR, Mikro, 2 Cass. Interesse hat nach dem Hörspiel deutlich nachgelassen. Gerade das Überspielen von Passagen wäre für eigene kreative Arbeit wichtig gewesen.
	L. erklärt ihnen den Vorgang des Sendens. Sie erhalten ein Arbeitsblatt über Senden per Kabel und per elektromagnetische Wellen.	Was sie jedoch interessierte war, wie die Sendung, ihr Hörspiel ins Haus zu ihnen gelangt.	Arbeitsblatt zum Senden s. Blatt
Aufnahme des Abspanns	L. bittet die Schüler tischweise ans Mikrophon	S. nennen ihren Namen und ihre Funktion beim Hörspiel	
	L. macht einen anderen Schnitt als die erste Version		
	L. kopiert beide Hörspielversionen für jedes Kind auf Cassette		

9. DOPPELSTUNDE

Ziel	Lehrerverhalten	Schülerverhalten	Bemerkungen
Besichtigung eines Radiostudios Kennenlernen der Sendetechnik	L. und KL. fuhren mit dem Bus zu Radio Dreyeckland. Dort wartete der Leiter der Kinderredaktion A. auf die Kinder. Er erklärte ihnen das Mischpult, die Zuspielgeräte und den Live-Senderaum. Anschließend durften die Kinder selbst die Geräte bedienen. Jeweils 6 Kinder durften in den Regieraum und eine Sendung simulieren. Am Ende hörten sie sich ihr eigenes Hörspiel noch einmal über Lautsprecher an.	Die S. waren sehr gespannt auf das Studio und etwas enttäuscht, als sie keine chromblitzenden Armaturen sahen. Im Regieraum sollten sie sich Fragen an die Kinder im Live- Studio überlegen und über das Mikrophon fragen. Nur wenige originelle Fragen kamen zustande.	Es war für die S. nicht vorstellbar, daß man nur hört, was sie in der simulierten Sendung sagen und nicht sieht. Z.B. fragte einer die Kinder im Live-Studio: Wer von euch hat einen Hut auf? Sie antworteten mit „ich“. Daß „ich“ ohne Namen, ohne Beschreibung der Situation oder des Menschen keine Aussage im Rundfunk ist, war für sie mühsam zu begreifen.

10. DOPPELSTUNDE

Ziel	Lehrerverhalten	Schülerverhalten	Bemerkungen
Anhören ihres eigenen Hörspiels im Rundfunk Anhören der Kommentare der Schulkameraden im Rundfunk	L. traf sich mit drei Kindern am Sonntagmorgen zur Kindersendungszeit im Studio von Radio Dreyeckland L. hatte mit den Kindersendungsredakteuren abgesprochen, daß während der einstündigen Sendung zuerst die erste Version des Hörspiels laufen sollte, dann die Kinder zu der Produktion befragt werden würden, und anschließend die zweite Version des Hörspiels gesendet werden sollte.	Fabian, der Erzähler, Kristina, die Amsel und Anguli, die das Glockenspiel gespielt hatte, kamen zur abgemachten Zeit ins Studio. Weder die L. noch die KL. hatten eine Auswahl getroffen. Alle Kinder waren herzlich eingeladen worden, zu erscheinen. Im Interview erzählten die Kinder von ihren Erlebnissen beim Hörspielmachen. Sie konnten sehr gut darstellen, wie man durch selbstgemachte Geräusche die Hörer an der Nase herumführen kann.	Der Sendetermin und die Frequenz waren den Kindern schriftlich mitgeteilt worden Der Sendetermin für die Kindersendung liegt etwas ungünstig: Sonntagmorgen um 9.00 Uhr. Für Kinder ist es besonders schwer, einen Sender zu finden, der nicht so bekannt ist. Auch wenn sie über die Frequenz und Wellenlänge informiert waren, fanden nicht alle Eltern oder Kinder den Sendeplatz von Radio Dreyeckland. Nicht alle Kinder konnten sich deshalb die Sendung anhören. Es wurde jedoch eine Aufzeichnung der Sendung gemacht und später der Klasse vorgespielt.

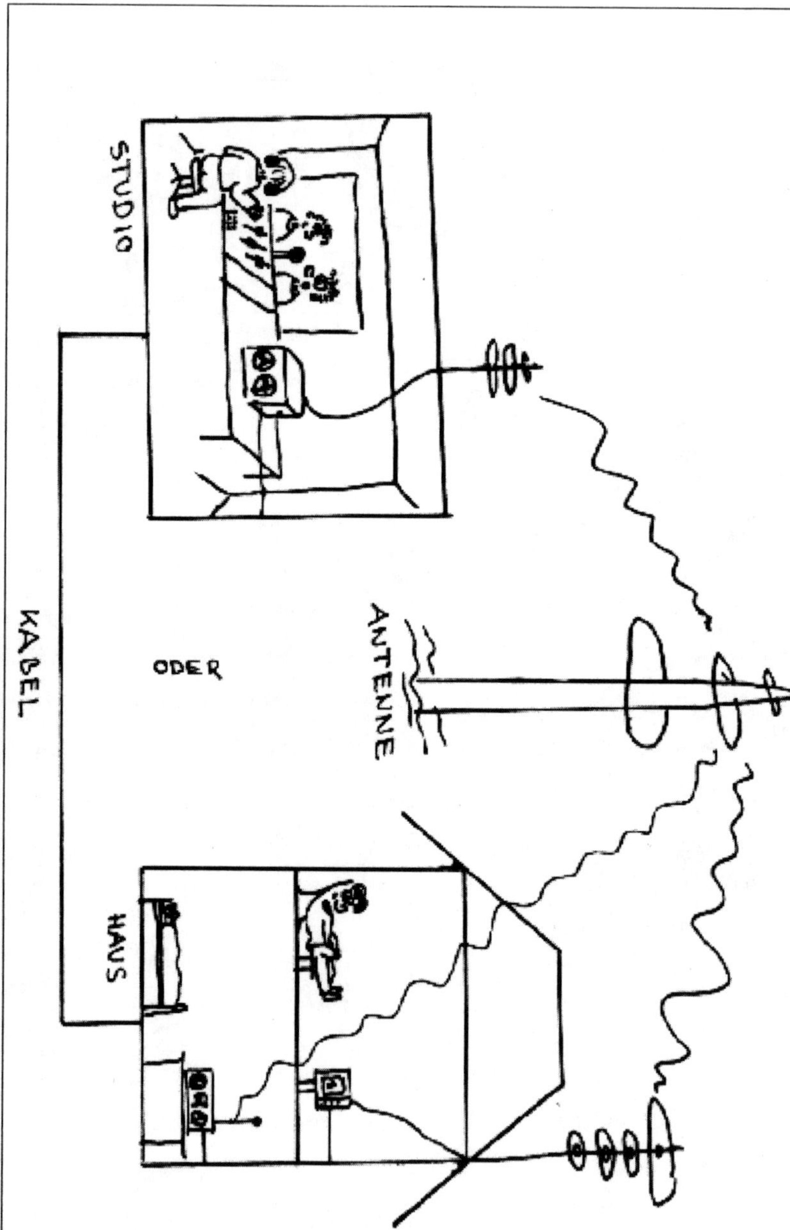

Vom Aufnehmen zum Hören

3.2.2 Script der Hörspielproduktion

Ein auf Tonband aufgenommenes Hörspiel kann schriftlich nur schwer dokumentiert werden, weil das Wichtigste, die atmosphärische Lebendigkeit, nicht wiedergegeben werden kann. Aus diesem Grund sollen hier stellvertretend der Text und die Geräusche einen Eindruck vermitteln. Der hier abgedruckte Text entspricht der 2. Fassung des Hörspiels. Sie unterscheidet sich von der ersten Fassung geringfügig durch das Weglassen des „wilden Flötens“, und einigen Textdopplungen in der letzten Szene.

Die kleine Amsel im Winter *(Flöte: Alle Vöglein sind schon da)*

Erzähler	Es war einmal ein kleiner Vogel, der hatte den Zug in den Süden verpaßt, weil er die ganze Zeit geflötet hatte. Und seine Eltern hatten schon die Koffer gepackt und hatten es gar nicht gemerkt. Und jetzt fror er und hatte Hunger und machte sich auf den Weg zu den Spatzen. Auf einem Ast saßen 5 Spatzen und unterhielten sich. Pauli das kleine Amselkind flog zu ihnen.
Amsel	Ach, bitte liebe Brüder und Schwestern, gebt mir doch was zu essen, ich hab so Hunger. *(Flügelgeflatter mit Tüchern)*
Spatz 1	Wir haben selber nicht so viel.
Amsel	Woher habt ihr dann das Essen?
Spatz 2	Von dem Feld dahinten.
Spatz 1	Psst, das darfst du ihm doch nicht verraten. Das bleibt doch unser Geheimnis.
Amsel	Das werden wir gleich sehen. ich werde mich selbst überzeugen gehen. *(Starkes Geflatter)*
Erzähler	Die Spatzen hackten auf Pauli herum und er flog weg. Er setzte sich auf einen Busch und entdeckte einen Laubhaufen. Er flog hinab.
Amsel	Vielleicht finde ich unter dem Haufen was zu essen. *(Laubrascheln)* Endlich unten. Oh, da ist ja ein Schild. Da steht drauf: Familie Igel. Da möchte ich mal klingeln. *(Klingeln mit Triangel)* Da macht ja niemand auf, ich klingel nochmal. *(Klingeln mit Triangel)*
Igel 1	Wer klingelt denn da um diese Jahreszeit. Unsere Kinder wachen doch auf! *(Schnarchen im Hintergrund)*
Igel 2	Was willst du denn überhaupt ?
Amsel	Ich möchte fragen, ob ich was zu essen krieg.
Igel 1	Stör uns nicht beim Winterschlaf (knallt die Tür zu)
Erzähler	Die Igelmutter knallte die Tür vor Paulis Nase zu. Er ging traurig davon und entdeckte in der Erde ein Loch.
Amsel	*(Hall: in leeren Eimer rufend)* Hallo ist da jemand ?
Fuchs	*(Hall : in leeren Eimer rufend)* Der Fuchs. Komm herunter! *(Treppensteiggeräusch)* Was willst du ?
Amsel	Ich möchte fragen, ob ich was zu essen kriege.
Fuchs	Ja, setz dich auf meine Pfanne, damit es dir warm wird. Ich hol dir

	gleich was zu essen. *(Schlaggeräusch)* Hab ich dich.
Amsel	Laß mich los. *(Flügelflattern)*. Geschafft.
Erzähler	Pauli flog aus der Höhle und war noch trauriger, weil er nichts zu essen hatte. *(Flöte: Traurige Melodie)*. Er setzte sich auf einen Baum und weinte. Das hörte eine Grille. *(Glockenspiel)*
Grille	Warum weinst du, kleine Amsel?
Amsel	Ich weine, weil mich jeder aus dem Haus scheucht und ich hab doch so Hunger.
Grille	Ich hab auch den ganzen Sommer lang Musik gemacht. Ich habe auch nichts zu essen.
Amsel	Das ist aber schade.
Grille	Ich geh manchmal zum Maulwurf und verdien mir was. Du kannst doch mal zu der Maus gehen und fragen, ob sie dich braucht. *(Glokkenspiel ausklingen lassen)*
Erzähler	Pauli verabschiedete sich von der Grille und machte sich auf die Suche nach der Maus. Die Maus wohnte in der Gießkannenstraße Nr. 3 *(Klopfen auf Blech)*.
Mäusekind 1	Wer wird wohl da draußen sein?
Mäusekind 2	Ich guck mal durchs Schlüsselloch. Ich sehe schwarze Federn.
Mäusekind 1	Das ist bestimmt der schwarze Adler. Den bringen wir um
Mäusekind 2	Ich schieß ihn tot.
Mäusekind 1	Und ich schlag ihn tot *(nochmaliges stärkeres Klopfen)*.
Mäusekind 1	Papa, Papa!
Mäusevater	Ja, was ist denn ?
Mäusekind 1	Komm mal schnell *(ängstliche Stimme)* Da draußen steht der schwarze Adler *(Schritte nähern sich eilig)*
Mäusevater	Ihr braucht euch nicht zu fürchten. Das ist doch nur eine kleine Amsel. Komm rein.
Amsel	Ich wollte fragen, ob ich was zu essen kriege.
Mäusevater	Wo sind denn deine Eltern?
Amsel	Die sind alle nach Süden geflogen, und vor lauter Gepäck haben sie vergessen mich mitzunehmen. Ich bin schon zu den anderen Tieren gegangen. Die haben mir aber alle nichts zu essen abgegeben. Und so komm ich jetzt zu dir.
Mäusevater	Von mir kriegst du schon was zu essen. Aber du mußt für uns arbeiten.

Es gibt zwei Versionen des Hörspiels. Bis zu dieser Stelle sind beide Schnitte gleich. Nur der Schluß ist auf zwei Arten geschnitten.

Fassung 1

Amsel	Was soll ich denn tun?
Mäusevater	Was kannst du?

Amsel	Ich kann Flöte spielen.
Mäusevater	Du kannst unseren Söhnen Flötenunterricht geben. Für jede Stunde, die du Unterricht gibst, bekommst du eine Dose Körner.
Erzähler	*(wilde Fötengeräusche)* Wenn ihr im Winter ein komisches Gepiepse hört, dann haben die Mäusekinder bei Pauli Untericht *(Flöte: Alle Vöglein sind schon da)* Im Frühling, als Pauli sich auf den Nachhauseweg machte, traf er seine Eltern wieder. Und er war über-, überglücklich. *(Flötenmusik klingt aus)*

Fassung 2

Mäusevater	Du kannst unseren Söhnen Flötenunterricht geben. Für jede Stunde, die du Unterricht gibst, bekommst du eine Dose Körner.
Erzähler	*(Flöte: Alle Vöglein sind schon da)* Im Frühling, als Pauli sich auf den Nachhauseweg machte, traf er seine Eltern wieder. Und er war über-, überglücklich. *(Flötenmusik klingt aus)*

3.3 Phase 3: Nachuntersuchung – direkt danach

Die Klassleiterin hatte schon viel Zeit in das Projekt investiert, sodaß alle Befragungen möglichst zügig durchgeführt werden sollten. Zunächst wurden wieder den Klassen 1c und 1d der akustische „Fragebogen" vorgelegt. Beiden Klassen gelang es ohne Unterbrechung und Pausen ihre Blätter auszufüllen. Der Wiedererkennungseffekt motivierte sie alles zügig und ordentlich zu machen.
Anschließend wurden wieder die ausgewählten Kinder der Klasse 1c den Einzelinterviews unterzogen. Ein Kind (Patricia, Nr. 23) war krank gemeldet. Die Lehrerin sagte, daß sie wahrscheinlich nicht wiederkäme. Bei den Einzelinterviews war die Motivation nicht so hoch wie beim ersten Mal. Es erschöpfte bzw. langweilte sie, Fragen zu ihrem Hörspiel beantworten zu müssen.

3.4 Phase 4: Nachuntersuchung – 4 Monate später

Gegen Ende des Schuljahres war eine weitere Untersuchung geplant. Sie fand zwei Wochen vor Schulschluß statt. Den Kindern wurde nun zum dritten Mal der „Fragebogen" vorgelegt. Sie füllten ihn alle zügig aus. Patricia war tatsächlich nicht mehr in die Schule gekommen, so daß bei den Einzelinterviews nurmehr sechs Kinder zur Verfügung standen. Obwohl dieses Interview sehr viel Zeit beanspruchte, waren dieses Mal die Schüler wieder mehr bei der Sache. Außer den Einstellungsänderungen, auf die sich hauptsächlich die Interviews bezogen, sollte noch geprüft werden, inwieweit diese Kinder mit dem Cassettenrecorder auch praktisch umgehen können. Außer den doch relativ abstrakten Fragen zur Handlungskompetenz schien es wichtig, auch zu prüfen, was die Schüler aus dem Hörspielprojekt an Praxiserfahrung mitgenommen hatten. Die Klassleiterin stellte hierfür nur eine Viertelstunde zur Verfügung. Nachdem die Einzelinterviews abgeschlossen waren, wurden alle sechs Kinder in den Nebenraum gerufen. Ein Rekorder, der dem im Hörspiel benutzten gleich war, stand dort aufgestellt, aber nicht betriebsbereit. Kabel, Adapter und ein Mikrophon lagen daneben. Als die Kinder den Raum betraten stürzten sie sich auf die herumliegenden Musikinstrumente und nicht auf das Tonband. Sie wurden aufgefordert, sich dem Tonband zuzuwenden. „Hier ist das Gerät, das ihr kennt. Ich möchte wissen, ob ihr damit umgehen könnt". Sie suchten sich die Teile zusammen und Milan steckte die Kabel ein. Dann begann die Suche nach den Aufnahmetasten. Die Jungen drängelten sich in den Vordergrund. Die drei Mädchen gaben höchstens Kommentare aus dem Hintergrund ab, oder lachten. Nur die Jungen bedienten die Tasten. Milan interviewte Frederik ganz spontan:

Milan:	Hallo wie heißt du?
Frederik:	Frederik,
Milan:	Und wie heißt du mit Nachnamen?
Karl:	Hallo
Frederik:	Föhr
Nora:	Förmlich
Milan:	Wie heißt deine Mutter?
Frederik:	Elfriede
Milan:	Und dein Vater?
Frederik:	Dietmar

Die Jungen stritten sich um das Mikrophon. Nun wußten sie nicht mehr genau, wie man das Aufgenommene wiederhören kann. Es gelang ihnen schließlich, die richtige Stelle zu finden. Sie hörten sich das Aufgenommene mit großer Freude an. Dann sang Karl ins Mikrophon.

Mit Rücksicht auf den Unterricht von Frau F. mußte das Experiment beendet werden. Die Schüler wandten sich noch einmal den Musikinstrumenten zu und gingen dann. Der Experimentierwille ist sehr groß. Dabei wurden soziale Verhaltensweisen außer acht gelassen. Frederik und Milan verteidigten das Mikrophon. Karl versuchte, sich dazwischenzuschieben. Aber es gelang ihm nicht. Die Mädchen waren zu zaghaft, um sich durchzukämpfen. Sie lachten und standen nur dabei.

Um hieraus Schlüsse ableiten zu können, hätte die Situation anders angelegt sein müssen. Zum Einen ist für ein derartiges Experiment mehr Zeit einzuplanen. Zum Anderen hätten die Mädchen und die Jungen einen eigenen Cassettenrecorder und ein eigenes Mikrophon erhalten müssen. Daß sich bei einem ganz und gar unstrukturierten Vorgehen eher die Jungen durchsetzen, hätte vorausgesehen werden müssen. Daß die Mädchen die Geräte nicht einmal anfaßten, hat wahrscheinlich weniger damit zu tun, daß sie sie nicht bedienen können, sondern damit, daß sie sich nicht in den Konkurrenzkampf einlassen wollten. Es ist also fragwürdig, diese Episode zur Auswertung heranzuziehen.

Teil III Auswertung und Schlußfolgerungen

Kapitel 1 Aufbereitung und Auswertung der Daten

Nicht nur die Datenerhebung, sondern auch deren Aufbereitung und Auswertung folgen bestimmten Kriterien, die nicht loszulösen sind vom jeweiligen Forschungsparadigma.

- Die Messung erfolgt bei quantitativer Analyse durch Festlegung von Skalen, in denen Inhalte durch Zahlen symbolisiert werden. Im vorliegenden Fall wurde bei der Auswertung des „Fragebogens" ausschließlich mit Nominalskalen operiert. Sie können über ein Computerprogramm rechnerisch verarbeitet werden.
- Qualitative Analysen wollen die Komplexität des Verhaltens erfassen. Sie versuchen das Leben, anhand von vielen kleinen Einzelbebobachtungen zu rekonstruieren. Der Begriff Rekonstruktion wird allerdings heute sehr inflationär gebraucht. Überall wird vorgegeben, daß der Alltag rekonstruiert werden kann. Dennoch wird man niemals den Alltag komplett erfassen können. Sicher eignen sich qualitative Methoden eher als quantitative, vernetzte Bedingungen einbeziehen zu können. Aber auch hier kann es sich nur um Annäherungen handeln. Im vorliegenden Fall wurde versucht, zu den Einzelfällen soviel Material wie möglich zusammenzutragen. Besonders die Auswertung qualitativ erhobenen Materials war lange ein Problem. Mittlerweile gibt es sogar Computerprogramme, die auf qualitative Forschung ausgerichtet sind, wodurch eine größere Anzahl von Einzelfällen bearbeitet werden kann.[1] Durch die auf sechs Personen begrenzete Anzahl von Interviews kann hier auf eine Verarbeitung mittels Computer verzichtet werden.
- Zur Erfassung der Gesamtsituation in Daten wurden hier zwei sich ergänzende Verfahren verwendet. Der „Fragebogen" ist ein quantitatives Instrument, das durch das Vorhandensein von Nominalskalen auch viele inhaltliche Aspekte enthält. Die Einzelinterviews und Beobachtungsreihen ordnen sich in die Reihe von qualitativen Erhebungen ein, sind also eher nach inhaltsanalytischen Kriterien auszuwerten. Da es sich jedoch um ein hypothesenüberprüfendes Forschungsdesign handelt, gibt es auch Kriterien, die an die Aussagen der Kinder angelegt werden können.
- Wenn man diese Kriterien ebenfalls durch Punktzahlen ausdrücken würde, könnte man einen Teil der qualitativen Inhaltsanalyse quantifizieren. In welchem Maße eine Quantifizierung möglich und sinnvoll ist, entscheidet letztendlich das Material. Wenn z.B. immer wiederkehrende Argumente in Einzelinterviews auftauchen, sog. „latente Bedeutungsdimensionen", dann können u.U. auch qualitativ

1 Mayring, Ph.: Einführung... S.103

erhobene Daten quantitativ ausgewertet werden.[2] Auch Philipp Mayring äußert sich der Quantifizierbarkeit gegenüber nicht nur negativ: „Eine wichtige Funktion qualitativen Denkens ist es, sinnvolle Quantifizierungen zu ermöglichen... Denn mittlerweile setzt sich auch innerhalb der qualitativen Analyse die Einsicht durch, daß Quanitifizierungen ein wichtiger Schritt zur Absicherung und Verallgemeinerung der Ergebnisse sein können."[3] So sehr eine Verallgemeinerung wünschenswert wäre, so wenig sinnvoll erscheint gerade bei Kindern eine Herangehensweise ohne jegliches Fingerspitzengefühl.

Oft steht mehr zwischen den Zeilen, als durch Zahlen erfaßt werden kann. „Quantitative und qualitative Vorgehensweisen sind keine sich ausschließenden inhaltsanalytischen Strategien, sie sind eher als komplementär anzusehen. Die Forderung von Berelson und Lazarsfeld, nur den manifesten Inhalt von Texten zum Gegenstand der Analyse zu machen, also nicht zwischen den Zeilen zu lesen, widerspricht der Zielsetzung der Inhaltsanalyse, die soziale Wirklichkeit in Teilaspekten zu beschreiben."[4] Aus diesem Grund soll der umgekehrte Weg eingeschlagen werden. Da es sich in der Untersuchung um eine geringe Fallzahl handelt, also keine repräsentative Studie vorliegt, ist eher zu überlegen, ob das zahlenmäßig erfaßte Material auch qualitativ ausgewertet werden kann. Auf diese Weise können Ergebnisse interpretiert werden, die rein rechnerisch keine Signifikanz ergeben. Das vorliegende Material soll zunächst daraufhin geprüft werden, inwieweit es Aussagen zuläßt, die quantitativ zu fassen sind. Dann muß das Material nochmals geprüft werden, ob die Ergebnisse tatsächlich mit dem übereinstimmen, was vielleicht nicht so leicht zu fassen war, aber ständig mitschwingt. Auf keinen Fall darf unberücksichtigt bleiben, was zwischen den Zeilen steht oder sich gegenüber den aufgestellten Kategorien als widerständig erweist.

1.1 Auswertung der Unterrichtsaufzeichnungen

Die Aufbereitung der ausführlichen Unterrichtsprotokolle und Tonbandaufzeichnungen war, wie bei den Einzelinterviews, mithilfe des Strukturierungsverfahrens in eine Form gebracht worden, mit der sich die intendierten Prozesse mit den beobachteten Prozessen vergleichen ließen. Als Material für die Auswertung dienen der „Unterrichtsentwurf" und der „Unterrichtsablauf". In beiden Dokumenten wurde eine Einteilung getroffen nach Ziel/Inhalt, Lehrerverhalten, Schülerverhalten und Bemerkungen. In der Spalte „Bemerkungen" standen Hinweise zur Sozialform und zum Gebrauch von Medien, außerdem Kommentare zur Stimmung während des Unterrichts. Die Spalte „Lehrerverhalten" steht im vorliegenden Fall für das Verhalten der Medienpädagogin.

Beim Vergleich des geplanten Unterrichts zum durchgeführten Unterricht fällt auf, daß sich der Gesamtplan weitgehend einhalten ließ. Zehn Doppelstunden waren ge-

2 Rustemeyer, R.: Praktisch-methodische Schritte der Inhaltsanalyse, Münster 1992,S. 20

3 Mayring,Ph.: Einführung.., S. 24

4 Atteslander,P.: Methoden der empirischen Sozialforschung, Berlin, New York, 1995, S. 237

nug, um eine sendefähige Cassette zu erstellen. Hierbei ist die Zeit für die Hin- und Rückfahrt vom Sendestudio nicht einberechnet. Außerdem waren einige Kinder und die Medienpädagogin an der Ausstrahlung der Sendung beteiligt. Dies bedeutete zusätzlichen zeitlichen Aufwand, der aber doch eher unter „Vergnügen“ abzubuchen ist. Die Kinder entwickelten während des Hörspielprojekts immer mehr Eigeninitiative. Sie machten Vorschläge, halfen sich gegenseitig, probierten aus und konzentrierten sich, wenn die Aufnahmen anstanden. Nur die letzte Gruppe, die Mäusegruppe, hatte größere Schwierigkeiten, eigenes Engagement zu entwickeln. Sie war mit drei Jungen besetzt, die eher aus den anderen Gruppen herausgedrängt worden waren. Insofern mußte für diese Konstellation ein neuer Weg gefunden werden. Er bestand darin, sie in ihrer mit Kraftausdrücken durchsetzten Sprache herauszufordern und die Geschichte spielen zu lassen, als müßte man nicht auf das Mikrophon achten. Diese Situation verzögerte die Aufnahmen etwas, aber mit kleinen Schwierigkeiten muß immer gerechnet werden. Letzten Endes hat die Szene dieser Gruppe bei den Mitschülern am meisten Anerkennung gefunden.
Die Rollenverteilung, die in manchen Gruppierungen zu größeren Konflikten führt, kann durch geschickte Szeneneinteilung vermieden werden. Innerhalb von kleinen Gruppen stehen die Rollen von Technikern, Sprechern, Geräusche- und Musikmachern zur Verfügung. Auch in diesem Hörspielprojekt fand jedes Kind eine ihm angemessene Rolle. Die Hauptsprecher, die „Amsel“ und der „Erzähler“, wurden wegen ihres großen Arbeitsaufwandes nicht beneidet.
Die im Schema angegebenen Ziele konnten alle erfüllt werden, bis auf eine nicht ganz unwesentliche Ausnahme: Beim „Schneiden“ des Hörspiels waren die Kinder nicht beteiligt. Das Angebot, dieses Verfahrens lernen zu können, lehnten sie ab, indem sie nicht ernsthaft bei der Sache waren. Vielleicht hätten sie mehr Aufmerksamkeit gezeigt, wenn es keine pure „Trockenübung“ gewesen wäre, sondern ihr eigenes Hörspiel zur Disposition gestanden hätte. Möglich ist aber auch, daß es noch zu schwierig ist, den Vorgang des Überspielens nachzuvollziehen. Da aber der „Schnitt“ eine wesentliche Komponente von Realitätsveränderung ist, war es besonders ungünstig, daß diese Technik nicht veranschaulicht werden konnte. Eine gewisse Kompensation hierfür stellte der Moment dar, als die Kinder zum ersten Mal ihr fertiges Hörspiel anhören konnten. Sie hatten immer nur ihre eigene Szene gehört und wußten auch, wie sie zustandegekommen war. Als sie die Szenen der anderen gehört hatten, wuchs ihr Interesse spontan. Sie wollten unbedingt erfahren, wie die anderen „getrickst“ hatten, wieviele Aufnahmen sie machen mußten u.s.w.
Der Unterricht war so angelegt, daß die Vorerfahrungen und Bedürfnisse der Kinder einfließen konnten. Das Hörspiel wurde weitgehend in Gruppenarbeit erstellt, wobei die Kinder die Musik, die Geräusche, den Text und die Handlung selbst gestalten konnten. Was die äußere Struktur anbelangt, so sind die Forderungen nach Erlebnis-, Ausdrucks-, Produkt-, Projekt- und Veröffentlichungsorientierung alle erfüllt worden. Besonders gut gelungen ist den Kindern die Geschichte, in der sie alle Varianten menschlichen Verhaltens gegenüber schwachen, abhängigen Kreaturen eingebaut ha-

ben. Die Identifikation mit dem Produkt scheint besonders hoch zu sein, wenn das Projekt stark ausdrucksorientiert ist.

1.2 Auswertung der Hörspielcassette: „Die kleine Amsel“

Die Geschichte gibt die Leidensgeschichte eines kleinen Vogels wieder, der seine Eltern zum Teil aus eigener Schuld, zum Teil wegen der Ignoranz der Eltern verloren hat. Alleine kommt er nur schwer zurecht. Hilfe durch andere bleibt ihm weitgehend versagt. Am Ende wird ihm geholfen, aber nur im Austausch gegen eigene Leistung.
Das Amselkind flötet immer nur und ignoriert die Reisevorbereitungen seiner Eltern. So geht es einem Kind, das beim Spielen die Welt um sich vergißt. Die Eltern vergessen über dem Kofferpacken ihr Kind. Dies entspricht der Realität insofern, daß sicher viele Kinder die Erfahrung machen, daß die Eltern durch Arbeitsstreß nicht mehr an sie denken. So kommt es zu der Situation, daß die Eltern ohne ihr Kind abreisen. Diese Angst vor dem Verlassenwerden ist Bestandteil jeglicher kindlichen Entwicklung.
Zunächst sucht sich Pauli Hilfe bei den Spatzen. Das bedeutet, daß sich das Kind zunächst Hilfe bei seinesgleichen sucht, bei seinen „Brüdern und Schwestern“. Pauli wird von den Spatzen sogar angegriffen. Die „Familienmitglieder“ lassen das Kind aus Geiz und Mißgunst im Stich. Sie hacken sogar auf dem Kind herum. Hier wird akustisch deutlich was das Kind empfindet. Diese Situation ist vergleichbar mit Erfahrungen in der Familie oder in Gruppen.
Nun wendet sich Pauli an die Igelfamilie. Der Igel gehört nicht zur eigenen Spezies und hat Stacheln. Er ist nicht angriffslustig, aber verteidigt vehement seinen Winterschlaf. So steht der Igel für Menschen, die von fremden Kindern nicht gestört werden wollen, weil sie einerseits eigene Aufgaben haben („du weckst unsere Kinder auf“) und auf ihre eigene Ruhe bzw. ihren Schlaf bestehen. Die Begegnung mit dieser Art von Menschen oder diesem Charakterzug dürfte Kindern sehr vertraut sein.
Einen weiteren Versuch unternimmt Pauli beim Fuchs. Dieser lockt ihn mit schönen Worten, will ihn aber fressen. Der Fuchs steht für Schläue und falsche Versprechen. Kinder haben Angst, auf solche Menschen hereinzufallen. In der Meinung, ihnen wird Nahrung und Wärme zuteil, werden sie für andere Interessen benützt. Auch diese Tierfigur und Situation gehört zur kindlichen Erfahrung.
Als dann die Amsel der Grille begegnet, erkennt sie in der Grille einen Freund/eine Freundin. Sie hat das gleiche Problem wie Pauli, nämlich kein Essen. Nur ist die Grille nicht von den Eltern verlassen worden, sondern hat sich keine Vorräte angeschafft, weil sie Geige gespielt hat. Die Grille ist insofern das erwachsene Pendant zu Pauli. Sie hat es bewußt in Kauf genommen, im Winter kein Essen zu haben. Deshalb ist es nicht verwunderlich, daß sie einen Job gesucht hat, der ihren Lebensunterhalt im Winter sichert. Diese Variante entspringt sicher auch kindlicher Erfahrung. Wer selbst keine Reserven hat, ist vielleicht nett und einfühlsam, aber mit sich selbst beschäftigt. Das Mitgefühl tröstet das Kind, aber verschafft ihm keine Befriedigung. Auch die Grille symbolisiert einen gewissen Menschentypus oder Charakter.
Als Pauli zu den Mäusen gelangt, passiert ihm zunächst eine Katastrophe. Er wird

fälschlicherweise für den schwarzen Adler gehalten und entfacht bei den Mäusekindern brutale Verteidigungsphantasien. Hätten die Mäusekinder letzten Endes nicht doch Angst bekommen und wäre nicht der Vater eingeschritten, dann...
Das Kind wird also für etwas gehalten, was es nicht ist. Daß die kleine Amsel für ein großes bedrohliches Tier gehalten wird, liegt an der Fehleinschätzung der andern Kinder. Es muß aber nicht unbedingt von Vorteil sein, wenn man stärker eingeschätzt wird, als man ist und die anderen vor einem Angst bekommen. Letzten Endes regelt der Vater, die Stimme der Vernunft, das Problem.
Das Ende der Geschichte war umstritten. Einige Kinder wollten, daß die Mäuse Pauli vorbehaltlos aufnehmen, wärmen und füttern. Die Mehrzahl der Kinder sprach sich jedoch dafür aus, daß Pauli nur für Gegenleistungen aufgenommen wird. Er muß eine Tätigkeit ausüben, die in seinen Möglichkeiten liegt und bekommt dafür eine Belohnung. Beide Verhaltensweisen müßten den Kindern vertraut sein. Jedoch scheint es dem größten Teil der Klasse wahrscheinlicher zu sein, daß man ohne Vorleistungen nichts bekommt. Das rein caritative Helfen scheint entweder nicht ihrem Erfahrungsschatz zu entsprechen oder sie befinden sich noch auf einem moralischen Niveau, das solche Großzügigkeiten nicht zuläßt. Nach Kohlberg befinden sich Kinder dieser Alterstufe zwischen der vorkonventionellen und der konventionellen Ebene. Das bedeutet, daß ihr Urteil noch schwankt zwischen „Wie du mir, so ich dir" und „ich tu ihm einen Gefallen, weil ich ihn mag".[5] Ob nun die Erfahrung oder der Entwicklungsstand verantwortlich für das „unmoralische" Ende war, kann hier nicht entschieden werden. Wichtig ist allein, daß die Kinder offensichtlich das Hörspiel zum Anlaß genommen haben ihre Bedürfnisse, Ängste und Erlebnisse zu thematisieren.
Die Kinder haben relativ schnell erkannt, daß sie Inhalte nicht durch Gesten, sondern durch hörspielgemäße Elemente, wie Sprache oder Geräusche, übermitteln müssen. In fast allen Szenen fielen ihnen Möglichkeiten der Umsetzung ein. Nicht alle waren gleich gut geeignet, um wirklich aufregende Effekte zu erzeugen. Das Flattern der Tücher, das die Vögel symbolisieren sollte, sah bei den Aufnahmen besser aus, als es sich hinterher anhörte. Andere Effekte waren dafür wieder sehr gelungen: Das Zusammenknüllen einer Tüte klang tatsächlich sehr nach „Laubrascheln". Das Sprechen in einen Eimer vermittelte durch den Hall den Eindruck, als spräche jemand in ein tiefes Loch. Auf solche Tricks kamen die Kinder nicht alleine, aber sie bemühten sich immer selbst, eine Lösung zu finden.
Nachdem der Rahmen der Geschichte stand, mußten die Kinder die Dialoge selbst gestalten. Die Ideen lieferten immer die ganze Gruppe. Bei den Aufnahmen zeigte sich, daß die Sprecher nach kurzer Zeit wieder vergessen hatten, was vereinbart worden war. Da sie sich in der Regel das Wichtigste merken konnten, ist das Hörspiel sehr „straff" geworden. Fast jeder Satz enthält einen wichtigen Hinweis auf die Fortsetzung der Handlung. Dies ist eigentlich ein „Gütekriterium" des Hörspiels. Nur die

5 Vgl. Schönpflug,W./Schönpflug,U.: Psychologie, München, Wien, Baltimore, 1983, S.58

Kinder, die die „Amsel“ und den „Erzähler“ spielten, waren sprachlich so kompetent, daß sie auf jede Situation spontan richtig reagieren konnten. An ihren Formulierungen merkt man, daß sie bereits viele Begriffe der Erwachsenensprache integriert haben. Nur der Erzählduktus ist noch sehr kindlich.

Überraschend ist, in welch kurzer Geschichte die Kinder ihre eigenen Erfahrungen unterbringen und bearbeiten. Das Verstecken hinter Figuren erweist sich, wie an diesem Beispiel deutlich wird, meistens als Vorteil, weil es mehr entlarvt als verbirgt. Die nicht-künstlerische, rein realistische Bearbeitung von Themen ist oft weder für die Macher noch für die Rezipienten mit der gleichen Aufrichtigkeit und der gleichen Intensität verbunden.

1.3 Aufbereitung und Auswertung des „akustischen Fragebogens“

Der „Fragebogen“ bietet sich als quantitatives Instrument an, nach quantitativen Verfahren ausgewertet zu werden. Aber auch hier gibt es schon Grenzen. Nicht die ganze Auswertung des Fragebogens erscheint sinnvoll. Vorrangig für die Fragestellung waren die Fragen zur Wahrnehmungskompetenz. Sie wurden auch mit großer Präzision von den Kindern beantwortet. Andere Fragen warfen z. T. Probleme in der Auswertung auf oder erfaßten Gegenstände, die nur für die Einzelfälle relevant sind. Dies stellte die Forscherin vor Entscheidungen, die einer Begründung bedürfen.
Um die Glaubwürdigkeit des Fragebogens herauszufinden, mußten die Antworten zu Medienbesitz und -nutzung mit den Antworten der Einzelbefragung verglichen werden. Diese stimmen manchmal nicht überein mit den Angaben bei Einzelinterviews. Die Differenz betrifft vor allem den ersten Durchgang des Fragebogens. Manche Kinder kreuzten im Fragebogen an, sie hätten noch nie selbst Aufnahmen mit einem Recorder gemacht, erzählten aber im Einzelinteview, daß sie z.B. mit der Mama schon ein Interview gemacht haben. Außerdem veränderten sich im Laufe eines Jahres manchmal die Fakten: Zum einen bekamen Kinder während des Schuljahres z.T. einen Rekorder geschenkt, zum anderen hatte ein Teil der Kinder den Projektunterricht in der Schule und vermischte dieses Faktum mit dem kreativen Umgang zuhause. Den Antworten aus den Interviews werden größere Glaubwürdigkeit und größeres Differenzierungsvermögen zugesprochen, weil Rückfragen der Kinder und Interviewer möglich sind. Aus diesem Grund wurden Antworten aus dem Fragebogen zu Medienbesitz und Mediennutzung grundsätzlich nicht für die quantitative Auswertung herangezogen. Für die Auswertung der Wahrnehmungskompetenz spielte das insofern eine Rolle, weil die Abhängigkeit von Wahrnehmung zum privaten kreativen Umgang mit dem Cassettenrecorder außer bei den Einzelfällen dadurch nicht erforscht werden konnte.
Ebenso unsicher erschienen die Antworten aus den Bereichen Rezeptionssteuerung und Medienverarbeitung. Die Daten, die aus diesen Fragekomplexen für eine Auswertung herangezogen wurden, waren gleichzeitig durch intensive Befragung abgesichert.

Viel leichter zu beantworten waren für die Kinder diejenigen Fragen, die sich konkret um Hörspielelemente drehten, als jene Fragen, die mit der Auswahl zwischen Ja/ Nein-Gesichtern beantwortet werden sollten.

Deshalb wurde nur ein Teil des Fragebogens ausgewertet. Das Material umfaßte die Antworten zur

- Strukturierungsfähigkeit: dem Wiedererkennen und Zuordnen von Geräuschen, von Stimmen, von Sprache, Atmosphäre und Musik
- Interpretationsfähigkeit: der Kenntnis verschiedener Medienformen (z.B. Interview, Hörspiel, Nachrichten, Werbung) und dem Verstehen eines nicht explizit erwähnten Zusammenhangs
- Differenzierungsfähigkeit: dem Wissen um fiktive oder reale Personen in Hörspiel und Nachrichten.

Als Antwortmöglichkeit auf die Fragen zur Strukturierungs- und Interpretationsfähigkeit gab es immer drei Möglichkeiten. Dies hatte den Vorteil, daß die Ratemöglichkeit geringer wurde als bei zwei Alternativen. Eine Antwort war richtig, eine fast richtig, eine Antwort war falsch. Bei der „fast richtigen" Antwort konnte man erkennen, daß ein Kind vielleicht das Sujet bereits richtig erfaßt, aber noch nicht ganz richtig einordnen kann. Die meisten Kinder hatten mit diesem Verfahren keine großen Schwierigkeiten.
Manche Kinder konnten aber die Fragen überhaupt nicht beantworten, d.h. sie machten überhaupt kein Kreuz. Da die Antwortmöglichkeiten aber sowohl über die Bilder als über gesprochenen Text vermittelt wurden, ist es fast auszuschließen, daß ein Kind die Antwort übersehen hat. Wahrscheinlicher ist vielmehr, daß Kinder entweder in der Zeile verrutscht sind, weil manchmal in einer Zeile auch zwei Kreuzchen zu sehen waren, oder sich das Kind nicht entscheiden konnte. Da es in dieser Fragestellung aber um bewußte Vorgänge geht, also um Entscheidungen, ist eine Nichtbeantwortung noch negativer anzusiedeln als eine falsche Entscheidung. Das bedeutet folgende Punktvergabe:

nicht beantwortet:	= 0 Punkte
falsch:	= 1 Punkt
fast richtig:	= 2 Punkte
richtig:	= 3 Punkte

Wenn es nur zwei Möglichkeiten gab, wie bei der Differenzierungsfähigkeit, dann galt folgende Punkteregelung:

nicht beantwortet	= 0 Punkte
falsch	= 1 Punkt
richtig	= 2 Punkte

Mit dem vorliegenden Material kann sowohl ein Klassendurchschnitt auf Veränderungen untersucht werden als auch individuelle Veränderungen. Dies gilt sowohl für die Untersuchungsklasse, als auch für die Kontrollklasse. Fraglich ist, ob man hierfür die Unterscheidung nicht anders erfassen sollte:

nicht beantwortet, falsch und fast richtig	= 0 Punkte
richtig	= 1 Punkt

Auch wenn die Daten nicht auf diese Weise erhoben wurden, ist es dennoch möglich sie „hart" aufzubereiten. Eine derartige Datenaufbereitung ergäbe ein deutlicheres Bild der Situation. Sie entspricht aber nicht dem hier praktizierten Prinzip der „weichen Auswertung", das auch versucht Übergänge zu erfassen. An einem Beispiel sollen die beiden Verfahren gegenübergestellt werden. In der Regel wird jedoch die Punktvergabe der „weichen Auswertung" vorgezogen.
Die Fragen zu Hörspiel- und Medienformen sollten rein quantitativ ausgewertet werden. Hiefür müßten die Abstände zwischen den Kategorien gleichgroß sein. Das bedeutet, daß zwischen 0 Punkten für „falsch beantwortet", einem Punkt für „fast richtig beantwortet" und zwei Punkten für „richtig beantwortet" gleiche Abstände vorhanden sind. Die Hörspielausschnitte sind in der Tat so gewählt, daß die „fast richtige" Antwort zwar erkennen läßt, daß sich der Schüler oder die Schülerin der richtigen Antwort nahekommt, aber nicht genau den Sachverhalt trifft. Ob nun bei der eingespielten Musik des Vogels aus „Peter und der Wolf" die Ente zwischen der falschen Antwort „Löwe" und der richtigen Antwort „Vogel" liegt, ist schwer zu beurteilen. Zwischen Zahlen gibt es gleiche Abstände, zwischen Begriffen von Tieren oder Gegenständen ist jedoch eine derartig exakte Einteilung nicht möglich. Dennoch erschien es bei Kindern niedriger Altersgruppen wichtig, bereits einen Hinweis auf die richtige Lösung nicht unter den Tisch fallen zu lassen, auch wenn die Abstände zwischen den Antworten eigentlich nicht als gleich angesehen werden können.
Die Fragen wurden thematisch und innerhalb des Themas nach Schwierigkeitsgrad geordnet. Der Vortest war zum Anlaß genommen worden, den Schwierigkeitsgrad zu testen und zu verbessern. Aus den vier Beispielen des Vortests wurden drei Antwortmöglichkeiten ausgewählt und neu geordnet. Insgesamt ergaben sich dadurch 15 Fragen zur Stukturierungsfähigkeit mit 45 Antwortmöglichkeiten, 6 Fragen zur Interpretationsfähigkeit mit 18 Antwortmöglichkeiten und 2 Fragen zur Differenzierungsfähigkeit mit 4 Antwortmöglichkeiten.
Die Prüfung der Daten muß sich auf folgende Hypothese beziehen: Wenn eine Klasse handlungsorientierten Medienunterricht erhält, erhöht sich auch ihre Wahrnehmungskompetenz.
Wahrnehmungskompetenz kann jedoch auch von anderen Faktoren abhängig sein, z.B. vom Alter oder vom Geschlecht. Man könnte behaupten, daß 7jährige Kinder bessere Ergebnisse erbringen als 6jährige Kinder. Es könnte auch sein, daß Jungen in ihrer Wahrnehmung von Medien von Anfang an besser sind als Mädchen. Also ist auch diesen Fragen nachzugehen.

1.3.1 Veränderung der Wahrnehmung nach dem Unterricht

Um überhaupt feststellen zu können, ob sich nach dem Unterricht eine Veränderung vollzogen hat, sollen die Punktwerte der Klasse 1c auf eine mögliche Steigerung untersucht werden. Hierfür werden die Durchschnittswerte der drei Testdurchläufe (vor dem Hörspielprojekt, direkt danach und nach 4 Monaten) herangezogen. Durch die Erstellung des arithmetischen Mittels (Durchschnitt x=(x1+x2+x3.....): Anzahl der Schüler) soll herausgefunden werden, ob sich der Durchschnitt steigern ließ.

Vergleich der Gesamtpunktzahl der Klasse 1c bei den verschiedenen Durchläufen. W., das Kind, das die deutsche Sprache kaum verstand, wurde nicht miteinbezogen.

1. Durchgang:	50,95	Punkte
2. Durchgang:	53,8	Punkte
3. Durchgang:	62,9	Punkte

Ergebnis: Es ist sichtbar, daß der Durchschnitt der Punktzahlen eindeutig gestiegen ist. Das deutet darauf hin, daß sich die Wahrnehmungskompetenz gesteigert hat.

Ob die Steigerung auf den Unterricht oder auf die kindliche Entwicklung zurückzuführen ist, kann hiermit jedoch noch nicht erfaßt werden. Wie diese Entwicklung bei einzelnen Kindern verlaufen ist, darüber kann der Durchschnittswert ebenfalls keine Auskunft geben. Hierzu werden die Einzelfälle herangezogen: Drei Kinder mit der höchsten Punktzahl, drei Kinder mit der niedrigsten Punktzahl und ein Kind mit mittlerer Punktzahl waren ausgewählt worden. Leider zog ein Kind aus der Kategorie der Kinder mit hoher Punktzahl um und konnte nicht alle drei Befragungsdurchgänge durchlaufen. Dieser Verlust ist besonders zu beklagen, weil dieses Kind (Patricia) das einzige Mädchen mit hoher Punktzahl war. Es erfolgte dennoch nur die Auswertung von „Fragebögen" derjenigen Kinder, die den gesamten Ablauf mitgemacht hatten. Für jedes Kind wird die Summe der Punkte, die es für die Antworten zur Strukturierungs-, Interpretations-, und Differenzierungsfähigkeit gab, pro Durchlauf angegeben.

		1. Durchlauf	2.Durchlauf	3.Durchlauf	Gesamt
Milan	(Nr. 4)	64	64	65	193
Patricia	(Nr. 23)	59	61	-	-
Frederik	(Nr 13	59	59	63	181
Anne-Marlen	(Nr. 16)	49	57	64	170
Caroline	(Nr. 6)	37	62	67	166
Nora	(Nr. 20)	37	54	60	151
Karl	(Nr. 17)	31	28	64	123

Ergebnis:
Auch hier wird ersichtlich, daß sich die Wahrnehmungskompetenz im Laufe des Schuljahres bei jedem einzelnen Kind gesteigert hat. Am Beispiel von Karl (Nr.17) zeigt sich jedoch, daß die Steigerung der Punktzahl nicht immer kontinuierlich war. Dies kann man vielleicht darauf zurückführen, daß praktischer Medienunterricht bei einigen Kindern auf die Beurteilung von Hörspielsequenzen auch verunsichernd wirken kann.

1.3.2 Veränderung der Wahrnehmung durch den Unterricht

Um festzustellen, ob eine Veränderung der Wahrnehmungskompetenz durch den medienpädagogischen Unterricht zustandegekommen ist, und nicht durch entwicklungsbedingte Faktoren, wurde eine Parallelklasse immer zum gleichen Zeitpunkt befragt. Als Untersuchungsgruppe wurde die Klasse 1c gewählt, als Kontrollgruppe die Klasse 1d. Die Klassen der Mühlmattenschule werden vom Rektor nach dessen Aussage möglichst so zusammengestellt, daß sie sich vom „Schwierigkeitsgrad" nicht unterscheiden. Ob dies immer ganz gelungen ist, sei dahingestellt. Die Klassen unterschieden sich in Bezug auf den „Führungsstil" der Klassleiterin. Die Arbeitsanweisungen an die Klasse 1d waren generell klarer und wurden strenger überwacht. Die Fragebögen wurden von den Kindern etwas sorgfältiger ausgefüllt. Deshalb war zu vermuten, daß auch bei ausgeglichener Alters- und Sozialstruktur das Niveau der Ergebnisse der Kontrollklasse höher liegen als in der Untersuchungsklasse.
Außerdem ist die Alterstruktur etwas verschieden. In der Kontrollklasse waren die Kinder im Schnitt etwas älter (6,3 zu 6,6 Jahren). Da diese zwei Faktoren sich jedoch im Laufe des Schuljahres nicht geändert haben, kann man die Klassen ohne Bedenken vergleichen. Schließlich kommt es hier nicht auf den Unterschied der Klassen an, sondern auf die verhältnismäßige Steigerung der Leistung innerhalb eines Schuljahres. Die 1. „Fragebogen"-Aktion wurde durchgeführt, noch bevor Kontakt zu beiden Klassen bestand. Sie sollte das Verhältnis der Leistung der Klasse 1c zu Klasse 1d zeigen, um zu sehen, ob sich vor Beginn des medienpädagogischen Unterrichts die Klassen sehr voneinander unterscheiden. Die Unterschiede sollen anhand des *arithmetischen Mittels* (Durchschnitt x = (x1+x2+x3.......): Anzahl der Schüler) der Punkte dargestellt werden.

1. Durchlauf Klasse 1c	50,95	Punkte
1. Durchlauf Klasse 1d	56,5	Punkte

Ergebnis: Hier wird deutlich, daß sich die Klassen im Leistungsstand weit unterscheiden. Die Untersuchungsklasse hat wesentlich schlechtere Ergebnisse vorzuweisen, als die Kontrollklasse. Fraglich ist, ob sich der Unterschied durch Unterricht verändern läßt.

Ein zweiter Vergleich erfolgte direkt nach dem Medienprojekt. Hier sollte zu sehen sein, ob sich das Niveau der Wahrnehmung bereits direkt nach dem Unterricht in der

Klasse 1c angehoben hat. Eine leichte Steigerung müßte in beiden Gruppen vorhanden sein, weil auch zwischen dem 1. und 2. Durchgang einige Wochen liegen und der Fragebogen in seiner ursprünglichen Form einfach wiederholt wurde, also der Ablauf und die Fragen schon bekannt waren. Allerdings ist nun zu prüfen, ob eine zusätzliche Steigerung durch den Unterricht eingetreten ist.

2. Durchlauf Klasse 1c	53,8	Punkte
2. Durchlauf Klasse 1d	56,5	Punkte

Ergebnis: Die Klasse 1c liegt in ihrer Punktzahl immer noch deutlich unter der Punktzahl der Klasse 1d. Jedoch hat sich die Klasse 1c im Verhältnis zu vorher um fast drei Punkte gesteigert (50,95 zu 53,8 Punkte), während die Kontrollklasse ohne medienpädagogischen Unterricht auf dem gleichen Stand blieb (56,5 zu 56,5 Punkte).

Ein dritter Vergleich der Ergebnisse des Fragebogens erfolgte am Ende des Schuljahres 4 Monate nach Abschluß des Medienprojektes. Da Lernprozesse unterschiedlich lang sind, war anzunehmen, daß meßbare Lerneffekte erst nach einiger Zeit auftreten. Wann solche Effekte beginnen und enden kann nicht vorausgesagt werden. Da hier der Untersuchungszeitraum ein Schuljahr nicht überschreiten sollte, bot sich ein viermonatiger Abstand zur Wiederholung des Fragebogens an.

3. Durchlauf Klasse 1c	62,9	Punkte
3. Durchlauf Klasse 1d	61,0	Punkte

Ergebnis: Im Gegensatz zur Untersuchung direkt nach dem Hörspielprojekt sind nun größere Unterschiede sichtbar. Die Untersuchungsklasse hat die Kontrollklasse in der Leistung weit überholt. Zwar hat sich auch die Kontrollklasse um 4,5 Punkte verändert, aber nicht im gleichen Maße wie die Untersuchungsklasse, die sich um 9,1 Punkte verbessert hat. Dadurch wird sichtbar, daß ein Teil der Wahrnehmungsveränderung sicher auf das Konto kindlicher Entwicklung geht, aber der Unterricht offensichtlich doch stärkere Nachwirkungen hatte.

Graphische Darstellungen sollen den Verlauf der Steigerung der Wahrnehmungskompetenz verdeutlichen:
Die 1.Darstellung zeigt die durchschnittlichen Punktwerte an, wenn man den Maßstab der „weichen Auswertung“ (Punkte: 0= nicht beantwortet, 1=falsch beantwortet, 2=fast richtig beantwortet, 3= richtig beantwortet) zugrundelegt.

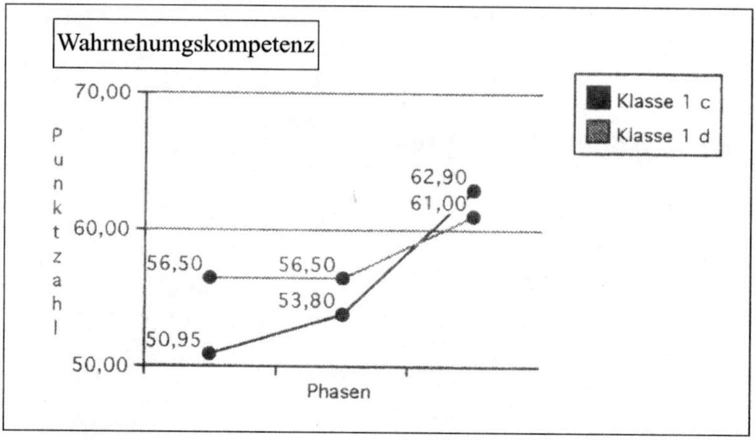

Die 2.graphische Darstellung stellt die Punktzahlen dar, wenn man die „harte Auswertung" (nicht beantwortete Fragen, falsch beantwortete Fragen, fast richtige Antworten= 0 Punkte, richtige Antworten=1 Punkt) zugrunde legt. Sie zeigt noch deutlicher die Verbesserung der Klasse 1c.

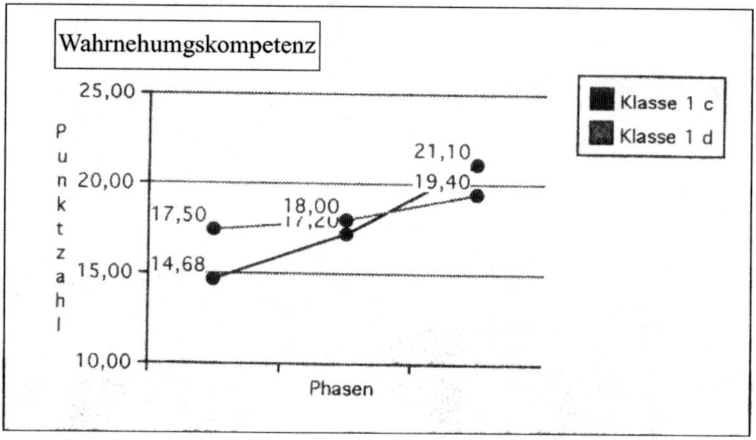

1.3.3 Veränderung der Wahrnehmung in Bezug auf einzelne Bereiche

Wahrnehmungskompetenz umfaßt nach der vorliegenden Definition verschiedene Faktoren. Sie wurden bisher nicht einzeln betrachtet. Deshalb ist weiterhin zu fragen, ob sich die Steigerung auf alle Bereiche der Wahrnehmung bezieht. Anhand eines Vergleichs kann geprüft werden, welchen Bereich Unterricht besonders stark gefördert hat, oder welche Bereiche sich durch Unterricht nicht geändert haben, oder ob es sogar negative Auswirkungen des Unterrichts gibt.

Diese Tabellen zeigen an, wie sich der Klassendurchschnitt in Bezug auf einzelne Faktoren im Laufe der drei Befragungsdurchgänge verändert hat.
Zu berücksichtigen ist, daß die Fragen aufeinander aufbauend angelegt waren und Fragen zum Bereich „Geräusche" als leichte Einstiegsfragen dienen sollten.

Geräusche

	1.Durchlauf	2.Durchlauf	3.Durchlauf	
1c	5.86	5.95	6.00	Punkte
1d	6.00	6.00	5.95	Punkte

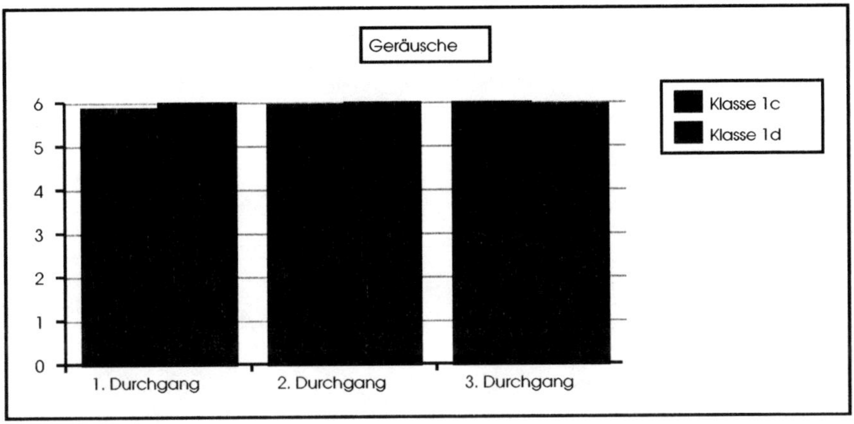

Stimmen

	1.Durchlauf	2.Durchlauf	3.Durchlauf	
1c	5.13	4.56	5.23	Punkte
1d	5.41	5.52	5.27	Punkte

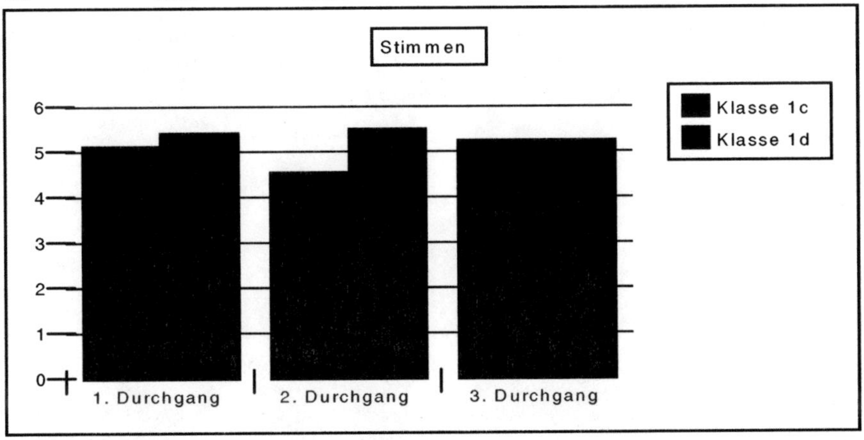

Musik

	1.Durchlauf	2.Durchlauf	3.Durchlauf	
1c	5.67	5.47	5.95	Punkte
1d	5.75	5.91	5.73	Punkte

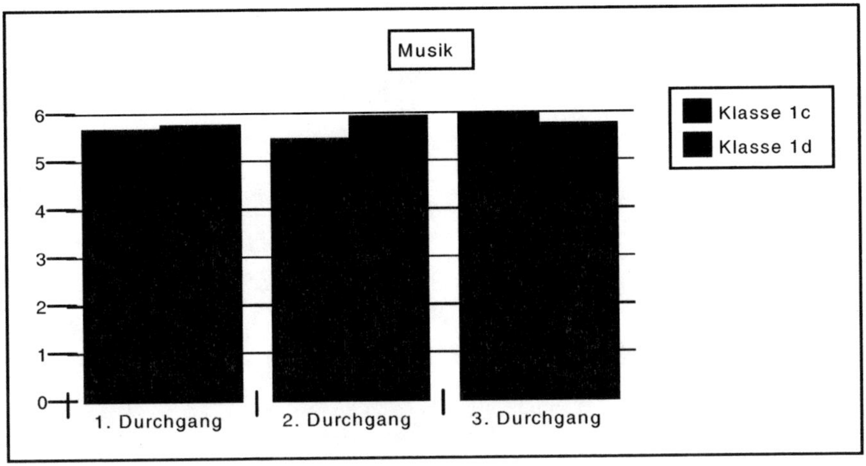

Zusammenhang

	1.Durchlauf	2.Durchlauf	3.Durchlauf	
1c	4.14	4.55	4.23	Punkte
1d	4.55	3.83	4.59	Punkte

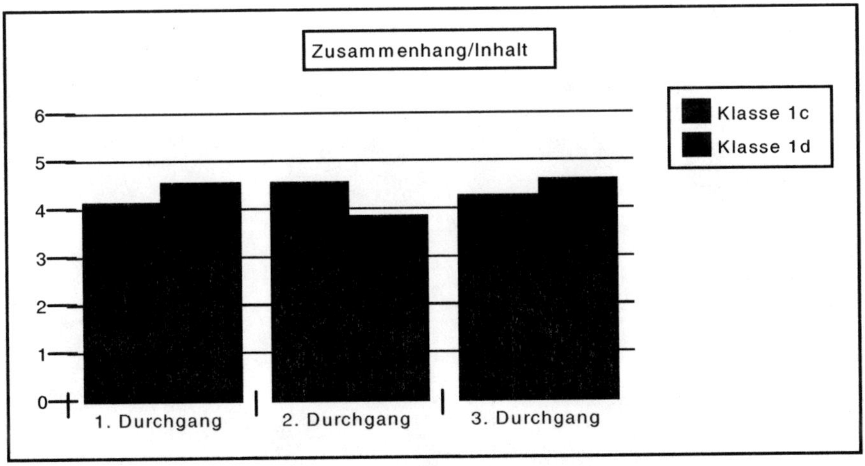

1.3.4 Veränderung der Wahrnehmung in Bezug auf das Geschlecht

Ob eine Verbindung zwischen Geschlecht und Wahrnehmungskompetenz vorliegt, soll an folgende Fragen geknüpft werden: Haben Jungen und Mädchen unterschiedliche Ausgangskapazitäten von Wahrnehmung? Wie verändern sich die Voraussetzungen mit und ohne Medienunterricht?
Vorausgeschickt werden muß, daß die Geschlechterverteilung in beiden Klassen fast gleich war. In der Klasse 1c waren am Tag der ersten Erhebung 12 Mädchen und 11 Jungen, in der Klasse 1d, der Kontrollklasse 11 Mädchen und 11 Jungen anwesend. Ausgezählt wurden aber nur jene Kinder, die bei allen Tests anwesend waren. Um die Verteilung nach Leistung zu prüfen, soll zunächst das Gesamtergebnis des 1.Durchlaufs beider Klassen herangezogen werden, weil beide bis zu diesem Zeitpunkt noch keinen Medienunterricht erhalten hatten.

Gesamt	Mädchen	Jungen
30-40 Punkte	3	1
40-50 Punkte	3	5
50-60 Punkte	8	11
60-70 Punkte	6	5

Klasse 1c	Mädchen	Jungen
30-40 Punkte	2	1
40-50 Punkte	3	2
50-60 Punkte	5	7
60-70 Punkte	0	1

Klasse 1d	Mädchen	Jungen
30-40 Punkte	1	0
40-50 Punkte	0	3
50-60 Punkte	3	4
60-70 Punkte	6	4

Mädchen und Jungen haben sehr ähnliche Ergebnisse. Hieraus wird ersichtlich, daß das Geschlecht hinsichtlich der Wahrnehmung in der Ausgangslage keine große Rolle spielt.

	Alter	
Klasse 1c	6	7
30-40 Punkte	3	0
40-50 Punkte	3	2
50-60 Punkte	..8	4
60-70 Punkte	0	1

	Alter	
Klasse 1d	6	7
30-40 Punkte	0	1
40-50 Punkte	1	2
50-60 Punkte	..1	6
60-70 Punkte	7	3

Aus dem Ergebnis wird deutlich, daß 7-jährige nicht unbedingt besser abschneiden als 6-jährige Kinder. Deutlich wird auch, daß die Klasse 1d bessere Ergebnisse hat als die Klasse 1c.

Ob Kinder eher durch den Unterricht oder eher durch ihr Alter wahrnehmungskompetenter geworden sind, läßt sich durch den Vergleich zweier gleicher Altersgruppen mit und ohne Medienunterricht prüfen. Hierfür werden die Ergebnisse des 3. Durchgangs herangezogen.

	Alter		
Klasse 1c	6	7	8
50-60 Punkte		1	
60-70 Punkte	1	16	3

	Alter		
Klasse 1d	6	7	8
50-60 Punkte	5	2	
60-70 Punkte	1	12	2

aus den wörtlich abgetippten Einzelinterviews. Auch hier gibt es natürlich verschiedene Möglichkeiten, das gesprochene Material in schriftliche Form zu bringen. Transskriptionen können in phonetischer Schreibweise getippt werden, sie können unter Beibehaltung von Dialektausdrücken schriftlich niedergelegt werden, oder sie können in normales Schriftdeutsch übertragen werden.[6] Eine phonetische Schreibweise ist im vorliegenden Fall nicht unbedingt notwendig, weil es nicht um die Form der Aussagen, sondern um deren Inhalte geht. Eine komplette Übertragung ins Schriftdeutsche würde aber der Sprache der Kinder nicht gerecht werden. Eine Transkription der Tonbänder in eine lesbare Form, erscheint hier die richtige Lösung zu sein. Sie erfolgt nach Kriterien, die für ein DFG-Projekt aufgestellt wurden.[7] Das heißt, daß der ganze Text vollständig und wörtlich wiedergegeben wird, daß sprachliche Auffälligkeiten, wie Räuspern, Lachen und Pausen in Klammern angegeben werden, und daß unverständliche Passagen mit Punkten transkribiert werden.
Dieses Material kann nun sehr vielen Interpretationsmethoden unterworfen werden.[8] Es geht darum, die entsprechende Methode herauszufinden, die garantiert, daß der Sinn des Gesagten erfaßt werden kann. Mayring unterscheidet drei Grundformen des Interpretierens: die Zusammenfassung, die Explikation und die Strukturierung:[9]
Bei einer Zusammenfassung wird das Material so reduziert, daß die wesentlichen Inhalte erhalten bleiben. Sie bilden die Grundlage für weitere Abstraktionen.
Interpretation durch Explikation hat zum Ziel, ein vollständigeres Abbild der Realität zu schaffen, indem weitere Quellen zum Verständnis des Textes hinzugenommen werden.
Wenn das Ziel der Analyse das Herausfiltern theoretisch begründeter Aspekte sein soll, bietet sich das Strukturierungsverfahren an. Mit bestimmten, vorher festgelegten Kriterien wird das Material eingeschätzt.
In der hier vorliegenden Studie zur Medienkompetenz wurden anfangs, entgegen qualitativen Forderungen, Thesen aufgestellt und Definitionen entworfen, was unter Medienkompetenz zu verstehen sei. Es muß jedoch betont werden, daß diesen Thesen und Definitionen jahrelange medienpädagogische Erfahrungen zugrundeliegen. Dennoch wäre es zu einfach, diese Kategorien an die Einzelinterviews anzulegen und somit durch Strukturierung eine vielleicht sogar quantifizierbare Aussage machen zu können. In der vorliegenden Studie sollen qualitative Methoden ernst genommen werden. Das bedeutet, daß das Ausgangsmaterial zunächst als Basis dienen soll, um induktive Schlüsse zu ziehen. Würde man sofort mit einen starren Schema nur die Dinge herausfiltern, die die Thesen bestätigen oder falsifizieren, dann hätte man sich dieses differenzierte, aufwendige, qualitative Instrumentarium ersparen können. Gerade das, was von den Thesen nicht oder was falsch erfaßt wurde, ist schließlich das Interessante und dient dazu, Methoden und Anschauungen zu verändern.

6 Mayring, Ph.: Einführung.... S.65
7 Mayring,Ph.: Qualitative Inhaltsanalyse, Weinheim und Basel 1990 2. Auflage, S. 45
8 Mayring,Ph.: Qualitative Inhaltsanalyse,S. 53
9 Mayring,Ph.: Qualitative Inhaltsanalyse, S.54

mal so wie ihr. („Tina“ ist ein ganz normales Mädchen, das mit „Bibi“, dem Hexenmädchen befreundet ist.). Es ist erstaunlich, daß ein Mädchen als Identifikationsperson dient. Von Cassetten hat er nichts gelernt, eher vom Fernsehen. Überhaupt steht das Fernsehen an erster Stelle. Wenn da nichts kommt, hört er Cassetten. Seine Auswahl hat sich insofern verändert, als daß er jetzt auch Hörspiele hört und nicht nur Musik.
- *Kommunikationsvermögen:* Die Aussagen darüber, ob er mit Freunden über Cassetten spricht, sind nicht homogen, aber die Antworten, daß er mit Freunden über Cassetten spricht, überwiegen. Allerdings spielt er nicht mit Freunden die Geschichten nach. Die Hörspielperson „Tina“ bezeichnet er nicht als seine Freundin.
Milan hat am Ende keine Angst mehr beim Cassettenhören. Das kann verschiedene Ursachen haben. Vom Musikcassettenhören gibt es eine Hinwendung zu Hörspielen. Diese Veränderung mag auf den Medienunterricht zurückzuführen sein, hängt aber wahrscheinlich damit zusammen, daß er jetzt gut genug deutsch spricht, um deutsche Cassetten hören zu können. Seinen Aussagen nach hatte er in Jugoslawien ebenfalls Hörspielcassetten. *Eine Nutzungsveränderung durch den Unterricht ist also kaum möglich.*

3. Handlungskompetenz
- *Produktion: Milan* hatte vorher noch nie Aufnahmen gemacht und seine Vorstellung davon war mehr als merkwürdig. Er dachte, daß das Cassettenband zuerst weiß sei und durch die Aufnahmen schwarz werden würde. Nach dem Projekt macht er weiterhin keine Aufnahmen, meint aber, er wüßte wie es geht. Bei der dritten Befragung hat er immer noch keine Aufnahmen gemacht, kann aber schon erklären, daß die Sendungen über Antenne ins Haus kommen. Das Hörspielmachen scheint ihm über die Tricks Aufschluß gegeben zu haben.
- *Gestaltung:* Weder am Anfang noch am Ende kann *Milan* irgendwelche Gestaltungselemente benennen. Alle Begründungen von dem, was ihm gefällt oder mißfällt, beziehen sich auf den Inhalt der Hörspiele. Bei der akustischen Darstellung des Baumes kommt es ihm darauf an, ob der Baum gut oder böse ist. Ein guter Baum lacht, ein schlechter macht „Hu, Hu“. Spannungselemente nimmt er nicht wahr.
- *Veröffentlichung:* Er hat keine Angst vor dem Mikrophon, würde aber weder alleine eine Sendung machen, noch ein Interview führen. Nur an einem Schulprojekt würde er sich wieder beteiligen.
Die Handlungskompetenz von Milan steigert sich im Laufe der Zeit unter dem Aspekt von Zunahme des technischen Wissens.

1.4.2 Gesamtauswertung *Frederik*

Frederik ist zum Beginn des Projektes 7 Jahre alt. Er hat drei Schwestern (1,9,12) und lebt in einem Haushalt mit kompletter moderner Medienausstattung. Während die Mutter den Fernsehgebrauch kontrolliert, kann *Frederik* in seinem eigenen Zimmer Cassette hören, wann er will, allerdings höchstens bis 22 Uhr. Er hört Cassette nach den Hausaufgaben, während er spielt oder beim Einschlafen. Er besitzt ca. 30 Cassetten. Die Menge des Hörspielkonsums hat sich im letzten Schuljahr nicht verändert.

- *Gestaltungsvermögen:* Seine Aussagen zu Gefallen oder Mißfallen sind sehr differenziert und begründet. Er erkennt auch, daß Hörerzählungen keine Hörspiele und die Erzähler nicht immer gut sind. „Schneewittchen“ hört er z.B. nicht gerne, weil „der Erzähler nervt“. Er hat den Unterschied der beiden selbstproduzierten Versionen des Hörspiels erkannt und kann die Unterschiedlichkeit beschreiben. Er hört sich die selbstgemachte Cassette auch immer wieder an, weil sie sich wie eine „echte“ anhört. Allerdings hätte er den Schluß gerne anders, nicht von der Form her, sondern vom Inhalt (einen moralisch besseren Schluß). Zur Gestaltung hat er keine besonderen Einfälle: Der Baum müsse sagen, daß er ein Baum sei. Spannung erkenne man daran, daß die Musik gruseliger wird.
Veröffentlichung: Frederik hat keine Angst vor dem Mikrophon, aber keine Ambitionen mit fremden Personen ein Interview zu führen.
Seine Handlungskompetenz war von Anfang an relativ groß. Zumindest konnte er viele Einschätzungen begründen und sein technisches Wissen in Zweifel ziehen. Er hat das selbstproduzierte Hörspiel mit anderen Hörspielen verglichen und daraus Schlüsse gezogen. *Insofern hat sich seine Handlungskompetenz ein wenig erhöht.*

1.4.3 Gesamtauswertung *Marie*

Marie war zu Beginn 6 Jahre alt. Sie hat eine Schwester von 14 Jahren und lebt mit dieser und ihrer Mutter allein. Sie haben alle modernen technischen Mediengeräte, ihre Schwester ein eigenes Fernsehgerät, sie selbst zwei Cassettenrecorder und einen Walkman. Sie besitzt nach ihren Angaben ca. 60 Cassetten und hört, wenn sie nicht draußen spielt, am Nachmittag und beim Einschlafen. Sie holt zum Fernsehen nicht immer die Erlaubnis ihrer Mutter ein. Das Hörspielmachen hat sie dazu animiert, mehr Cassetten als vorher zu hören. Ihre Schulleistungen sind gut, sie gibt sich eher schüchtern und versucht alles zu harmonisieren. Im Hörspiel machte sie Geräusche (Flügelgeflatter).

1. Wahrnehmungskompetenz
Marie hat bei der Strukturierung anfangs keine „falschen“ Antworten gegeben. Aber sie konnte sich manchmal nicht entscheiden oder gab Antworten die nur „fast richtig“ waren. Bei der Interpretation von Inhalten machte sie auch am Ende noch einen Fehler. Während sie anfangs die Medienformen nur schwer erkannte, fand sie am Ende alle richtigen Antworten. Sie hatte keine Probleme reale von nicht-realen Personen zu unterscheiden. *Sie steigerte ihre Wahrnehmungskompetenz kontinuierlich bis zur fast maximalen Punktzahl* : (49+57+64=170)

2. Nutzungskompetenz
- *Rezeptionsvermögen: Marie* hört Cassetten, wenn sie traurig ist. Dann bleibt sie so lange in ihrem Zimmer, bis sie wieder fröhlich ist. Wenn sie Angst bekommt, dann schaltet sie aus und legt eine andere Cassette ein.

konsum wurde im Laufe des Schuljahres weniger. Sie ist eine sehr gute Schülerin, forsch und selbstbewußt in ihrem Auftreten. Beim Hörspiel machte sie Geräusche und half den „Vögeln" beim Text.

1. Wahrnehmungskompetenz
Beim ersten Fragebogen konnte sich *Nora* bei vielen Antworten nicht entscheiden. Bei der Bestimmung der Atmosphäre hatte sie die meisten Schwierigkeiten. Nur die Musik erkannte sie richtig. Bei der Zuordnung des Inhalts hatte sie weniger Schwierigkeiten, aber machte bei der 3.Befragung mehr Fehler als anfangs. Die Medienformen konnte sie anfangs sehr schlecht unterscheiden, aber beantwortete die Fragen am Ende fehlerlos. Mit der Einschätzung von realen und fiktiven Personen kam sie anfangs nicht klar, aber nach der Durchführung des Hörspiels hatte sie keine Schwierigkeiten mehr damit. *Insgesamt steigerte sie ihre Punktzahl erheblich* (37+54+60=151).

2. Nutzungskompetenz
- *Rezeptionssteuerung: Nora* hört Cassette, wenn sie Langeweile hat. Wenn sie Angst bekommt, schaltet sie den Cassettenrecorder einfach aus.
- *Auswahlvermögen:* Bei der Beurteilung ihrer Lieblingscassetten macht Nora klare Angaben. Während ihr vorher „Bibi Blocksberg im Orient" gefiel, gefällt ihr am Ende „Benjamin Blümchen in der Schule" am besten, „weil die so witzig ist". Sie identifiziert sich nicht mit Benjamin Blümchen. Sie möchte kein Elephant, sondern gerne ein Pferd sein. TKKG mißfällt ihr, weil sie den Inhalt nicht versteht. Sie hat den Eindruck, daß man von Cassetten auch etwas lernen kann z.B. über Detektive.
- *Kommunikation: Nora* spricht mit anderen über Cassetten und spielt in der letzten Zeit auch Geschichten nach. Daß Medienfiguren Freunde sein könnten, lehnt sie strikt ab. Auf die Frage, ob Benjamin Blümchen ihr Freund sei, antwortet sie: „Äää, der kann doch gar nicht mein Freund sein!" Nora hat ziemlich genaue Vorstellungen von dem, was ihr gefällt. *Deshalb kann man insgesamt von hoher Nutzungskompetenz ausgehen, die sich im Laufe der Zeit den Angaben nach etwas gesteigert hat.*

3. Handlungskompetenz:
- *Produktion: Nora* hat nie Aufnahmen mit dem Cassettenrecorder gemacht und macht auch am Ende noch keine. Anfangs weiß sie nicht, wie Cassetten hergestellt werden, dann nimmt sie an, daß der Vorgang so ähnlich ist, wie wir ihn durchexerziert haben. Am Ende kann sie aber doch nicht mehr genau erklären, wieso eine Sendung von einer Radiostation ausgestrahlt werden kann.
- *Gestaltung: Nora* hält die selbstaufgenommene Cassette, außer „Pippi Langstrumpf" und „Jim Knopf" für eine gute Cassette, aber sie kann den Unterschied zwischen den Versionen nicht erklären. Sie kann aber einzelne Geräusche benennen. Zur akustischen Umsetzung eines Baums macht sie zwei praktikable Vorschläge und zur Dramaturgie von Spannung bemerkt sie, daß die Musik gruseliger wird.

- *Kommunikation*: Die Antworten dazu, ob sie mit Freundinnen über Cassetten spricht und sie nachspielt, sind widersprüchlich. Der Widerspruch hebt sich insofern auf, als daß sie auch angibt, mit ihren Freundinnen gemeinsam Cassette zu hören. „Bibi“ und „Tina“ betrachtet sie aber nicht als ihre Freundinnen.
Caroline hat beim Cassettenhören keine Angst mehr, ansonsten ändert sich an der Nutzung offensichtlich nichts.

3. Handlungskompetenz
- *Produktion: Caroline* hat anfangs noch keine Cassetten aufgenommen und wußte auch nicht, wie das gemacht wird. Nach der Eigenproduktion meint sie, sie wüßte nun, wie man Aufnahmen macht und wie gesendet wird. Sie nimmt nun auch Cassetten mit Kinderliedern auf, die sie selbst besingt. Am Ende des Schuljahres gibt sie an, keine Aufnahmen mehr zu machen. Sie kann das Aufnehmen erklären, aber nicht wie gesendet wird.
- *Gestaltung*: Benjamin Blümchen gefällt ihr wegen der Musik, alle anderen Beurteilungen beziehen sich auf den Inhalt. Sie erkennt aber den Unterschied zwischen den Hörspielversionen („des mit der Flöte“) und den Unterschied genau orten. In Bezug auf die Darstellung des Baums hat sie eine relativ unkonventionelle Idee: „Wenn ich reden könnt, dann könnt ich sagen: laß meine Blätter in Ruh, oder irgendsowas. Dann weiß man, daß ich ein Baum bin.“ Sie erkennt auch, daß bei Spannung der Ton „irgendwie grusliger“ wird.
- *Veröffentlichung*: Sie hat keine Angst vor dem Mikrophon, jedoch reizt es sie nicht eine Sendung oder ein Interview mit einer bekannten Person zu machen.
Dadurch, daß *Caroline* selbst Aufnahmen gemacht hat, hat sie immerhin gelernt wie diese Technik funktioniert. Das Senden als Transport von Tönen oder Bildern ist ihr wohl zu schwierig nachzuvollziehen. Ihre Wahrnehmung von Gestaltungselementen ist jedoch wesentlich größer geworden. An Veröffentlichungen hat sie offensichtlich kein Interesse. Am Ende des Schuljahres machrt sie keine eigenen Aufnahmen mehr.
Ein Anstieg der Handlungskompetenz ist sowohl technisch als auch gestalterisch erkennbar.

1.4.6 Gesamtauswertung *Karl*

Karl ist zu Beginn 6 Jahre alt. Er hat einen 11jährigen Bruder, mit dem er ein Zimmer teilt. Zusammen haben sie ein Kompaktgerät mit Cassettenrecorder. Ansonsten gibt es alle erdenklichen elektronischen Medien im Haushalt (TV, Video, Supernintendo). Seine Eltern bestimmen wann ferngesehen wird. Er darf nachmittags fernsehen, wenn er will. Cassetten hört er meist am Nachmittag oder abends. Er besitzt ca. 25 Cassetten. Ob er nach dem Hörspielprojekt mehr oder weniger Cassette hört, ist unklar. Zunächst hörte er weniger, dann mehr. Nach Angaben der Lehrerin ist er ein eher schlechter Schüler. Er ist auffallend unruhig und hat die eher Rolle eines Klassenclowns. Im Hörspiel spielte er den Mäusevater.

rig zu erklären, wie gesendet wird. Daß mit Tricks gearbeitet wird, kann er sich jetzt gut vorstellen. Daran dachte er früher nicht.

- *Gestaltung*: Seine Lieblingscassette ist für ihn gleichzeitig eine gutgemachte Cassette. Er kann sich vom Inhalt nur schwer lösen. Das, was ihm an der Hörspielproduktion am besten gefallen hat, war das Lob der Lehrerin: „daß die Frau F. hinterher gesagt hat, wir wären so toll." Dazu, wie ein Baum dargestellt werden kann, hat er gleich zwei Ideen. Ihm fällt die Möglichkeit der Stimmveränderung ein und die Ansage „Geh in den Wald". Während er hierfür eine Lösung findet, kann er nicht einmal ausdrücken, wie man Spannungssteigerung im Hörspiel wahrnehmen kann.

- *Veröffentlichung: Karl* kann sich vorstellen eine Sendung fürs Fernsehen zu machen und würde ein Interview mit „David Copperfield" führen, wenn er die Gelegenheit dazu hätte. Das ist nicht verwunderlich, denn *Karl* hat tatsächlich schauspielerisches Talent, das zur Show drängt. Die praktische Arbeit mit Medien hat Karl gut gefallen. Hier kann er Fähigkeiten zeigen, die er im Unterricht nicht positiv zur Geltung bringen kann. *Eine Steigerung der Handlungskompetenz ist deutlich sichtbar.*

2.2 Auswirkungen des Medienunterrichts auf Wahrnehmung, Nutzung und den kreativen Umgang mit Medien

Die zentrale Frage der Untersuchung war, wie sich handlungsorientierter Medienunterricht auf die Kinder auswirkt. Dabei hat man, bei aller Unvoreingenommenheit, immer das sichtbare Verhalten der Kinder vor Augen. Die Untersuchung zeigt jedoch etwas anderes:

Die Ergebnisse haben einerseits mit den Annahmen nicht übereingestimmt, andererseits hat sich eine Menge verändert. Im Großen und Ganzen könnte man sagen, daß die vor allem von Pädagogen herbeigesehnte Verhaltensänderung durch medienpädagogischen Unterricht nicht nachzuweisen war. Im Gegenteil: alles ändert sich, aber das Verhalten der Kinder gegenüber Medien bleibt relativ stabil.

2.2.1 Auswirkungen auf die Wahrnehmungskompetenz

Sowohl aus der Klassenbefragung, als auch aus den Einzelinterviews wird ersichtlich, daß sich die Wahrnehmung der Kinder durch ein Hörspielprojekt steigern läßt. Einige Faktoren wie die Zuordnung des sprachlichen Ausdrucks, sowie das Erkennen von Medienformen scheinen auch mit der kindlichen Entwicklung verbunden zu sein. Selbst einige Monate reichen aus, um eine Beförderung in dieser Richtung feststellen zu können. Andere Faktoren scheinen mit dem Hörspielprojekt verbunden zu sein. Obwohl die Kinder nie auf einzelne Elemente des Hörspiels hingewiesen wurden, hat der handelnde Umgang Konsequenzen gezeigt. Nun kann man natürlich infrage stellen, ob das Erkennen einzelner Hörspielelemente einen tatsächlichen Zuwachs von Kompetenz bedeutet. Da Kompetenzerwerb als tiefer gehender Vorgang angesehen wird, als der Erwerb von bestimmten Fähigkeiten, könnte man von Kompetenzerweiterung eigentlich nur dann sprechen, wenn sich ein Erkennen auf verschiedene Situationen übertragen läßt, z. B. auf das Fernsehen oder auf die Situation des kreativen Umgangs in einer neuen Hörspielproduktion. Wenn man nun die Ergebnisse der Kinder aus den Wahrnehmungstests mit den Ergebnissen aus der Übertragung zum kreativen Umgang vergleicht, so kann man keine klaren Schlüsse ziehen. Nicht alle Kinder können ihr erworbenes Wissen in konstruktive Vorschläge umsetzen. Das mag aber vielleicht auch daran liegen, daß eine erfragte Situation zu wenig konkret ist. Gerade weil für Kinder dieser Altersstufe der Inhalt vor jedweder Form kommt, können nur Tendenzen abgelesen werden. Die Tendenz geht dahin, daß sich die Wahrnehmung tatsächlich steigert. Aber dieser Vorgang ist nicht bewußt sondern erfolgt intuitiv. **Vorerst ist davon auszugehen, daß es hinreichend erwiesen ist, daß sich durch die Hörspielproduktion die Wahrnehmung der teilnehmenden Kinder verbessert hat.**

2.2.2 Auswirkungen auf die Nutzungskompetenz

Natürlich kann über eine Befragung der Kinder kein komplettes Bild der häuslichen Atmosphäre erstellt werden. Daß manche Kinder nach einem Hörspielprojekt mehr und manche weniger Cassette hören, kann belegt werden. Aber ob sie dafür mehr fernsehen oder Game-Boy spielen, kann hier nicht ergründet werden.

setten anlegen. Selbst die Auswahlveränderungen bezogen sich hauptsächlich auf den Inhalt. Auch hierin ist den Ergebnissen von Charlton und Neumann-Braun zu folgen, die herausgefunden haben, daß sich Medienvorlieben aus der Entwicklungsstufe und dem für das Kind wichtige Thema ergeben. So ist es auch nicht verwunderlich, wenn Cassetten, die anfangs verschmäht wurden, zu Lieblingscassetten avancieren. Eine Entwicklung zu ästhetisch und thematisch anspruchsvolleren Cassetten ist in allen Fällen nicht festzustellen. Diejenigen Kinder, die vorher schon Cassetten gehört haben, die nicht dem Massengeschmack entsprachen, bevorzugten weiterhin diese Kategorie; Kinder, die vornehmlich Serien konsumierten, bevorzugten weiterhin Serien. Die Ursache hierfür kann darin liegen, daß Kinder den stabilisierenden Einfluß von Serien „brauchen" (vgl. Teil I, Kap.2), oder daß die Eltern bevorzugt diese Cassetten kaufen, weil sie billiger sind. Ebenso verhält es sich mit Cassetten, die auf das Mißfallen von Kindern stoßen. Sie werden bis auf eine Ausnahme nie aus ästhetischen Gründen abgelehnt, sondern nur wegen ihres Inhalts. Lediglich ein Junge erzählt, daß die Erzähler von Märchen manchmal sehr schlecht seien und er Märchen deshalb nicht möge. Da aber gerade dieser Junge ein sehr vernunftbestimmter Typ ist, könnte die Ablehnung eine Rationalisierung (von z.B. „Märchen sind mir zu kindisch") sein. Daß bei manchen Kindern das selbstgemachte Hörspiel auf der Hitliste ganz oben stand, liegt sicher darin, daß sie sich mit dem Inhalt sehr identifizieren und stolz auf ihr Produkt sind.
Eine weitere Frage war, inwieweit Kinder mit dem Medium kommunizieren bzw. Cassetten als Anlaß für Kommunikation mit anderen dienen. Hier fielen bei den Kindern die Antworten sehr unterschiedlich aus. Manche tauschen Cassetten mit anderen aus, manche sprechen nur über bestimmte Themen mit anderen, wieder andere spielen allein oder mit Freunden die Geschichten nach. Anlaß zu Verunsicherung bot die Fragestellung. Wenn Kinder spielen, haben sie nicht das Bewußtsein davon, daß sie z.B. Cassetten nachspielen. Trotz Nachfragen wechselten von Phase zu Phase die Antworten. Laut anderen Statistiken (z.B. Hansen/ Manzke oder Treumann u.a.) ist es jedoch so, daß Kinder beim Hören oft Nebentätigkeiten ausführen und mit anderen Cassetten hören. Hören, Spielen und Nachspielen scheint für Kinder eine Einheit zu bilden, die sie auch durch Nachfragen nicht entwirren können. Die Antworten deuten durch ihre Unterschiedlichkeit darauf hin, daß sich durch die Hörspielproduktion nichts Wesentliches am Kommunikationsverhalten verändert hat.
All diese Faktoren lassen den Schluß zu, daß die Nutzungskompetenz der Kinder sich durch das Hörspielprojekt nicht wesentlich verändert hat.

2.2.3 Auswirkungen auf die Handlungskompetenz

Handlungskompetenz setzt sich, laut Definition, aus dem Wissen um die Technik, die Gestaltung und dem Willen zur Veröffentlichung subjektiver Erlebnisse zusammen. Die Analyse kommerzieller Zusammenhänge (z.B.Werbung) wurde bei dieser Altersstufe bewußt ausgeblendet. Vielmehr sollte über die direkte Erfahrung des Machens und Manipulierens von Zuhörern die innere Struktur von Medien deutlich gemacht

Diese provokante Frage kann durch die Ergebnisse der vorliegenden Untersuchung mit einem glatten „nein“ beantwortet werden.

1. Das Ziel des Medienunterrichts war nicht allein die Änderung der Mediennutzung von Kindern, sondern auch die Förderung von Wahrnehmungs- und Handlungskompetenz. Daß die letztgenannten Kompetenzen eine Verbesserung erfahren haben, konnte hinreichend gezeigt werden. Erst in einer noch länger angelegten Untersuchung kann überprüft werden, ob sich schließlich auch die Nutzung ändert. Es kann aber auch sein, daß sich an der beobachtbaren Nutzung Medienkompetenz nicht ablesen läßt. Wie in Teil I, Kap.3 ausgeführt, handelt es sich bei Medienkompetenz um eine „innere Grammatik“, die man nicht so einfach am Verhalten erkennen kann. So können Kinder, auch wenn sie Serien hören oder manchmal bewußt ängstigende Inhalte aufnehmen, durchaus als medienkompetent gelten. Erst Auswüchse, wie z.B. parasoziale Beziehungen zu Medienfiguren, zeigen „Gefahr“ an. (Teil I, Kap.2) Da die Ursachen aber eher in einer inneren Vereinsamung liegen, kann hier auch Unterricht nicht weiterhelfen.

2. Handlungsorientierter Unterricht zielt nicht auf kognitive Veränderungen ab. Im Gegenteil: Zu frühe Rationalisierung von eigenen Medienwünschen führt u.U. zu einer moralischen Abwehrhaltung, die die positiven Möglichkeiten von Medien nicht mehr erkennen lassen (Teil I, Kap. 5). Gerade ein Unterricht wie das Hörspielprojekt ist nicht oberflächlich auf einen pseudorationalen Umgang mit Medien ausgerichtet. Unterricht, der mehr die Vernunft und Moral der Kinder anspricht, könnte die durchaus positive Wirkung haben, daß die Kinder jetzt weniger Cassetten anhören, oder nur noch „gute“ Hörspiele konsumieren. In einer Zeit, in der informationstechnische Neugierde lebenswichtig ist, wäre eine grundsätzliche Abwehrhaltung jedoch von Nachteil. Handlungsorientierter Unterricht bietet vielmehr die Möglichkeit, individuelle Wissens- und Erfahrungsdefizite auszugleichen, weil das Spektrum an Tätigkeiten sehr groß ist. Intuitives und ganzheitliches Lernen erhöht die Chance, eine Übertragung auf den Alltag vorzunehmen. Dies scheint in vielen Fällen gelungen zu sein.

3. Ein Medienprojekt ist nichts als ein Grundstein, auf den weitere Erfahrungen im häuslichen, schulischen und außerschulischen Bereich aufgebaut werden sollten. Nur kontinuierlich weitergeführte Medienerziehung fällt nicht hinter die erreichten Erfolge zurück. So könnte man mit den Kindern ein Jahr später ein anderes Medium in „Angriff“ nehmen. Neue und kompliziertere Medien folgen anderen Gesetzmäßigkeiten, die durchschaut werden müssen. „Media literacy“ verlangt einen spielerischen Umgang mit Medien. Deshalb sollte eine stärkere Verankerung der Medienpädagogik in den Lehrplänen erreicht werden.

4. Medienunterricht sollte dem Entwicklungsstand der Kinder angepaßt sein und nicht dem technischen Wissen der Lehrkräfte. Lehrer haben die Tendenz, die kognitiven

7. Generell bleiben nach wie vor die Eltern für die Erziehung der Kinder verantwortlich. Sie müssen den zeitlichen Rahmen des Medienkonsums bestimmen und nicht die Kinder. Diese Funktion können weder Lehrer noch Medienpädagogen übernehmen. Letztgenannte können in Elternabenden aber Unterstützung und Rat anbieten.

8. Faktum ist, daß wir uns alle bald in einer Multimedia-Welt befinden werden, die durch ihre technischen Möglichkeiten unser gesellschaftliches Leben verändern wird. Medienerziehung darf sich den Entwicklungen nicht verweigern, muß sich aber perspektivisch damit befassen und Kinder und Jugendliche kritisch begleiten.

Es wird viel über Medienkompetenz gesprochen, aber niemand weiß genau, was darunter zu verstehen ist und wie sie zustande kommt. Man kann sich nur Hans-Dieter Kübler anschließen, der sich dazu folgendermaßen äußert: „Jede soziale Aggregation braucht ihre rituellen Formeln, ihre ideologischen Münzen, um sich intern wie nach außen verständigen, rechtfertigen und behaupten zu können, und das muß nicht nur negativ oder abfällig gesehen werden. Aber ebenso nötig ist es, sich hin und wieder über solch selbstverständliche Routinen und rituelle Topoi Rechenschaft abzulegen und nachzufragen, ob ihre theoretische und/oder soziale Substanz gewachsen oder ganz geschrumpft ist und welchen Aufwandes, auch welchen gemeinsamen Diskurses es bedarf, um das alte Fundament zu stärken, zu reparieren oder gegen ein neues auszutauschen.“[13]
Die vorliegende Arbeit versteht sich als ein Beitrag hierzu.

13 Kübler,H.: Kompetenz der Kompetenz der Kompetenz..., Anmerkungen zur Lieblingsmetapher der Medienpädagogik, in: medien praktisch 2/96, S.10 f.

Literaturverzeichnis

Ackermann, H./ Rosenbusch, H.: Qualitative Forschung in der Schulpädagogik, in: König, E./Zedler, P.: Grundlagen qualitativer Forschung Bd.1, Weinheim 1995

Atteslander, P.: Methoden der empirischen Sozialforschung, Berlin und New York 1995, 8. Auflage

Aufenanger, S. (Hg.): Neue Medien- neue Pädagogik, Bonn 1991

Aufenanger, S.: Pädagogisch wertvoll: für Kinder kein Kriterium, in: medien + erziehung 1991/3

Aufenanger, S.:Strukturanalytische Rezeptionsforschung- Familienwelt und Medienwelt von Kindern, in: König, E. / Zedler, P. :Grundlagen qualitativer forschung Bd.1, Weinheim 1995 S. 217

Ammann, G.: Medienpädagogik im Unterricht, in: Sturm H./Grewe-Partsch M./ Saxer U. u.a. Grundlagen einer Medienpädagogik, Zug 1979

Baacke, D.: Kommunikation und Kompetenz, München 1973

Baacke, D.: „Medienpädagogik" unter den Konstitutionsbedingungen sozialwissenschaftlicher und medientheoretischer Annahmen, in: Wodraschke, G. (Hg.): Medienpädagogik und Kommunikationslehre, München 1979

Baacke, D.: Zum ethischen Oientierungsrahmen der Medienpädagogik, in: Issing, L.(Hg.): Medienpädagogik im Informationszeitalter, Weinheim 1987

Baacke, D.: Lebenswelten sind Medienwelten, Opladen 1990

Baacke, D./Sander, U.Vollbrecht, R.: Sozialökologische Jugendforschung und Medien, Publizistik 33 (2/3) 1988

Baacke, D./ Kübler, H.(Hg.): Qualitative Medienforschung, Tübingen 1989

Baacke, D./ Kübler, H.: Lernen und Erziehen in der Medienwelt, Konzepte der Medienpädagogik, in: DIFF: Funkkolleg Medienund Kommunikation, Studienbrief 12, Weinheim u. Basel 1991

Baacke, D.: Theorie der Medienpädagogik, in: Burkart, R./Hömberg, W. (Hg.), Kommunikations- Theorien, Wien 1992

Baacke, D.: Handlungsorientierte Medienpädagogik, in: Schill, W./ Tulodziecki, G./ Wagner, W. (Hg.): Medienpädagogisches Handeln in der Schule, Opladen 1992

Baacke, D.: Sprachlose Bürger? Medienkompetenz als zentrales Ziel von Medienpädagogik, in: Wunden, W. (Hg.) Öffentlichkeit und Kommunikationskultur, Beiträge zur Medienethik, Hamburg, Stuttgart 1994

Baacke, D./Röll, F.(Hg.).: Weltbilder, Wahrnehmung, Wirklichkeit, Opladen 1995

Bachmair, B.: Analyse symbolischer Vermittlungsprozesse am Beispiel von Kindergruppen, in: Baacke, D./ Kübler, H.(Hg.): Qualitative Medienforschung, Tübingen 1989

Bandura, A. :Social Learning Theory, Englewood Cliffs, NJ: Prentice Hall, 1977

Deutsches Jugendinstitut (Hg.), Handbuch Medienerziehung im Kindergarten, Teil1, Opladen 1994

Deutsches Jugendinstitut (Hg.), Handbuch Medienerziehung im Kindergarten, Teil2, Opladen 1995

Denzel, F.: Erstunterricht, München 1964

Deutsches Institut für Fernstudien an der Universität Tübingen: Funkkolleg Medien und Kommunikation, Studienbrief 12, Weinheim u. Basel 1991

Deutsches Institut für Fernstudien an der Universität Tübingen: Funkkolleg Medien und Kommunikation, Studienbrief 10, Weinheim u. Basel 1991

Dichanz, H.: Wirklichkeit, Medien und Pädagogik, in : Bundeszentrale für pol. Bildung (Hg.): Medien, Sozialisation und Unterricht, Bonn 1990

Dilthey, W.: Gesammelte Schriften. Bd. 5, Stuttgart, Göttingen 1966

Drerup, H. : Medienforschung und Medienpädagogik- Vermittlungsprobleme, in: Unterrichtswissenschaft, 2/1992

Drerup, H./ Terhart, E. (Hg.): Erkenntnis und Gestaltung, Weinheim 1990

Dröge, F.u.a.: Der alltägliche Medienkonsum. Grundlagen einer erfahrungsbezogenen Medienerziehung, Frankfurt 1979

Engel Eva: Hör- Spiele, Anregungen zum produktiven Umgang mit dem Kassettenrecorder, in: Praxis Grundschule 4/1993

Enzensberger, H.: Baukasten zur Theorie der Medien, in: Kursbuch 20/1970

Enzyklpädie Erziehungswissenschaft Bd. 1, Stuttgart 1983

Eschenauer, B.: Medienpädagogik in den Lehrplänen, Gütersloh 1989

Eschenauer, B.: Medienkompetenz als Zielvorgabe, in: BertelsmannSiftung: Medienkompetenz als Herausforderung an Schule und Bildung, Gütersloh 1993

Eschenauer B.: Medienpädagogik in den Lehrplänen: eine wichtige Nebensache, in:Schill, W./ Tulodziecki, G./Wagner, W. (Hg.): Medienpädagogisches Handeln in der Schule, Opladen 1992

Eschenauer, B. Verantwortungsbewußter Umgang mit Medien, in: medien praktisch 3/1995

Everling Esther: Ein Hörspiel produzieren, Anleitung sprachlicher und technischer Gestaltungselemente in der Sekundarstufe, Bielefeld 1988

Fauser, P./ Flitner, A./ Konrad, F. u.a., Praktisches Lernen und Schulreform, in: Zeitschrift für Pädagogik, 6/1988

Feil, Ch.:Einleitung, in: Deutsches Jugendinstitut, Handbuch Medienerziehung im Kindergarten Teil1, Opladen 1994

Fleischer, G., Vortrag der DAK zum Thema Hören auf der Ökomesse Freiburg 1993

Fürst, G.: Familiäre Lebenbedingungen und subjektive Bedeutsamkeit der Medien Fernsehen und Videospiel für 12 bis 14jährige Kinder, Frankfurt 1994

Gawert, J.: Ästhetisierung, in: medien praktisch 4/1993

Gawert, J.: Krieg und Kosmetik, in: medien praktisch, 1/1996

Hiegemann, S. /Swoboda, W. (Hg.): Handbuch der Medienpädagogik, Opladen 1994
Holzer, H.:Kinder und Fernsehen, Materialien zu einem öffentlich-rechtlichen Dressurakt, München 1974
Höltershinken, D.,/Kasüschke H./Sobiech, D.: Praxis der Medienerziehung, Bad Heilbrunn 1991
Horkheimer, M./Adorno, T.:Dialektik der Aufklärung, Frankfurt 1969
Horkheimer, M./Adorno, T.:Soziologica II.Reden und Vorträge, Frankfurt 1973
Hüther, J./ Schorb, B./Brehm-Klotz, Ch.: Grundbegriffe der Medienpädagogik, Ehningen 1990; akt. Neuauflage: dies., Grundbegriffe Medienpädagogik, München 1997
Hurrelmann, B./Possberg, H.,/Nowitzky, K., Familie und erweitertes Medienangebot. Bd. 7: Begleitforschung das Landes NRW zum Kabelpilotprojekt Dortmund, Düsseldorf 1988, zitiert nach Hurrelmann, B.: Sozialisation vor dem Bildschirm in: Funkkolleg, Studienbrief 10, Weinheim und Basel 1991
Issing, L.(Hg.): Medienpädagogik im Informationszeitalter, Weinheim 1987
Jahoda, M./Lazarsfeld, D./Zeisel, H. (1933):Die Arbeitslosen von Marienthal, Frankfurt 1978
Jank, W./ Meyer, H.: Didaktische Modelle, Frankfurt 1991, 5. Auflage
Janosch, Liebe Grille, spiel mir was, in: Liebe Grille spiel mir was, Weinheim 1991, 4. Auflage
Jüttemann, G.(Hg.): Qualitative Forschung in der Psychologie, Weinheim und Basel, 1985
Kallbach, K. (Hg.): Hören-lesen-Hören, Bad Homburg 1994
Kellner H., Fernsehen als Sozialisationsfaktor, Media Perspektiven 11/1977
Kinter, J.: Gegenöffentlichkeit und Selbsttätigkeit, in:Hiegemann, S. /Swoboda, W. (Hg.): Handbuch der Medienpädagogik, Opladen 1994
Klafki, W.:Handlungsforschung im Schulfeld, Zeitschrift für Pädagogik 2/1973
Klafki W.:Erziehungswissenschaft als kritisch-konstruktive Theorie: Hermeneutik-Empirie-Ideologiekritik, Zeitschrift für Pädagogik 1/1971
Kleining, G.: Lehrbuch entdeckende Sozialforschung, Bd.1, Weinheim 1995
Klingler, W.: Was Kinder gerne hören, ARD/ZDF-Studie Kinder und Medien 1990, in: Media- Perspektiven 1/1994
Klingler, W.: Was Kinder hören.: in: Media Perspektiven 5/1994
Knister: Mikromaus mit Mikrophon, Spiele mit dem Kassettenrecorder, Würzburg 1988
Koch, L./Marotzki, W./ Peukert, H. (Hg.): Revision der Moderne ?, Weinheim 1993
Köck, P.: Praxis der Beobachtung, Donauwörth 1990, 2. Auflage
König, E./Zedler, P.: Grundlagen qualitativer Forschung Bd.1, Weinheim 1995
Koring, B.: Einführung in die moderne Erziehungswissenschaft und Bildungstheorie, Weinheim 1990
Krügler, K./ Röll, F.: Von der Wort zur Bilderkultur, in: Brenner, G./Niesyto, H. (Hg.):Handlungsorientierte Medienarbeit, Weinheim u. München 1993
Kübler, H. D.: Bemerkungen zur Didaktik der Medienarbeit, in: Bundeszentrale für politische Bildung: Medien, Sozialisation und Unterricht, Bonn 1990

Peek, R./Tietze, W.: Fernsehen, Bücher, Cassetten: Daten zur Nutzung durch 3-6jährige Kinder, in:Deutsches Jugendinstitut, Handbuch Medienerziehung im Kindergarten, Teil I, Opladen 1994

Peterßen, W.: Handbuch Unterrichtsplanung, München 1982, 6. überar. Auflage

Poelchau, H.:Psychobiologie und Medien, in: Lauffer, J./ Volkmer, I.(Hg.): Kommunikative Kompetenz, Opladen 1995

Pöttinger, I.: „Fernsehen darf ich nicht immer, aber Cassettenhören schon“ (Diplomarbeit), Freiburg 1992

Pöttinger I.: Das Leben ist ein Krimi, in Brenner, G.,/Niesyto, H. Handlungsorientierte Medienarbeit, Weinheim und München 1993

Pöttinger, I.: Das Hörcassettenangebot für Kinder, in: DJI: Medienerziehung im Kindergarten Teil I, Opladen 1994

Pöttinger I.: Die Hasenschule - Kinder produzieren ein Hörspiel, in: DJI, Handbuch Medienerziehung im Kindergarten Bd.2, Opladen 1995

Prell, S.: Evaluation und Selbstevaluation, in: Roth, L.(Hg.): Pädagogik, Handbuch für Studium und Praxis, München 1994

Preuss- Lausitz, U.: Die Kinder des Jahrhunderts, Zur Pädagogik der Vielfalt im Jahr 2000, Weinheim und Basel 1993

Reese- Schäfer, W.: Jürgen Habermas (Monographie), Frankfurt 1991

Röll, F.: Navigieren im Medienraum, in: Lauffer, J./ Volkmer, I.(Hg.): Kommunikative Kompetenz, Opladen 1995

Röll, F.: Perspektivenwandel durch Cyber Space, medien praktisch 3/93

Roth, L.: Forschungsmethoden der Erziehungswissenschaft, in: Roth, L.(Hg.), Pädagogik, München 1994

Rogge, J.-U.: Der Schallplatten - und Cassettenmarkt für Kinder, in: Jensen, K./Rogge, J.-U.: Der Medienmarkt für Kinder in der BRD, Tübingen 1980

Rogge, J.-U.: Hören als Erlebnis, in: medien praktisch 3/95

Rogge, J.-U., Die biographische Methode in der Medienforschung.: in: medien + erziehung 5/1982

Rustemeyer, R.: Praktisch-methodische Schritte der Inhaltsanalyse, Münster 1992

Sacher, W.: Audiovisuelle Medien und Medienerziehung in der Schule, München 1994

Sander, U./ Vollbrecht, R.: Wirkungen der Medien im Spiegel der Forschung, in: Hiegemann, S. /Swoboda, W. (Hg.): Handbuch der Medienpädagogik, Opladen1994

Scheller, I.: Erfahrungsbezoger Unterricht, Frankfurt 1987, 2. Aufl.

Schiefele, H., Medienpolitik ist nicht der Politik verpflichtet, in: medien + erziehung 2/1991

Schill, W./ Tulodziecki, G./Wagner, W. (Hg.): Medienpädagogisches Handeln in der Schule, Opladen 1992

SchmidbauerM./Löhr, P.: Fernsehkinder - „Neue Sozialisationsypen“?, München 1992

Schmidt, S.: Die Wirklichkeit des Beobachters, in: Merten, K. /Schmidt. S./ Weischenberg, S.:Die Wirklichkeit der Medien, Bonn 1994

Treumann, K./Volkmer, I.: Die Toncassette im kindlichen Medienalltag: Rekonstruktionsversuche parzellierter Lebensräume durch Medien, in: Zentrum für Kindheits-und Jugendforschung (Hg.): Wandlungen der Kindheit, Opladen 1993

Treumann, K./Schnatmeyer, D./Volkmer, I.: „Mit den Ohren sehen", GMK-Schriften zur Medienpädagogik 22, Bielefeld 1995

Tulodziecki, G.: Aufgabenfelder schulischer Medienpädagogik, in: Issing, L.(Hg.): Medienpädagogik im Informationszeitalter, Weinheim 1987

Tulodziecki, G.: Medienerziehung in Schule und Unterricht, Bad Heilbrunn 1989

Tulodziecki, G/Schöpf, K.: Zur Situation der schulischen Medienpädagogik in Deutschland: Konzepte, Materialien, Praxis und Probleme" in: Bertelsmann Stiftung (Hg.): Medienkompetenz als Herausforderung, Gütersloh 1992

Tulodziecki, G.: Medienerziehung in der Schule - Zielsetzungen, Strategien, Methoden, in: Bertelsmann Stiftung (Hg.): Medien als Bildungsaufgabe in Ost und West, Gütersloh 1993

Tulodziecki, G./Schlingmann, A./Mose, K. u.a.: Handlungsorientierte Medienpädagogik in Beispielen, Bad Heilbrunn 1995

Tränkle, U.: Fragebogenkonstruktion, in: Brederkamp J/Feger/H. Datenerhebung, Bd.2 Reihe Forschungsmethoden der Psychologie, Göttingen, Toronto, Zürich 1983

Voß-Fertmann, T.: Synthesis und Wechselspiele, Frankfurt 1995

Welsch, W.: Unsere postmoderne Moderne, Weinheim 1991

Welsch, W.: Ästhetisches Denken, Stuttgart 1993, 3. Auflage

Werbung aus der Zeitschrift Musikwoche, Kinderttonträger special 8/1995

Witzel, A.: Das problemzentrierte Interview, in: Jüttemann, G.(Hg.): Qualitative Forschung in der Psychologie, Weinheim und Basel, 1985

Winkler, M.:Unerfüllte Sehnsüchte; Einige Vermutungen über das Verschwinden erziehungswissenschaftlichen Wissens in der Öffentlichkeit, in: Drerup, H./ Terhart, E. (Hg.): Erkenntnis und Gestaltung, Weinheim 1990

Wodraschke, G. (Hg.): Medienpädagogik und Kommunikationslehre, München 1979

Wunden, W.: Medienpädagogik als Beruf. in: Hiegemann, S./Swoboda, W. (Hg.): Handbuch der Medienpädagogik, Opladen 1994

Wunden, W. (Hg.): Medien zwischen Markt und Moral, Stuttgart 1989

Wunden, W.(Hg.): Öffentlichkeit und Kommunikationskultur, Hamburg und Stuttgart, 1994

Wulf, Ch.: Vorwort, in: Wulf, Ch. (Hg.): Evaluation, München 1972

Zeitter, E. (Hg.): Medienerziehung für Grundschüler, Frankfurt 1995

Zeitter, E./ Schultz M.:Farben-Formen-Klänge, Hg.:Landesinstitut für Erziehung und Unterricht, Stuttgart 1989

Zentrum für Kindheits-und Jugendforschung (Hg.): Wandlungen der Kindheit, Opladen 1993

Ziehe, T.: Pubertät und Narzißmus, Frankfurt 1979